本书受河北省社会科学基金项目（HB21GL044）资助

# 长期护理保险新政下居民参保意愿驱动机理研究

孙兆辉　　张瀚予　著

中国财经出版传媒集团

经济科学出版社
Economic Science Press

·北京·

图书在版编目（CIP）数据

长期护理保险新政下居民参保意愿驱动机理研究／
孙兆辉，张瀚予著 . -- 北京：经济科学出版社，2024.
8. -- ISBN 978 - 7 - 5218 - 6119 - 8

Ⅰ. F842. 625

中国国家版本馆 CIP 数据核字第 2024C02C02 号

责任编辑：黎子民
责任校对：杨　海
责任印制：邱　天

**长期护理保险新政下居民参保意愿驱动机理研究**

孙兆辉　张瀚予　著

经济科学出版社出版、发行　新华书店经销
社址：北京市海淀区阜成路甲 28 号　邮编：100142
总编部电话：010 - 88191217　发行部电话：010 - 88191522
网址：www. esp. com. cn
电子邮箱：esp@ esp. com. cn
天猫网店：经济科学出版社旗舰店
网址：http：// jjkxcbs. tmall. com
固安华明印业有限公司印装
710 × 1000　16 开　19.75 印张　330000 字
2024 年 8 月第 1 版　2024 年 8 月第 1 次印刷
ISBN 978 - 7 - 5218 - 6119 - 8　定价：76. 00 元
（图书出现印装问题，本社负责调换。电话：010 - 88191545）
（版权所有　侵权必究　打击盗版　举报热线：010 - 88191661
QQ：2242791300　营销中心电话：010 - 88191537
电子邮箱：dbts@ esp. com. cn）

# 前　言

长期以来关于我国长期护理保险问题的研究多是从宏观政策制定和制度设计层面展开的，忽视了对居民参保长期护理保险微观实证的探讨。居民作为参保主体，长期护理保险的可持续发展离不开居民参与，而居民参保意愿是构成其参与保险建设的直接动力。在不了解居民参保意愿的情况下，政府设计的保险制度容易脱离现实，保险机构也难以开发针对性的产品来满足多样化需求，因此居民参保意愿是确保制度建设有效性和实现精准营销的关键。虽然已有研究对居民参保意愿影响因素进行了探讨，但是多为验证性的列举，缺乏对影响因素的系统归纳和相应的机理分析。鉴于此，本书依据"理论与文献铺底—质性研究—量化研究—政策建议"的技术路线，对居民参保意愿驱动机理进行分析，提出提升居民参保意愿的政策建议，以期为发展长期护理保险提供依据，为建立长期护理保险制度提供参考。本书的主要创新性工作和研究结论如下：

（1）长期护理保险居民参保意愿驱动机理质性研究。基于探索性的扎根理论质性研究方法对深度访谈资料进行编码分析，厘清居民参保意愿的主要影响因素及其作用机制，构建包含居民属性、心理认知和外部情境三类主范畴的长期护理保险居民参保意愿驱动机理综合理论模型，并提出基于"认知—情境—意愿"的分析框架。根据理论模型作出如下研究假设：居民属性的异质性对其参保意愿具有重要影响；居民心理认知变量可以直接或间接影响其参保意愿；外部情境变量调节参保"态度—意愿"间的路径关系，能够弥补两者的差距。

（2）长期护理保险居民参保意愿驱动机理量化研究。基于调研数据，综合运用多种数理统计方法开展实证分析和假设检验。研究发现：异质性居民的参保意愿存在显著的差异性；参保过程中存在"态度—意愿"差距，表现为态度高意愿低形成的意愿缺口；参保态度、知觉行为控制、感知有用性、个人规范、信任程度和文化观念对居民参保意愿具有显著直接影响，风险认知仅对商业保险参保意愿具有显著直接影响，感知有用性、个人规范、信任程度、风险认知和保险知识通过参保态度的中介作用间接影响参保意愿；政策支持对"态度—意愿"间的路径关系具有显著正向调节效应，弥补了两者的差距。

作为政策启示，本书建议：政府应该尽快出台长期护理保险法规，通过宣传强化居民参保责任感与义务感，转变其守旧护理观念，加强监管和政策层面支持与引导，扩大制度试点；保险机构应该加强商业保险理念和知识宣传，提升居民风险认知能力和参保意识，做好内部规范化管理和产品设计。

本书具有较强的理论性、实践性、可读性，可以作为高等学校相关学科的学生、政府管理人员以及研究者的参考书籍。

本书是在河北省社会科学基金项目（"河北省长期护理保险居民参保意愿及其驱动机理研究"，HB21GL044）的相关成果基础上，整理完善形成的，也是河北省高等学校人文社会科学重点研究基地"华北电力大学区域法治与司法治理研究中心"、河北省哲学社会科学研究基地"河北省中国式法治现代化与社会治理研究基地"研究成果。本书的写作、统稿与审校工作主要由孙兆辉和张瀚予完成。感谢柴璐璐、李彦洁、王贝和马思怡在资料收集与整理方面作出的贡献。感谢在这一领域不断探索钻研的专家和学者们，是他们的研究成果给予我们重要启示，也感谢经济科学出版社的黄双蓉女士及其他编辑工作者们，感谢你们的辛苦工作，让本书得以面世。

关于我国长期护理保险参保问题的研究仍处于探索阶段，我国长期护理保险的发展也刚刚起步。由于笔者的水平、能力和时间所限，本书有很多不足和有待进一步研究的地方，未来仍需要继续深入探索。书中如有不妥之处，敬请广大读者不吝批评指正。

笔　者

2024 年 5 月

# 目录

# 第 1 章

# 绪　　论

## 1.1　研究背景

### 1.1.1　长期护理保险是破解老年护理难题的关键

人口老龄化（Aging of Population 或 Population Aging）是当今世界人口发展面临的共同问题，也将是未来世界人口结构演变的主要趋势。作为一种客观的发展进程，绝大多数国家都概莫能外，差别只是在于老龄化时间的早晚和速度的快慢（彭希哲和胡湛，2011）[①]。按照国际通行的判定标准，60岁及以上老年人口占总人口比例达到 10% 或 65 岁及以上老年人口占比达到7%，即进入人口老龄化社会[②]。从 20 世纪末到 21 世纪初，我国正式步入老龄化社会。2000 年第五次全国人口普查数据显示，60 岁和 65 岁及以上老年人口占比分别达 10.5% 和 7.1%，均超过老龄化社会的判定标准。2020年第七次全国人口普查时，60 岁和 65 岁及以上老年人口占比分别为 18.7%和 13.5%，表明我国老龄化程度进一步加深。根据国家统计局发布的《中国统计年鉴（2023）》，2022 年我国 65 岁及以上老年人口占比为 14.9%，较 2010 年增长 6 个百分点。为进一步研判未来我国人口老龄化发展与演进

---

① 彭希哲，胡湛. 公共政策视角下的中国人口老龄化 [J]. 中国社会科学，2011 (3)：121 – 138，222 – 223.

② 翟振武，李龙. 老年标准和定义的再探讨 [J]. 人口研究，2014 (6)：57 – 63.

1

情况，本节选取联合国《世界人口展望（2022）》（World Population Prospects 2022①）的中国②部分相关数据，预测 2025～2100 年老年人口（≥60 岁）规模及其变化趋势情况。基于高、中、低方案的测算结果分别对应本书附录 A 中的表 A - 1、表 A - 2 和表 A - 3。

根据测算结果，从整体上来看，高、中、低方案下老年人口规模均呈现"先快速上升后平稳下降"趋势。2025～2080 年三类方案的规模均保持一致，从 2025 年的 3.06 亿人快速增至 2055 年的 5.17 亿人再缓慢降至 2080 年的 4.7 亿人。2055 年为峰值年，这与杜鹏等（2005）③ 的测算结果相吻合。2080～2100 年高、中、低方案的老年人口规模呈下降趋势。在 60 岁及以上老年人口占比情况方面，以中方案为例进行分析。从整体上来看，2025～2100 年比例呈现持续上升趋势，这表明我国老龄化进程将不断加快。2035 年比例突破 30%，进入重度老龄化阶段，届时平均每 3～4 个人中就有 1 个 60 岁及以上的老年人，2065 年比例预计将达 42.72%，较 2025 年翻了一番，2055～2100 年比例均保持在 40% 以上，可见在接下来的 30 年间我国将面临高速老龄化的冲击，且在此之后的 50 年间老龄化程度将以高水平持续很长时间，未来老龄化及其衍生问题相当严峻，亟须引起政府和全社会的高度重视。

随着人口老龄化程度不断加深，高龄化和失能化问题逐渐凸显。高龄化是人口老龄化进程中的一个必然趋势，是老龄化发展到一定阶段的结果（孙鹃娟，2013）④。根据联合国《世界人口展望（2022）》中方案数据测算结果显示，2025 年我国高龄老年人口（≥80 岁）规模为 3763 万人，2045 年规模将突破 1 亿人，人口规模峰值将出现在 2075 年，为 1.8 亿人，是 2025 年的 4.78 倍，预计 2100 年降至 1.76 亿人，从整体上看呈现"先上升后下降"趋势。随着现代医疗卫生技术的进步，老年人口的死亡率大幅下降，人口预期寿命得以延长，在未来 50 年间高龄老年人口规模仍将继续扩

---

① United Nations, Department of Economic and Social Affairs, Population Division（2022）. World Population Prospects 2022, Online Edition.
② 仅为中国大陆数据，不包括中国香港特别行政区、中国澳门特别行政区、中国台湾省统计数据。
③ 杜鹏，翟振武，陈卫. 中国人口老龄化百年发展趋势［J］. 人口研究，2005（6）：4.
④ 孙鹃娟. 中国老年人的居住方式现状与变动特点：基于"六普"和"五普"数据的分析［J］. 人口研究，2013（6）：35 - 42.

大（伍海霞，2015）①。在老龄化和高龄化叠加影响下，我国失能老年人口规模正在迅速扩张，失能（含失智）现象相当普遍（何文炯，2019）②。以中国老龄科学研究中心的系列研究报告为例，2015 年发布的《中国养老机构发展研究报告》指出，截至 2014 年底失能老年人口规模接近 4000 万人；2016 年发布的《中国老年宜居环境发展报告》披露，失能老年规模已超 4000 万人，2030 年和 2050 年将分别达到 6168 万人和 9750 万人；2018 年发布的《老龄蓝皮书：中国城乡老年人生活状况调查报告（2018）》显示，老年人自报需要照护的比例为 15.3%；第七次全国人口普查数据显示，截至 2020 年，我国失能老年人口约 3366 万人；2024 年发布的《中国老年健康报告》指出，我国当前 60 岁以上失能人口规模达 4654 万人，失能率为 16.2%。随着年龄的增长，衰老和疾病等因素对老年人身心机能的影响正在持续增加，各项器官和组织的功能开始衰退或受损，日常活动能力逐渐下降，许多老年人部分失去甚至完全丧失独立生活的能力。而目前针对失能老年群体并没有什么行之有效的短期治疗措施，只能对其进行长期的日常生活照料和医疗护理，庞大的失能老年群体引发巨大的长期护理需求。

在人口老龄化引致长期护理需求不断攀升的情况下，我国传统的家庭保障功能却正在持续弱化。家庭作为传统社会中的核心养老单位，长期以来为老年人提供经济供养、日常生活照料、精神慰藉等方面支持，其重要意义是社区和机构等养老载体所无法取代的（吴帆和李建民，2012③；杨政怡，2016④）。故而我国老年人特别是高龄、失能老年人的长期护理主要依靠家庭及其成员来承担（朱微微等，2010⑤；石金群，2016⑥）。但自改革开放以来，传统的家庭保障功能正在持续弱化，家庭不再"强大"而愈发"脆弱"

---

① 伍海霞. "人口老龄化与养老服务业发展"学术研讨会综述［J］. 中国人口科学，2015（4）：121-125.

② 何文炯. 中国社会保障：从快速扩展到高质量发展［J］. 中国人口科学，2019（1）：2-15，126.

③ 吴帆，李建民. 家庭发展能力建设的政策路径分析［J］. 人口研究，2012（4）：37-44.

④ 杨政怡. 替代或互补：群体分异视角下新农保与农村家庭养老的互动机制：来自全国五省的农村调查数据［J］. 公共管理学报，2016（1）：117-127，158-159.

⑤ 朱微微，舒婷，黄成礼，等. 国外老年人口长期护理服务支付方式及其对中国的启示［J］. 中国护理管理，2010（2）：69-71.

⑥ 石金群. 转型期家庭代际关系流变：机制、逻辑与张力［J］. 社会学研究，2016（6）：191-213，245.

（胡湛和彭希哲，2014①；杜鹏等，2016②）。表现在三个方面：一是家庭规模小型化和结构简单化。我国平均家庭规模正在持续衰减，预计2030年将减少至3人以下（王跃生，2006③；原新，2013④），同时核心家庭成为主体，几代同堂的大家庭已不多见（彭希哲和胡湛，2015)⑤。无论是在城市还是农村，家庭逐渐小型化、核心化已是不争的事实，这导致家庭在分担老年风险时的能力变差，特别是在养老资源的供给方面不再拥有过去多子女的传统大家庭所具备的充裕性。二是家庭成员迁移流动弱化家庭保障功能。据统计，2010～2018年全国每年有超过2亿人口处于流动状态，这势必造成大批的流动家庭、空巢家庭和留守家庭等出现，相应的流动老人、空巢老人、留守老人和独居老人等相继产生（胡湛和彭希哲，2012⑥；张耀军等，2016⑦；杨舸，2017⑧）。现实中，老年人需要照料而子女却长期缺位，老年日常照料问题趋于严峻。三是传统家庭养老价值观动摇。受市场经济环境和外来文化影响，年轻一代弱化了对亲代的赡养责任意识，传统的尊老敬老养老价值观念在家庭养老中的作用呈现收敛之势（秦安兰，2015⑨；睢党臣和彭庆超，2015⑩）。同时，随着女性独立意识和就业观念的增强，其所提供家庭支持的频率与质量正在逐渐降低（晏子，2018⑪）。

① 胡湛，彭希哲. 中国当代家庭户变动的趋势分析：基于人口普查数据的考察 [J]. 社会学研究，2014（3）：145－166，244.

② 杜鹏，孙鹃娟，张文娟，等. 中国老年人的养老需求及家庭和社会养老资源现状 [J]. 人口研究，2016（6）：49－61.

③ 王跃生. 当代中国家庭结构变动分析 [J]. 中国社会科学，2006（1）：96－108，207.

④ 原新. 以少子化为特征的人口老龄化进程及其对家庭变迁的影响 [J]. 老龄科学研究，2013（1）：34－43.

⑤ 彭希哲，胡湛. 当代中国家庭变迁与家庭政策重构 [J]. 中国社会科学. 2015（12）：113－132，207.

⑥ 胡湛，彭希哲. 家庭变迁背景下的中国家庭政策 [J]. 人口研究，2012（2）：3－10.

⑦ 张耀军，巫锡炜，张敏敏. 省级区域人口吸引力对主体功能区规划的影响与启示 [J]. 人口研究，2016（2）：12－22.

⑧ 杨舸. 社会转型视角下的家庭结构和代际居住模式：以上海、浙江、福建的调查为例 [J]. 人口学刊，2017（2）：5－17.

⑨ 秦安兰. 需要层次理论视域下敬老文化的发展困境及其纾解 [J]. 老龄科学研究，2015（4）：71－80.

⑩ 睢党臣，彭庆超. 农村计生家庭养老保障的现实境遇 [J]. 重庆社会科学，2015（9）：72－80.

⑪ 晏子. 倾向传统还是走向现代：性别意识与养老责任态度：基于中国、日本、韩国的比较研究 [J]. 公共行政评论，2018（6）：112－136，212.

此外，现行社会保障体系也难以有效地解决严峻的老年护理难题。我国社会保障体系中与老年人密切相关的保障制度是基本养老保险和基本医疗保险（李建民等，2011①；臧旭恒和张倩，2019②）。经过数十年的发展与完善，养老和医疗制度安排已渐趋成熟，能够切实保障老年人的基本生活和基本医疗需求，但是这种"低水平、广覆盖"的养老和医疗制度难以提供老年人更加迫切的长期护理保障，老年护理问题依然严峻（张奇林和韩瑞峰，2016③）。目前我国养老保险制度存在缴费率高、保障水平低、支付压力大等问题，作为一种定额给付制的保障方式在现实中只能够实现"保基本"，却难以覆盖老年人高昂且不断上涨的长期护理费用，而且现金给付的形式无法为老年人提供生活照料所需服务，基本养老保险对老年人长期护理需求"无能为力"，这迫使老年人只能压缩其他基本生活支出（朱铭来和于新亮，2015）④。从中长期来看，高龄、失能老年人面临的最大压力不是来自日常生活费用，而是医疗费用特别是护理费用，但是医疗保险的保障范围仍然比较窄，只能支付住院即特别护理费用，而不承担家庭看护费用和专业疗养院护理费用（赵曼和韩丽，2015⑤）。此外，医疗保险所提供的短期临床护理并非老年人所迫切需要的长期护理。养老保险和医疗保险难以满足护理需求，鉴于此，开发一种专注于解决老年人长期护理问题的新保险已迫在眉睫。

随着全球老龄化进程加速，老年人的护理问题已成为一项世界难题。为化解老年长期护理所产生的高昂费用的风险、解决增长的护理服务需求与有限的服务供给之间的矛盾等问题，人口老龄化较为严重的发达国家（如美国、德国和日本等）根据各自国情探索发展了长期护理保险（乐章和陈志，

① 李建民，杜鹏，桂世勋，等. 新时期的老龄问题我们应该如何面对 ［J］. 人口研究，2011（4）：30 - 44.

② 臧旭恒，张倩. 代际扶持视角下的医疗保险与居民消费：基于世代交替模型的分析 ［J］. 山东大学学报（哲学社会科学版），2019（1）：15 - 24.

③ 张奇林，韩瑞峰. 长期护理保险：化解社会老龄化危机的重要路径 ［J］. 河北学刊，2016（4）：172 - 177.

④ 朱铭来，于新亮. 关于我国照护保障制度构建的若干思考 ［J］. 中国医疗保险，2015（3）：19 - 22.

⑤ 赵曼，韩丽. 长期护理保险制度的选择：一个研究综述 ［J］. 中国人口科学，2015（1）：97 - 105，128.

2014①）。各国经验表明，发展长期护理保险，乃至建立长期护理保险制度是破解老年护理难题的有效举措，对于满足老年人的长期护理需求和提升其生活质量意义非凡（丁志宏和魏海伟，2016②；戴卫东，2016③）。长期护理保险能够对老年人发生的护理费用进行补偿，提供他们所需的护理服务，既可以在经济和照料时间上减轻老年人和家庭照顾者的负担，也能够提升老年人的护理水平和晚年生活质量（荆涛，2010④；王俊等，2012⑤）。

综上所述，目前我国人口老龄化正在不断加剧，高龄、失能老年人口规模日趋庞大，导致老年人的长期护理需求激增，随着老龄化程度的持续加深，预计未来长期护理需求会呈现"井喷"式增长。而与之相伴的却是传统家庭保障功能正在逐渐弱化，老年人从家庭中获得的支持减少，对社会化护理需求愈发迫切。加之现行社会保障体系在建构上缺失长期护理保障项目，基本养老保险和医疗保险无力覆盖老年人的长期护理，护理费用持续攀升，老年护理问题成为当前社会无法回避的难题。在借鉴发达国家保险经验的基础上，应尽快发展长期护理保险，探索建立适合我国国情的长期护理保险制度势在必行（马駮等，2017⑥；曹信邦，2018⑦）。

## 1.1.2　未来长期护理保险需求呈现高速增长趋势

随着失能老年人口规模日趋庞大，由此引发的长期护理需求不断攀升，亟须长期护理保险提供保障。严格意义而言，对于长期护理保险需求的测算需要在具体的制度情境下进行讨论，例如：模式为社会保险还是商业保险，参保为全民强制还是个人自愿，政府是否给予参保补贴等，但是在目前我国尚未建立全国性长期护理保险制度的情况下，很难基于复杂情境对未来较长

①　乐章，陈志. 长期护理制度的启示［J］. 社会保障研究，2014（2）：92 – 96.

②　丁志宏，魏海伟. 中国城市老人购买长期护理保险意愿及其影响因素［J］. 人口研究，2016（6）：76 – 86.

③　戴卫东. 长期护理保险：中国养老保障的理性选择［J］. 人口学刊，2016（2）：72 – 81.

④　荆涛. 建立适合中国国情的长期护理保险制度模式［J］. 保险研究，2010（4）：77 – 82.

⑤　王俊，龚强，王威. "老龄健康"的经济学研究［J］. 经济研究，2012（1）：134 – 150.

⑥　马駮，秦光荣，何晔晖，等. 关于应对人口老龄化与发展养老服务的调研报告［J］. 社会保障评论，2017（1）：8 – 23.

⑦　曹信邦. 中国长期护理保险制度构建的理论逻辑和现实路径［J］. 社会保障评论，2018（4）：75 – 84.

一段时间内的长期护理保险需求进行预测。鉴于此，本节简化其他情境，仅假定所有失能老年人的长期护理均通过保险机制实现费用补偿，因此长期护理的人数需求简单等同于长期护理保险的需求（何玉东，2012）①，即失能老年人口规模是反映长期护理保险需求的主要代理变量和基础指标。值得说明的是，失能老年人是长期护理保险的主要但非唯一受益者，其他非老年失能群体同样需要这类保险，因此以失能老年人口规模评估长期护理保险需求会降低测算精度。此外，本节的长期护理保险需求是指长期护理保险市场潜力或市场需求。借鉴魏华林和何玉东（2012）②、王新军和李雪岩（2020）③、田勇（2020）④ 等的测算方法，本节从静态和动态双视角来研判未来我国长期护理保险的需求规模及其变化趋势情况。

### 1. 长期护理保险需求的静态测算

选取样本代表性最强的 2020 年第七次全国人口普查数据作为测算我国老年人口失能率的依据。同时考虑到与基于联合国《世界人口展望（2022）》中数据测算的老年人口规模（附录 A）相对接，普查数据对老年人（≥60 岁）的健康状况调查是分年龄段开展的，有利于减少所产生的测量误差。普查数据中老年人口自评健康状况共分为"健康""基本健康""不健康但生活能自理""生活不能自理"四个层级。在测算老年人口失能率时将"生活不能自理"界定为全失能，将"不健康但生活能自理"界定为半失能。界定依据主要是考虑到老年人在自评时会将轻度失能但仍能自理归入"不健康但生活能自理"，而选择"生活不能自理"的老年人已处于中重度失能状态（丁华和严洁，2018）⑤，因此现有研究仅凭"生活不能自理"作为测算失能率的唯一指标，会导致大量的轻度失能老年人没有被纳入测算范围，影响测算结果。依据上述设定，基于普查数据测算得到我国老年人口

① 何玉东. 中国长期护理保险供给问题研究 [D]. 武汉：武汉大学，2012.
② 魏华林，何玉东. 中国长期护理保险市场潜力研究 [J]. 保险研究，2012（7）：7–15.
③ 王新军，李雪岩. 长期护理保险需求预测与保险机制研究 [J]. 东岳论丛，2020（1）：144–156.
④ 田勇. 中国长期护理保险财政负担能力研究：兼论依托医保的长期护理保险制度的合理性 [J]. 社会保障研究，2020（1）：33–47.
⑤ 丁华，严洁. 中国老年人失能率测算及变化趋势研究 [J]. 中国人口科学，2018（3）：97–108，128.

总失能率和各年龄组的失能率情况，见表1-1。

表1-1 　　基于第七次人口普查数据测算的我国老年人口失能率情况

| 变量 | | 年龄组（数量单位：百人口） | | | | | | | | | 总计 |
|---|---|---|---|---|---|---|---|---|---|---|---|
| | | 60~64岁 | 65~69岁 | 70~74岁 | 75~79岁 | 80~84岁 | 85~89岁 | 90~94岁 | 95~99岁 | 100岁及以上 | |
| 人数（人） | 自评 | 72123 | 72610 | 48137 | 29805 | 18978 | 9738 | 3129 | 636 | 76 | 255232 |
| | 半失能 | 3518 | 5268 | 5482 | 4760 | 4046 | 2443 | 851 | 172 | 19 | 26559 |
| | 全失能 | 576 | 842 | 923 | 941 | 1071 | 941 | 515 | 150 | 24 | 5983 |
| | 合计 | 4094 | 6110 | 6405 | 5701 | 5117 | 3384 | 1366 | 322 | 43 | 32542 |
| 失能率（%） | 半失能 | 4.88 | 7.26 | 11.39 | 15.97 | 21.32 | 25.09 | 27.20 | 27.04 | 25.00 | 10.41 |
| | 全失能 | 0.80 | 1.16 | 1.92 | 3.16 | 5.64 | 9.66 | 16.46 | 23.58 | 31.58 | 2.34 |
| | 合计 | 5.68 | 8.41 | 13.31 | 19.13 | 26.96 | 34.75 | 43.66 | 50.63 | 56.58 | 12.75 |

测算结果显示，2020年我国老年人口失能率为12.75%（由10.41%半失能率和2.34%全失能率构成），这与文太林（2022）[①] 基于2018年CHARLS数据测算的2020年10.53%、朱大伟和于保荣（2019）[②] 基于人口结构、失能率及其变化趋势等数据测算的10.8%、廖少宏等人（2021）[③] 利用2013年、2015年、2018年CHARLS数据对2020~2050年我国老年人失能率进行预测，总失能率在9.28%~11.15%等非常接近。

借鉴林宝（2015）[④]、景跃军等（2017）[⑤] 和雷咸胜（2020）[⑥] 等对老年人口静态失能率的测算方法进行假设，即老年人口失能率始终保持固定不变。基于表1-1的失能率，结合2025~2100年高、中、低方案下我国老年

① 文太林.中国长期护理需求测算与财政保障［J］.江西财经大学学报，2022（2）：49-58.
② 朱大伟，于保荣.基于蒙特卡洛模拟的我国老年人长期照护需求测算［J］.山东大学学报（医学版），2019，57（8）：82-88.
③ 廖少宏，王广州.中国老年人口失能状况与变动趋势［J］.中国人口科学，2021（1）：38-49，126-127.
④ 林宝.中国不能自理老年人口的现状及趋势分析［J］.人口与经济，2015（4）：77-84.
⑤ 景跃军，李涵，李元.我国失能老年数量及其结构的定量预测分析［J］.人口学刊，2017（6）：81-89.
⑥ 雷咸胜.中国老年失能人口规模预测及对策分析［J］.当代经济管理，2020（5）：72-78.

人口规模数据（附录 A），测算失能老年人口规模。为分析年龄组间的异质性，计算了各年龄组失能老年人口占失能老年总人口的比例情况。高、中、低方案的测算结果参见附录 B 中的表 B-1、表 B-2 和表 B-3。

通过比较三类方案的测算结果发现，2025~2080 年三类方案下我国失能老年人口规模一致，均呈现"先快速上升后平稳再缓慢下降"趋势。图 1-1 报告了根据静态失能率测算的三类方案下我国失能老年人口规模变化趋势。2025~2060 年我国失能老年人口规模随年份的增加而快速增长，先从 2025 年的 3930 万人升至 2030 年的 4856 万人，再升至 2050 年的 8509 万人，2060 年将达到 9376 万人。2060~2080 年失能老年人口规模较为平稳，保持在 9376 万~9469 万人之间。2085~2100 年三类方案下失能老年人口规模开始出现分异，高方案下规模呈现上升趋势，而中、低方案下规模呈现下降趋势。从中方案的增速趋势线来看，2025~2030 年失能老年人口的增速不断上升，2030~2070 年增速持续下降，从 2080 年（-0.99%）开始进入负增长阶段，2100 年失能老年人口的增速为-2.45%。整体而言，未来我国失能老年人口规模增长相当可观，尤其是在接下来的 30 年间增速迅猛，之后在较长一段时间内（2060~2080 年）会保持较高规模水平，庞大的失能老年群体将带来对长期护理保险需求的急剧攀升，长期护理保险市场前景广阔。

为探究失能老年群体内部的异质性，需要对不同年龄组的失能老年人口规模及其变化趋势进行比较分析。从各年龄组的情况来看，2025~2080 年三类方案下各年龄组的失能老年人口规模相同，2080~2100 年三类方案下 79 岁及以下低年龄组的失能老年人口规模出现分异，而 80 岁及以上高年龄组的失能老年人口规模仍然保持一致。由于三类方案测算结果的差距不大，因此本节以中方案的测算结果（表 B-2）为例展开具体分析。图 1-2 报告了基于静态失能率测算的中方案下不同年龄组失能老年人口规模变化趋势情况。从 60~79 岁低年龄组的失能老年人口规模趋势来看，各年龄组的人口规模趋势线较为平缓且后期伴有明显的下降趋势，从低年龄组的失能老年人口比例变化情况也可以说明这一点。随着医疗卫生技术的进步，低龄失能老年人口规模正在逐渐减小。从 80 岁及以上高年龄组的失能老年人口规模变化趋势情况来看，未来我国高龄失能老年人口规模持续上升，高龄化趋势明显，表明高龄老年人的健康状况不容乐观，其对长期护理的潜在需求非常大，亟须长期护理保险及相关服务进行保障。

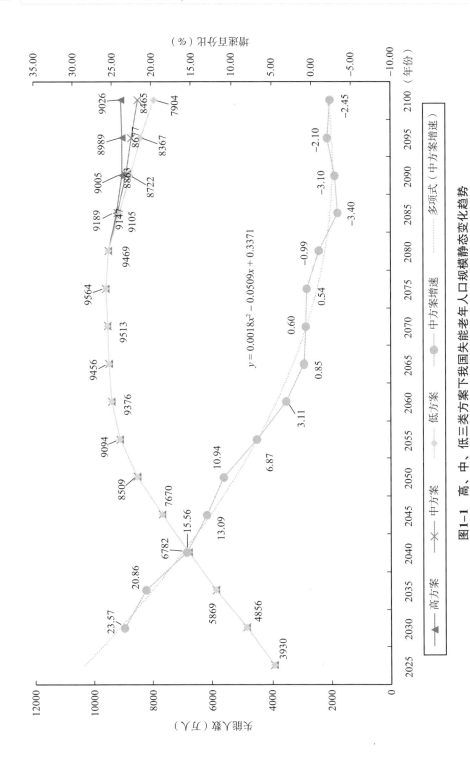

图1-1 高、中、低三类方案下我国失能老年人口规模静态变化趋势

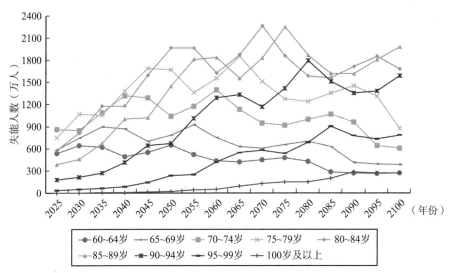

图 1-2　中方案下不同年龄组失能老年人口规模静态变化趋势

### 2. 长期护理保险需求的动态测算

目前学界以静态失能率测算失能老年人口规模的研究居多，但现实情况中失能率会随着年份的增加而发生变化（上升或下降），始终保持动态趋势。由于受失能状态评估标准变化、科技进步等诸多不可控因素的影响，未来老年人口失能率的变化是难以预知的。在该问题上有两种观点：以曾毅等（2017）[①] 为代表的学者认为失能率会随着年份的增加而下降，而以杜鹏和武超（2006）[②]、丁华和严洁（2018）[③] 为代表的学者则认为失能率会随着年份的增加而上升。这两种观点难分对错。如果假设失能率不断下降，结合前面测算的未来我国老年人口规模考虑，失能老年人口规模将是不断减小的，由此而带来的长期护理需求压力也相应减小，此种情况并无测算意义，因此动态失能率的测算是基于老年人口失能率随年份的增加而不断上升的，这与雷咸胜（2020）[④] 的观点相同。

①　曾毅，冯秋石，Hesketh，T.，等. 中国高龄老人健康状况和死亡率变动趋势 [J]. 人口研究，2017（4）：22-32.

②　杜鹏，武超. 中国老年人的生活自理能力状况与变化 [J]. 人口研究，2006（1）：50-56.

③　丁华，严洁. 中国老年人失能率测算及变化趋势研究 [J]. 中国人口科学，2018（3）：97-108，127.

④　雷咸胜. 中国老年失能人口规模预测及对策分析 [J]. 当代经济管理，2020（5）：72-78.

为科学假设动态失能率变化的情况，本节基于 2020 年第七次全国人口普查数据测算了我国老年人口各年龄组的失能率。与基于 2010 年普查数据测算的结果相比，各年龄组的失能率均有所下降，这可能是由于人口预期寿命延长和医疗技术进步所致。雷咸胜（2020）[①] 在测算动态失能率时，假设 70 岁及以上年龄组的失能率按照每 5 年增加 0.1% 的水平上升。本研究与之不同之处有两点：假设 60～74 岁年龄组的失能率保持不变，75 岁及以上年龄组的失能率随年份的增加而上升；假设在 75 岁及以上年龄组中失能率按照每 5 年增加 0.5% 的水平上升。0.1% 的水平会受限于上升幅度，难以明显看出动态与静态情况下失能老年人口规模的差异，因此假设以 0.5% 的水平递增。动态失能率测算结果如表 1-2 所示。

表 1-2　　　　2025～2100 年我国老年人口各年龄组的动态失能率预测　　单位：%

| 年份 | 年龄组 | | | | | | | | |
|---|---|---|---|---|---|---|---|---|---|
| | 60～64 岁 | 65～69 岁 | 70～74 岁 | 75～79 岁 | 80～84 岁 | 85～89 岁 | 90～94 岁 | 95～99 岁 | 100 岁及以上 |
| 2025 | 5.68 | 8.41 | 13.31 | 19.63 | 27.46 | 35.25 | 44.16 | 51.13 | 57.08 |
| 2030 | 5.68 | 8.41 | 13.31 | 20.13 | 27.96 | 35.75 | 44.66 | 51.63 | 57.58 |
| 2035 | 5.68 | 8.41 | 13.31 | 20.63 | 28.46 | 36.25 | 45.16 | 52.13 | 58.08 |
| 2040 | 5.68 | 8.41 | 13.31 | 21.13 | 28.96 | 36.75 | 45.66 | 52.63 | 58.58 |
| 2045 | 5.68 | 8.41 | 13.31 | 21.63 | 29.46 | 37.25 | 46.16 | 53.13 | 59.08 |
| 2050 | 5.68 | 8.41 | 13.31 | 22.13 | 29.96 | 37.75 | 46.66 | 53.63 | 59.58 |
| 2055 | 5.68 | 8.41 | 13.31 | 22.63 | 30.46 | 38.25 | 47.16 | 54.13 | 60.08 |
| 2060 | 5.68 | 8.41 | 13.31 | 23.13 | 30.96 | 38.75 | 47.66 | 54.63 | 60.58 |
| 2065 | 5.68 | 8.41 | 13.31 | 23.63 | 31.46 | 39.25 | 48.16 | 55.13 | 61.08 |
| 2070 | 5.68 | 8.41 | 13.31 | 24.13 | 31.96 | 39.75 | 48.66 | 55.63 | 61.58 |
| 2075 | 5.68 | 8.41 | 13.31 | 24.63 | 32.46 | 40.25 | 49.16 | 56.13 | 62.08 |
| 2080 | 5.68 | 8.41 | 13.31 | 25.13 | 32.96 | 40.75 | 49.66 | 56.63 | 62.58 |
| 2085 | 5.68 | 8.41 | 13.31 | 25.63 | 33.46 | 41.25 | 50.16 | 57.13 | 63.08 |
| 2090 | 5.68 | 8.41 | 13.31 | 26.13 | 33.96 | 41.75 | 50.66 | 57.63 | 63.58 |

① 雷咸胜. 中国老年失能人口规模预测及对策分析 [J]. 当代经济管理，2020（5）：72-78.

| 年份 | 年龄组 | | | | | | | | |
|---|---|---|---|---|---|---|---|---|---|
| | 60 ~ 64 岁 | 65 ~ 69 岁 | 70 ~ 74 岁 | 75 ~ 79 岁 | 80 ~ 84 岁 | 85 ~ 89 岁 | 90 ~ 94 岁 | 95 ~ 99 岁 | 100 岁及以上 |
| 2095 | 5. 68 | 8. 41 | 13. 31 | 26. 63 | 34. 46 | 42. 25 | 51. 16 | 58. 13 | 64. 08 |
| 2100 | 5. 68 | 8. 41 | 13. 31 | 27. 13 | 34. 96 | 42. 75 | 51. 66 | 58. 63 | 64. 58 |

根据表 1 - 2 中各年龄组的动态失能率，使用 2025 ~ 2100 年高、中、低三类方案下我国各年龄组老年人口规模基础数据（附录 A），测算未来我国失能老年人口规模情况。同时计算了各年龄组失能老年人口占失能老年总人口的比例情况。高、中、低方案的测算结果参见附录 C 中表 C - 1、表 C - 2和表 C - 3。

通过比较三类方案的测算结果发现，2025 ~ 2080 年三类方案下我国失能老年人口规模相同，呈现"先快速上升后平稳再缓慢下降"趋势。图 1 - 3报告了基于动态失能率测算的我国失能老年人口规模变化趋势情况。2025 ~ 2065 年我国失能老年人口规模随年份的增加而快速扩大，从 2025 年的 3968万人升至 2065 年的 1. 06 亿人。2065 ~ 2080 年失能老年人口规模较为平稳，均超过 1 亿人，2075 年为失能老年人口规模的峰值年，为 1. 09 亿人。2085 ~2100 年三类方案下失能老年人口规模出现分异，高方案下规模呈现"先下降后上升"趋势，而中、低方案下规模呈现逐年下降趋势。与静态测算结果相比，基于动态失能率测算的失能老年人口规模进一步扩大且增速更加迅猛，庞大的失能老年群体将带来对长期护理保险需求的急剧攀升，尽快探索建立适合我国国情的长期护理保险制度显得愈发迫切和重要。与此同时，我们要认识到，未来 30 ~ 40 年是我国做好应对失能浪潮、大力发展长期护理保险以及建立健全长期护理保险制度的"黄金期"。

从分组情况来看，2025 ~ 2080 年三类方案下各年龄组的失能老年人口规模均相同，2080 ~ 2100 年三类方案下 60 ~ 79 岁低年龄组的失能老年人口规模出现分异，而 80 岁及以上高年龄组的失能老年人口规模仍保持一致。由于方案间的测算结果的差距并不大，因此仍选取中方案（表 C - 2）展开具体分析。图 1 - 4 报告了基于动态失能率测算的中方案下不同年龄组的失能老年人口规模变化趋势情况。未来 60 ~ 79 岁低年龄组的失能老年人口规

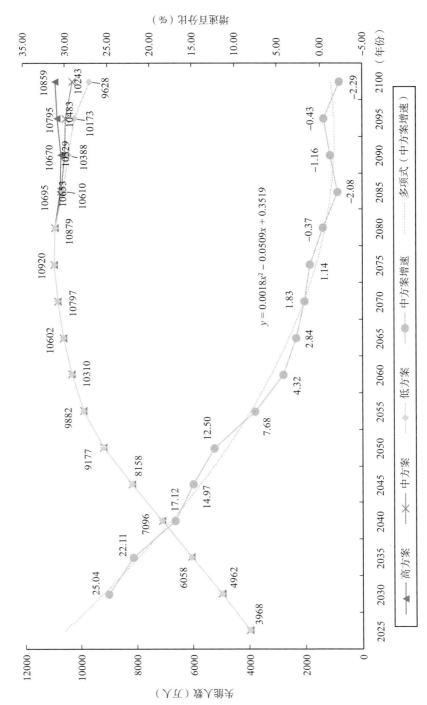

图1-3 高、中、低三类方案下我国失能老年人口规模动态变化趋势

模将逐渐减小，2050 年以后趋势更加明显，这与基于静态失能率测算的结果相符合。从 80 岁及以上高年龄组的失能老年人口规模变化趋势来看，未来我国高龄失能老年人口规模呈现持续增长趋势，高龄化趋向明显，高龄老年人对长期护理保险需求更迫切。

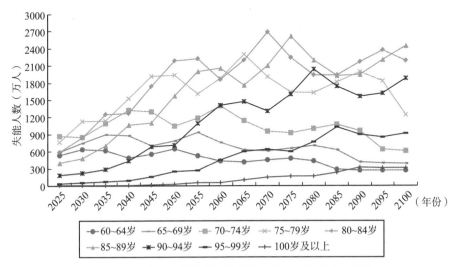

**图 1-4 中方案下不同年龄组失能老年人口规模动态变化趋势**

综上所述，本节基于静态失能率和动态失能率分别测算了 2025～2100 年我国失能老年人口规模及其变化趋势，据此研判长期护理保险需求的未来变化。测算结果证实，未来失能老年人口规模相当庞大，规模并非持续增长，而是呈现"先快速上升后平稳再缓慢下降"趋势。2025～2060 年规模快速增长，2060～2080 年规模稳定，2080～2100 年规模虽有缓慢下降，但仍保持较高水平。此外，失能老年人口伴有明显的高龄化趋势。可见未来我国长期护理保险需求将呈现规模大、增速快、比重平稳的特点，因此加快发展长期护理保险，积极探索建立并推广适合我国国情的长期护理保险制度就显得愈发急迫和必要。

### 1.1.3 我国正在积极开展长期护理保险制度试点

随着我国老龄化程度的日益加剧，老年人口尤其是高龄、失能老年人口规模迅速扩大，如此庞大的群体带来长期护理保险需求急剧攀升，大力发展长期护理保险，积极探索建立长期护理保险制度成为政府和全社会关注的焦点。现阶段我国部分地区正在开展长期护理保险制度试点。从宏观角度来讲，政策先行是确保工作顺利实施的必要前提，开展长期护理保险制度试点工作同样如此。在正式开展试点前，中央和地方政府通过颁布系列政策为其营造了良好的制度环境。

2006年中共中央、国务院发布的《关于全面加强人口和计划生育工作统筹解决人口问题的决定》（中发〔2006〕22号）提出，要积极探索建立老年服务志愿者、照料储蓄和长期护理保险等社会服务机制。这是在国家政策层面首次提及长期护理保险。2011年国务院办公厅印发的《社会养老服务体系建设规划（2011－2015年）》（国办发〔2011〕60号）提出，在部分经济发达城市可以尝试探索建立老年护理补贴、护理保险制度，增强老年人对护理照料的支付能力。随着我国老龄化进程的加深，老年护理问题愈发严峻，通过建立长期护理保险制度来解决老年护理难题得到了政府的重视。2012年青岛市作为国内首个地方政府率先开展制度试点，其建立的长期医疗护理保险也是第一个社会性保险，这为我国开展大规模长期护理保险制度试点奠定了良好的实践基础。2013年国务院发布的《关于加快发展养老服务业的若干意见》（国发〔2013〕35号）指出，鼓励和引导商业保险公司开展老年长期护理保险等相关业务。同年国务院发布的《关于促进健康服务业发展的若干意见》（国发〔2013〕40号）强调，积极探索开发长期护理商业险以及与健康管理、养老服务相关的商业保险产品。2014年国务院发布的《关于加快发展现代保险服务业的若干意见》（国发〔2014〕29号）要求发展商业长期护理保险。上述政策的出台和实施为商业保险公司参与长期护理保险制度建设奠定了良好的政策基础。2016年人社部办公厅发布的《关于开展长期护理保险制度试点的指导意见》（人社厅发〔2016〕80号）决定，在上海、青岛、长春和广州等15个城市开展长期护理保险制度试点工作，山东和吉林作为国家试点重点联系省份，这标志着长期护理保险国家试点正式拉开序幕。自此许多城市纷纷主动加入试点行列，试点规模呈扩大趋势（郑秉文，2018）[①]。2017年国务院印发的《"十三五"国家老龄事业

---

① 郑秉文. 改革开放40年：商业保险对我国多层次养老保障体系的贡献与展望［J］. 保险研究，2018（12）：101－109.

发展和养老体系建设规划的通知》（国发〔2017〕13 号）要求探索建立长期护理保险制度，制度试点地区要做到统筹施策和政策间的高效衔接，鼓励商业保险公司开发长期护理保险产品和服务以满足老年群体多样化、多层次的护理需求。2019 年国务院办公厅发布的《关于推进养老服务发展的意见》（国办发〔2019〕5 号）再次强调，继续加快实施长期护理保险制度试点，建立符合我国国情的长期护理保险制度框架，鼓励发展商业性保险，提供个性化的护理服务。在 2019 年《政府工作报告》中，进一步扩大长期护理保险制度试点被首次纳入年度政府工作任务。2020 年 5 月 6 日，国家医疗保障局起草的《关于扩大长期护理保险制度试点的指导意见》（征求意见稿），正式向全社会公开征求意见。这是第二阶段长期护理保险制度试点的开端。2020 年 9 月 10 日，国家医保局、财政部制定的《关于扩大长期护理保险制度试点的指导意见》（医保发〔2020〕37 号）强调，进一步扩大长期护理保险制度试点工作。2021 年 5 月 25 日，中国银保监会办公厅发布了《关于规范保险公司参与长期护理保险制度试点服务的通知》（银保监办发〔2020〕37 号），推动保险业做好长期护理保险制度试点服务工作。2024 年 4 月 25 日，国家医保局印发《长期护理保险失能等级评估机构定点管理办法（试行）》（医保发〔2024〕13 号），要求加强长期护理保险失能等级评估机构定点管理，保障参保人合法权益。上述政策的出台均为制度试点工作的深入发展提供了强有力的保障，政策中反复强调加快试点进度，也表明对尽快建立长期护理保险制度工作的重视。

　　通过探讨目前各试点城市长期护理保险制度试点的实践特色，厘清制度推进思路，能够为我国拓宽试点范围、建立长期护理保险制度提供参考。各省市长期护理保险制度试点文件详见附录 D。表 1 - 3 从参保对象、基金来源、缴费来源、给付对象、评估依据和服务形式 6 个方面对 15 个制度试点城市的制度模式进行梳理归纳。从参保对象来看，试点城市均已覆盖城镇职工医疗保险参保者，其中长春、南通和石河子 3 市将参保范围扩大至城镇居民医疗保险参保者，青岛、上海、苏州和荆门 4 市则将参保范围扩大至城乡居民医疗保险（包括城镇和居民医疗保险）参保者。从基金来源来看，青岛、上海、广州和宁波 4 市完全依靠医保统筹基金划拨来实现长期护理保险基金筹集。虽然剩下的 11 个城市表现出多元筹资模式，但是实际中个人缴费和单位缴费并未真正落实到位，而仍以医保统筹基金划拨和政府财政补贴

**表1-3 国家长期护理保险制度试点城市的制度模式分类整理**

| 内容 | 分类 | 青岛 | 长春 | 承德 | 齐齐哈尔 | 上海 | 南通 | 苏州 | 宁波 | 安庆 | 上饶 | 荆门 | 广州 | 重庆 | 成都 | 石河子 |
|---|---|---|---|---|---|---|---|---|---|---|---|---|---|---|---|---|
| 参保对象 | 城镇职工医保参保者 | √ | √ | √ | √ | √ | √ | √ | √ | √ | √ | √ | √ | √ | √ | √ |
|  | 城镇居民医保参保者 | √ | √ | √ |  | √ | √ | √ |  |  |  | √ | √ |  | √ | √ |
|  | 农村居民医保参保者 | √ |  |  |  | √ |  | √ |  |  |  | √ |  |  |  |  |
| 基金来源 | 医保统筹基金划拨 | √ | √ | √ | √ | √ | √ | √ | √ | √ | √ | √ | √ | √ | √ | √ |
|  | 个人缴费 | √ | √ | √ | √ | √ | √ | √ | √ | √ | √ | √ | √ | √ | √ | √ |
|  | 单位缴费 |  | √ |  |  |  |  |  |  |  |  |  |  |  |  |  |
|  | 政府财政补贴 |  | √ | √ |  |  | √ | √ |  | √ | √ | √ |  | √ | √ | √ |
| 缴费来源 | 个人缴费从个人账户划转 | √ |  | √ | √ |  |  |  |  |  |  |  |  |  |  |  |
|  | 个人缴费从统筹基金划转 |  | √ |  | √ |  |  |  |  |  |  |  | √ |  |  | √ |
|  | 个人缴费由政府补助解决 |  |  |  |  |  |  | √ |  |  |  |  |  |  |  |  |
|  | 单位缴费从医保基金划转 | √ |  |  |  |  |  |  |  |  |  |  |  |  |  |  |
| 给付对象 | 失能（轻度） |  |  |  |  | √ |  |  |  |  |  |  |  |  |  |  |
|  | 失能（中度） | √ | √ |  |  | √ | √ | √ |  |  |  |  |  |  |  |  |
|  | 失能（重度） | √ | √ | √ | √ | √ | √ | √ | √ | √ | √ | √ | √ | √ | √ | √ |
|  | 失智（中度） |  |  |  |  |  |  |  |  |  |  |  | √ |  |  |  |
|  | 失智（重度） | √ |  |  |  | √ |  |  |  | √ | √ |  |  |  | √ |  |
| 评估依据 | 日常生活活动能力评价量表 | √ | √ | √ | √ |  |  |  | √ | √ | √ | √ | √ | √ | √ | √ |
|  | 本地化改造的评价量表 | √ |  |  |  | √ |  | √ |  |  |  |  |  | √ | √ | √ |

18

续表

| 内容 | 分类 | 青岛 | 长春 | 承德 | 齐齐哈尔 | 上海 | 南通 | 苏州 | 宁波 | 安庆 | 上饶 | 荆门 | 广州 | 重庆 | 成都 | 石河子 |
|---|---|---|---|---|---|---|---|---|---|---|---|---|---|---|---|---|
| 服务形式 | 医疗机构护理 | √ | √ | √ |  | √ | √ | √ | √ | √ | √ | √ | √ | √ | √ |  |
|  | 养老及护理机构护理 | √ | √ | √ | √ | √ | √ | √ | √ | √ | √ | √ | √ | √ | √ | √ |
|  | 居家护理 | √ |  | √ | √ | √ | √ | √ |  | √ | √ | √ | √ | √ | √ | √ |

注："√"表示已执行，空白表示未执行。

资料来源：根据相关资料整理所得。

筹资。从缴费来源来看，绝大部分城市采取的是个人缴费从医保个人账户或医保统筹基金中划转的方式。从给付对象来看，试点城市均已覆盖重度失能参保者，青岛、长春、上海、南通和苏州5市将覆盖范围延伸至中度失能参保者，上海市则将覆盖面进一步扩大至轻度失能参保者。部分城市将失智参保者也纳入给付对象范畴，青岛、上饶和成都3市针对的是重度失智者，广州市则针对中重度失智者。从评估依据来看，大部分城市使用《日常生活活动能力评价量表》来评估参保者的失能程度，而小部分城市使用的则是结合当地实际改造后的评价量表。

自2016年试点工作开展以来，经过多年探索，我国许多省市结合当地实际情况制定了一系列旨在推动长期护理保险实施的政策，建立了较为完善的长期护理保险制度运行模式。随着试点工作的稳步推进，长期护理保险的参保对象覆盖范围逐步扩大，基金筹措渠道更加多元与合理，给付对象的覆盖面也正在持续拓宽，服务形式与内容更加多样化和全面化。总体而言，我国长期护理保险制度试点工作取得了很好的成效。主要表现在以下四个方面：一是减轻老年人护理经济负担，提升晚年生活质量。自2012年以来，青岛市长期护理保险覆盖面持续拓宽，截至2018年底已经实现城乡范围的100%覆盖，参保规模达到826万余人，保险赔付资金累计15亿元，已为6万名失能失智者购买2504万天的护理服务（米红等，2019）[①]。二是分担老年人家庭成员的照料和经济负担。根据青岛市长期护理保险报销标准，参保职工医保的失能者报销90%，参保一档城乡居民医保的失能者报销80%，居家护理服务形式下参保二档城乡居民医保的失能者报销40%，针对失智者而言，参保职工医保报销90%，参保一档城乡居民医保报销80%（姚虹，2020）[②]。三是缓解"社会性住院"现象，减轻医保基金的支付压力。通过实施长期护理保险，试点城市的医疗、养老与护理资源得到了更加优化的配置，表现为医疗和养老资源不再被需要长期护理服务的老年人挤占，"社会性住院"现象得到缓解。四是医疗护理机构得以较好发展，切实推进医养结合养老模式。随着老年人对长期护理服务的多元化和差异化需求，单纯的

---

[①] 米红，纪敏，刘卫国. 青岛市长期护理保险研究［M］. 北京：中国劳动社会保障出版社，2019.

[②] 姚虹. 老龄危机背景下我国长期护理保险制度试点方案的比较与思考［J］. 社会保障研究，2020（1）：48－56.

护理服务难以满足老年人对医疗和康复保健服务的需求，因此开始转向大力发展医疗与养护相结合的机构，推动了"医养结合"产业及养老服务模式发展。

尽管我国长期护理保险制度试点工作取得了良好成效，但是毕竟试点时间较短、经验积累不够丰富，发展中固有问题尚未妥善解决，新问题又接踵而至，成为制约试点工作可持续发展的瓶颈。其中，固有问题是指在试点开展前尚未制定专门针对长期护理保险的独立法律，导致试点缺少立法保障。新问题是指试点过程中暴露出的系列问题，涉及制度运行的诸多方面。结合本书研究的出发点，将其主要归纳为以下三点：一是参保对象覆盖范围狭窄，主要面向城镇职工医保参保者。从目前制度试点实践来看，大多数城市将参保对象仅限定为职工医疗保险参保者，部分城市将范围拓宽至城镇居民医疗保险参保者，而覆盖农村居民医疗保险参保者的城市少之又少（卢婷，2019）[①]。二是基金来源渠道过于单一化，过度依赖于医疗保险基金。长期护理保险基金的来源渠道在构成形式上表现出多元化，但在实际当中大部分地区的个人缴费和单位缴费并未真正落实到位（姚虹，2020）[②]。三是商业长期护理保险缺乏政策扶持，发展进程相当缓慢。目前各省市试点长期护理保险在性质上均为社会性保险，因此制度设计本身就未考虑到商业长期护理保险的发展（王铮，2019）[③]。

## 1.1.4 长期护理保险制度的建立离不开居民参与

长期以来关于我国长期护理保险问题的研究多是从宏观政策制定和制度设计层面展开的，忽视了对居民参保长期护理保险微观实证的探讨。居民作为参保主体，长期护理保险的发展和长期护理保险制度的建立均离不开居民参与，而居民参保意愿是构成其参与保险建设和制度建构的直接动力。换言之，发展长期护理保险离不开供给和需求两方面，供给侧即政府能够指引保

---

① 卢婷. 我国长期护理保险发展现状与思考：基于全国 15 个城市的实践 [J]. 中国卫生事业管理，2019（1）：23 - 28.

② 姚虹. 老龄危机背景下我国长期护理保险制度试点方案的比较与思考 [J]. 社会保障研究，2020（1）：48 - 56.

③ 王铮. 我国长期护理保险制度优化研究：国际经验与中国模式 [D]. 北京：对外经济贸易大学，2019.

险和保险市场的规范化运作，同时需求侧即居民的意愿诉求也不容忽视，其参保意愿在很大程度上影响着保险的可持续性和保险制度的有效性。现阶段，我国正在开展的长期护理保险制度试点工作主要侧重于供给侧，以期通过完善供给来实现需求满足，这些供给策略不可避免地带有波动性和滞后性特征，而基于参保需求尤其是居民参保意愿基础上实施的供给策略会更加具有稳定性和持久性。

本节对国家、省、市层面长期护理保险制度试点相关政策中涉及居民参保意愿的内容进行了系统梳理，以期通过政策间的比较来展现不同政策中对居民参保意愿的重视情况。在国家政策层面，《关于开展长期护理保险制度试点的指导意见》（人社厅发〔2016〕80号）指出，要充分调动广大人民群众参与试点的积极性和主动性；2020年5月国家医保局发布的《关于扩大长期护理保险制度试点的指导意见》（征求意见稿）指出，要加强宣传引导，做好政策解读，合理引导预期并及时回应社会关切。要引领全民参保的积极性和主动性，一项基础工作就是要了解居民的参保意愿，而"及时回应社会关切"更是明确表明需要关注居民的意愿诉求。虽然文件中并未直接出现"居民参保意愿"等字眼，但是不可否认的是，国家层面的政策已经体现出对居民参保意愿的关注。在省级政策层面，吉林省的政策在居民参保意愿方面略有深入和细化。《吉林省省直开展长期护理保险制度试点工作实施方案》（吉医保联〔2019〕10号）指出，要密切跟踪分析舆情，增强省直参保单位和职工的保险责任意识。其中"密切跟踪分析舆情"体现了对居民参保意愿的重视，跟踪舆情反馈的同时，还需要对其进行分析，实现科学引导。在市级政策层面，苏州市人民政府《关于开展长期护理保险试点的实施意见》（苏府〔2017〕77号）、荆门市人民政府《关于印发荆门市长期护理保险办法（试行）的通知》（荆政发〔2016〕43号）和成都市人力资源社会保障局《关于将失智导致的重度失能人员纳入长期照护保险保障范围的通知》（成人社发〔2017〕20号）均指出，参保人员可以根据自身需求，自愿选择护理的机构、方式与内容。这充分体现了对居民参保需求的重视，在某种程度上表明需要充分尊重居民的意愿选择。苏州市人民政府《关于开展长期护理保险试点的实施意见》（苏府〔2017〕77号）还指出，将参保人员满意度纳入对护理服务机构的考核评价体系，实现服务市场供给能力与群众需求相适应，明确要以需求为导向来制定失能等级评估办法。荆门市人民政府《关于印发荆门市长期护理保险办法（试行）的通知》（荆政发〔2016〕43号）指出，建立参保缴费激励机制，鼓励早参保、连续缴费。实际上，鼓励缴费就是鼓励参保，这与居民参保意愿密切相关，参保意愿越强烈，居民缴费的积极性就会越高。成都市人力资源社会保障局《关于将失智导致的重度失能人员纳入长期照护保险保障范围的通知》（成人社发〔2017〕20号）规定，无个人账户的城镇职工基本医疗保险参保者可自愿选择是否参加长期护理保险。这充分赋予了部分居民自由选择参保的权利，而提升他们的参保意愿是激励其积极参保的关键。市级政策中虽未出现明确的"居民参保意愿"内容，但是相比于国家和省级层面政策，在体现对居民参保意愿的重视方面已经有了长足的进步。

基于上述政策的梳理分析发现，从中央到地方的政策文件中均或多或少地涉及居民参保意愿的内容或体现出类似语义，且重视度呈现自上而下不断加深的趋势，但是目前并未有任何一项政策中明确提出要关注居民参保意愿。虽然长期护理保险在我国发展历时较短，试点工作也开展时间不长，但是政策和实践中的不重视，直接导致我国缺失对微观居民个体参保意愿调查的大规模数据，无法准确地把握居民的参保意愿情况，也难以将这些意愿诉求纳入政策议程中。长期护理保险虽然能够有效解决老年护理难题，但是制度成本非常高，一旦制度实施后出现效果偏差则难以再调整和再纠正（杨团，2016）[1]。因此，在推行长期护理保险制度的过程中必须将居民参保意愿考虑在内，通过开展适度规模的参保意愿调查研究，掌握意愿情况，并及时将意愿反映到制度设计中。

此外，从已有关于居民参保意愿调查的结果来看，长期护理保险居民参保意愿的整体水平不高。例如：孙正成（2013）[2] 基于对浙江省7市的调研发现，63.9%的受访者愿意参保长期护理保险；韩会娟（2015）[3] 通过对石家庄市中老年群体的调研发现，64%的受访者具有参保愿意；张奇林和韩瑞

① 杨团. 中国长期照护的政策选择［J］. 中国社会科学，2016（11）：87 – 110，207.
② 孙正成. 需求视角下的老年长期护理保险研究：基于浙江省17个县市的调查［J］. 中国软科学，2013（11）：73 – 82.
③ 韩会娟. 老年长期护理保险的需求与供给研究：以石家庄为例［D］. 石家庄：河北经贸大学，2015.

峰（2016）① 通过对青岛市市南区、崂山区和莱西市 18 岁以上居民的调研发现，64.71% 的受访者愿意参保长期医疗护理保险；杜霞和周志凯（2016）② 通过对榆林市 20～60 岁居民的调研发现，60.83% 的受访者愿意参保长期护理保险；李丹丹（2017）③ 则基于对济南市下辖 5 区的调研发现，55.86% 的受访者具有参保愿意。综合来看，大部分研究调查发现，六成左右的居民愿意参保长期护理保险，表明意愿总体水平一般，还存在较大的提升潜力。同时也有部分调研结果发现，居民参保意愿水平比较低。例如：陈璐和范红丽（2014）④ 通过对我国 24 个省 25 周岁以上居民的调研发现，仅 20% 的受访者愿意购买商业长期护理保险，而实际购买人数仅为样本量的 6%；张瑞利等（2018）⑤ 通过对南京市鼓楼区、秦淮区和江宁区的老年居民的调研发现，只有 32.7% 的受访者愿意参保长期护理保险。

综上可知，现阶段居民参保意愿整体水平偏低，这可能是由于长期护理保险的宣传工作不到位或是居民的风险意识、保险知识与观念欠缺所致。虽然参保意愿不强，但并不代表对长期护理保险的需求不高。这主要是急剧攀升的长期护理服务需求并未有效地转化为对长期护理保险的现实需求，因此政府在设计保险引导政策时必须将居民参保意愿考虑在内。同时也表明居民参保意愿具有较大的提升潜力和空间，而这需要着重探究影响居民参保意愿的因素及其作用机制，从而有针对性地提出政策建议，提升居民的参保意愿。

---

① 张奇林，韩瑞峰. 长期医疗护理保险居民参保意愿研究：来自青岛市的调查［J］. 社会保障研究，2016（2）：45－53.

② 杜霞，周志凯. 长期护理保险的参与意愿及其影响因素研究：基于陕西省榆林市的微观样本［J］. 社会保障研究，2016（3）：41－50.

③ 李丹丹. 济南市居民长期护理保险参保意愿研究：从风险偏好、风险认知角度分析［D］. 济南：山东财经大学，2017.

④ 陈璐，范红丽. 我国失能老人长期护理保障融资制度研究：基于个人态度的视角［J］. 保险研究，2014（4）：110－120.

⑤ 张瑞利，时明铭，徐佩. 老年居民长期护理保险认知及参保意愿调查研究：以南京市为例［J］. 华东理工大学学报（社会科学版），2018（4）：99－107.

## 1.2 概念界定与问题提出

### 1.2.1 相关概念的界定

厘清概念是研究的基础性前提，是研究问题和解决问题的逻辑起点。长期护理保险、居民参保意愿和驱动机理是本研究的核心概念，本节将对上述概念进行明确界定，以期为接下来的深入研究提供清晰的内涵和范围。

#### 1. 长期护理保险

长期护理保险（Long-term Care Insurance，LTCI）是指在一个比较长的时间内，持续地为患有慢性疾病或者功能性损伤的人提供的护理费用补偿（Health Insurance Association of America，1997）①。根据加拿大人寿和健康保险协会的界定，长期护理保险是指为那些因为慢性疾病、残疾、认知障碍或其他由于年龄增长所造成的疾病而生活不能自理的人提供的经济保障（Canadian Life and Health Insurance Association，2012）②。克雷默和詹森（Cramer & Jensen，2006）③ 认为，长期护理保险是为那些疾病难以恢复或者失能的参保人为接受护理服务而支付的各种费用给予补偿的一种健康保险。林宝（2015）④ 对其的定义是为那些因年老、疾病或伤残而丧失日常生活自理能力从而需要长期照护的人员提供护理费用或护理服务的保险。荆涛（2010）⑤ 将其界定为对参保人因年老、严重或慢性疾病和意外伤残等导致

---

① Health Insurance Association of America. 1997. Long-term care: Knowing the risk, paying the price. Washington, U. S. Health Insurance Association of America.

② Canadian Life and Health Insurance Association. 2012. A guide to long-term care insurance ［R］. https: //www. clhia. ca/web/CLHIA_LP4W_LND_Webstation. nsf/resources/Consumer + Brochures/ $ file/ Brochure_Guide_Long_Term_Care_ENG. pdf.

③ Cramer, A. T., Jensen, G. A. Why don't people buy long-term-care insurance? ［J］. Journals of Gerontology Series B-Psychological Sciences and Social Sciences, 2006, 61 (4): 185 – 193.

④ 林宝. 对中国长期护理保险制度模式的初步思考 ［J］. 老龄科学研究, 2015 (5): 13 – 21.

⑤ 荆涛. 建立适合中国国情的长期护理保险制度模式 ［J］. 保险研究, 2010 (4): 77 – 82.

身体上的某些功能全部或部分丧失，生活无法自理，需要入住长期护理机构（例如：安养院等）接受长期康复护理或居家接受他人护理时支付的各种费用给予补偿的一种健康保险。综合上述观点，本研究认为长期护理保险主要是指对参保人因日常生活无法自理，需要入住护理院或居家接受他人护理所产生的护理服务费用给予部分补偿的一种健康型保险。

从类型上划分，长期护理保险主要分为社会保险和商业保险两类。社会长期护理保险由政府主办，坚持"保基本、广覆盖、可持续"的原则，是提供基本护理服务保障的强制性保险，其保障水平有限；而商业长期护理保险由保险机构自主经营、自负盈亏，坚持个人自愿的参保原则，能够实现较高水平的护理服务保障（朱铭来和贾清显，2009[①]）。从产品属性上划分，长期护理保险属于准公共物品，在保险供给方面需要政府和市场共同提供（郭淑婷，2017）[②]。鉴于长期护理保险正在成为一种公共需求，政府应该考虑将长期护理保险以独立险种的形式纳入社会保障体系，充分发挥政府干预和资金支持功能，同时引入市场主体来共同参与保险产品和服务的供给，提高资源配置效率（郝君富和李心愉，2014[③]；孙正成和兰虹，2016[④]）。综上所述，基于我国现实情况和新建制度的过渡需要，混合长期护理保险是适合当下国情的最佳供给模式。混合长期护理保险模式是指在建立和完善社会长期护理保险的基础上，引入具有补充功能的商业长期护理保险，形成多层次的长期护理保障网络。

## 2. 居民参保意愿

意愿（intention）是一个心理学概念，现已被广泛应用于管理学和社会学研究当中，泛指个体对执行某项特定行为的心理倾向，也可理解为对执行

① 朱铭来，贾清显. 关于构建我国长期护理保险制度的思考［C］. 金融危机：监管与发展：北大赛瑟（CCISSR）论坛文集，北京：北京大学中国保险与社会保障研究中心，2009：462 – 474.

② 郭淑婷. 基于ILO模型的长期护理保险筹资机制研究［J］. 老龄科学研究，2017（11）：12 – 22.

③ 郝君富，李心愉. 德国长期护理保险：制度设计、经济影响与启示［J］. 人口学刊，2014（2）：104 – 112.

④ 孙正成，兰虹. "社商之争"：我国长期护理保险的供给困境与出路［J］. 人口与社会，2016（1）：83 – 93.

某项行为的主观概率的判断（Bird，1988）①。科特勒（Kotler，1994）② 指出，任何行为的发生都可能会受到意愿的驱使。阿耶兹和菲什拜因（Ajzen & Fishbein，1980）③ 将行为意愿定义为个体对采取某项行为的主观意愿程度，意愿具有一定程度上的自发性，在不受外部情境因素干扰的情况下，意愿能够准确地预测实际行为。目前国内学界关于参保意愿的研究多是针对养老保险、医疗保险和商业健康险等，对于长期护理保险居民参保意愿的研究并不多见，因此其概念尚未得以明确界定。在借鉴已有相关概念的基础上，本研究将居民参保意愿定义为居民参加长期护理保险的意图倾向，这种倾向可能是积极的，也可能是消极的，或是无所谓的。随着高龄、失能老年人口规模日趋庞大，老年人对长期护理保险的需求持续攀升，其参保意愿是构成该需求的前提，实际上反映的是他们对长期护理保险的潜在需求。此外，根据长期护理保险的分类，本书研究的居民参保意愿分为社会长期护理保险居民参保意愿和商业长期护理保险居民参保意愿两类。

### 3. 驱动机理

驱动机理（Driving Mechanism）虽然没有明确的概念界定，但是在管理学研究中已经得到较多的关注。针对研究问题，学者通常以探讨其驱动因素及因素间的相互作用关系机制来揭示该问题的驱动机理。例如：陈等（Chen et al.，2019）④ 采用扎根理论编码分析，构建了个体心理因素、分类授权感知因素和情境因素影响城市居民垃圾分类行为的驱动机理模型；焦等（Jiao et al.，2020）⑤ 整合政府、市场和资源三种驱动取向及其下 20 个驱动

---

① Bird, B. Implementing entrepreneurial ideas：The case for intention ［J］. Academy of Management Review, 1988, 13（3）：442 – 453.

② Kotler, P. Marketing management：Analysis, planning, implementation, and control ［M］. 8th edition, Prentice Hall, Upper Saddle River, 1994.

③ Ajzen, I., Fishbein, M. Understanding attitudes and predicting social behaviour ［M］. Prentice – Hall, Englewood Cliffs, NJ. 1980.

④ Chen, F. Y., Chen, H., Wu, M. F., et al. Research on the driving mechanism of waste separation behavior：Based on qualitative analysis of Chinese urban residents ［J］. International Journal of Environmental Research and Public Health, 2019, 16（10）：1859.

⑤ Jiao, J. L., Wang, C. X., Yang, R. R. Exploring the driving orientations and driving mechanisms of environmental innovation：The case study of the China Gezhouba ［J］. Journal of Cleaner Production, 2020, 260.

因素的相互作用机制来揭示中国葛洲坝集团环境创新的驱动机理。结合已有研究的思路，本书将驱动机理界定为影响因素对于居民参保意愿所产生的明显作用过程及其方式，或者理解为影响因素作为过程变量与参保意愿结果变量间的关系及其强度。

## 1.2.2　研究问题的提出

在人口老龄化引致长期护理需求攀升、传统家庭保障功能持续弱化和现行社会保障体系缺失长期护理保障项目的社会大背景下，发展长期护理保险成为破解老年护理难题的关键。考虑到未来长期护理保险需求的高速增长趋势，目前我国正在积极开展长期护理保险制度试点，以期尽快探索建立适合国情的长期护理保险制度。多年以来，关于我国长期护理保险问题的研究多是从国家宏观层面展开的，聚焦政策制定、制度设计和模式选取等，而缺乏对居民参保长期护理保险微观层面的探究。虽然长期护理保险制度的建构要由政府来主导实施，但是居民是保险的最终参保主体，也是制度实施的支撑点、着力点与落脚点，因此长期护理保险的可持续发展和制度的有效建立均离不开居民参与，而居民参保意愿则是构成其参与保险建设和保险制度建构的直接动力。

长期护理保险在我国是一个新兴的险种。就其发展现状而言，社会长期护理保险尚在试点，相关制度设计还不完善，商业长期护理保险则发展滞缓，市场占有率过低。鉴于此，政府和保险机构除了从自身发力外，还有必要从保险的需求方着力，即关注居民参保意愿。社会长期护理保险虽然带有强制性，但并不意味着居民的意愿就无关紧要，政府研究制定的保险缴费比例、基金筹措方式、待遇给付形式和责任分担机制等诸多问题，关系到居民切身利益，必须以充分尊重居民的参保意愿为前提，这样制定出的保险制度才容易获得广大居民的支持。对于保险机构而言，了解居民参保意愿，可为其决策提供参考，据此设计更加具有针对性的保险产品，满足不同群体的多样化需求。此外，由于我国现有的社会保险总体缴费率已经很高，再将长期护理保险纳入社保体系，无疑会进一步加重居民的缴费负担，而这也需要考虑到居民的参保意愿问题。然而，在我国现行的试点政策和试点实践中，居民参保意愿并未受到应有的足够重视，且从已有关于居民参保意愿的调查结果来看，参保意愿整体水平偏低。因此，适时开展居民参保意愿驱动机理研究就愈发具有现实价值和时代意义，能够为推行社会性保险和推进商业性保险提供依据，为建立长期护理保险制度提供参考。

因此，从微观的居民个体角度来系统分析"长期护理保险居民参保意愿驱动机理"，这是本研究的核心问题。具体而言，本研究之所以选取"参保意愿"而非"参保行为"，是因为目前社会长期护理保险参保对象范围狭窄（试点地区多限定为城镇职工医疗保险参保者），以参保行为作为研究变量，会将许多潜在的参保者排除在外，严重低估居民对长期护理保险的需求。同时由于实际参保商业长期护理保险的居民非常少，不利于开展调查研究，因此经过慎重考虑，本研究将核心聚焦于居民"参保意愿"。需要说明的是，已参保居民的意愿同样值得关注。这是因为虽然其参保行为具有强制性，但意愿与行为可能相同，也可能存在相反的情况，因此参保意愿是其自愿参保行为的反映。此外，虽然已有研究对长期护理保险居民参保意愿影响因素进行了探讨，但是多为选择少数几个因素开展的验证性分析，缺乏对影响因素的系统归纳和相应的机理分析。

## 1.3　研究目的与研究意义

### 1.3.1　研究目的

本研究旨在对长期护理保险居民参保意愿的驱动机理进行系统化的深入探讨与研究，以期厘清居民参保意愿的影响因素体系、各影响因素对参保意愿的作用关系以及影响因素间的相互作用机制。以核心研究议题为指引，基于探索性的扎根理论质性研究方法，挖掘和提炼居民参保意愿的内在和外在影响因素，厘清其对参保意愿的影响路径和彼此间的作用关系，在经典的行为、风险和信任理论与理论模型基础上，结合居民参保意愿影响因素文献综述，构建长期护理保险居民参保意愿驱动机理综合理论模型，并提出基于"认知－情境－意愿"的整体分析框架。根据理论模型中的影响因素，借鉴已有成熟量表和相关量表或根据变量的操作化定义，开发长期护理保险居民参保意愿调查问卷，以获取用于实证研究的基础数据。在数据信度和效度检验的基础上，使用独立样本 T 检验、单因素方差分析、结构方程模型和层次回归分析等多种数理统计方法，分析居民参保意愿的特征差异和内部与外部驱动机理，据此重新修正构建的综合理论模型。依据质性和量化研究结果，从政府和保险机构两个层面分别提出有针对性地提升居民参保意愿的政策建议，以期为我国长期护理保险制度的建立提供参考。

## 1.3.2　研究意义

居民参保意愿属于微观范畴的个体决策行为意愿的一种，而提升居民参保意愿的政策是宏观的公共政策领域中的一项，本研究通过分析居民参保意愿的影响因素，并据此提出提升参保意愿的政策建议，使微观个体行为研究与宏观公共政策研究相结合，丰富了个体决策行为领域和公共政策领域的研究内容，对于如何通过宏观政策调控来引导微观个体行为具有重要的理论指导意义。具体的理论意义体现在以下几点：一是长期护理保险居民参保意愿综合理论模型的构建进一步丰富了居民参保意愿理论研究，为涉及其他保险的居民参保行为意愿或行为研究提供了有益的理论借鉴；二是对居民参保"态度－意愿"差距存在形式、产生原因和弥补路径的分析，拓展了个体行为研究的视角，丰富了态度与意愿关系的理论研究；三是开发的长期护理保险居民参保意愿调查问卷在该领域的纵深研究中发挥着基础工具的作用；四是采用定性方法构建理论模型和定量方法进行实证检验的混合研究方法开展分析，丰富了居民参保意愿研究视角；五是通过对异质性居民参保意愿的差异性分析和内外部驱动因素的路径检验，为提升居民参保意愿的针对性政策建议的提出提供了数据支撑和实证基础。

本研究具有重要的实践意义，主要体现在以下几点：一是在研究背景部分通过预测 2020～2100 年失能老年人口规模及其变化趋势情况来研判我国长期护理保险需求的未来变化，对于继续开展第一阶段试点和进行第二阶段试点具有重要的证据意义；二是了解长期护理保险居民参保意愿影响因素，对于推动长期护理保险发展以及保险制度的推广与普及工作具有重要意义，对于政府制定提升居民参保意愿的引导政策具有重要参考价值；三是识别异质性居民参保意愿的差异性，对于保险机构设计更加多样化、个性化且贴近居民需求的保险产品具有重要的指导价值。总之，长期护理保险作为一个新兴险种，研究居民参保长期护理保险意愿的影响因素及其作用机制，对于探索建立符合我国国情的长期护理保险制度，乃至构建长期护理保障体系具有重要的实践价值。

## 1.4 研究内容与方法

### 1.4.1 研究内容与结构

根据研究目的，本书首先在梳理相关理论和文献综述的基础上，基于扎根理论研究方法分析居民参保意愿驱动机理，并构建长期护理保险居民参保意愿驱动机理综合理论模型，根据理论模型提出研究假设。其次，基于开发的长期护理保险居民参保意愿调查问卷，获取实证研究数据，使用多种数理统计方法分析居民参保意愿的特征差异和驱动机理，对研究假设进行检验，并重新修正构建的理论模型。最后，依据质性研究和实证研究结论，分别从政府和保险机构层面提出有针对性地提升居民参保意愿的政策建议。本书的具体结构如下：

第 1 章是绪论。本章主要介绍研究背景，明晰概念并提出研究问题，明确研究目的与意义以及研究内容、结构、方法与技术路线，突出研究的创新点。

第 2 章是理论基础与文献综述。本章重点梳理行为、风险和信任相关经典理论与理论模型，系统化综述长期护理保险制度研究和长期护理保险居民参保意愿影响因素研究的相关文献，以此奠定本研究的理论和文献基础。最后在对相关理论和文献梳理作出简要研究述评的基础上，提出研究方向。

第 3 章是居民参保意愿驱动机理理论模型构建。本章在第 2 章回顾行为、风险和信任相关经典理论与理论模型以及长期护理保险居民参保意愿影响因素研究的相关文献的基础上，基于探索性的扎根理论质性研究方法，对居民深度访谈资料进行编码分析，提炼概念范畴、聚合形成主范畴并挖掘主范畴间的典型关系，构建长期护理保险居民参保意愿驱动机理综合理论模型，并提出基于"认知－情境－意愿"的分析框架对驱动机理进行阐释，在此基础上提出研究假设。

第 4 章是居民参保意愿驱动机理实证研究设计。本章首先介绍实证研究方法的选取和研究量表开发的步骤与原则，并且详细介绍本研究初始测量题项的生成与修正的整个过程。其次系统介绍本研究试调研的实施过程、初始测量量表的信度与效度检验和量表修订与正式问卷形成的过程。最后详细介绍基于正式调查问卷实施的调研过程，分析调研数据的样本特征，并对数据进行正态分布和信度与效度检验，为后续实证分析提供高质量的数据基础。

第 5 章是居民参保意愿驱动机理分析。本章首先采用独立样本 T 检验和单因素方差分析方法对异质性居民参保意愿的差异性进行分析。其次对居民参保意愿驱动因素进行描述性统计分析，发现参保"态度－意愿"差距的存在。再次在相关性分析的基础上，使用结构方程模型对居民参保意愿的内部驱动因素进行路径分析，对基于理论模型提出的研究假设进行检验。然后使用层次回归分析对外部情境变量对参保"态度－意愿"间路径关系的调节效应进行检验。最后在上述实证分析的基础上对第 3 章构建的综合理论模型进行再修正。实证研究结论也为后续政策建议的提出提供了科学依据。

第 6 章是研究结论、建议与展望。本章首先从质性研究和实证研究两个角度总结本研究的主要结论和发现。其次，在上述基础上，从政府和保险机构两个层面分别提出提升居民参保意愿的有针对性的政策建议。最后介绍本研究中存在的局限性和对未来工作的展望。

## 1.4.2  研究方法

针对上述研究内容，本研究在梳理行为、风险和信任经典理论与模型和回顾相关文献的基础上，首先采用质性研究方法提炼居民参保意愿影响因素，构建综合理论模型，并提出研究假设，然后使用量化研究方法对居民参保意愿驱动机理进行验证，检验构建的理论模型和提出的研究假设。研究方法具体如下。

## 1. 文献研究法

文献研究法是通过查阅、整理和归纳相关文献，在对这些文献分析和探讨的基础上，形成对研究问题的客观认知和评价的方法。本研究采用文献研究法系统化梳理和回顾长期护理保险制度研究、长期护理保险居民参保意愿影响因素研究的相关文献，奠定了本研究的文献基础。

## 2. 访谈法与问卷调查法

访谈法和问卷调查法是调查方法的两种基本形式。其中，访谈法是一种研究者与受访者面对面接触或者借助网络实现面对面交流，结合既定的主题，通过有目的的交谈，来获取可靠有效资料的方法，准确且全面地收集访谈资料是开展扎根理论分析的基础和前提。本研究的访谈是采取面对面和在线访谈相结合的方式，将访谈对象设定为 20～59 周岁的本科及以上学历的中青年城市居民和具有一定威望、知识水平与致富能力的中青年农村居民，通过利用预先设计的半结构化访谈提纲与代表性居民进行一对一的深度访谈，最终确定 23 位访谈对象。问卷调查法是当前实证研究中最常用也是最有效的数据获取方法，通过将需要研究的变量操作化处理，编制合理的结构化问卷，然后选取合适调研方法和地点实施调查，最后收集和整理数据。在本研究试调研阶段，运用问卷调查法共回收有效问卷 107 份；在正式调研阶段，应用问卷调查法回收有效问卷 516 份。

## 3. 专家咨询法

专家咨询法是指通过邀请多位专家根据其自身的专业知识、技术专长和研究经验等，对某些问题作出评价和提出意见，经过多次交流与论证，最终获得趋于集中的综合咨询意见，并据此作出相应的修正或决策的方法。该方法常用于指标体系构建研究中的指标筛选、权重确定和指标调整等。本研究主要将专家咨询法用于编码分析结果的确认、理论模型的构建以及量表开发过程中测量题项的形成和修正，以此确保研究结论的科学性与准确性。

## 4. 扎根理论分析方法

扎根理论分析是一种质性研究方法，在收集和整理访谈资料基础上，运用系统化和科学严谨的程序步骤,使资料概念化和范畴化,凝练出与研究主题相关的核心范畴,然后深度挖掘这些范畴间的关联,从而实现自下而上地构建理论分析框架。本研究基于对 23 位代表性居民进行深度访谈获取的资料,使用探索性的扎根理论质性研究方法对访谈资料进行编码分析。首先通过开放式编码确定初始概念和概念范畴,其次通过主轴编码发现概念范畴间的逻辑关系,并提炼出主范畴,最后挖掘核心范畴,并确立核心范畴与主范畴及其他范畴的内在联系。在上述扎根理论分析结果的基础上,结合专家咨询,构建长期护理保险居民参保意愿综合理论模型,并据此提出研究假设。

5. 数理统计分析方法

本研究涉及的数理统计分析方法包括独立样本 T 检验、单因素方差分析、描述性统计分析、结构方程模型和层次回归分析。其中,独立样本 T 检验和单因素方差分析均为组间均值差异性的检验方法,前者适用于两个样本或两个分组变量均值差异的显著性检验,而后者则适用于三个及以上样本或分组变量均值差异的显著性检验。描述性统计分析是针对数据的均值和频数分析,通常以图表形式对数据的概貌进行描述。结构方程模型是一种强大的多元统计建模技术,常被用于检验所提出的理论模型和研究假设,而层次回归分析则是检验变量调节效应的适用方法。基于调研数据,本研究首先采用独立样本 T 检验和单因素方差分析方法对异质性居民参保意愿的差异性进行分析,其次采用描述性统计分析方法对居民参保意愿的各驱动因素进行描述分析,然后使用结构方程模型对居民参保意愿驱动因素进行路径分析,验证提出的研究假设,最后基于层次回归分析方法分析情境变量对态度和行为间路径关系的调节效应。

## 1.5 研究的创新点

本研究的主要创新点体现在以下三点:

(1)构建了长期护理保险居民参保意愿驱动机理综合理论模型,并提出基于"认知 – 情境 – 意愿"的分析框架。在相关理论基础上，将相对碎片化、缺乏系统梳理的参保意愿影响因素进行规整，结合访谈资料，基于扎根理论分析构建居民参保意愿驱动机理理论模型，据此提出基于"认知 – 情境 – 意愿"的分析框架来阐释居民参保意愿驱动机理。该框架打破了单一的"认知 – 意愿"框架，既考虑到影响参保意愿的心理认知因素，又考察外部情境因素的影响作用，为探究居民参保意愿驱动机理提供了多维视角。

（2）确认了在居民参保过程中存在参保"态度 – 意愿"差距，并验证了外部情境因素在弥补两者差距上的正向作用。通过对访谈资料的分析发现，居民在参保长期护理保险过程中存在态度高意愿低的意愿缺口。基于调研数据，采用描述性统计分析证实两者差距的确存在。采用层次回归分析发现，政策支持情境变量能够激励参保态度更多且有效地转化为参保意愿。

（3）分析了异质性居民参保意愿的差异性。按照居民的年龄、性别、受教育程度、收入等社会人口统计学特征和自评健康状况、患慢性病情况、医疗保险参保情况等健康状况维度，对居民参保意愿的特征差异性进行分析，为政府制定差异化的保险政策和保险机构设计个性化的产品提供了依据。

## 1.6 本章小结

本章首先系统介绍了发展长期护理保险的必要性、未来我国长期护理保险需求规模与趋势、正在开展的制度试点工作以及居民参保意愿对于保险建设和制度建构的重要性等研究背景，在界定相关核心概念的基础上，提出"长期护理保险居民参保意愿驱动机理研究"核心议题。其次阐明了研究目的以及研究的理论意义和实践意义，明确了研究内容、研究结构、研究方法和研究技术路线，最后阐述了本研究的主要创新点。

# 第 2 章

# 理论基础与文献综述

本章首先通过梳理行为、风险和信任相关经典理论及理论模型，以期为本研究综合理论模型的构建提供理论支撑，为整个研究设计奠定理论基础。其次，系统综述长期护理保险制度研究和长期护理保险居民参保意愿影响因素研究的相关文献，其目的是为后续研究提供科学依据和新思路。最后，对前述理论基础和文献梳理作出简要研究述评，指明本研究的方向。

##  2.1 相关理论及理论模型

### 2.1.1 行为理论与模型

#### 1. 行为决策理论

行为决策理论（Behavioral Decision Theory）是从组织行为学的角度探讨决策过程的理论。该理论的主要前提是，决策是组织中行为及绩效的基本过程。在不确定决策行为研究中，由摩根斯坦和诺依曼（Morgenstern & Neumann）提出的"期望效用理论"在很长一段时间内占据着统治地位，该理论的前提是假设所有决策者是完全理性的，在决策时只以效用值的大小作为决策依据。但是，随着决策环境日益复杂，决策者获取的决策信息更加模糊。此时，如果把人在决策时的心理行为考虑到决策当中，会发现与期望效用理论中追求效用最大化得到的结果不相吻合。20 世纪中叶，对于这一现象，法国经济学家阿莱斯（Allais）在 1953 年率先进行相关研究和实验，并于 1954 年提出"阿莱斯悖论"，这一论点说明了期望效用理论中的"效用函数为线性"的观点存在一定的问题。美国军事家埃尔斯伯格（Daniel Ellsberg）在 1961 年也提出了"埃尔斯伯格悖论"（Ellsberg Paradox），他指出人们在复杂的决策环境下进行决策并不是纯粹的理性，而是会受到心理因素的影响。20 世纪中叶，阿莱斯悖论（1953）[①] 和埃尔斯伯格悖论（1961）[②] 的相继提出动摇了以最大期望效用理论为基础的理性决策理论在决策科学中的统治地位。随后学者们开始了关于"决策主体的实际决策行为"的大探讨。爱德华兹（Edwards，1954）[③] 教授将认知心理学引入决策研究领域，勾勒出行为决策理论雏形，1961 年其发表的综述性论文《行为决策理论》对后续的研究产生重大影响[④]，肯尼曼和特沃斯基（Kahneman & Tversky，1979）[⑤] 对行为决策理论的研究得到学界的广泛认可。行为决策理论是从心理学的角度出发，认为决策主体在作出实际决策时是有限理性的，会受到自身的认知和心理因素影响，它是探讨决策主体实际决策行为和决策动因的描述性和解释性研究相结合的理论。

基于对理性决策理论难以解决的问题的研究推动了行为决策理论发展，从研究内容看，大致分为三个阶段：一是 20 世纪 50 ~ 70 年代，以最大期望效用理论为基础的"判断"和"抉择"信息处理过程研究阶段。"判断"在研究中的含义是"人们在估计某一事物发生概率的时候，整个决策过程是如何进行的"；"抉择"在研究中的含义是"人们在面对多个可选事物的情况下，是如何做挑选的"。研究框架基于认知心理学，认为决策主体的"判断"和"抉择"过程实际是信息处理过程，其决策主体的"判断"和"抉择"过程本质上包括信息的获取、处理、输出和反馈四个环节，主要研

---

①  Allais，M. Rational man's behavior in the presence of risk：Critique of the postul-ates and axioms of the American school［J］. Econometrica，1953，21：503 – 546.

②  Ellsberg，D. Risk，ambiguity，and the savage axioms［J］. Quarterly Journal of Economics，1961，75（4）：643 – 669.

③  Edwards，W. The theory of decision making［J］. Psychological Bulletin，1954，41：380 – 417.

④  Edwards，W. Behavioral decision theory［J］. Annual Review of Psychology，1961，12：473 – 498.

⑤  Kahneman，D.，Tversky，A. Prospect theory：An analysis of decision under risk［J］. Econometrica，1979，47：263 – 291.

究内容是探索和描述人们在"判断"和"抉择"中是如何具体进行每一个环节的实施。行为决策理论在这个阶段主要的研究方法是心理学实验方法，通过心理学实验探索人们在进行判断和抉择背后的心理因素，然后再就这些心理因素对决策行为中的判断和抉择的影响进行理论探讨，进而探索和描述人们在"判断"和"抉择"中是如何具体进行每一个环节的实施。应该说行为决策理论在这个阶段解释了许多理性决策理论无法解释的经济现象。但是，这个阶段的研究主要还是集中于探索理性决策理论的不足和弊端上，其研究往往处在规范性研究的先行阶段，没有划分出独立的研究领域，且受到研究方法的限制，行为决策理论在这个阶段对决策行为的研究显得比较单薄，加上理性决策理论正处在发展的高潮期，行为决策理论在学术界并没有得到重视。二是20世纪70年代中期至80年代中后期，以前景理论为代表的与理性决策理论相对照的研究阶段。在这一阶段，行为决策理论的研究对象扩大到决策过程的所有环节：情报环节、设计环节（包含判断）、抉择环节和实施环节，对决策行为中人们是如何具体地完成各环节进行了深入的探索，并取得丰富的研究成果。针对"期望效用理论"中所有决策者假设完全理性的观点，肯尼曼和特沃斯基总结发现了许多偏离传统最优行为的决策偏差，如不确定性效应（Certainty Efect）、反射效应（Reflection Efect）、锚定效应（Anchoring Efect）、后悔理论、过分自信等现象，在总结实验成果的基础上，肯尼曼和特沃斯基于1979年提出了充分展示人类决策行为复杂性和不确定性的前景理论。他们从心理学、行为学以及经济学等方面进行了大量的实验研究，发现人们在实际决策过程中的决策行为受不确定因素的影响很大，与完全理性的假设存在较大偏差。前景理论的基本研究单元是前景，表示各种可能发生的结果和概率。该理论的应用分为两个阶段，决策者首先需要确定合适的参照点，并将决策信息与参照点进行比较，构建出决策问题的"前景"，即各决策方案相对于参照点的"收益"或"损失"，然后对得到的"前景"进行评价，并得到决策结果。前景理论包含两个重要的函数：价值函数和权重函数。价值函数定义在收益和损失基础上，反映了决策主观效用和预期结果之间的差异程度。人们在面对损失时会进行风险规避，而在面对收益时则会选择大胆冒险。而权重函数表示的是每个结果发生的概率对"前景"的影响，是一种对结果发生概率进行评价的函数，是决策者对未来事件出现可能性的判断。这一阶段的研究将"判断"和"抉择"

行为与理性决策模型进行对照研究，并解释其差异产生的原因。行为决策学在这个阶段已经称为一门独立的研究学科，行为决策理论应用领域也逐渐拓宽至经济、金融和管理方面，同时前景理论的提出为行为经济学奠定了理论基础[①]。三是20世纪90年代以来，提炼行为变量嵌入理性决策分析框架研究阶段。此时研究主流不再执着于对传统理论的挑战和再造，而是侧重于对行为特征的概括、对行为变量的提炼以及对相关决策模型的建构。这种修正后的决策模型不仅考虑客观的备选方案以及环境对它们的影响，而且将决策主体的认知有限性、主观心理因素以及环境对决策主体的心理影响纳入解释范畴（邵希娟和杨建梅，2006）[②]，这样得到的模型普适性更强。可以说，这种渗透正是行为决策理论逐步走向成熟的一个标志。在行为决策理论的发展过程中，对人们实际决策行为进行描述性研究的研究方法起着十分重要的作用。在行为决策的萌芽阶段，由于人们实际决策行为的实证分析方法局限于心理学实验，行为决策研究的对象无法涵盖决策的整个过程，也无法与理性决策研究的领域脱钩。在行为决策理论发展的第二阶段，由于观察法、调查法和实验法的引入，尤其是经济实验法的日渐成熟，行为决策理论开始兴起并成为一个独立的研究学科。到了第三阶段，由于经济学实验法的广泛应用和其他实证研究方法的不断吸收，行为决策理论取得了长足的发展，并逐渐在现代决策理论中占据重要的地位。

## 2. 计划行为理论

计划行为理论（Theory of Planned Behavior，TPB）的源头可以追溯到费希宾（Fishbein）的多属性态度理论（Theory of Multiattribute Attitude）。该理论认为行为态度决定行为意向，预期的行为结果及结果评估又决定行为态度。费希宾和阿耶兹（Fishbein & Ajzen）发展了多属性态度理论，在1977年提出了理性行为理论（Theory of Reasoned Action，TRA）[③]。该理论认为个体的行为在某种程度上可以由行为意向合理地推断，而个体的行为意向又是

---

① Kahneman, D., Tversky, A. Prospect theory: An analysis of decision under risk [J]. Econometrica, 1979, 47: 263 – 291.

② 邵希娟，杨建梅. 行为决策及其理论研究的发展过程 [J]. 科技管理研究，2006（5）: 203 – 205.

③ Fishbein, M., Ajzen, I. Belief, attitude, intentions, and behavior: An introduction to theory and research [M]. Menlo Park, CA: Addison – Wesley Publishing Company, 1975.

由对行为的态度和主观准则决定的。人的行为意向是人们打算从事某一特定行为的量度，而态度是人们对从事某一目标行为所持有的正面或负面的情感，它是由对行为结果的主要信念以及对这种结果重要程度的估计所决定的。主观规范（主观准则）指的是人们认为对其有重要影响的人希望自己使用新系统的感知程度，是由个体对他人认为应该如何做的信任程度以及自己对与他人意见保持一致的动机水平所决定的。这些因素结合起来，便产生了行为意向（倾向），最终导致了行为改变。理性行为理论是一个通用模型，它认为任何因素只能通过态度和主观准则来间接影响使用行为，这使得人们对行为的合理产生有了一个清晰的认识，该理论有一个重要的隐含假设：人有完全控制自己行为的能力，人的行为是由个人的主观意志决定的，并且在行为发生之前要经过信息加工、分析和思考，即人是理性的。受"人是理性的"基本假设前提的约束，理性行为理论的适用性仅限于完全受意愿控制的行为，但在组织环境下，个体的行为要受到管理干预以及外部环境的制约，所以对于那些受到其他内外部情境因素干扰的行为，其预测效力会严重削弱（Fitzmaurice，2005[①]；于丹等，2008[②]）。因此，需要引入一些外在变量，如情境变量和自我控制变量等，以适应研究的需要。为扩大理论普适性，1985 年阿耶兹在理性行为理论基础上删掉态度和规范的相对重要性变量，增加新的知觉行为控制变量（Perceived Behavioral Control），提出计划行为理论（Theory of Planned Behavior，TPB）。知觉行为控制是指个体感知到执行某特定行为容易或困难的程度，它反映的是个体对促进或阻碍执行行为因素的知觉。知觉行为控制的组成成分可用态度的期望价值理论类推，它包括控制信念（Control Beliefs）和知觉强度（Perceived Power）。控制信念是指个体知觉到的可能促进和阻碍执行行为的因素，知觉强度则是指个体知觉到这些因素对行为的影响程度。阿耶兹于 1991 年发表《计划行为理论》一文，对理论进行完善，这标志着计划行为理论正式提出（Ajzen，1991）[③]。计划行为理论模型如图 2 - 1 所示。

---

① Fitzmaurice，J. Incorporating consumers' motivations into the theory of reasoned action ［J］. Psychology and Marketing，2005，22（11）：911 - 929.

② 于丹，董大海，刘瑞明，等. 理性行为理论及其拓展研究的现状与展望［J］. 心理科学进展，2008（5）：796 - 802.

③ Ajzen，I. The theory of planned behaviour ［J］. Organizational Behaviour and Human Decision Processes，1991，50（2）：179 - 211.

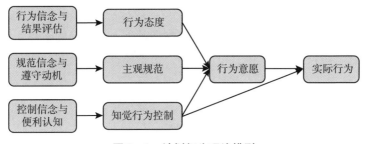

图 2 - 1 计划行为理论模型

计划行为理论的核心要素是个体执行某项行为的意愿，即为执行行为而愿意付出和努力的程度。计划行为理论指出，由个体意志控制的行为受到行为意愿的直接影响，意愿是行为的决定因素。个体执行该行为持积极正向的态度、感知到的社会压力越大，个体便会形成强烈的行为意愿，进而推动实际行为的产生（Ajzen & Madden，1986）[①]。而对于非意志完全控制的行为则受到意愿和个体对执行行为的能力、资源、机会等控制条件的影响。知觉行为控制是个体对执行特定行为难易程度的感知和对完成该行为信心持有程度的感知，可以作为上述控制条件的测量指标，因此知觉行为控制可以直接影响行为的发生。知觉行为控制主要受到个体内在的控制信念与外在的便利认知两方面的影响。在计划行为理论中，态度、主观规范、知觉行为控制共同受到外部变量的影响，包括人口学变量、个性特征等。因此这三个构念具有共同的信念基础，它们既彼此独立又两两相关。外部变量最终通过认知与意图对行为产生影响。

计划行为理论作为行为决策研究的基础理论模型，对行为决策过程有着高度的解释力和预测力。该理论提出以来，受到大量学者的青睐，成为许多研究的理论基础。其应用领域主要涉及亲环境行为（例如：节水、节能、回收利用和低碳环保等）、健康行为（例如：慢性病管理、老年健康管理、健康教育和养老模式选择等）、消费行为（例如：旅游消费、共享消费和购买行为等）等。随着计划行为理论应用范围的扩大，该模型在研究中被不

---

[①] Ajzen, I., Madden, T. J. Prediction of goal-directed behavior: Attitudes, intentions, and perceived behavioral control [J]. Journal of Experimental Social Psychology, 1986, 22 (5): 453 - 474.

断拓展。阿耶兹和德里弗（Ajzen & Driver，1991）[①] 指出，学者将计划行为理论应用于不同行为研究时，需要在原模型基础上增加新的解释变量或路径关系，从而提升模型的解释力和预测力。由于还有相当大部分的行为和行为意向不能被主要变量解释，许多研究者都在努力寻找其他能提高行为和行为意向解释力的变量，虽然这项工作任务至今没有突破性的进展，但这条研究道路的前景是可观的，就像理性行为理论到计划行为理论的发展历程那样，计划行为理论终有一天能获得突破。计划行为理论虽已获得大量研究的支持，也在不断地发展与完善，但仍存在以下问题：一是研究方法问题。计划行为理论依据价值期望理论定义主要变量的内容，并使用乘积和代表变量的测量值，而且在确定测量值时涉及量纲问题，这在一般的研究测量中较少出现。有大量研究运用计划行为理论解释和预测行为，但是许多研究者实际上并未采用乘积法和可靠的量纲来获取测量值，在收集编制问卷的项目时也并没有引出突显信念[②]和遵从一致性原则。这一方面可能是因为研究者认为该方法不够科学和适当，另一方面也可能是因为这种采集数据的方法不便操作，不论何种原因，我们今后应当将一些研究兴趣转移到提高计划行为理论研究方法的准确性、可靠性上，也许这些方面的进步能在一定程度上真正提高计划行为理论的解释力和预测力。二是研究方向问题。计划行为理论不仅可以用来解释和预测行为，还能用来干预行为。该理论能够提供形成行为态度、主观规范和知觉行为控制的信念，而这些信念是行为认知和情绪的基础，通过影响和干预这些信念，可以达到改善甚至改变行为的目的。应该说切实可靠地干预行为是计划行为理论的一个重要特色之处。然而比较遗憾的是，目前很少有研究者运用计划行为理论干预行为，绝大多数研究都停留在解释和预测行为上，很大程度上降低了计划行为理论的实用价值。产生这种现状的原因可能是许多研究在测量方法上存在问题，它们不能提供有价值的信念基础，自然不能实现干预行为的目的，还有可能是研究者对干预行为意义的认识不够，所以提高测量方法，提高对干预行为意义的认识，都能提高计划行为理论的实际应用价值。

--------

① Ajzen, I., Driver, B. L. Prediction of leisure participation from behavioral, normative, and control beliefs: An application of the theory of planned behavior [J]. Leisure Sciences, 1991, 13 (3): 185 – 204.

② 个体拥有大量有关行为的信念，但在特定的时间和环境下只有一小部分的行为信念能被获取，成为态度、主观规范和知觉行为控制的认知基础，这些可以被获取的信念被称为突显信念。

### 3. 技术接受模型

为预测个体对信息系统的接受程度，1986 年戴维斯（Davis）在其博士论文中基于理性行为理论，同时吸收期望理论模型、自我效能理论等相关理论内核，提出两个主要影响变量：感知有用性（Perceived Usefulness，PU）和感知易用性（Perceived Ease of Use，PEU），感知的有用性反映一个人认为使用一个具体的系统对他工作业绩提高的程度，感知的易用性反映一个人认为容易使用一个具体的系统的程度，并建立了旨在解释和预测计算机广泛接受影响因素的技术接受模型（Technology Acceptance Model，TAM）[①]。1989 年戴维斯完善了技术接受模型[②③]，并于 1993 年[④]和 1996 年[⑤]两次对模型进行修正。

根据图 2-2 技术接受模型，外部变量、感知有用性、感知易用性和使用态度对使用意愿具有重要影响，其中使用态度和感知有用性直接影响使用意愿。使用意愿再直接作用于使用行为。其中，外部变量包括系统设计特征、用户特征、政策影响、组织结构等，为技术接受模型中存在的内部信念、态度、意向和不同的个人之间的差异、环境约束、可控制的干扰因素之间建立起一种联系，感知有用性反映了个体对信息系统能够提高其效率的主观评价，感知易用性反映个体对使用信息系统的难易程度的认知。根据模型，感知的易用性是由外部变量决定的，感知有用性由感知易用性和外部变量共同决定，感知有用性和感知易用性与态度直接相关，并通过态度间接影响意愿，再经使用意愿影响使用行为。同时，感知易用性直接影响感知有用

① Davis, F. D. A technology acceptance model for empirically testing new end-user information systems: Theory and Results [D]. Massachusetts Institute of Technology, 1986.

② Davis, F. D. Perceived usefulness, perceived ease of use, and user acceptance of information technology [J]. MIS Quarterly, 1989, 13 (3): 319–340.

③ Davis, F. D., Bagozzi, R. P., Warshaw, P. R. User acceptance of computer technology: A comparison of two theoretical models [J]. Management Science, 1989, 35 (8): 982–1003.

④ Davis, F. D. User acceptance of information technology: System characteristics, user perceptions and behavioral impacts [J]. International Journal of Man-Machine Studies, 1993, 38 (3): 475–487.

⑤ Davis, F. D., Venkatesh, V. A critical assessment of potential measurement biases in the technology acceptance model: Three experiments [J]. International Journal of Man-Machine Studies, 1996, 45 (1): 19–45.

性，而感知有用性则能够直接影响使用意愿（Davis，1989）[①]。

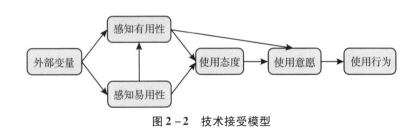

图 2 - 2　技术接受模型

技术接受模型是一个解释和预测信息技术使用的普适模型，具有高度的概括性和简洁性。技术接受模型中没有包括任何调节变量，所有影响信念的因素都以外部变量概括。但技术接受模型对外部变量的解释比较模糊，只是指出系统特征、开发过程、培训等因素通过感知有用性和感知易用性影响用户行为意图，但并没有明确哪些变量影响感知有用性，哪些变量影响感知易用性，从而没办法明确具体哪些变量如何影响用户的行为意图。在对技术接受模型持批评观点的学者中，阿尔加瓦和普拉萨德（Agarwal & Prasad，1998）明确指出技术接受模型中没有包括调节变量的影响力。而技术接受模型的大量实证研究证明，感知有用性始终是使用意愿的重要决定因素，因此理解感知有用性的决定因素及其对使用意愿的影响如何随时间变化是非常重要的。2000 年，文卡塔斯和戴维斯（Venkatesh & Davis，2000）[②] 在技术接受模型的基础上进行改进和完善，将模型分为两个过程：社会影响过程和感知工具性过程，并提出了影响个体感知使用信息系统的四个相互关联的社会影响——主观规范、自愿性、经验、形象和三个用户认知有用变量——工作相关性、产出质量、结果明确性。社会影响过程包括主观规范和形象两个因素，主观规范通过内化、认同、顺从的方式，使得用户以自己认为重要的人的信念作为自己的信念；它也会通过形象间接影响有用性认知；而且，它还能够直接影响使用意图。感知工具性过程反映的是用户对技术与任务适配的认知，用户首先考虑的是技术与工作的相关性，其次是技术的产出质量，

①　Davis, F. D. Perceived usefulness, perceived ease of use, and user acceptance of information technology [J]. MIS Quarterly, 1989, 13 (3)：319 - 340.

②　Venkatesh, V., Davis, F. D. A theoretical extension of the technology acceptance model：Four longitudinal field studies [J]. Management Science, 2000, 46 (2)：186 - 204.

在前两者满足的情况下还需要考虑的是产出结果的可理解性和易用性，即结果明确性。经验和自愿性被视为调节变量。他们将该拓展模型称为第二代技术接受模型，如图 2 – 3 所示。第二代技术接受模型研究表明，主观规范对使用意愿的影响受到自愿性的影响，即在组织环境中，主观规范在强制使用技术的情境中会影响用户的使用意愿。同时，主观规范对使用意愿和感知有用性的影响还受到经验的影响，即随着用户经验的增加，采纳决策对他人意见的依赖程度显著降低。与技术接受模型相比，第二代技术接受模型细化了感知有用性的影响因素，包括了社会影响因素和用户对技术的认知过程。但它仍然没有解决技术接受模型中存在的另一些问题，即控制因素和内部动机。

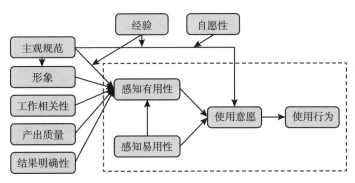

图 2 – 3　第二代技术接受模型（TAM2）

　　从技术接受模型到第二代技术接受模型，理论越来越成熟，预测能力也不断提高，但还存在一个非常重要的问题就是技术接受模型对从业者缺乏可操作的实践指导性。同时行业新闻也不断报道组织成功实施的主要障碍仍然是用户的低采纳率。因此学术界和行业界都提出，在实施过程中，管理者需要执行有效的干预以最大化 IT 采纳率。因此，2008 年，文卡塔斯和巴拉（Venkatesh & Bala，2008）[①] 在第二代技术接受模型的基础上引入锚定变量和调整变量，对技术接受模型进行再拓展和再完善，进一步扩大了该模型的适用范围。他们将该拓展模型称为第三代技术接受模型，如图 2 – 4 所示。文卡塔斯根据锚定与调整法则确认了感知易用性的一般决定因素，锚定变量

---

① 　Venkatesh，V.，Bala，H. Technology acceptance model 3 and a research agenda on interventions [J]. Decision Sciences，2008，39（2）：273 – 315.

包括计算机自我效能感、计算机焦虑感、计算机娱乐性和感知外部控制感，调整变量则包括感知愉悦性和客观可能性，概括为个体特征和系统特征。从另一个角度看，感知易用性的影响因素反映的是个体差异和计算机使用的一般信念，包括控制信念、内部动机和情感。随着影响路径数量的增加，经验变量的调节路径关系也进一步增加。第三代技术接受模型完全包含了上述两个模型的所有变量，且在考虑如何对技术采纳施加干预的同时并没有过多地考虑调节变量的影响，在继承第二代技术接受模型成果的基础上对于调节变量只是增加了新的调节关系。

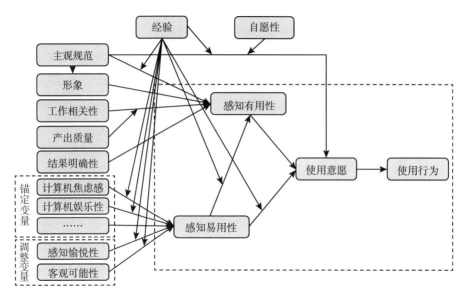

图 2 - 4　第三代技术接受模型（TAM3）

技术接受模型强调个体使用意愿决定其实际使用信息系统的行为。随着技术接受模型及其拓展模型的不断发展，国内外学者已将该模型运用于多个领域展开研究。但是，该模型存在一定的局限性，社会认知理论认为，如果个体对自己的感知有用性和感知易用性有所怀疑时，便不会产生使用意愿，其实际使用行为也不会产生。因此，感知有用性和感知易用性并不能囊括个体对信息系统的实际使用行为的所有影响因素，需要考虑到外部情境变量的影响。技术接受模型是预测用户是否采纳新的信息技术的工具，具有很强的实用性。但在实践中影响技术接受的因素是非常复杂的，而且针对不同的技术、在不同的环境中，其影响因素及其相互之间的关系也是不断变化的，技术接受模型要能够更好地解释预测信息技术的接受并为有关部门提供实践指导，还需要不断地完善。

### 4. 规范激活理论

规范激活模型（Norm Activation Model，NAM）是由施瓦茨（Schwartz）提出的用来解释助人行为影响因素的一套理论（Schwartz，1977）[①]。施瓦茨认为，尽管社会鼓励某种助人行为，但并不意味着所有的人都能听从社会的支配。利他行为是人们在社会生活中将外部不成文的规范内化为个人的规范、道德义务感、社会责任感、信念与价值观的结果。不遵循这些内化了的信念行事的人，不仅会受到社会的惩罚，也会受到内心的谴责。个人能否产生利他行为，有赖于其所形成的内化规范的性质（积极的还是消极的）、道德义务感的被激活，以及对所付代价和可能产生后果的评估等心理活动。在此之前，大多数心理学家对纯利己主义持怀疑态度，他们认为助人行为的动力源于求助者的回报或社会回报。也有研究表明，内在价值体系是个体实施助人行为的动力，而助人行为会受到情感觉醒、社会期望和自我期望的激活。综合上述因素，施瓦茨整合提出助人行为的动力源自于内在价值体系和规范，二者的激活促使个体道德义务感的产生。基于此，施瓦茨（1977）[②]提出规范激活理论，用于解释和预测个体亲社会行为。

规范激活理论共包括四个变量：个人规范、结果认知、责任归属和亲社会行为。其中，个人规范（Personal Norms，PN）是规范激活理论的核心，是指个体在执行某项行为时对自身责任与义务的认知和人们所持有的对自我的期望，并强调这些期望来自于社会共享的规范。同时，他强调了个人规范和社会规范的区别在于：个人规范的约束力与自我概念联系在一起，因此对于个人规范的违背将会导致个人内心的罪恶感、自我否定以及自尊的丢失；相反，对于个人规范的遵守将会带来自豪感、自尊的提升以及安全感（Schwartz，1970）。个人规范和普遍存在的社会规范之间一定会有重叠的部分，但与那些从外在约束个人行为的社会规范相比，规范激活理论中强调的

---

①② Schwartz, S. H. Normative influences on altruism［C］. In Berkowitz, L.（Ed.），Advances in Experimental Social Psychology（10，221－279）. New York：Academic Press，1977.

个人规范是人们内生的一种约束力量。因此施瓦茨认为的"规范"更加强调个人预期的提升，个人规范的核心特征是当个人决定开展某种行为的时候，其内心所感到的强烈的道德责任。结果认知（Awareness of Consequences，AC）是指个体对执行或不执行某项行为所产生结果的认识，即指行为人对待参与行为产生积极或消极影响的预期程度，社会行为理论认为人的多数行为是以目的性与结果为特征，是否践行某种行为会受到行为人对实施该行为后可能带来的影响的评估。责任归属（Ascription of Responsibility，AR）则是个体对不执行某项行为所产生后果的责任感（Schwartz，1973[①]；Schwartz & Howard，1981[②]；Stern，2000[③]），行为人对特定情境结果的责任意识越强，可以认为其具有较强的道德责任感，也将显著提高个人规范激活的可能性。亲社会行为作为一种利他行为，指符合社会期望但对行为人本身无明显或直接收益的行为。一般来说行为人的道德水平越高，其参与亲社会行为的意愿就越强，即个人规范与亲社会行为呈正相关。

根据规范激活理论，结果认知、责任归属和个人规范是影响个体是否执行某项亲社会行为的重要变量。责任归属和结果意识是激活个人规范的必要条件，在该理论中行为人首先会对行为本身可能带来的后果有一个预期的认知，在个人认知、社会责任的共同作用下产生亲社会责任感，结果意识和责任归属进而共同激活个人规范。施瓦茨认为结果意识和责任归属是受外部情境影响的亲社会取向的两个方面。目前关于这三个影响变量间的路径关系主要存在两种解释：调节路径关系和中介路径关系。调节路径关系认为个人规范直接影响亲社会行为的产生，同时两者间路径关系受到责任归属变量和结果认知变量的调节作用（Schultz & Zelezny，1998[④]；Hopper & Nielsen，

① Schwartz, S. H. Normative explanations of helping behavior: A critique, proposal, and empirical test [J]. Journal of Experimental Social Psychology, 1973, 9 (4): 349 – 364.

② Schwartz, S. H., Howard, J. A. A normative decision-making model of altruism [C]. In Rushton, J. P. & Sorrentino, R. M. (Eds.), Altruism and helping behavior (89 – 211). Hillsdale: Erlbaum. 1981.

③ Stern, P. C. Toward a coherent theory of environmentally significant behavior [J]. Journal of Social Issues, 2000, 56 (3): 407 – 424.

④ Schultz, P. W., Zelezny, L. C. Values and proenvironmental behavior: A five-country survey [J]. Journal of Cross – Cultural Psychology, 1998, 29 (4): 540 – 558.

1991①）。当个体具有强烈的责任归属和结果认知时，个人规范会推动亲社会行为的产生；反之，当个体对行为后果及所担负的责任感缺乏认知时，个人规范即使存在也难以产生亲社会行为。规范激活理论的调节路径关系模型如图 2 - 5 所示。

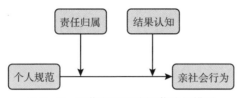

图 2 - 5　规范激活理论调节路径模型

部分学者认为结果认知、责任归属和个人规范对亲社会行为产生的影响是有顺序性的。一种观点认为会形成如下因果关系链：结果认知→责任归属→个人规范→亲社会行为，即结果认知通过责任归属和个人规范的双重介导作用于亲社会行为，责任归属对亲社会行为的影响由个人规范介导，而个人规范直接影响亲社会行为的产生（Eriksson et al.，2006②；De Groot & Steg，2009③）。这种规范激活理论中介路径关系模型（NAM1）如图 2 - 6 所示。此外，中介模型解释变量间关系还存在另外一种路径，即结果认识和责任归属两个变量通过个人规范的中介作用间接影响个体亲社会行为的产生（Zhang et al.，2013④；Wang et al.，2019⑤）。这种规范激活理论中介路径

①　Hopper，J. R.，Nielsen，J. M. Recycling as altruistic behavior：Normative and behavioral strategies to expand participation in a community recycling program [J]. Environment and Behavior，1991，23（2）：195 - 220.

②　Eriksson，L.，Garvill，J.，Nordlund，A. M. Acceptability of travel demand management measures：The importance of problem awareness，personal norm，freedom，and fairness [J]. Journal of Environmental Psychology，2006，26（1）：15 - 26.

③　De Groot，J. I. M.，Steg，L. Morality and prosocial behavior：The role of awareness，responsibility，and norms in the norm activation model [J]. Journal of Social Psychology，2009，149（4）：425 - 449.

④　Zhang，Y. X.，Wang，Z. H.，Zhou，G. H. Antecedents of employee electricity saving behavior in organizations：An empirical study based on norm activation model [J]. Energy Policy，2013，62：1120 - 1127.

⑤　Wang，S. Y.，Wang，J. P.，Zhao，S. L.，et al. Information publicity and resident's waste separation behavior：An empirical study based on the norm activation model [J]. Waste Management，2019，87：33 - 42.

关系模型（NAM2）如图 2 - 7 所示。相较于 NAM1 而言，NAM2 的使用范围更广泛且模型解释力更强，因此在研究中 NAM2 得以广泛应用并得到学者的认可。规范激活理论已在绿色消费、邻避工程、环境治理、节能减排等亲社会行为的相关研究中得到了有效的验证。

图 2 - 6　规范激活理论中介路径关系模型（NAM1）

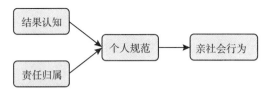

图 2 - 7　规范激活理论中介路径关系模型（NAM2）

### 5. 负责任环境行为模型

海因斯等（Hines et al.）在计划行为理论的基础上，从 380 篇与环境行为相关文献中筛选出 128 篇文献，通过对一系列因素进行元分析（Meta-analysis），并对相关变量进行提炼归纳，提出负责任环境行为模型（Responsible Environmental Behavior Model，REBM）[①]。该模型认为个体环境责任感与亲环境行为密切相关，责任感越强则会作出更多亲环境的行为。环境行为的发生是由个人行动意愿决定的，同时还会受到情景因素的影响，如时间点、事件发生地、行为人经济条件等。负责任环境行为模型如图 2 - 8 所示。

根据负责任环境行为模型，环境问题知识、行为知识和个性变量是影响环境行为产生的 3 个重要前因变量，并通过行为意愿这一中介变量作用于负责任的环境行为。个体首先要意识到环境问题的发生，对背后的原因有了大致的了解，才会去思考采取相关的行动，所以认识到环境问题是个体执行某项环境行为的先决条件；行为知识包括行动技能和行动策略知识，二者也是

---

① Hines，J. M.，Hungerford，H. R.，Tomera，A. N. Analysis and synthesis of research on responsible environmental behavior：A meta-analysis ［J］. Journal of Environmental Education，1987，18（2）：1 - 8.

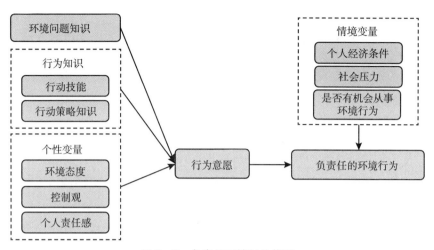

图 2 - 8　负责任环境行为模型

环境行为的决定因素，且行动策略知识与行动技能缺一不可，行动技能是指个体应用行动策略知识的能力，只有先掌握了相关的行动策略知识，结合行动技能才能转化成最终的行为。但问题意识和行为知识的具备并不足以引发实际行为，需要综合环境态度、控制观和个人责任感构成的个性变量共同作用于行为意愿，再经行为意愿介导转化为实际行为。其中环境态度指的是个人对环境行为的倾向和评价，在海因斯（1987）的研究中，环境态度指的是个人对负责任环境行为的感觉，是赞同或者反对，是喜欢或者不喜欢，包括对环境的一般态度和具体某一时间的态度，同时海因斯没有区分态度中的感情和认知成分；控制观指的是个人是否有能力改变自己的行为，具体分为内控型和外控型。内控型的人会把个人内在的性格、智慧等作为决定因素，相信通过自己就能改变现状，因此更倾向采取行动，而外控型的人则会更多地受到外界因素比如家人和朋友的意见所影响，认为自己的行动对现状的改变没有太多作用，因此不倾向采取行动。个人责任感是指个人是否有责任感或义务感，责任感可以分为社会责任感、企业责任感、个人责任感等。责任感强的人更会作出对自己、对他人负责的行为决策。在海因斯（1987）的研究当中，责任感是指一种义务，一方面是指对于整个环境的义务，包括社会及个人是否要保护环境的义务，另一方面指的是个体感受到是否有义务减少空气污染、是否有义务购买无铅燃料等。但是在某些情况下认知类因素并不能有效地预测环境行为，因为知识与意愿、意愿与行为间的关系较弱

（彭远春，2013）①。由于情境因素的复杂性增加了环境行为产生的不确定性，因此，个人经济条件（社会人口统计学特征）、社会压力以及是否有机会从事环境行为等情境变量也是影响环境行为的重要因素。

6. 态度 - 行为 - 情境理论

1995 年，瓜尼亚诺等（Guagnano et al.）基于对居民垃圾回收行为的研究，提出态度 - 行为 - 情境（Attitude-Behavior-Context，ABC）理论②。该理论在承认态度在一定条件下对人的行为起作用的基础上，更强调情境对人的行为的影响，即行为是由态度和情境互相影响的效应。态度并不总是转化为预期的行为，因为行为也会受到一系列外部情境因素的干扰。理论模型如图 2 - 9 所示。该理论认为个体的行为（behavior）不仅受到个体对执行某项行为的态度（attitude）影响，还受到外部条件（context）的作用，即个体的实际行为是态度和外部条件共同作用的结果（Stern，2000③）。不同于计划行为理论和规范激活理论将研究聚焦于个体态度上，态度 - 行为 - 情境理论除了探讨主观规范、价值观等个体态度对实际行为的作用，还考虑经济状况、政策法规和社会制度等外部条件对行为的影响。当情境因素的作用效果

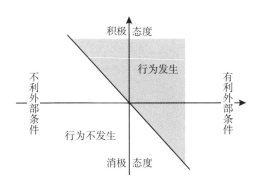

图 2 - 9　态度 - 行为 - 情境理论模型

① 彭远春. 国外环境行为影响因素研究述评 [J]. 中国人口·资源与环境，2013（8）：140 - 145.

② Guagnano，G. A.，Stern，P. C.，Dietz，T. Influences on attitude-behavior relationships：A natural experiment with curbside recycling [J]. Environment and Behavior，1995，27（5）：699 - 718.

③ Stern，P. C. Toward a coherent theory of environmentally significant behavior [J]. Journal of Social Issues，2000，56（3）：407 - 424.

为中性时，即情境因素所产生的影响较小时，人们的行为和态度具有较强的关系；当情境因素的作用效果极其有利或者不利时，即情境因素的影响较大时，则人们的行为与态度之间的关系极为微弱，几乎不存在任何关系。其中，情景因素为所有促进或阻碍行为的外部环境因素，包括物质、经济、法律及社会等因素。

根据该模型，行为发生与否由一条分界线分为两边，当态度与情境的累积效应为正时，即当个体持有积极态度，且外部条件有利于行为执行时，实际行为便会发生；而当个体持有消极态度，且外部条件不利于行为执行时，实际行为则难以发生。此外，当态度与情境对行为的影响方向不一致时，这取决于态度与情境的影响效应比较，即当态度微弱时，外部情境对行为的影响起决定作用；而当外部情境效应微弱时，态度则能够直接决定行为的产生与否。综上所述，态度－行为－情境理论的最大贡献在于发现内在态度与外在情境共同影响环境行为。

## 2.1.2  相关风险理论

风险（risk）一词来源模糊，学界对其内涵并无统一界定，不同研究领域依据其研究侧重点，对风险有着不同认知。总体而言，可将风险的定义归纳为以下五类代表性观点：一是损失可能说，从讨论风险与损失的联系出发，认为风险可以折算为货币数量，以损失数量来衡量风险（Haynes，1895[1]）；二是损失不确定说，强调风险是客观存在的和不确定的（Willett，2008[2]）；三是风险因素结合说，认为风险是个体和风险因素的结合体（周慧玲，1996[3]）；四是预期结果和实际结果变动说，认为风险是在一定条件下和一定时期内结果的变动，即预期结果减去实际结果等于风险结果（Williams & Heine，1985[4]）；五是主观认知说，认为风险具有主观性，个体风险

---

[1]  Haynes，J. Risk as an economic factor [J]. Quarterly Journal of Economics，1895，9（4）：409 – 449.

[2]  Willett，A. H. The economic theory of risk and insurance（1901）  [M]. Kessinger Publishing，LLC，2008.

[3]  周慧玲. 风险管理学 [M]. 武汉：武汉测绘科技大学出版社，1996.

[4]  Williams，C. A.，Heine，R. M. Risk management and insurance [M]. New York：McGraw-Hill. 1985.

认知影响风险程度（阎春宁，2002①；江生忠，2008②；李小敏和胡象明，2015③）。

20 世纪中叶以来，西方社会开始了对风险问题的大规模研究。随着不同领域的学者参与到风险问题的讨论中，风险的语义发生了扩展，技术层面和经济层面的"风险"，逐步表现出其"社会性"，成为社会学领域的核心议题。风险问题的研究大致可分为四个阶段：第一阶段是 20 世纪 50 年代，由核能安全引发的风险评估争论。第二次世界大战后美国原子能组织将核能技术列为可开发能源，但在核心的储存和运输过程中出现的一系列事故，引发人们对核能使用风险的重视。第二阶段是 20 世纪 60 年代，以核能和环境为代表的风险步入大众视野。不局限于前期风险问题的研究对象，该阶段风险的社会性得以体现，所有关注风险或受潜在风险影响的个体都可能成为风险问题的探讨者。第三阶段是 20 世纪 70 年代，该阶段新风险问题不断出现，旧风险问题从不同角度被强化。新技术出现所带来的价值观和伦理问题取代技术、经济问题成为潜在的风险，社会学家开始审视不同的全球环境问题的内在联系，心理学家也开始关注风险后果。第四阶段是 20 世纪 80 年代至今，风险研究领域的局限性逐渐被打破，全方位研究风险问题成为该阶段的特征。风险分析从技术、经济、伦理层面扩展到社会学、政治学等，风险研究主题扩展至生物技术领域，风险研究主体扩大至各领域。从四个阶段的风险研究范式来看，风险语义经历了由技术、经济层面向社会层面的转变，风险被赋予了"社会性"，成为社会理论的重要范畴。随着风险问题研究的深入，学者提出了诸多风险理论，其中以风险社会理论和风险认知理论最具代表性。

## 1. 风险社会理论

1986 年，德国学者贝克（Beck）在《风险社会》（*Risk Society*）中提出"风险社会"一词，即在人类社会发展历程中，风险与稳定、风险与发展相

---

① 阎春宁. 风险管理学［M］. 上海：上海大学出版社，2002.
② 江生忠. 风险管理与保险［M］. 天津：南开大学出版社，2008.
③ 李小敏，胡象明. 邻避现象原因新析：风险认知与公众信任的视角［J］. 中国行政管理，2015（3）：131-135.

伴而行，风险始终"与文明进程和不断发展的现代化紧密相连"①。而风险社会，是指在全球化发展背景下，因人类实践所导致的全球性风险对人类的生存和发展带来的严重威胁。相较于传统风险，风险社会具有独特性质：一是全球性，当代社会的风险不仅深刻影响个人，不再被局限于发生地，而更造成整个人类生存环境的恶化，产生无法弥补的全球性破坏，进而危及到整个人类社会的命运；二是人为性，风险是人类活动和社会的反映，伴随着人类的决策与行为日益渗透于社会，任何有人类活动与行为参与的领域都极有可能产生新的风险，人类进而通过制度和技术的努力应对风险，人为因素日益渗透到风险中成为"人为风险"，使得风险由外部力量转变为内生性的问题，进而加速风险社会的到来；三是难以预测性，风险的表现形式、出现时间都是难以精准预知的，甚至制造风险的主体都是模糊的，它们是人类的知觉体系所感受不到的，超出了人类的预警监测能力以及现代社会的控制能力；四是制度性，现代制度为风险的形成和扩散提供了最初的制度框架，现代社会风险日益呈现出制度特征；五是知识相关性，个体对知识的依赖程度越高，可能带来的风险越大。在风险社会理论发展的 30 余年里，贝克和吉登斯（Beck & Giddens）等学者形成了多种理论流派。梳理风险社会理论不同流派的代表观点，有助于理解风险社会的内涵，了解风险社会理论对于现代社会问题的应用逻辑。相关理论流派如下：

（1）贝克的风险社会理论。"反思现代化"是贝克关于风险社会的理论逻辑起点，即将现代化本身引发的风险看作现代社会与前现代社会的根本差异（Beck et al.，1994②）。他对现代化的反思包含两个方面的内容：一是现代化社会对工业社会造成的威胁，迫使风险社会的到来；二是在认知增长和难以预测性增强的背景下，对现代化社会自身存在的风险进行了深刻反思。他将现代社会的风险视作一个长期问题，因其包含多种因素，不能在局部上得到缓解，因此以政治手段应对和解决风险是较为有效的方法（Beck et al.，2003③）。

---

① 贝克，威尔姆斯. 自由与资本主义：与著名社会学家乌尔里希·贝克对话 [M]. 路国林，译. 杭州：浙江人民出版社，2001.

② Beck, U., Anthony, G., Scott, L. Reflexive modernization：Politics, tradition and aesthetics in the modern social order [M]. Cambridge：Polity Press, 1994.

③ Beck, U., Bonss, W., Lau, C. The theory of reflexive modernization：Problematic, hypotheses and research programme [J]. Theory Culture and Society, 2003, 20 (2)：1-33.

贝克认为，人类历史上各个时期的各种社会形态从一定意义上说都是一种风险社会，因为所有有主体意识的生命都能够意识到死亡的危险。风险一直与人类共存，但仅在现代之后，人类才日益成为风险的主要生产者，推动风险的结构与特征发生根本性变化，进而使得现代意义上的"风险"产生了，现代意义上"风险社会"的雏形出现了。这主要体现为两点：一是风险的"人化"，随着人类的决策和行动对自然与人类社会的影响力增强，人为的不确定性日益成为风险结构中的主导。二是风险的"制度化"和"制度化的风险"，原本人类为冒险或寻求安全建立的各种制度，其自身也带来风险，即运转失灵的风险，从而使风险的"制度化"变成"制度化"风险。

贝克对于风险社会的出现并不悲观，他依据"风险社会"理论，批判和改造"简单现代性"、改造资本主义社会，并利用新风险具有的政治反思性，推动制度变革，提出新的未来图景。随着全球化的不断推进，贝克提出了"全球风险社会"的概念，逐渐强调制度性风险，与吉登斯的理论更加贴近。

（2）吉登斯的风险社会理论。吉登斯与贝克同为风险社会理论的奠基人和开拓者，其关于风险社会的研究与贝克有诸多相似之处，但他的风险社会理论有三个鲜明的特点：

一是风险社会是现代化发展的必然结果，因此对风险的研究应关注人类日常生活、关注人类的未来发展，尽可能地规避可能发生的风险以建构安全社会（Giddens，1990）①；吉登斯认为风险社会的起源应追溯到两项与科学和技术不断增强影响力有关的根本转变，分别是自然界的终结和传统的终结。前者为自然的社会化，人类对自然的干预或改造，随着现代科学和技术的发展日益深刻，这即是现代社会"自然的终结"，是人类追求自我解放的结果。后者为传统的终结，随着反思现代化阶段的到来，现代制度逐渐实现普遍化的同时带来内部变化，也伴有诸多内部变化过程（传统的撤离），妨碍人类理性发挥的传统不断受到侵蚀和消解，推动人类进入后传统社会。吉登斯提出，自然和传统消亡后的世界，外部风险逐渐向"人造风险"转移。风险社会并非新的社会形态，而是现代化发展到高度阶段的产物，是现代性发展的双重后果之一。对此，吉登斯采取积极乐观的态度，创造"乌托邦现实主义的模式"以应对风险，力图降低风险的影响，尽可能规避风险，

---

① Giddens，A. The consequences of modernity［M］. Cambridge：Polity Press，1990.

甚至战胜它。

二是他将现代化风险分为外部风险和人造风险两类[①]，前者是指传统社会自身或其发展过程中存在的诸多不确定因素带来的风险，后者则是指人类为追求社会进步而人为制造出的风险。吉登斯指出，随着现代化和人类社会的发展以及科技的进步，相对于外部风险，人造风险对人类造成的威胁更多，更令人不安。它们来源于科学与技术不受控制和限制的推进，由此所产生的风险，并无多少人类的历史应对经验，同时风险的产生和发展也是无法被人类估计和推算的。与外部风险相比，人为风险有三个不同特点：①人为风险是现代制度长期成熟的结果，是人类对自然社会干预的结果；②其发生与影响无法被人类预测；③其带有严重后果的风险是全球性的。

三是风险具有两面性，人类应该把握风险、积极应对风险，将风险的消极面转化为积极面，这需要认识到所处的风险环境，并积极化解风险（Giddens，1999）[②]。吉登斯并没有完全一味地否定风险，而是保持辩证的态度，认为风险具有二重性。一方面，风险引发危险、危害和灾难，许多不可控不可测的风险可能引发的后果十分严重，使得人类无一例外都生活在风险的阴影之中；另一方面，风险也具有积极作用，风险将人类的目光转移到自身的现代化行为，明确是人类自己将风险创造出来的，另外，风险又将人类的目光转移到伴随着风险所产生的各种机会，扩大了人们的选择，带来了一个自由发展程度更高、发展更快、高度创新的社会。面对这一风险社会，要积极应对，并在风险与机遇之间保持平衡，积极化解风险。

### 2. 风险认知理论

风险认知（risk perception）是指个体对所处环境中各种客观风险的主观感受和直观判断。由于不同个体存在人格特征、知识经验、期望水平等个体因素差异，不同个体对风险的评估和反应不同，形成各自不同的风险认知特点，因此风险认知具有主观性（Slovic，1993）[③]。自 20 世纪 60 年代以来，风险认知研究吸引了来自心理学、社会学、管理学等领域学者的关注。

---

① 吉登斯. 失控的世界 [M]. 周红云，译. 南昌：江西人民出版社，2001.

② Giddens，A. Risk and responsibility [J]. Modern Law Review，1999，62（1）：1 – 10.

③ Slovic，P. Perceived risk，trust，and democracy [J]. Risk Analysis，1993，13（6）：675 – 682.

风险认知的研究方法颇多，费斯科霍夫等（Fischhoff et al.，1978）[1] 提出的心理测量范式比较有代表性，即运用心理测量及多元分析来定量求出有关风险态度和认知的数量表征或图式。通过标准化的问卷来获得公众的风险感知偏好，以心理量表为主要工具来获得原始调查数据，并采用心理物理标准及多元分析技术，对感知到的风险、利益以及其他方面进行定量分析和评估，获取人们的情感、情绪等数据，直接反映人们对待风险的态度。根据心理测量范式，风险认知通常受到忧虑风险和未知风险两类因素的影响。其中忧虑风险是与风险的灾难性与不可控程度相联系的，只涉及风险事件的可控程度、严重程度等方面；而未知风险则代表风险的可知性程度，主要涉及风险事件被了解程度、与其相关知识的普及程度等方面。后来斯洛维克等（Slovic et al.）又提出社会和个人暴露作为影响风险认知的第三个因素（Slovic et al.，1981）[2]。公众的风险认知结果与专家的风险评估结果存在较大差异，其根源在于两者判断标准的差异。公众习惯性凭借自身主观判断来进行风险认知，其主观判断不可避免会受到社会舆论、文化背景等因素的影响；而专家进行风险认知的一般标准都是客观数据。

从理论分类来看，风险认知理论分为知识理论、个性理论、经济理论、政治理论和文化理论（宋明哲，2002）[3]，其中知识理论、个性理论和文化理论在风险认知研究中应用最多。

知识理论认为知识可事先反映风险认知的趋势，个人科技知识水平是解释风险认知差异的最佳途径，认为个体风险认知程度受到其经验、经历等诸多知识性因素的影响。通过提高个体知识水平，能够提高其对风险的认识和应对能力，但也可能出现个体由于具备较高知识水平而产生盲目自信心理，导致风险认知和应对能力大打折扣。

个性理论认为每个人的个性差异都与风险认知有关，受风险影响的公众是独立的个体，存在年龄、性别、职业等多方面的差异，而这些差异会影响其风险认知水平。基于不同个体的个性化特性，风险研究者将这些个性化因

---

① Fischhoff, B., Slovic, P., Lichtenstein, S., et al. How safe is safe enough? A psychometric study of attitudes towards technological risks and benefits [J]. Policy Sciences, 1978, 9 (2): 127 – 152.

② Slovic, P., Fischhoff, B., Lichtenstein, S., et al. Perceived risk: Psychological factors and social implications [J]. Proceedings of the Royal Society of London. Series A, Mathematical and Physical Sciences, 1981, 376 (1764): 17 – 34.

③ 宋明哲. 现代风险管理 [M]. 北京：中国纺织出版社，2002.

素与对风险的认知能力和采取的风险处理行为相结合，为目标群体提供了诸多行之有效的风险应对策略。

文化理论则认为人们对风险的感知与维系既有的生活方式有关，认为风险认知受到个体所处的文化价值观、制度背景的影响，而非单纯依赖于个体主观感受。因此考虑个体文化、道德、价值观等因素，对评价个体的风险认知水平和风险应对能力具有重要意义。

### 2.1.3　信任理论与模型

20 世纪初期，德国学者西美尔（Simmel）在其《货币哲学》和《社会学》两部巨著中首先提出信任理论（trust theory）[1][2]。西美尔认为，交换作为一种人类互动行为，离不开信任。一旦离开信任，以货币为中介的交换就无法进行，进而社会就无法运行。"信任既是重要的社会综合理论，又是重要的社会综合力量，它不同于弱归纳性知识，在包含认知性因素的同时还包含超验的因素。"作为一种人格特征和心理状态，自信任理论提出之后，信任引起了心理学、社会学、管理学、经济学等多个学科领域的共同关注，并得以广泛应用。尽管尚未形成统一的定义，但"信任是社会运转和互动行为发生的前提保障"是信任理论研究的共识。伴随着传统社会向现代社会的逐渐转型，英国学者吉登斯在批判吸收之前社会理论的基础上，基于社会学、心理学、哲学等多学科综合视角建构了系统的信任理论体系，认为信任"最初源于人类个体的'本体性安全'需求"，"信任是对他人或系统的可依赖性所持有的信心"，并指出主动积极的信任终将取代被动信任[3]，他的信任理论是当今西方信任理论和信任社会学的研究基础，对于我们正确认识西方社会深刻的社会转型具有重要意义，对中国的信任社会理论、信任社会学也提供了重要的理论借鉴和方法论指导。就不同学科研究领域而言，信任理论也有不同的研究侧重。首先，心理学领域的信任理论。作为信任理论最初被应用的领域，心理学立足于人际信任，从可靠性和忠诚两个方面关注对方可信赖的评价、坚信对方关心自身需求并在需要时是可获得、可依靠的及对

---

① 西美尔. 货币哲学［M］. 陈戎女，等译. 北京：华夏出版社，2002.
② 西美尔. 社会学：关于社会化形式的研究［M］. 林荣远，译. 北京：华夏出版社，2002.
③ 吉登斯. 现代性的后果［M］. 田禾，译. 南京：译林出版社，2000.

未来关系的信心（Sorrention et al.，1995）[①]。其次，社会学领域的信任理论。信任放在社会学领域自然会被赋予"社会属性"，信任往往被认为是一种与个体所处社会环境有关的社会关系，社会、经济、政治等与信任密切相关，因此"信任是一个在社会关系和社会系统中产生并维持团结的整合机制"（Barber，1983）[②]。再次，经济学领域的信任理论。基于经济人假设前提，经济学家更加强调"理性信任"，即双方都会对利益、风险的计算与平衡而产生信任（Lewicki & Bunker，1996）[③]，此时信任充当含蓄契约以"润滑"经济交易（Arrow，1974）[④]。最后，管理学领域的信任理论。信任被视为一种组织控制方式，是个体和组织需要相互依赖而存在的现象。组织和个体利益的相互关联性，决定了任何一方在采取行动时会考虑该行动对另一方的影响（Kasper-Fuehrer & Ashkanasy，2001）[⑤]。本节将重点选取四个代表性的信任理论与模型进行阐释，具体如下：

### 1. 梅耶尔的组织信任模型

1995 年，梅耶尔等（Mayer et al.）[⑥] 在总结前人有关信任产生的原因、性质及其影响研究的基础上，综合考虑信任主体和被信任方的特征及风险的作用，将信任的前因变量和结果变量纳入信任整合模型，并认为"信任是一方不论在有无能力监督或控制对方的情况下，愿意将自己置于一种在容易被伤害的情况中主动地承担风险，亦即因为对别人的意图或行为有正向的期待，愿意承受伤害可能性的一种心理状态。"如图 2 - 10 所示，梅耶尔将信任的概念和信任的结构联系起来，综合考虑感知到的可信任性、信任方的信

① Sorrentino, R. M., Holmes, J. G., Hanna, S. E. et al. Uncertainty orientation and trust in close relationships: Individual differences in cognitive styles [J]. Journal of Personality and Social Psychology, 1995, 68 (2): 314 - 327.

② Barber, B. The logic and limits of trust [M]. New Brunswick: NJ: Rutgers University Press, 1983.

③ Lewick, R. J., Bunker, B. B. Developing and maintaining trust in work relationships [C]. In: Kramer, R. M., Tyler, T. R., Eds., Trust in Organizations: Frontiers of Theory and Reach, Sage Publications, Thousand Oaks, 1996: 114 - 139.

④ Arrow, K. J. The Limits of Organization [M]. New York: Norton Press, 1974.

⑤ Kasper-Fuehrera, E. C., Ashkanasy, N. M. Communicating trustworthiness and building trust in interorganizational virtual organizations [J]. Journal of Management, 2001, 27 (3): 235 - 254.

⑥ Mayer, R. C., Davis, J. H., Schoorman, F. D. An integrative model of organizational trust [J]. Academy of Management Review, 1995, 20 (3): 709 - 734.

任特点以及对信任环境的感知，并从信任方和被信任方两个角度探究组织间信任的具体产生机制。该模型把潜在受信者的可信赖度作为信任的诱发前因，包括被信任方的特征，即包括能力、善意和正直，是影响信任主体信任产生的重要因素。被信任方的上述三个因素所具备的程度越高，信任主体越容易对被信任方产生信任。其中，"能力"是被信任方是否具备满足信任主体需求的技术和知识，以及被信任方能否在特定的专业领域发挥具有影响力的技能和特征等；"善意"表现为被信任方不因个人利益产生损害信任主体利益的行为，即被信任方愿意对信任者给予的友好程度；"正直"是指被信任方主动向信任主体提供真实信息，相信被信任方与信任方存在一系列共同认可的原则并相互遵循，例如"言而有信""公正"等。

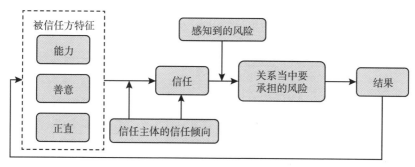

**图 2 - 10　梅耶尔的组织信任模型**

根据理论模型，信任主体的信任倾向对被信任方特征与信任间的路径具有调节作用，且对信任产生直接影响。其中信任倾向指的是相信他人的一般意愿，因每个组织在发展经历、文化背景和氛围等方面存在差异，信任倾向也会有所不同。信任倾向作为较为稳定的个体内在因素，正向影响着信任者对被信任者的信任程度。即信任者的信任倾向越大，其对被信任者的信任程度就越高。

信任会导致在该互动关系中承担一定的风险，而信任与风险承担间的路径关系受到信任主体感知到的风险调节。风险承担的结果反过来对被信任方的三种维度特征产生回调影响，即信任的反馈环路。当信任方在信任的态度下，冒险与承担风险的行为带来了积极的结果时，其对被信任方的信任态度和信任行为会得到强化；而当信任方在信任态度下所采取的冒险行为带来的是信任背叛、创新停滞、诚信缺失等消极后果时，信任态度则会弱化，信任关系会受到破坏。Mayer 等在 2007 年对上述理论模型进行了再回顾，并对分析层次、时间、控制系统、互异性和测量等主题进行了澄清和拓展（Schoorman et al.，2007）[①]。

### 2. 麦克奈特的初始信任模型

1998 年，麦克奈特等（Mcknight et al.）[②] 为解释初始关系中的高信任水平现象，基于个体信任倾向和基于制度的信任提出初始信任模型，通过探究"隐藏"因素和过程来解释信任双方初次见面所表现出的高初始信任。其中，个体信任倾向"可能会对部分人对他人的信任产生一定影响，对初始关系中的信任和信任信念产生显著影响。"由于该模型只适用于信任双方间的初次接触，因此排除了信任的经验过程（例如：观察被信任方的行为），但包括导致初始信任的认知过程和相关的因素。初始信任模型如图 2 – 11 所示。

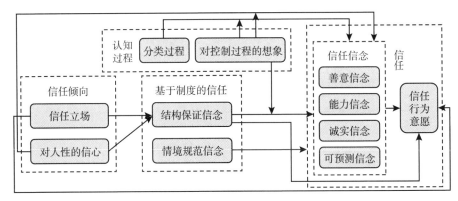

图 2 – 11　麦克奈特的初始信任模型

根据图 2 – 11，信任包括信任信念和信任行为意愿两部分。信任意愿指的是在一定的情境之下，信任主体愿意依赖客体的程度，即尽管可能会有不好的结果出现，信任主体依然愿意相信客体并相对安全地依赖客体的程度。信任信念指的是在一定的情境之下，信任主体对信任客体的信任程度，由认

①　Schoorman，F. D.，Mayer，R. C.，Davis，J. H. An integrative model of organizational trust：Past，present，and future ［J］. Academy of Management Review，2007，32（2）：344 – 354.

②　Mcknight，D. H.，Cummings，L. L.，Chervany，N. L. Initial trust formation in new organizational relationships ［J］. Academy of Management Journal，1998，23（3）：473 – 490.

知信念和与之相关的情感安全共同构成。信任主体对信任客体的信念，意味着相信信任客体在一定情境之下值得信任。另外，信任信念可以分为善意信念、能力信念、诚实信念以及可预测信念。麦克奈特认为，这些信念形成了较为核心和完全的认知概念，并表现在信任意图之中，又推动信任行为的产生。

信任的形成是由信任倾向、基于制度的信任和认知过程共同作用的结果。其中，信任倾向是指愿意依赖他人的倾向，分为信任立场和对人性的信心，前者是指个体在不同环境下对待不同人总是一贯地从人们是善良和可靠的角度出发；而后者是指个体相信他人是善意可靠的，是信任层面上的对依赖对方具有安全感。基于制度的信任是指个体相信制度结构在特定环境下支持其取得成功的可能性，包括结构保证信念，即相信成功是因为承诺、条例、法规等环境的保证，以及情境规范信念，即成功的可能性源于形势的稳定和正常性。其中，结构保证信念被系统信任所依赖，系统信任属于非个人结构的信念，"它支持的意愿要依赖于对方"。

认知过程包括分类过程和对控制过程的想象，前者是指个体可以通过分类过程的方式来判断他人是否可信，即通过对其分组，从中进行概括，使一个人对另一个人的善意、能力、诚实及可预测信念产生估计和判断。其中，分类过程可以分为三种分类机制，单位分组、声誉分类以及刻板印象，这些机制都对信任信念表示支持。同时，分类也支持情感安全，共同为信任奠定了基础。而后者则是在不确定的环境下，个体由于过于膨胀自己的控制知觉而认为事情在其控制当中，幻觉可以支持一个人对他人可信度的认知信念，也可以支持对他人信念中的情感安全。可以认为，它是一种填补空白的机制，只有在关于对方的事实缺失时才会得以突出。

从模型中变量的影响路径关系来看，信任行为意愿受到信任立场、结构保证信念和情境规范信念、信任信念的直接影响，同时受到对人性的信心、结构保证信念和分类过程的间接影响。对控制过程的想象在分类过程与信任信念、对人性的信心和信任信念、结构保证信念和信任信念的路径关系中起到调节作用。随着模型应用范围的扩大，2002 年麦克奈特等[1]在电子商务供

---

[1]　McKnight, D. H., Choudhury, V., Kacmar, C. The impact of initial consumer trust on intentions to transact with a web site: A trust building model [J]. Journal of Strategic Information Systems, 2002, 11 (3-4): 297-323.

应商的情境下对初始信任形成模型进行了拓展和修正，正式提出著名的信任建立模型（Trust Building Model，TBM）。该模型的核心要义是信任信念、信任意愿和感知到的网络风险对消费者参与遵循供应商的建议、与供应商共享信息和从网站购买这三种特定的行为意愿具有重要的直接影响。

### 3. 格芬的网购消费信任模型

2000 年，格芬（Gefen）[①] 以亚马逊网站为例，通过构建网购消费模型探讨了熟悉度和信任对消费者在网站上询问产品的意图。熟悉度是建立信任的先决条件，信任是社会行为的先决条件。研究数据显示，对互联网供应商的熟悉程度及其流程，以及对该供应商的信任，都决定了受访者网购询问的意图，以及他们网购消费的意图。他研究发现，熟悉度确实建立了信任，但主要是人们倾向于信任他们的供应商。熟悉和信任对消费者购买欲的影响尤为强烈，同时，信任和熟悉度是明显不同的结构，信任是熟悉度的标志，而非仅仅是人们的社会化信任倾向。

2003 年，结合之前已有的信任理论与研究结论，格芬在电子商务情境下提出了用于研究网购消费行为的基于技术接受模型背景下的信任模型（Gefen et al.，2003）[②]，如图 2 - 12 所示。在线购物的核心是与实际的电子供应商及其 IT 网站界面的交互，整合在线购买意愿是消费者对 IT 本身的评估，特别是其感知的有用性和易用性及对电子供应商信任的产物。整合这两种观点，格芬研究了在缺乏典型的人际互动的情况下建立在线信任的因素，这种互动往往会在其他情形下导致信任的产生。通过对有经验的重复网上购物者进行研究，消费者信任对在线商务的重要性与广泛接受的技术接受模型（TAM）使用前因、感知有用性和感知易用性一样重要。另外，该研究还证明了在线信任是通过四种方式建立的：一是相信供应商通过欺骗得不到任何好处；二是相信网站内置了安全机制；三是网站有典型的界面；四是网站有易于使用的界面。

---

① Gefen, D. E-commerce: The role of familiarity and trust [J]. Omega, 2000, 28 (6): 725 - 737.

② Gefen, D., Karahanna, E. Straub, D. W. Trust and TAM in online shopping: An integrated model [J]. MIS Quarterly, 2003, 27 (1): 51 - 90.

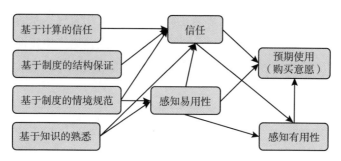

**图 2 - 12　格芬的网购消费信任模型**

根据图 2 - 12，基于计算的信任、基于制度的结构保证、基于制度的情境规范、基于知识的熟悉和感知易用性能够直接影响个体消费信任，其中基于制度的情境规范和基于知识的熟悉共同作用于感知易用性，呈现正相关关系。感知易用性和信任对感知有用性产生正向影响，感知易用性、感知有用性和信任又能够正向影响个体购买意愿。

### 4. 张的电子政务网站信任模型

2008 年，张等（Teo et al.）在杰洛涅和麦克莱恩（DeLone & McLean，1993[①]，2003[②]）关于信息系统模型的基础上提出电子政务网站信任理论模型（Model of Trust in E-Government Web Sites）[③]（如图 2 - 13 所示）。对电子政务网站的信任主要是由对政府的信任和对技术的信任两个维度决定的。同时，个体对电子政务网站的信任能够直接影响其对网站信息质量、系统质量和服务质量的感知，而上述三个质量变量又能够分别作用于使用者满意度和继续使用意愿。

对电子政务网站的信任除了通过网站质量感知间接影响使用者满意度和继续使用意愿外，还可以直接对其产生影响。通过实证发现，对政府的信任能够显著正向影响对电子政务网站的信任，而后者又能够显著正向影响网站

① Delone, W. H. , McLean, E. R. Information systems success: The quest for the dependent variable [J]. Information Systems Research, 1992, 3 (1): 60 - 95.

② Delone, W. H. , McLean, E. R. The Delone and McLean model of information systems success: A ten-year update [J]. Journal of Management Information Systems, 2003, 19 (4): 9 - 30.

③ Teo, T. S. H. , Srivastava, S. C. , Jiang, L. Trust and electronic government success: An empirical study [J]. Journal of Management Information Systems, 2008, 25 (3): 99 - 131.

质量感知变量，其中信息质量显著正向影响继续使用意愿，系统质量和服务质量显著正向影响使用者满意度，满意度又对使用意愿产生正向影响。对电子政务网站的信任能够正向影响使用者满意度和继续使用意愿。

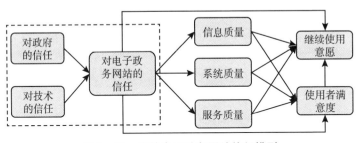

图 2 – 13  张的电子政务网站信任模型

张的研究首先将在线信任文献扩展到电子政务的背景下，公民的信任信念是电子政务网站成功的总体前提，直接影响了网站质量感知的形成。当网站用户接受电子服务时，他们对这些服务的态度和感知将会受到信任的影响。信任也会影响不同类别的质量感知，即信息、系统和服务质量。其次，研究通过假设"对政府的信任"和"对技术的信任"的不同影响，拓宽了电子政务背景下在线信任的被理解程度。对技术的信任是活跃用户对电子政务网站信任的重要预测因素，但对非活跃用户则不然。

通过将在线信任文献与更新的 D&M 模型相结合，张提出并测试了一个模型来评估电子政务网站在采用后阶段的成功程度。研究表明，公民对特定电子政务网站的质量认知会受到他们对电子政务网站的信任度的影响，在线信任还部分受到对政府线下信任的影响。因此，虽然网站属性，如对信息质量、系统质量和服务质量的看法通常被认为是影响电子政务最终结果的效率和有效性的关键成功因素，但实际上它是在依赖于用户之间的信任关系的基础上展开的。通过将"继续使用意愿"和"使用者满意度"作为两个最终因变量，证明信任和 D&M 模型不仅是良好的预测因素，而且它们不可避免地交织在一起，为未来如何让用户参与电子政务的研究提供了更广泛和更深入的视角。

## 2.2　文献综述

根据研究的核心议题和研究目的，本节主要梳理了有关长期护理保险制度研究和长期护理保险居民参保意愿影响因素研究的相关文献。在长期护理保险制度研究的文献梳理过程中，通过对国外长期护理保险制度发展研究的文献和国内长期护理保险制度模式选择研究的文献进行回顾，以期进一步明晰和理解社会长期护理保险和商业长期护理保险。对居民参保意愿影响因素研究的相关文献进行归纳和整理，其目的是服务于理论模型的构建。

### 2.2.1　长期护理保险制度研究

长期护理保险制度是国际上解决失能老年人日常生活照料和医疗护理等社会问题最为行之有效的方法，是各国社会保障领域的研究重点。结合前面对长期护理保险的定义，长期护理保险制度作为一项制度创新，通常被界定为一个国家或地区按照保险的原则为解决老年人护理问题而筹措和使用护理基金，实现对长期护理费用分担补偿功能的一项社会制度（刘金涛和陈树文，2012）[①]。夏雅睿等（2018）[②] 将其界定为以社会互助共济的方式筹措护理基金，对经过严格失能状态评估后确认达到规定护理等级的失能参保人员，提供基本日常生活照料和医疗护理服务或给予资金保障的一项社会保险制度。

在老龄化加剧的当下，随着传统家庭保障功能的持续弱化，由家庭提供的非正式照料逐渐减少，相应地，老年人对由专业护理机构提供的正式护理

---

[①] 刘金涛，陈树文. 构建我国老年长期护理保险制度 [J]. 财经问题研究，2012（3）：78 – 82.

[②] 夏雅睿，常峰，路云，等. 长期护理保险筹资机制的国际经验与中国实践 [J]. 卫生经济研究，2018（12）：69 – 71，75.

服务需求大量增加。正式照料费用高昂且医疗保险未覆盖该项费用，这就需要由老年人及其家庭来负担，许多家庭难堪重负（赵曼和韩丽，2015①）。鉴于此，较早进入老龄化社会的发达国家通过建立长期护理保险制度来有效地应对上述问题，德国和日本建立了社会长期护理保险制度，美国则实施了商业长期护理保险制度，而我国现阶段正积极开展长期护理保险制度试点工作（曹信邦，2015）②。建立长期护理保险制度是一项复杂的民生工程，需要经过长时间的探索和积累，因此我国距离建立长期护理保险制度之路还有较长的距离。结合研究需要，本节基于国内外两个视角重点对长期护理保险制度模式研究的相关文献进行归纳，梳理以美国、德国和日本为代表的国外长期护理保险制度的发展，而国内综述则侧重于对我国长期护理保险制度模式选择研究的相关文献进行梳理。

### 1. 国外长期护理保险制度研究

（1）美国长期护理保险制度。

1974 年美国保险公司推出了世界上最早的商业长期护理保险产品，美国由此成为世界上第一个实施商业长期护理保险的国家，开始了市场化运营。自 20 世纪 90 年代以来，随着医疗体系改革的推进和系列法案的出台，美国长期护理保险制度得到了迅速发展，逐步建立起商业保险与公共保险相结合的长期护理保险体系（Pfuntner & Dietz，2004③；Wang，2014④）。公共保险即社会保险主要由医疗保险和医疗救助两大保障计划组成，还包括社区生活辅助和支持计划等（何玉东和孙湜溪，2011⑤）。

美国商业长期护理保险制度采取的是自愿参保的原则，不管老年人还是年轻人，都可以通过自愿购买长期护理保险的方式参加。因其商业性质，资

① 赵曼，韩丽. 长期护理保险制度的选择：一个研究综述［J］. 中国人口科学，2015（1）：97－105，128.
② 曹信邦. 中国失能老人公共长期护理保险制度的构建［J］. 中国行政管理，2015（7）：66－69.
③ Pfuntner, J., Dietz, E. Long-term care insurance gains prominence［J］. US Department of Labor, Bureau of Labor Statistics. Retrieved March, 2004, 3: 2005.
④ Wang, W. The international comparative study of long-term care insurance system［J］. International Journal of Business and Social Science, 2014, 5（2）：239－244.
⑤ 何玉东，孙湜溪. 美国长期护理保障制度改革及其对我国的启示［J］. 保险研究，2011（10）：122－127.

金主要来源于参保人及其雇主所缴纳的保险费用，保费主要根据参保人的年龄、选择的最高给付额、给付期、保险条款等确定（Johnson & Uccello，2005①；Frank，2012②；Wang，2014③；胡宏伟等，2014④）。受市场机制调节，美国商业长期护理保险的服务形式和服务层次比较多样，投保人可以根据自身需求和经济能力选择不同的保险产品。保险的给付方式也因此有所差异（Gibson & Redfoot，2007）⑤。在现金给付方面，保险公司向参保人提供的给付金额标准不同，可以分为按天、按周以及按月给付；在实物提供方面，保险公司向参保人提供包括居家护理、社区护理或是疗养院护理等不同的护理服务（荆涛，2010）⑥。目前，美国选择现金给付的参保人相对较多，接受实物（护理服务）给付的参保人数量也呈现出逐渐增多的趋势。此外需要注意的是，虽然美国商业长期护理保险的主要责任机构是商业保险公司，但是参与长期护理保险的护理机构需要由联邦政府和州政府颁发营业执照并接受其监管（Hoffman，1996）⑦。

美国长期护理保险在发展过程中形成了自己独特的优势。首先，商业长期护理保险的销售方式灵活多样，能够根据社会不同阶层的需求推出多样化的保险产品；其次，长期护理保险机构间的相互竞争迫使服务提供者努力降低成本，为参保人提供质优价廉的服务。其缺点也十分明显，主要体现在：一是长期护理保险的产品定价和投资方式不完善，导致经营风险较高，保险公司的偿付能力正在不断下降；二是保费偏高，对中低收入群体的吸引力不足；三是商业长期护理保险以消费者投保与否以及保价高低作为接受护理保

　① Johnson，R. W.，Uccello，C. E. Is private long-term care insurance the answer？［M］. Center for Retirement Research at Boston College，2005.

　② Frank，R. Long-term care financing in the United States：Sources and institutions［J］. Applied Economic Perspective Policy，2012，34（2）：333 – 345.

　③ Wang，W. The international comparative study of long-term care insurance system［J］. International Journal of Business and Social Science，2014，5（2）：239 – 244.

　④ 胡宏伟，李佳怿，栾文敬. 美国长期护理保险体系：发端、架构、问题与启示［J］. 西北大学学报（哲学社会科学版），2015（5）：163 – 174.

　⑤ Gibson，M. J.，Redfoot，D. L. Comparing long-term care in Germany and the United States：What can we learn from each other？［M］. Washington（DC）：AARP Public Institute，2007.

　⑥ 荆涛. 建立适合中国国情的长期护理保险制度模式［J］. 保险研究，2010（4）：77 – 82.

　⑦ Hoffman，D. R. The false claims act as a remedy to the inadequate provision of nutrition and would care to nursing home residents［J］. Advances in Wound Care：The Journal for Prevention and Healing，1996，9（5）：25 – 29.

险的依据，许多低收入群体会因为经济有限无法购买保险，这导致人们享受医疗服务存在较大的差异（Brown & Finkelstein，2007[①]，2009[②]，2011[③]）。因此，有学者指出美国现行的长期护理保险制度需要进行改革（Campbell et al.，2010[④]）。弗罗里克（Frolik，2016[⑤]）认为美国商业长期护理保险制度会带来严重的长期护理保险需求不足，而这种困境需要通过发展社会长期护理保险制度来加以解决。

（2）德国长期护理保险制度。

20世纪70年代德国逐步进入老龄化社会，进入80年代，老龄化日趋严重。失去自理能力需要照料的老年人越来越多，而照料的费用越来越高。80年代初有50%以上的这类老人因无力负担医院或护理院昂贵的护理费用而陷入贫困，沦为社会救助对象。到90年代初，这一比例达到74%，成为影响社会稳定的严重问题。由于当时没有相应的社会保险制度作支撑，这些陷入贫困的老年人只能靠政府救济。因此，10多年间政府用于救济失能者的支出翻了三番，各级政府均不堪重负，失能者家庭却仍旧苦不堪言。在社会和人口结构变化的驱动下，德国从20世纪80年代开始进行社会救助计划改革，促成了社会长期护理保险制度的建立。在社会各界的关注和督促下，1986年，联邦政府通过了关于改善护理服务的议案。1994年长期护理保险法草案获得国会通过，从而确立了世界上第一个长期护理保险制度，长期护理保险成为德国继养老保险、失业保险、医疗保险和工伤事故保险之后的"第五大支柱保险"（Heinicke & Thomsen，2010[⑥]）。这一制度是在经济黯淡、失业率高涨、两德统一的巨大财政负担下建立的，实施的是广覆盖、宽

① Brown，J. R.，Finkelstein，A. Why is the market for long-term care insurance so small？［J］. Journal of Public Economics，2007，91（10）：1967－1991.

② Brown，J. R.，Finkelstein，A. The private market for long-term care insurance in the United States：A review of the evidence［J］. Journal of Risk and Insurance，2009，76（1）：5－29.

③ Brown，J. R.，Finkelstein，A. Insuring long-term care in the United States［J］. Journal of Economic Perspectives，2011，25（4）：119－142.

④ Campbell，J. C.，Ikegami，N.，Gibson，M. J. S. Lessons from public long-term care insurance in Germany and Japan［J］. Health Affairs，2010，29（1）：87－95.

⑤ Frolik，L. A. Private long-term care insurance：Not the solution to the high cost of long-term care for the elderly［J］. Elder Law Journal，2016，23：371.

⑥ Heinicke，K.，Thomsen，S. L. 2010. The social long-term care insurance in Germany：Origin，situation，threats，and perspectives. ZEW Discussion Papers，No. 10－012. ftp：//ftp. zew. de/pub/zew-docs/dp/dp10012. pdf.

准入、中低水准的待遇给付，通过各种不同的制度安排将非雇员的居民及社会弱势群体纳入国民长期护理保险中来。与一般的认知不同，德国不是在经济优越与宽裕的条件下建立长期护理保险制度的，因此建立德国长期护理保险制度的关键性因素是国家总体政治意志，而不是经济与财政。自此以后，德国开始实施强制性的长期护理保险制度，要求所有医疗保险的参保者必须参加长期护理保险，购买商业保险者则需要参加一项商业长期护理保险。德国的长期护理保险基本覆盖了全体居民，是世界上已建立该项制度的覆盖范围最广的国家之一。截止到 2007 年，大约 90% 的人被社会长期护理保险所覆盖，而 10% 的人则被商业长期护理保险覆盖（Gibson & Redfoot，2007）[①]。德国对家庭在社会保险领域特别是长期护理保险领域有相当明确的优惠政策。例如家庭中无收入或是无固定收入一方，可以随着家庭主要收入者免费参加长期护理保险，儿童也随父母免费参保。

在保费的资金筹措方面，德国长期护理保险的费用由参保人和雇主双方各自负担一半，参保人负担部分占其工资一定的比例（Zuchandke et al.，2010[②]；Rhee et al.，2015[③]），而不依赖于国家的财政税收。随着人口老龄化趋势的不断加重，财政支出压力增大，德国政府对这一比例进行了适当调整，从最初的 1% 上调至 2019 年的 3.05%（Heinicke & Thomsen，2010）[④]。如同其他社会保险项目，长期护理保险费用以企业为单位来征收。每位参加社会保险的德国雇员的税前工资都将被自动扣除一笔长期护理保险费用，而长期护理待遇则由社会自治的公法团体来管理、给付。这些构成了德式社会保险制度的基本特征。失业者需要支付的费用由联邦就业协会负担，人数不多的德国农民也有法定义务参加特殊的由保费筹资的农业长期护理保险，而

①　Gibson, M. J., Redfoot, D. L. Comparing long-term care in Germany and the United States：What can we learn from each other？［M］. Washington（DC）：AARP Public Institute, 2007.

②　Zuchandke, A., Reddemann, S., Krummaker, S., et al. Impact of the introduction of the social long-term care insurance in Germany on financial security assessment in case of long-term care need［J］. Geneva Papers on Risk and Insurance – Issues and Practice, 2010, 35（4）：626 – 643.

③　Rhee, J. C., Done, N., Anderson, G. F. Considering long-term care insurance for middle-income countries：Comparing South Korea with Japan and Germany［J］. Health Policy, 2015, 119（10）：1319 – 1329.

④　Heinicke, K., Thomsen, S. L. The social long-term care insurance in Germany：Origin, situation, threats, and perspectives. ZEW Discussion Papers, 2010. No. 10 – 012. ftp：//ftp. zew. de/pub/zew – docs/dp/dp10012. pdf.

没有收入或者收入低于一定水平的人，他们可以免费投保，由此形成的多层次缴费原则确保了较高的参保覆盖率（陈诚诚，2016）[①]。从覆盖群体角度来看，德国建立了综合的长期护理保险网络，覆盖了大多数德国居民，使得长期护理保险制度与德国早期传统的理想形态下的雇员社会保险制度有一定程度的区别，其制度类型偏向于一种"准全民性质"的社会保险制度。其制度特征为：不再仅仅是雇员为唯一参保群体，越来越多的居民也通过不同制度安排而纳入长期护理保险制度中来。此外，德国还对不同收入水平的群体做了差异化要求，对于收入水平低于强制医疗保险门槛的群体，要求他们必须参加强制性社会长期护理保险，而对于高收入群体，给予他们自行决定购买长期护理社会保险或商业护理保险的权利（Theobald & Hampel，2013[②]；Rhee et al.，2015[③]）即对于这部分人群来说，如果他们没有选择参加法定长期护理保险，就必须参加私人长期护理保险，两种保险制度必须参加其中之一。整体而言，德国长期护理保险制度实现了超高覆盖率，远远超过传统俾斯麦雇员社会保险的范围，呈现出全民保险的特征。在保险的给付方式上，为满足参保人的客观需求与主观个性化偏好，德国长期护理保险提供实物给付和现金给付相结合的方式，护理服务包括家庭护理、社区护理和机构护理三种类型。其中，家庭护理包含了家属护理及护理服务公司、社会服务机构提供的流动上门护理服务，机构护理包括在养老院与护理院等机构之内接受的护理。德国政府最为提倡家庭护理，凡是被鉴定为需要护理的老年人，如果其家庭成员可以为老人提供护理，长期护理保险便会向其护理者支付一定的护理费用（Heinicke & Thomsen，2010）[④]。在组织构建与运行方面，为保证长期护理保险制度的正常运行，德国100多个具有独立法人地位

① 陈诚诚. 德日韩长期护理保险制度比较研究［M］. 北京：中国劳动社会保障出版社，2016.

② Theobald, H., Hampel, S. Radical institutional change and incremental transformation：Long-term care insurance in Germany［C］. In Ranci, C., Pavolini, E. (Eds.), Reforms in long-term care policies in Europe：Investigating institutional change and social impacts (pp. 117 – 138). New York, U. S.：Springer. 2013.

③ Rhee, J. C., Done, N., Anderson, G. F. Considering long-term care insurance for middle-income countries：Comparing South Korea with Japan and Germany［J］. Health Policy, 2015, 119 (10)：1319 – 1329.

④ Heinicke, K., Thomsen, S. L. 2010. The social long-term care insurance in Germany：Origin, situation, threats, and perspectives. ZEW Discussion Papers, No. 10 – 012. ftp：//ftp. zew. de/pub/zew – docs/dp/dp10012. pdf.

的健康保险基金成立了长期护理保险基金（Rhee et al.，2015[①]）。这些健康保险基金都设立了长期护理部门，专门负责长期护理保险费用的收缴、给付等事务以及对护理服务提供方的资格进行审核，以确保制度执行的规范化与合理化。此外，德国长期护理保险建立之初，其组织架构及经办机构就处于相对清晰的状态之中。因为长护保险制度和医疗保险制度具有一定的"制度交界面"，所以德国长护保险制度部分借助了医疗保险现存的制度及组织架构。例如，德国在疾病基金内部内植了一个护理基金作为长期护理保险的经办机构，但在运行过程中，护理基金是作为一个独立运行的公法团体，具有完全独立于医疗保险之外的独立地位，自我管理、自负盈亏、独立运行。这样的制度安排防止了其他制度或是其他域外经办机构干预长期护理保险制度的运行，促进了长期护理保险作为德国第五大社会保险险种的制度独立性。

德国是世界上最早建立长期护理保险的国家，也是世界上几个主要运用社会保险制度来应对及协调长期护理风险的国家之一。自 2017 年以来，德国长期护理保险制度实施了一些较为重要的改革。围绕着分级制度的改革，德国长护险在理念上、技术上、范式上乃至涉及长期护理保险的核心信念上（core belief）都发生了较大的变化。在核心理念上，新的改革更加重视护理人员的自主生活能力以及甄别出那些影响接受护理人员独立生活能力的因素，同时更加注重细致精确地校准具有长期护理需求的人群，让更多事实上具有长期护理需求的群体可以更加容易地获得长期护理保险待遇。新改革显著突出精神和心理层面在长期护理中的因素，增加了对于认知障碍、失智及精神、心理和社会因素的考虑，从而大幅降低了领取长期护理保险的难度和障碍度。与美国的长期护理保险制度相比，德国长期护理保险制度具有明显的普惠性特征，能够保障全体国民平等接受医疗护理的权益，避免低收入群体产生"老无所养"的问题，而且在没有增加国家财政投入的情况下，使老年人的生活水准得到了很大的提升（Rothgang，2010[②]）。但是这种制度也

① Rhee, J. C., Done, N., Anderson, G. F. Considering long-term care insurance for middle-income countries: Comparing South Korea with Japan and Germany [J]. Health Policy, 2015, 119 (10): 1319 – 1329.

② Rothgang, H. Social insurance for long-term care: An evaluation of the German model [J]. Social Policy and Administration, 2010, 44 (4): 436 – 460.

存在弱点：首先，其面临的最为关键的挑战是随着人口老龄化问题的日益突出，社会需要负担的长期护理保险支出增速较快，而这个问题如何得以妥善解决尚不可知，因此德国长期护理保险制度未来发展的可持续性受到质疑（Arntz et al.，2007）①。其次，德国在经济下滑时期建立的长期护理保险制度，考虑到经济因素等，初始就规定单纯依靠社会保险费用来筹资，而国家财政不再额外介入。由于制度的粘性，这样的制度安排一直保留到今天。但随着长期护理保险的刚性需求不断上升，这种税收不介入的做法越来越受到挑战与质疑。

（3）日本长期护理保险制度。

日本与德国的情况类似，都面临着人口老龄化加剧与护理需求急剧增加的问题，老年人的照料问题日益严峻。其长期护理保险制度以政府为管理主体，也是采用强制保险的方式要求全体国民参保，属于社会保险范畴（Campbell et al.，2010②）。为加快向快速人口老龄化社会中身体衰弱老年人提供更高品质的公共护理服务，减轻老年人及其家庭的养老与护理负担，并解决先前医疗保险收不抵支的现实问题，日本在 1997 年制定了《护理保险法》，决定建立长期护理保险制度，于 2000 年正式开始实施全民长期护理保险计划，日本在较短时间内建立起一套较为完备的长期护理保险体系（Campbell & Ikegami，2000③，2003④；Tamiya et al.，2011⑤）。2008 年和 2012 年日本对护理保险制度进行了两次改革，日本的长期护理保险是典型的社会强制险模式，由法律强制实施，保险出资责任由国家、企业、个人分担或者由国家、个人分担。日本的长期护理保险制度体系十分详尽、严格，便于保费使用效率的提高和高效援助体系的建立。

---

① Arntz，M.，Sacchetto，R.，Spermann，A.，et al. The German social long-term care insurance：Structure and reform options ［R］. Institute for the Study of Labor，2007. https：//www. econstor. eu/bitstream/10419/34303/1/544113039. pdf.

② Campbell，J. C.，Ikegami，N.，Gibson，M. J. S. Lessons from public long-term care insurance in Germany and Japan ［J］. Health Affairs，2010，29（1）：87 – 95.

③ Campbell，J. C.，Ikegami，N. Long-term care insurance comes to Japan ［J］. Health Affairs，2000，19（3）：26 – 39.

④ Campbell，J. C，Ikegami，N. Japan's radical reform of long-term care ［J］. Social Policy and Administration，2003，37（1）：21 – 34.

⑤ Tamiya，N.，Noguchi，H.，Nishi，A.，et al. Population ageing and wellbeing：Lessons from Japan's long-term care insurance policy ［J］. The Lancet，2011，378（9797）：1183 – 1192.

根据现行的长期护理保险制度，日本 40 岁以上的国民无论身体状况如何都必须加入长期护理保险，并为自己在 65 岁以后能够顺利得到公共护理服务而缴纳一定的保费。总体来看，日本个人缴纳的保险费用占其长期护理保险费用的一半，另一半则由公费筹集，体现了个人缴费和财政补贴相结合的原则（Barnes et al.，2002[①]；荆涛，2006[②]）。即从筹资渠道看，日本长期护理保险采用现收现付制度，以对资金流的稳定性加以保证；其长期护理保险资金的主要来源分为两类：一是财政补贴；二是长期护理保险缴费，为"保险 + 福利"模式，而两种不同的资金来源又由各自不同的来源构成。财政补贴与长期护理保险人员缴费各自占 50%，财政补贴部分，国家、都道府县、市町村分别占比 25%、12.5%、12.5%；参与人员缴费部分，65 岁以上的第 1 号保险人占 22%，而由于晚期癌症和类风湿关节炎等疾病需要支持和护理的 40～64 岁医疗保险参加者即第 2 号保险人占 28%。对于第 1 号保险人，直接从养老金抵扣，对于没有养老金的，需要向当地政府现场缴纳保险费；而对于第 2 号保险人，则直接从个人医疗保险支付。

日本长期护理保险费用的缴纳是根据针对不同收入群体设定的不同费率计算的，而给付则是根据个人实际身体状况和护理需求来确定。日本护理保险的待遇给付利用全国通用的调查表进行等级认定调查。只有通过等级评定程序，才能获得护理保险给付服务。其中护理等级依据两种不同的护理状态进行划分：即"要支援"与"要介护"，"要支援"分为 2 级，"要介护"分为 5 级，并分别制定各自的护理时间、护理状态以及护理内容，并通过全国统一的给付标准予以给付。当发生护理费用支出时，参保人会得到长期护理保险所涵盖的家庭或专业机构提供的护理服务。"要支援"指的是不需要日常生活护理，但在家务或日常生活需要支援，每天需要照护的时间为20～30 分钟。"要介护"依据需要护理的程度分为 5 级，护理服务主要分为处于护理状态的介护给付和有可能发生护理状态的预防给付，提供的服务项目主要包括居家护理、社区护理和机构护理。从给付方式来看，日本的长期护理

①　Barnes, L. E., Asahara, K., Davis, A. J., et al. Questions of distributive justice：Public health nurses' perceptions of long-term care insurance for elderly Japanese people ［J］. Nursing Ethics，2002，9（1）：67－79.

②　荆涛. 长期护理保险：中国未来极富竞争力的险种 ［M］. 北京：对外经济贸易大学出版社，2006.

保险以实物给付为主，现金给付为辅。就护理服务内容而言，其范围相当宽泛，既包括医护人员上门护理，也包含接送老年人前去使用设施进行康复训练，还覆盖出借一系列福利用具等（Campbell et al.，2010[①]；荆涛，2010[②]）。其中，居家护理的护理服务内容十分广泛，包括访问服务、日间护理、短期设施护理及居家环境改善等。社区护理是以社区为载体，利用社区内的护理设施、机构为被保险人提供护理服务；机构护理指的是在居家护理和社区护理难以满足老年人的护理需求时，老年人可以到指定的福利机构、保健机构中接受专业机构护理。

从护理人才培养上来看，日本注重护理人才的全面培养和发展。通过对日本老年人数量的动态监测，分析考虑老年人护理需求的动态变化，依据现有护理人员的从业现状，制订护理人才招生计划，意图保持护理人才供需平衡，减少人才资源的不合理利用和浪费。日本积极培训护理人才，并鼓励社会成员参加，吸引多样化的人员参与护理服务行业，如年轻人、中老年人、外国人等，增加护理人才的供给。

历经 20 余年的发展，日本长期护理保险制度惠及数以百万计的老人，它在很大程度上解决了日本社会面临的老年护理问题，并体现出较强的公平性和福利性（Tsutsui，2010）[③]。日本长期护理保险制度提供了许多有益经验：一是注重推进长期护理保险制度的法律保障，立法先行，明确规定参保人员组成、给付方式、筹资机制、等级评定流程等。二是注重居家护理，对家庭养老予以支持。家庭养老基于社区所建立的医疗服务体系，降低了长期护理保险的实施成本。三是注重筹资方式的多元化，财政税收与社会保险相结合的方式，分担资金压力，保证资金流的稳定性，促进制度的平稳可持续发展。四是注重商业市场的培育以及市场竞争机制的引入，日本在长期护理保险制度施行的同时还引入市场竞争，多元化的服务供给主体涵盖了营利性组织或非营利性组织的多种机构，服务内容更加广泛，日益满足老年人多层次护理需求，促进养老服务产业和养老服务事业的全面发展。

---

① Campbell，J. C.，Ikegami，N.，Gibson，M. J. S. Lessons from public long-term care insurance in Germany and Japan [J]. Health Affairs，2010，29（1）：87 – 95.

② 荆涛. 建立适合中国国情的长期护理保险制度模式 [J]. 保险研究，2010（4）：77 – 82.

③ Tsutsui，T. The current state and future development of the long-term care insurance system in Japan [J]. Journal of the National Institute of Public Health，2010，59（4）：372 – 379.

但是这种制度的缺点也是显而易见的，例如，由于参保人对长期护理保险需求量增加而引起的护理费用大幅上涨，长期护理保险资金变得愈发紧张，给公众和政府带来了较大的财政负担，这一问题会随着人口老龄化的加剧愈发突出，可以说是完全的社会性长期护理保险制度的一大弊端；由于护理体系中的注册经理大多为私人机构所雇，他们在对护理服务需求者提供服务、制订护理计划时，可能会出于利益的考虑而推荐自己所在机构的产品，不顾及产品与需求者的匹配度和适用程度等，导致养老护理服务中的相关资源难以得到妥善利用安排和匹配的问题（赵曼和韩丽，2015[①]；张晏玮和栾娜娜，2017[②]）；难以满足高收入群体对高层次护理服务的需求和强制性参保难以被公众所接受（Barnes et al.，2002[③]；荆涛等，2017[④]；王乐芝和曾水英，2015[⑤]）；由于失能人数增多、需求增加，护理人员薪资较低、工作事务繁琐、日常工作庞杂等原因，护理人员日益短缺。护理人员的来源较为局限，大多高素质人才以及专业人才不愿意涉足该行业。日本针对上述问题将如何进一步改革和完善长期护理保险制度值得持续关注。

2. 国内长期护理保险制度研究

面对日益严重的人口老龄化问题，国内学者对我国应该建立长期护理保险制度这一观点基本达成共识。就目前而言，研究主要侧重于长期护理保险制度构建或模式选择（曹信邦，2018[⑥]）、制度试点（张慧芳和雷咸胜，

①　赵曼，韩丽. 长期护理保险制度的选择：一个研究综述［J］. 中国人口科学，2015（1）：97 – 105，128.

②　张晏玮，栾娜娜. 日本长期护理保险制度发展方向及对我国的启示［J］. 社会保障研究，2017（2）：106 – 112.

③　Barnes，L. E.，Asahara，K.，Davis，A. J.，et al. Questions of distributive justice：Public health nurses' perceptions of long-term care insurance for elderly Japanese people［J］. Nursing Ethics，2002，9（1）：67 – 79.

④　荆涛，杨舒，朱海. 政策性长期护理保险补贴制度研究［J］. 保险研究，2017（8）：47 – 59.

⑤　王乐芝，曾水英. 关于失能老人状况与老年长期护理保险的研究综述［J］. 人口学刊，2015，37（4）：86 – 91.

⑥　曹信邦. 中国长期护理保险制度构建的理论逻辑和现实路径［J］. 社会保障评论，2018（4）：75 – 84.

2016①；黄如意和胡善菊，2019②）、必要性与可行性分析（王岩梅和石磊，2007③；鲁於和杨翠迎，2016④）和经验借鉴（许宏等，2019⑤）等。尽管国内学者对于我国建立长期护理保险制度已达成共识，但是对于优先发展或是选择何种制度模式却存在不同的见解。目前学界争论的焦点主要集中在社会长期护理保险模式和商业长期护理保险模式的选择上。

（1）主张构建社会长期护理保险制度。这是目前国内的主流观点。持该观点的学者普遍认为，我国商业保险发展历时较短，公众认可度不高，直接建立商业长期护理保险可能难以获得公众的支持（戴卫东，2011⑥）。商业长期护理保险保费过高，以我国目前的人均收入水平还不足以具备大规模购买商业护理保险的能力，尤其是不适合低收入群体购买（吕国营和韩丽，2014⑦）。此外，商业长期护理保险市场的逆向选择问题严重，而社会长期护理保险能够有效地解决该问题（戴卫东，2012）⑧。曹信邦和陈强（2014）⑨指出仅依靠市场提供的商业长期护理保险，难以实现化解失能老年人护理经济风险的目的，也无法减轻老年人及其家庭的经济负担，因此主张建立以政府为主体的强制性社会长期护理保险制度。刘晓静（2014）⑩提出我国长期护理保险制度在构建的初期就需要建立起全民强制性参保的社会长期护理保险制度模式，由国家强制个人参保。胡晓义（2016）⑪认为长期

① 张慧芳，雷咸胜．我国探索长期护理保险的地方实践、经验总结和问题研究［J］．当代经济管理，2016（9）：91－97.

② 黄如意，胡善菊．我国长期护理保险制度试行的典型比较与思考［J］．中国卫生事业管理，2019（8）：583－587.

③ 王岩梅，石磊．我国实行长期护理保险的可行性分析［J］．中华护理杂志，2007（10）：926－928.

④ 鲁於，杨翠迎．我国长期护理保险制度构建研究回顾与评述［J］．社会保障研究，2016（4）：98－105.

⑤ 许宏，王颖，蒋曼，等．独立险种：我国长期护理保险宜采用的模式［J］．中国卫生资源，2019（1）：43－46.

⑥ 戴卫东．长期护理保险制度理论与模式构建［J］．人民论坛，2011（29）：31－34.

⑦ 吕国营，韩丽．中国长期护理保险的制度选择［J］．财政研究，2014（8）：69－71.

⑧ 戴卫东．中国长期护理保险制度构建研究［M］．北京：人民出版社，2012.

⑨ 曹信邦，陈强．中国长期护理保险需求影响因素分析［J］．中国人口科学，2014（4）：102－109，128.

⑩ 刘晓静．论中国养老服务的政策取向：基于养老服务政策变迁的视角［J］．河北学刊，2014（5）：106－109.

⑪ 胡晓义．关于建立长期护理保险制度的几点思考［J］．中国医疗保险，2016（2）：10－11.

护理保险的制度模式应该属于社会保险，且应该建立专项保险制度，使之成为我国社会保障体系中的"第六险"。

（2）主张构建商业长期护理保险制度。采用强制性长期护理保险制度模式可能会带来政府财政压力加大、农村贫困老年人支付困难、滥用护理资源、无法满足高收入群体对更高护理服务的追求等问题（荆涛，2010）[①]。而商业长期护理保险制度更加灵活自由，产品种类丰富多样，坚持参保自愿原则，这更易于参保人接受，同时也不会给政府带来过多的负担，因此发展商业长期护理保险具有可行性（杨红燕，2004[②]；贾清显，2010[③]）。陈晓安（2010）[④]指出根据我国的现实国情，大力发展商业长期护理保险不但能够解决持续攀升的老年护理需求难题，而且不会给国家财政造成过重的压力。陈红（2012）[⑤]指出典型"未富先老"的老龄化国情，决定我国现阶段难以实施像德国、日本等发达国家那样的社会长期护理保险制度，因此在社会长期护理保险制度尚未建立的背景下，通过商业长期护理保险来解决老年护理问题，不失为一个重要且有效的途径。张立龙（2015）[⑥]则认为在我国福利制度尚未健全的背景下，制度的"碎片化"导致我国无法实行单一且全民覆盖的长期护理保险制度。

（3）主张构建社会和商业长期护理保险混合制度。荆涛（2006）[⑦]和荆涛和谢远涛（2014）[⑧]认为考虑到我国国情，以社会长期护理保险为基础、商业长期护理保险为补充的混合模式存在合理性。吕国营和韩丽（2014）[⑨]

---

① 荆涛. 建立适合中国国情的长期护理保险制度模式 [J]. 保险研究，2010（4）：77 - 82.

② 杨红燕. 发达国家老年护理保险制度及启示 [J]. 国外医学（卫生经济分册），2004（1）：31 - 34.

③ 贾清显. 中国长期护理保险制度构建研究：基于老龄化背景下护理风险深度分析 [D]. 天津：南开大学，2010.

④ 陈晓安. 公司合作构建我国的长期护理保险制度：国外的借鉴 [J]. 保险研究，2010（11）：55 - 60.

⑤ 陈红. 北京发展商业长期护理保险的必要性及途径 [J]. 人口与经济，2012（6）：82 - 87.

⑥ 张立龙. 福利国家长期照护制度及对中国的启示 [J]. 社会保障研究，2015（6）：100 - 108.

⑦ 荆涛. 长期护理保险：中国未来极富竞争力的险种 [M]. 北京：对外经济贸易大学出版社，2006.

⑧ 荆涛，谢远涛. 我国长期护理保险制度运行模式的微观分析 [J]. 保险研究，2014（5）：60 - 66.

⑨ 吕国营，韩丽. 中国长期护理保险的制度选择 [J]. 财政研究，2014（8）：69 - 71.

主张以社会保险为主导，以商业保险为补充，坚持"长期护理保险跟随基本医疗保险"的原则。黄如意和胡善菊（2019）[①] 也支持这一观点。但曹信邦（2018）[②] 主张在长期护理保险制度完善期建立独立于医疗保险制度的长期护理保险制度，并在成熟期建立以社会长期护理保险制度为主导、个人储蓄和商业护理保险为补充、政府财政救助为依托的保障体系。韩俊江和张友（2011）[③] 主张按照人群、行业和地区构建不同的长期护理保险制度，针对东部发达地区和高收入人群采用商业长期护理保险模式，针对中部地区和中收入人群采用个人、企业和政府共同承担的社会长期护理保险模式，而针对西部欠发达地区和低收入人群则采用政府全部负担费用的长期护理保险模式。荆涛（2010）[④] 提出构建我国长期护理保险制度模式需要分三步走：第一步是采取商业长期护理保险模式；第二步是实现商业和社会长期护理保险的有机结合；第三步是政府实行强制性的全民长期护理保险制度模式。此外，有学者指出，商业长期护理保险保费过高难以普惠大众，社会长期护理保险则只包括医疗护理而不覆盖日常生活护理，基于此，他们提出可发展政策性长期护理保险，即由政府对商业保险机构进行政策支持，并对参保人给予适当的保费补贴，由商业保险机构坚持非营利的经营原则向市场提供长期日常生活护理保险产品，这也被他们看作我国向社会长期护理保险制度过渡阶段的最佳制度选择（荆涛和杨舒，2016[⑤]；荆涛等，2016[⑥]）。

## 2.2.2　居民参保意愿影响因素研究

目前学界关于"长期护理保险参保意愿影响因素"的提法有很多，尚

① 黄如意，胡善菊. 我国长期护理保险制度试行的典型比较与思考 [J]. 中国卫生事业管理，2019（8）：583－587.
② 曹信邦. 中国长期护理保险制度构建的理论逻辑和现实路径 [J]. 社会保障评论，2018（4）：75－84.
③ 韩俊江，张友. 老年社会需要长期护理保险 [J]. 中国人力资源社会保障，2011（5）：42－43.
④ 荆涛. 建立适合中国国情的长期护理保险制度模式 [J]. 保险研究，2010（4）：77－82.
⑤ 荆涛，杨舒. 我国建立政策性长期护理保险制度的探讨 [J]. 中国保险，2016（5）：20－23.
⑥ 荆涛，杨舒，谢桃方. 政策性长期护理保险定价研究：以北京市为例 [J]. 保险研究，2016（9）：74－88.

未形成明确且统一化认识，仍有待进一步规范。国内学者的提法主要包括：长期护理需求影响因素（戴卫东，2011①；张强和高向东，2016②）、长期护理保险需求影响因素（谢筱璐，2012③；曹信邦和陈强，2014④）、长期护理保险需求意愿影响因素（戴卫东和陶秀彬，2012⑤）等。国外学界同样存在上述提法混用的现象。何玉东（2012）指出长期护理保险需求可以简单地等同于长期护理需求⑥，而赵曼和韩丽（2015）则认为两者在概念上差别较大，后者与健康状况有关，前者更多地与财务状况有关⑦。通过仔细阅读这些文献，有关长期护理需求影响因素的研究实际上考察的是老年人对长期护理服务的接受意愿，而长期护理保险离不开长期护理服务，二者相辅相成，相互促进，因此可以将老年人长期护理服务接受意愿类比为长期护理保险接受（参保或购买）意愿。此外，戴卫东和陶秀彬（2012）⑧、申玶（2013）⑨和曹信邦和陈强（2014）⑩等对长期护理保险需求影响因素和长期护理保险需求意愿影响因素的研究本质上也是对长期护理保险参保（购买）意愿的考察。因此，在本书后续的综述中不再对具体文献的提法作出解释与区分，而是将这些提法统一地归于"长期护理保险参保意愿影响因素"。为充分尊重学者的权益，本书仍保留其原有表述。

通过初步文献检索与梳理发现，国内外学界对长期护理保险参保意愿影响因素的研究主要基于宏观和微观两个视角进行探索。宏观的社会经济环境对居民参保意愿的影响是客观存在的，但是在如此复杂环境下，对参保意愿起决定作用的往往还是微观的居民心理认知变量。结合研究主题需要，本研究主要侧重综述基于微观个体视角的研究，而并不考虑基于宏观因素的分

---

① 戴卫东．老年长期护理需求及其影响因素分析：基于苏皖两省调查的比较研究［J］．人口研究，2011（4）：86 – 94.

② 张强，高向东．老年人口长期护理需求及影响因素分析：基于上海调查数据的实证分析［J］．西北人口，2016（2）：87 – 90.

③ 谢筱璐．我国长期护理保险需求的影响因素分析［J］．金融与经济，2012（11）：75 – 78.

④⑩ 曹信邦，陈强．中国长期护理保险需求影响因素分析［J］．中国人口科学，2014（4）：102 – 109，128.

⑤⑧ 戴卫东，陶秀彬．青年人长期护理保险需求意愿及其影响因素分析：基于苏皖两省调查的比较研究［J］．中国卫生事业管理，2012（5）：353 – 355.

⑥ 何玉东．中国长期护理保险供给问题研究［D］．武汉：武汉大学，2012.

⑦ 赵曼，韩丽．长期护理保险制度的选择：一个研究综述［J］．中国人口科学，2015（1）：97 – 105，128.

⑨ 申玶．长期护理保险需求影响因素分析：以山东日照市为例［D］．沈阳：辽宁大学，2013.

析。鉴于此，本节从心理认知、外部情境（微观范畴）、社会人口统计学特征和健康状况四个维度梳理有关长期护理保险居民参保意愿影响因素研究的文献。

### 1. 心理认知维度

（1）态度、主观规范与知觉行为控制。

根据计划行为理论，态度、主观规范与知觉行为控制是行为意愿的重要预测变量。通过国内外文献梳理发现，目前计划行为理论尚未被应用于长期护理保险参保意愿或行为研究，但学者已将其初步用于研究网络保险购买意愿（周新发和王妲，2014[①]）、伊斯兰保险（Takaful）购买意愿（Othman et al.，2018[②]；Hassan & Abbas，2019[③]）、健康保险购买意愿与行为（荆艳花，2018[④]；Brahmana et al.，2018[⑤]）、承包商工程保险购买意愿（Liu et al.，2018）[⑥]、农业保险购买意愿（何学松，2018[⑦]，孙乐和陈盛伟，2021[⑧]）和价格指数保险购买意愿（伍丹丹，2019）[⑨]。上述研究中的大部分已证实，个体的行为态度越积极、感受到的主观规范约束力和知觉行为控制越强，个体购买保险的意愿则越强烈。

态度是指个体对执行某项行为所持积极或消极的评价，通常受行为信念

---

① 周新发，王妲. 基于 TPB 视角的消费者网络财产保险购买意愿研究［J］. 保险研究，2014（7）：51－60，86.

② Othman, N., Shami, A. M. A. A. A., Mohamad, A. M., et al. Predicting factors affecting Muslims' family takaful participation：Theory of planned behaviour［J］. Global Business and Management Research, 2018, 10：1054－1063.

③ Hassan, H. A., Abbas, S. K. Factors influencing the investors' intention to adopt Takaful（Islamic insurance）products：A survey of Pakistan［J］. Journal of Islamic Marketing, 2019, 11（1）：1－13.

④ 荆艳花. 消费者重大疾病保险购买行为影响因素实证研究：以天津市为例［D］. 天津：天津财经大学，2018.

⑤ Brahmana, R., Brahmana, R. K., Memarista, G. Planned behaviour in purchasing health insurance［J］. South East Asian Journal of Management, 2018, 12（1）：43－64.

⑥ Liu, J. Y., Lin, S., Feng, Y. B. Understanding why Chinese contractors are not willing to purchase construction insurance［J］. Engineering Construction and Architectural Management, 2018, 25（2）：257－272.

⑦ 何学松. 推广服务、金融素养与农户农业保险行为研究：以设施蔬菜种植户为例［D］. 咸阳：西北农林科技大学，2018.

⑧ 孙乐，陈盛伟. 农业保险投保意愿、投保行为及其一致性研究：基于解构计划行为理论视角［J］. 农村经济，2021，469（11）：70－77.

⑨ 伍丹丹. 胶州大白菜价格指数保险购买意愿调查研究［D］. 青岛：青岛大学，2019.

和结果评估影响（Fishbein & Ajzen，1975[①]；Ajzen & Fishbein，1980[②]）。行为信念是个体对执行某项行为后可能产生结果的预期，结果评估则是对执行某项行为产生后果的评价。戈丁和库克（Godin & Kok，1996）[③] 通过回顾阿杰恩（Ajzen）的计划行为理论在健康领域的应用发现，该理论对行为意愿的解释力很强，其中态度和知觉行为控制被普遍认为是意愿的重要预测变量，验证了该理论在解释和预测健康相关行为方面的有效性。胡辛和拉曼（Husin & Rahman，2016）[④] 发现消费者参加伊斯兰保险的态度对其参保意愿具有显著正向影响。卡扎尔（Kazaure，2019）[⑤] 通过对尼日利亚西北部多个城市的微小企业所有者或管理者的调查，采用层次回归模型实证发现，受访者对伊斯兰保险的接受态度与其购买意愿显著相关，纳西尔等（Nasir et al.，2017）[⑥] 也得到同样的结论。刘等（Liu et al.，2018）[⑦] 通过对 130 名参与或熟悉建筑保险采购与管理的项目人员调查，采用偏最小二乘结构方程模型（PLS－SEM）实证发现，保险的购买态度对购买意愿具有显著影响。谭征（2019）[⑧] 基于 ZH 财险公司开展的互联网保险业务中的车险客户数据，采用 K－Means 模型和 SEM 模型实证发现，态度对互联网保险购买意愿有显著正向影响，且态度在感知有用性与购买意愿间起到部分中介作用。孙

① Fishbein, M., Ajzen, I. Belief, attitude, intentions, and behavior: An introduction to theory and research [M]. Menlo Park, CA: Addison－Wesley Publishing Company, 1975.

② Ajzen, I., Fishbein, M. Understanding attitudes and predicting social behaviour [M]. Prentice－Hall, Englewood Cliffs, NJ, 1980.

③ Godin, G., Kok, G. The theory of planned behavior: A review of its applications to health-related behaviors [J]. American Journal of Health Promotion: AJHP, 1996, 11 (2): 87－98.

④ Husin, M. M., Rahman, A. A. Do Muslims intend to participate in Islamic insurance? Analysis from theory of planned behaviour [J]. Journal of Islamic Accounting and Business Research, 2016, 7 (1): 42－58.

⑤ Kazaure, M. A. Extending the theory of planned behavior to explain the role of awareness in accepting Islamic health insurance (takaful) by microenterprises in northwestern Nigeria [J]. Journal of Islamic Accounting and Business Research, 2019, 10 (4): 607－620.

⑥ Nasir, N. F., Roslin, R. M., Chui, C. B. Decomposing the theory of planned behaviour and incorporating spiritual intelligence to further understand purchase intention of life insurance and takaful [J]. International Journal of Economic Research, 2017, 14 (16): 241－251.

⑦ Liu, J. Y., Lin, S., Feng, Y. B. Understanding why Chinese contractors are not willing to purchase construction insurance [J]. Engineering Construction and Architectural Management, 2018, 25 (2): 257－272.

⑧ 谭征. 基于 K－Means 和 SEM 的消费者互联网保险购买意愿研究：以 TPB 和 TAM 为分析框架 [J]. 重庆理工大学学报（自然科学版），2019 (2): 198－207.

乐和陈盛伟（2020）① 通过对 311 份微观调查数据建立 Logit 模型发现，农户投保农业保险的行为态度正向影响投保意愿。马苏德等（Masud et al.，2021）② 使用结构方程模型对马来西亚 325 个家庭的调查问卷所产生的数据进行了分析，结果发现人寿保险态度显著影响家庭购买人寿保险的倾向。综上所述，学者普遍得出的较为一致的研究结论是态度是行为意愿的重要预测变量，二者呈显著正相关关系。

主观规范可以定义为个体执行某项行为时感受到的来自外部社会的压力与影响（Fishbein & Ajzen，1975③；Ajzen，1991④）。主观规范受规范信念和遵守动机的影响，可以用二者的乘积来衡量，规范信念表示个体感受到重要参照体（家人、朋友、媒体及公众人物等）认为其应不应该践行某项行为，遵守动机则是遵从这些参照体的动机。在环境行为研究领域，许多学者探讨了主观规范与行为意愿的关系，证实二者显著正相关。例如：王等（Wang et al.，2016）⑤ 发现消费者主观规范是其新能源汽车购买意愿的重要预测变量；贾奇等（Judge et al.，2019）⑥ 发现消费者主观规范显著影响其可持续性认证住房购买意愿。在主观规范与参保意愿关系方面，朱尔基普利等（Dzulkipli et al.，2017）⑦ 基于对巴生谷地区高等教育机构应届毕业生的调查数据，实证发现主观规范与购买医疗健康保险意愿显著相关。哈桑和

---

① 孙乐，陈盛伟. 农业保险投保意愿、投保行为及其一致性研究：基于解构计划行为理论视角 [J]. 农村经济，2021，469（11）：70 - 77.

② Masud M. M.，Ahsan M. R.，Ismail N. A.，et al. The underlying drivers of household purchase behaviour of life insurance [J]. Society and Business Review，2021，ahead-of-print（ahead-of-print）.

③ Fishbein，M.，Ajzen，I. Belief，attitude，intentions，and behavior：An introduction to theory and research [M]. Menlo Park，CA：Addison - Wesley Publishing Company，1975.

④ Ajzen，I. The theory of planned behaviour [J]. Organizational Behaviour and Human Decision Processes，1991，50（2）：179 - 211.

⑤ Wang，S. Y.，Fan，J.，Zhao，D. T.，et al. Predicting consumers' intention to adoption hybrid electric vehicles：Using an extended version of the theory of planned behavior model [J]. Transportation，2016，43（1）：123 - 143.

⑥ Judge，M.，Warren-Myers，G.，Paladino，A. Using the theory of planned behaviour to predict intentions to purchase sustainable housing [J]. Journal of Cleaner Production，2019，215：259 - 267.

⑦ Dzulkipli，M. R.，Zainuddin，N. N. N.，Maon，S. N.，et al. Intention to purchase medical and health insurance：Application of theory of planned behavior [J]. Advanced Science Letters，2017，23（11）：10515 - 10518.

阿巴斯（Hassan & Abbas，2019）[1] 通过对巴基斯坦卡拉奇、拉合尔和伊斯兰堡三座城市 345 名受访者的调查，采用 Logistic 回归模型实证发现，社会影响即主观规范对伊斯兰保险的使用意愿具有显著影响，验证了卡扎尔（2019）的发现[2]。巴拉赫马纳等（Brahmana et al.，2018）[3]、刘等（Liu et al.，2018）[4] 等学者也基于实证分析证实，主观规范是参保意愿的重要预测变量。但是值得注意的是，胡辛和拉曼（2016）[5] 发现消费者的主观规范对其伊斯兰保险参保意愿影响并不显著。由此可见，学者的研究尚未达成一致结论。

知觉行为控制是指个体认为自己能够控制并执行某项行为时所感知到的容易或困难程度，通常分为内部行为控制与外部行为控制（Ajzen & Fishbein，1980[6]；Conner & Armitage，1998[7]；Kidwell & Jewell，2003[8]）。内部行为控制体现的是个体对执行某项行为的自身禀赋（技能、自信、知识和能力等），与自我效能感概念类似（Bandura，1997）[9]；而外部行为控制则是个体对执行某项行为时感受到的难易程度（资源、时间和机会等）。麦克卡尔等（McCall et al.，1998）[10] 通过对 1476 名长期护理保险合作计划（Partnership for Long-Term Care，PLTC）投保者和 1050 名随机者的抽样调

① Hassan, H. A., Abbas, S. K. Factors influencing the investors' intention to adopt Takaful (Islamic insurance) products：A survey of Pakistan [J]. Journal of Islamic Marketing, 2019, 11 (1)：1 – 13.

② Kazaure, M. A. Extending the theory of planned behavior to explain the role of awareness in accepting Islamic health insurance (takaful) by microenterprises in northwestern Nigeria [J]. Journal of Islamic Accounting and Business Research, 2019, 10 (4)：607 – 620.

③ Brahmana, R., Brahmana, R. K., Memarista, G. Planned behaviour in purchasing health insurance [J]. South East Asian Journal of Management, 2018, 12 (1)：43 – 64.

④ Liu, J. Y., Lin, S., Feng, Y. B. Understanding why Chinese contractors are not willing to purchase construction insurance [J]. Engineering Construction and Architectural Management, 2018, 25 (2)：257 – 272.

⑤ Husin, M. M., Rahman, A. A. Do Muslims intend to participate in Islamic insurance? Analysis from theory of planned behaviour [J]. Journal of Islamic Accounting and Business Research, 2016, 7 (1)：42 – 58.

⑥ Ajzen, I., Fishbein, M. Understanding attitudes and predicting social behaviour [M]. Prentice – Hall, Englewood Cliffs, NJ. 1980.

⑦ Conner, M., Armitage, C. J. Extending the theory of planned behavior：A review and avenues for further research [J]. Journal of Applied Social Psychology, 1998, 285：1429 – 1464.

⑧ Kidwell, B., Jewell, R. D. An examination of perceived behavioral control：Internal and external influences on intention [J]. Psychology and Marketing, 2003, 20 (7)：625 – 642.

⑨ Bandura, A. Self-efficacy：The exercise of control [M]. New York：Freeman, 1997.

⑩ McCall, N., Mangle, S., Bauer, E., et al. Factors important in the purchase of partnership long-term care insurance [J]. Health Services Research, 1998, 33 (2)：187 – 203.

查，使用 Logistic 回归模型实证发现，认为个体应该依靠自己而非依靠政府来支付长期护理费用的人购买意愿比较强。巴拉赫马纳等（2018）[1] 通过对符合要求（样本限定为已拥有任何类型的医疗保险、收入水准高于本地区最低工资水平且学历为本科及以上的人）的受访者调查，采用偏最小二乘法（PLS）和结构方程模型（SEM）实证发现，知觉行为控制对健康保险购买意愿具有显著的正向影响。谭征（2019）[2] 发现知觉行为控制与互联网保险购买意愿具有显著正向关系，且由于消费者普遍对互联网认知度不高，反映个人控制能力的知觉行为控制变量对购买意愿影响最大。此外，学者（伍丹丹，2019[3]；Mamun et al.，2021[4]）的研究均证实，知觉行为控制与参保意愿呈显著正相关关系。但是，刘等（Liu et al.，2018）[5] 发现知觉行为控制对施工保险购买意愿影响不显著，他们将原因解释为保险公司会根据项目的风险向承包商推荐保险产品，而承包商本身没有必要具备购买保险的能力，因此知觉行为控制对保险购买意愿没有显著影响。

（2）感知有用性。

感知有用性是技术接受模型中的一个核心变量，是指用户主观上认为使用某项工具或系统对提升其工作绩效的程度（Davis，1986[6]；Davis，1989[7]；Davis et al.，1989[8]）。董大海和杨毅（2008）[9] 认为感知有用性实际上是对

---

① Brahmana，R.，Brahmana，R. K.，Memarista，G. Planned behaviour in purchasing health insurance [J]. South East Asian Journal of Management，2018，12（1）：43 – 64.

② 谭征. 基于 K – Means 和 SEM 的消费者互联网保险购买意愿研究：以 TPB 和 TAM 为分析框架 [J]. 重庆理工大学学报（自然科学版），2019（2）：198 – 207.

③ 伍丹丹. 胶州大白菜价格指数保险购买意愿调查研究 [D]. 青岛：青岛大学，2019.

④ Mamun A. A.，Rahman M. K.，Munikrishnan U T，et al. Predicting the Intention and Purchase of Health Insurance Among Malaysian Working Adults：[J]. SAGE Open，2021，11（4）：234 – 252.

⑤ Liu，J. Y.，Lin，S.，Feng，Y. B. Understanding why Chinese contractors are not willing to purchase construction insurance [J]. Engineering Construction and Architectural Management，2018，25（2）：257 – 272.

⑥ Davis，F. D. A technology acceptance model for empirically testing new end-user information systems：Theory and Results [D]. Massachusetts Institute of Technology，1986.

⑦ Davis，F. D. Perceived usefulness，perceived ease of use，and user acceptance of information technology [J]. MIS Quarterly，1989，13（3）：319 – 340.

⑧ Davis，F. D.，Bagozzi，R. P.，Warshaw，P. R. User acceptance of computer technology：A comparison of two theoretical models [J]. Management Science，1989，35（8）：982 – 1003.

⑨ 董大海，杨毅. 网络环境下消费者感知价值的理论剖析 [J]. 管理学报，2008（6）：856 – 861.

使用信息技术后带来结果有用与否的认知，在指标测量方面其与规范激活理论和价值 - 信念 - 规范模型中的结果认知非常相近，均是对行为结果的评判，因此本研究认为两者同属于一个概念范畴。经过三十余年的发展，技术接受模型的应用领域已经由最初的解释个体对信息技术的使用行为，拓宽至复杂的消费行为研究，包括网络购买意愿（Kim，2012[①]；郑春东等，2015[②]；楚啸原等，2020[③]）、绿色产品消费意愿（尹洁林等，2019[④]；Hua & Wang，2019[⑤]）、旅游产品消费意愿与行为（姚云浩和栾维新，2019[⑥]；程立军等，2021[⑦]；卢东和曾小桥，2022[⑧]）等。上述研究中的大部分通过实证发现，感知有用性与消费意愿或行为间存在显著正相关关系。

目前技术接受模型尚未被应用于长期护理保险参保意愿研究，而将其用于探讨其他保险参保意愿或行为的研究也不多见。利姆等（Lim et al.，2010）[⑨] 使用技术接受模型研究了在线汽车保险购买意愿，林等（Lin et al.，2020）[⑩] 则将其应用于研究消费者旅游保险购买行为。周新发和王姐

① Kim, J. B. An empirical study on consumer first purchase intention in online shopping: Integrating initial trust and TAM [J]. Electronic Commerce Research, 2012, 12 (2): 125 - 150.

② 郑春东，韩晴，王寒. 网络水军言论如何左右你的购买意愿 [J]. 南开管理评论, 2015 (1): 89 - 97.

③ 楚啸原，杨晓凡，理原，雷雳. 虚拟商品感知有用性与网络游戏消费意愿：有调节的中介模型 [J]. 中国临床心理学杂志, 2020, 28 (5): 1013 - 1016.

④ 尹洁林，张千芊，廖赣丽，葛新权. 基于技术接受模型和感知风险理论的消费者新能源汽车购买意愿研究 [J]. 预测, 2019 (6): 83 - 89.

⑤ Hua, L., Wang, S. Y. Antecedents of consumers' intention to purchase energy-efficient appliances: An empirical study based on the technology acceptance model and theory of planned behavior [J]. Sustainability, 2019, 11 (10): 2994.

⑥ 姚云浩，栾维新. 基于 TAM - IDT 模型的游艇旅游消费行为意向影响因素 [J]. 旅游学刊, 2019 (2): 60 - 71.

⑦ 程立军，王丽娜，李杨. 后疫情时代旅游市场扩散影响因素的实证分析：基于 TAM - IDT 模型 [J]. 商业经济研究, 2021, 818 (7): 188 - 192.

⑧ 卢东，曾小桥. 游客共享住宿消费的心理机制研究：基于认知—情感—意动理论的视角 [J]. 资源开发与市场, 2022, 38 (11): 1382 - 1389, 1400.

⑨ Lim, S. H., Lee, S. H., Hur, Y. A study on adoption of online automobile insurance from the aspect of trust-reinforcement: Approach by gender and purchase intention level [J]. Journal of Risk Management, 2010, 21 (1): 83 - 124.

⑩ Lin, C. H., Shih, K. H., Wang, W. C., et al. Factors influencing the purchase of travel insurance over mobile banking [J]. International Journal of Mobile Communications, 2020, 18 (2): 158 - 174.

（2014）① 发现消费者对网络保险的感知价值对其购买意愿具有显著正向影响。蔡（Tsai，2017）② 通过对高雄港集装箱码头工人的意外伤害保险认知状况调查，采用结构方程模型实证发现，感知有用性对意外伤害保险购买意愿具有显著正向影响。荣格和帕克（Jung & Park，2017）③ 发现非面对面服务感知有用性调节了交易速度和保费价格竞争力对保险购买意愿的影响关系路径。程静和杜震（2018）④ 发现感知有用性对农户购买农业保险的意愿具有显著直接影响。综上所述，感知有用性与参保意愿显著正相关。此外，库尔巴赫和鲁道（Courbage & Roudaut，2008）⑤ 使用欧洲健康、老龄化与养老调查（Survey of Health，Ageing，and Retirement in Europe，SHARE）中的截面数据，采用 Probit 回归模型对法国长期护理保险需求影响因素实证分析发现，公众购买长期护理保险的目的不仅是为保留遗产和发生失能失智问题时为家庭提供经济保护，而且是为减轻非正式照护者（配偶、子女和亲属）的负担。由此可见，公众购买长期护理保险时会对其价值进行考量，当他们感知有用性越强时，其参保意愿则会越强烈。

（3）个人规范。

个人规范是规范激活理论模型中的核心变量，是指个体感知到的执行或不执行某项行为所产生的内在道德倾向与义务感，通常可以被视为外部社会规范的内部化（Schwartz，1977⑥；Schwartz & Howard，1981⑦）。当个体执行某项特定行为，尤其是亲社会或亲环境行为时，其个人规范一旦被激发，

① 周新发，王姐. 基于 TPB 视角的消费者网络财产保险购买意愿研究［J］. 保险研究，2014（7）：51－60，86.

② Tsai，C. L. The insurance behavior evaluation process of workers in the container terminal operation context：An example in the port of Kaohsiung［J］. International Journal of E－navigation and Maritime Economy，2017，6：17－28.

③ Jung，S. H.，Park，K. S. Relationship between the service quality of non-face-to-face channels and the insurance purchase intention in the life insurance industry［J］. Financial Planning Review，2017，10（3）：65－86.

④ 程静，杜震. 基于感知价值的农户政策性农业保险满意度研究［J］. 金融理论与实践，2018（7）：58－64.

⑤ Courbage，C.，Roudaut，N. Empirical evidence on long-term care insurance purchase in France［J］. Geneva Papers on Risk and Insurance－Issues and Practice，2008，33（4）：645－658.

⑥ Schwartz，S. H. Normative influences on altruism［C］. In Berkowitz，L.（Ed.），Advances in Experimental Social Psychology（10，221－279）. New York：Academic Press，1977.

⑦ Schwartz，S. H.，Howard，J. A. A normative decision-making model of altruism［C］. In Rushton，J. P. & Sorrentino，R. M.（Eds.），Altruism and helping behavior（89－211）. Hillsdale：Erlbaum，1981.

这种规范约束将会成为一种驱动力对行为产生重要的影响（Schwartz，1977①）。根据哈兰德等（Harland et al.，2007）② 的研究，个人规范与责任归属在测量上非常相似，可视两者为同一个概念范畴，因此个人规范也体现出个体责任感。通过文献梳理发现，规范激活理论和个人规范变量尚未被应用于任何类型保险参保意愿或行为研究，而是多见于亲社会或亲环境行为研究领域，例如：张玉玲等（2014）③ 借助规范激活理论研究居民对保护旅游地环境的行为；王等（Wang et al.，2019）④ 则利用该理论模型研究消费者对节能家电的购买意愿。从学者的研究发现来看，刘宇伟（2017）⑤ 发现汽车出行减量个人规范显著影响减量意愿；张等（Zhang et al.，2019）⑥ 发现个人规范是居民垃圾分类意愿的重要预测变量；西亚和约瑟（Sia & Jose，2019）⑦ 发现个人规范中介主观规范与建设生态友好型住宅意愿间的影响关系路径；杜等（Du et al.，2018）⑧ 则发现个人规范与新能源汽车购买意愿呈显著正相关。郭清卉等（2019）⑨ 使用拓展的规范激活理论框架，通过构建结构方程模型和层次回归模型，对农户的亲环境行为进行分析，结果表

① Schwartz, S. H. Normative influences on altruism ［C］. In Berkowitz, L. （Ed.）, Advances in Experimental Social Psychology （10, 221 –279）. New York：Academic Press, 1977.

② Harland, P., Staats, H., Wilke, H. A. M. Situational and personality factors as direct or personal norm mediated predictors of pro-environmental behavior：Questions derived from norm-activation theory ［J］. Basic and Applied Social Psychology, 2007, 29 （4）：323 –334.

③ 张玉玲, 张捷, 赵文慧. 居民环境后果认知对保护旅游地环境行为影响研究 ［J］. 中国人口·资源与环境, 2014 （7）：149 –156.

④ Wang, Z. H., Sun, Q. Y., Wang, B., et al. Purchasing intentions of Chinese consumers on energy-efficient appliances：Is the energy efficiency label effective？ ［J］. Journal of Cleaner Production, 2019, 238：117896.

⑤ 刘宇伟. 可持续交通中的汽车出行减量意愿研究：一个整合的模型 ［J］. 管理评论, 2017 （6）：234 –241.

⑥ Zhang, B., Lai, K. H., Wang, B., et al. From intention to action：How do personal attitudes, facilities accessibility, and government stimulus matter for household waste sorting？ ［J］. Journal of Environmental Management, 2019, 233：447 –458.

⑦ Sia, S. K., Jose, A. Attitude and subjective norm as personal moral obligation mediated predictors of intention to build eco-friendly house ［J］. Management of Environmental Quality, 2019, 30 （4）：678 –694.

⑧ Du, H. B., Liu, D. Y., Sovacool, B. K., et al. Who buys New Energy Vehicles in China？ Assessing social-psychological predictors of purchasing awareness, intention, and policy ［J］. Transportation Research Part F – Traffic Psychology and Behaviour, 2018, 58：56 –69.

⑨ 郭清卉, 李昊, 李世平等. 个人规范对农户亲环境行为的影响分析：基于拓展的规范激活理论框架 ［J］. 长江流域资源与环境, 2019, 28 （5）：1176 –1184.

明，农户的亲环境个人规范对其亲环境行为产生直接的正向影响程度最大。综上所述，目前研究通过实证分析普遍证实，个人规范是行为的重要预测变量。虽然尚未有研究将个人规范变量用于预测长期护理保险参保意愿，但是沙贝尔和斯图姆（Schaber & Stum，2007）[①] 研究了个体长期护理筹资的责任感对其参保长期护理保险的影响。

随着年华的逐渐逝去，每个人都会变老，老年危机正逐步逼近。老年人一旦发生失能失智问题，对整个家庭而言必将是沉重的打击，而长期护理保险能够转嫁风险，弥补家庭损失。对于参保人而言，积极参保政府主导的社会长期护理保险是社会责任感与义务感的体现，而购买商业长期护理保险则在一定程度上体现出对家庭成员的责任感和担当意识。目前学界尚未针对长期护理保险参保个人规范与参保意愿或行为间的关系展开分析，是研究领域的不足。

（4）保险知识。

保险知识是指对保险的了解程度，包括保障范围与功能、服务内容与形式以及保险政策法规等。根据负责任环境行为模型，知识对行为具有重要影响，丰富的知识储备可以指导和推动负责任行为的发生，而知识的缺乏则会阻碍行为的发生与实施（Hines et al.，1987）[②]。目前关于知识与行为关系的探讨多见于环境行为学研究，例如：波希图等（Pothitou et al.，2016）[③] 发现环境知识对家庭的节能行为具有显著影响；林和西尔加巴耶娃（Lin & Syrgabayeva，2016）[④] 发现环境知识增强了消费者对可再生能源支付溢价的意愿。国外部分学者探讨了保险知识与参保意愿或行为间的关系，麦克卡尔

---

① Schaber, P. L., Stum, M. S. Factors impacting group long-term care insurance enrollment decisions [J]. Journal of Family and Economic Issues, 2007, 28 (2): 189 – 205.

② Hines, J. M., Hungerford, H. R., Tomera, A. N. Analysis and synthesis of research on responsible environmental behavior: A meta-analysis [J]. Journal of Environmental Education, 1987, 18 (2): 1 – 8.

③ Pothitou, M., Hanna, R. F., Chalvatzis, K. J. Environmental knowledge, pro-environmental behavior and energy savings in households: An empirical study [J]. Applied Energy, 2016, 184: 1217 – 1229.

④ Lin, C. Y., Syrgabayeva, D. Mechanism of environmental concern on intention to pay more for renewable energy: Application to a developing country [J]. Asia Pacific Management Review, 2016, 21 (3): 125 – 134.

等（1998）① 分析了消费者知识（消费者相信医疗保险足以覆盖长期护理、与理财顾问交流、有家庭成员或亲友需要长期护理）对长期护理保险购买行为的影响，研究发现，知识与购买行为密切相关，具体而言，认为"目前医疗保险能够为长期护理提供足够保障"的人购买长期护理保险的概率低于那些不认为医疗保险能够提供足够保障的人，与理财顾问交流过的人购买概率是未与理财顾问交流过的人的 2.82 倍，有需要长期护理家人或亲友的人购买概率是那些没有需要长期护理家人或亲友的人的 2.21 倍。部分研究则将未能购买商业长期护理保险归因于潜在购买者对保险功能不了解以及对医疗保险覆盖长期护理费用的误解（Brown & Finkelstein，2007②）。此外，根据美国退休人员协会（American Association of Retired Persons，AARP）③ 发布的一项调查报告，超过 50% 的 45 岁及以上受访者表示，他们相信医疗保险和医疗补助能够支付养老院的护理费用。然而，事实上这两项保险都有明确的条件限制，只有在满足要求的前提下才能够支付长期护理费用。同时，41% 的受访者错误地认为医疗补充保险涵盖了长期护理。由此可见，即使在长期护理保险实施较早的美国，公众对于保险知识的认识也比较缺乏。

近年来，国内学者对保险知识与参保意愿的关系进行了诸多探讨，研究结论与国外学者的发现基本一致。孟昶（2007）④ 通过调查发现，认知误区是导致公众不愿意购买长期护理保险的主要原因，近八成的不愿意购买者指出"他们已有社会保险或已购买商业健康保险，因此没必要再购买长期护理保险"。曹信邦和陈强（2014）⑤ 在对全国 27 个省份调查的基础上，采用 Logistic 回归模型实证发现，公众对长期护理保险了解程度显著影响其参保意愿，对保险了解和较了解的人参保意愿分别是不了解的人的 2.78 倍和

① McCall，N.，Mangle，S.，Bauer，E.，et al. Factors important in the purchase of partnership long-term care insurance ［J］. Health Services Research，1998，33（2）：187 – 203.

② Brown，J. R.，Finkelstein，A. Why is the market for long-term care insurance so small？［J］. Journal of Public Economics，2007，91（10）：1967 – 1991.

③ AARP. 2006. The Costs of Long – Term Care：Public Perceptions Versus Reality in 2006，American Association of Retired Persons，World Wide Web：http：//fbic446fe59d602c4187a5a738d5681a0377 scbbq5u006bu06xp0. fiac. eds. tju. edu. cn/rgcenter/health/ltc_costs_2006. pdf.

④ 孟昶. 长期护理保险的需求实证分析：以苏州、扬州、淮安为例 ［D］. 北京：北京大学，2007.

⑤ 曹信邦，陈强. 中国长期护理保险需求影响因素分析 ［J］. 中国人口科学，2014（4）：102 – 109，128.

2.96 倍。杜霞和周志凯（2016）① 则发现，对商业保险认知能力和接受度越强的人群，越有可能采取购买保险的方式来分散长期护理风险。戴卫东和陶秀彬（2012）② 发现，青年人对长期护理保险制度的不了解与其参保意愿呈明显负相关关系，说明越不了解长期护理保险制度就越不愿意参保，孙正成（2013）③ 得到同样的研究结论。罗金凤和王小凤（2019）④ 通过随机抽取荆门市区的 300 名成年居民进行调查，并对结果进行有序 Logistic 回归分析，结果显示，居民对长期护理服务认知、对长期护理保险制度认知是长期护理服务需求的重要影响因素。上述研究均表明保险知识对参保意愿具有显著正向影响，因此我们有理由相信提升居民的保险知识能够使其转变参保态度，进而提升其参保意愿。但是，也有研究发现居民对慢性病住院花费、护理费用与医疗保险、老年长期护理保险等方面的认知情况对其参保意愿并不产生影响（张铭，2009）⑤。

（5）风险认知。

风险认知是指个体对风险的发生概率、规模、危害性程度等在主观上的感受和认识，它决定了个体是否采取相应措施来规避风险。当个体认为风险可能会发生在自己身上或认识到风险可能带来的巨大损失时，其更愿意采取措施来规避风险（饶育蕾和朱锐，2014）⑥。随着人口老龄化进程加速，长期护理风险已成为政府、家庭和老年人三者共同面临的主要风险之一。长期护理保险作为一项规避未来护理风险的保险决策，人们的参保与否往往是在其自身风险认识的基础上所作出的理性选择。个体风险认知水平越高，其参保意愿越强。

国内外学者普遍认为，公众对于长期护理风险以及通过长期护理保险来

① 杜霞，周志凯.长期护理保险的参与意愿及其影响因素研究：基于陕西省榆林市的微观样本 [J].社会保障研究，2016（3）：41－50.

② 戴卫东，陶秀彬.青年人长期护理保险需求意愿及其影响因素分析：基于苏皖两省调查的比较研究 [J].中国卫生事业管理，2012（5）：353－355.

③ 孙正成.需求视角下的老年长期护理保险研究：基于浙江省 17 个县市的调查 [J].中国软科学，2013（11）：73－82.

④ 罗金凤，王小凤.荆门市长期护理保险试点地区城镇居民对长期护理服务的认知与需求研究 [J].护理研究，2019，33（23）：4121－4125.

⑤ 张铭.老年护理保险需求影响因素研究 [D].大连：大连理工大学，2009.

⑥ 饶育蕾，朱锐.认知差异是否影响中老年投资者持有风险资产？ [J].管理世界，2014（11）：170－171.

转嫁风险的认知不强，制约了其参保意愿，因此识别风险认知对参保意愿的影响对刺激长期护理保险的有效需求意义重大。保利（Pauly，1990）[1] 发现，公众缺乏对长期护理发生概率的认知是导致长期护理保险需求不足的重要原因。培根等（Bacon et al.，1989）[2] 和章琦琴等（2015）[3] 证明了该结论。布朗和芬克尔斯坦（Brown & Finkelstein，2009）[4] 指出，有限的长期护理支出风险认知制约着公众的购买意愿。美国退休人员协会（American Association of Retired Persons，AARP）的一项调查报告指出，63% 的受访者以超全国平均成本（2006 年为 6266 美元/月）20% 的水平低估了养老院的成本[5]。周 – 里希等（Zhou-Richter et al.，2010）[6] 基于一个风险告知实验，通过比较受访者风险告知前后对长期护理保险购买意愿的变化，发现风险告知能够增加受访者的购买意愿，约 30% 的受访者经过风险告知后由"不愿意"转变为"愿意"。综上所述，风险认知对长期护理保险参保意愿具有明显影响。而努尔西亚纳等（Nursiana et al.，2021）[7] 在对印度尼西亚客户购买保单意愿的影响因素研究中却指出，感知风险对购买意愿有显著的负向影响。

国内学者得到了相同的研究结论：戴卫东和陶秀彬（2012）[8] 通过对安徽和江苏两省青年人调查的多元 Logit 回归模型实证发现，对担心老年生病、

① Pauly, M. V. The rational nonpurchase of long-term-care insurance [J]. Journal of Political Economy, 1990, 98: 153 – 168.

② Bacon, P. W., Gitman, L. J., Ahmad, K., et al. Long-term catastrophic care: A financial planning perspective [J]. Journal of Risk and Insurance, 1989, 56 (1): 146 – 154.

③ 章琦琴, 刘畅, 侯福妍. 长期护理保险需求文献研究 [J]. 卫生经济研究, 2015 (9): 30 – 33.

④ Brown, J. R., Finkelstein, A. The private market for long-term care insurance in the United States: A review of the evidence [J]. Journal of Risk and Insurance, 2009, 76 (1): 5 – 29.

⑤ AARP. 2006. The Costs of Long – Term Care: Public Perceptions Versus Reality in 2006, American Association of Retired Persons, World Wide Web: http://fbic446fe59d602c4187a5a738d5681a0377 scbbq5u006bu06xp0. fiac. eds. tju. edu. cn/rgcenter/health/ltc_costs_2006. pdf.

⑥ Zhou-Richter, T., Browne, M. J., Grundl, H. Don't they care? Or, are they just unaware? Risk perception and the demand for long-term care insurance [J]. Journal of Risk and Insurance, 2010, 77 (4): 715 – 747.

⑦ Nursiana A, Budhijono F, Fuad M. Critical factors affecting customers' purchase intention of insurance policies in Indonesia [J]. The Journal of Asian Finance, Economics and Business, 2021, 8 (2): 123 – 133.

⑧ 戴卫东, 陶秀彬. 青年人长期护理保险需求意愿及其影响因素分析: 基于苏皖两省调查的比较研究 [J]. 中国卫生事业管理, 2012 (5): 353 – 355.

担心老年无人照料和担心老年经济不宽裕等风险问题的认识越强烈，长期护理保险参保意愿越强。陈璐和范红丽（2014）① 基于对 24 个省市调研数据，采用多元无序离散选择模型实证发现，对长期护理风险有着清楚认知的受访者会增加购买商业长期护理保险的概率，且回归的边际效应表明，通过系列宣传手段使公众清楚可能面临到的风险，会使其购买概率增加 10%。王新军和郑超（2014）② 利用 2005 年、2008 ~ 2009 年 CLHLS 数据，采用面板 Logit 回归模型实证发现，对老年时可能发生的长期护理风险（发生概率、护理费用支出和持续周期等）认识不到位会降低调查者的购买概率。赵娜和陈凯（2015）③ 发现，受访者对长期护理发生率及成本的认知程度显著影响其长期护理保险购买意愿，且通过一个风险告知实验证实，约 33% 的受访者由之前的无意愿购买转变为有意愿购买。韩笑和吴宇凤（2022）④ 采用倾向得分匹配下的多期双重差分模型考察长期护理保险对参保者健康预防行为的影响，发现长期护理保险存在"风险认知提升效应"，它能够提高个体的健康意识和对自身所患疾病的认知，从而增加其健康预防行为的动机。

此外，部分学者还关注到家庭内部道德风险认知变量对长期护理保险参保意愿的影响。许多父母会产生如下担心：如果购买了长期护理保险，当自己失去独立活动能力时，子女可能会更多地依赖医疗机构承担护理责任，从而减少对父母的护理投入，基于这样的风险认知，为了能够得到家人更多的关心，许多父母并不愿意购买长期护理保险，从而制约了保险市场发展（Zweifel & Struwe，1998⑤）。但库尔巴赫和鲁道（2011）⑥ 研究发现，法国的长期护理保险购买者不受家庭内部道德风险的影响，这也解释了为何法国

① 陈璐，范红丽. 我国失能老人长期护理保障融资制度研究：基于个人态度的视角 [J]. 保险研究，2014（4）：110 – 120.

② 王新军，郑超. 老年人健康与长期护理的实证分析 [J]. 山东大学学报（哲学社会科学版），2014（3）：30 – 41.

③ 赵娜，陈凯. 风险认知对长期护理保险购买意愿影响分析 [J]. 保险研究，2015（10）：84 – 95.

④ 韩笑，吴宇凤. 长期护理保险与居民健康预防行为：来自中国试点城市的证据 [J]. 天府新论，2022，225（3）：108 – 122.

⑤ Zweifel, P., Struwe, W. Long-term care insurance in a two-generation model [J]. Journal of Risk and Insurance，1998，65：13 – 32.

⑥ Courbage, C., Roudaut, N. Long-term care insurance：The French example [J]. European Geriatric Medicine，2011，2（1）：22 – 25.

长期护理保险市场能够迅速发展。

（6）信任程度。

信任是个体可能执行对自己有利的合作性策略的一种稳定性期望，是理性选择的结果（穆怀中和闫琳琳，2012）①。在长期护理保险参保意愿影响因素研究中，信任程度是一个重要变量，主要体现在对政府及相关监管部门的信任（陈玫等，2019②；宋学红等，2022③）和对保险公司的信任（韩会娟，2015④；Tam et al.，2020⑤）两个方面。具体来看，前者是针对政府主导的社会长期护理保险而言，居民对政府的信任程度会影响其参保意愿。例如：申珅（2013）⑥通过对日照市调研，采用 Logistic 回归模型实证发现，对政府相关部门（制度建立部门和制度运行监管部门）的信任程度显著正向影响其参保意愿；张瑞利等（2018）⑦通过对南京市社区老年居民进行问卷调查，同样采用 Logistic 回归模型实证发现，居民对政府的信任度参保意愿有显著影响，信任度越高，其参保意愿就越强。但是，张奇林和韩瑞峰（2016）⑧基于对青岛市市南区、崂山区和莱西市三地的调查数据，采用 Logit 回归模型实证发现，居民对政府的信任程度与其参保意愿不相关。后者针对的是保险公司主办的商业长期护理保险，居民对保险公司的信任与否会影响其参保意愿。柯里等（Curry et al.，2009）⑨发现长期护理保险的非

① 穆怀中，闫琳琳. 新型农村养老保险参保决策影响因素研究 [J]. 人口研究，2012（1）：73 – 82.

② 陈玫，高卫东，孟彦辰等. 北京市社区居民长期护理保险购买和参与意愿及其影响因素研究 [J]. 中国卫生政策研究，2019，12（12）：66 – 74.

③ 宋学红，彭雪梅，崔微微. 社会资本影响农村长期互助护理保险参与意愿吗：来自江苏淮安市调查数据的经验发现 [J]. 财经科学，2022，412（7）：47 – 61.

④ 韩会娟. 老年长期护理保险的需求与供给研究：以石家庄为例 [D]. 石家庄：河北经贸大学，2015.

⑤ Tam L.，Tyquin E.，Mehta A. M.，et al. Determinants of Attitude and Intention Towards Private Health Insurance：A Comparison of Insured and Uninsured Young Adults in Australia，2020.

⑥ 申珅. 长期护理保险需求影响因素分析：以山东日照市为例 [D]. 沈阳：辽宁大学，2013.

⑦ 张瑞利，时明铭，徐佩. 老年居民长期护理保险认知及参保意愿调查研究：以南京市为例 [J]. 华东理工大学学报（社会科学版），2018（4）：99 – 107.

⑧ 张奇林，韩瑞峰. 长期医疗护理保险居民参保意愿研究：来自青岛市的调查 [J]. 社会保障研究，2016（2）：45 – 53.

⑨ Curry, L. A.，Robison, J.，Shugrue, N.，et al. Individual decision making in the non-purchase of long-term care insurance [J]. Gerontologist，2009，49（4）：560 – 569.

购买者对商业保险公司的生存能力和诚信持怀疑态度。布朗等（2012）[①] 基于对兰德美国生活小组（RAND American Life Panel）50 岁及以上参加者的调查数据，采用回归分析发现，公众对保险公司缺乏信任，包括担心保险公司经营时间不足以支付医疗费用、担心保险公司会提高保费和担心保险公司会拒绝合理的长期护理索赔是影响其购买长期护理保险的重要因素。韩会娟（2015）[②] 通过对石家庄中老年群体的抽样调查发现，公众对商业保险公司缺乏信任以及对政府管理存在诸多漏洞的认识是导致其不愿意参保老年长期护理保险的原因。荆涛等（2016）[③] 同样指出，不愿意购买长期护理保险的消费者的主要障碍是不了解长期护理保险以及不信任保险公司。布科里和哈瓦尼（Buchori & Harwani，2021）[④] 对中国太平保险印度尼西亚有限公司的案例研究发现，对保险公司和产品的信任对购买意愿有正向显著的影响。此外，部分学者探讨了受访者对长期护理保险制度本身的不信任与其参保意愿间的关系（戴卫东和陶秀彬，2012）[⑤]。

（7）文化观念。

文化观念可以概念化为长期生活在同一文化环境中的个体逐渐形成的对自然、社会与人本身基本的、比较一致的观点和信念（陈虹霖等，2018）[⑥]。国内外已有研究均证实，文化观念对老年人长期护理需求和长期护理保险参保意愿具有潜移默化的影响。纽金（Nugent，1985）[⑦] 分析了发展中国家的生育率是否被父母希望将来由儿女提供养老保障的观念所驱动，结果表明将

① Brown, J. R., Goda, G. S., McGarry, K. Long-term care insurance demand limited by beliefs about needs, concerns about insurers, and care available from family [J]. Health Affairs, 2012, 31 (6): 1294 - 1302.

② 韩会娟. 老年长期护理保险的需求与供给研究：以石家庄为例 [D]. 石家庄：河北经贸大学，2015.

③ 荆涛，杨舒，孟郁聪. 消费者对长期护理保险的购买意愿及影响因素分析 [J]. 保险职业学院学报，2016（1）：5 - 11.

④ Buchori A., Harwani Y. The The Effect of Service Quality and Promotion on Purchase Intention Mediated by Trust (Case Study: PT China Taiping Insurance Indonesia) [J]. European Journal of Business Management and Research, 2021, 6 (2): 44 - 47.

⑤ 戴卫东，陶秀彬. 青年人长期护理保险需求意愿及其影响因素分析：基于苏皖两省调查的比较研究 [J]. 中国卫生事业管理，2012（5）：353 - 355.

⑥ 陈虹霖，孙雯，彭希哲. 性别观念视域下老年人自我效能感研究：基于第三次妇女社会地位调查（老年专卷）数据的分析 [J]. 老龄科学研究，2018（2）：14 - 27.

⑦ Nugent, J. B. The old-age security motive for fertility [J]. Population and Development Review, 1985, 11: 75 - 97.

儿女视为未来重要养老保障资产的观念正在不断增强。麦克卡尔等 (1998)[①] 发现，那些认为"即使需要长期护理也不会去养老院"的人并不愿意购买长期护理保险，持这种观念的受访者购买保险的概率是不持这种观念的受访者的 0.43 倍。陈杰（2002）[②] 研究日本长期护理保险的经验后指出，传统观念的约束是阻碍日本推进长期护理保险的重要因素。在我国，由于受传统文化观念尤其是"养儿防老"观念的影响，许多失能老年人和慢性病人通常选择由家庭成员来护理，通过保险来转嫁长期护理风险的观念不强，其参保意愿自然也不强（苏永莉，2007[③]；吕鑫，2018[④]）。张铭 (2009)[⑤] 通过对大连市区中老年人群调研，采用 Logistic 回归模型实证发现，对养老方式和护理方式所持的观念对居民参保意愿具有显著影响。从养老和护理方式来看，居民能否接受家庭成员以外的照料反映了其养老观念，不接受表明养老观念固执守旧，而接受则表明观念开放，受传统文化影响较轻（申珅，2013）[⑥]。申珅（2013）[⑦] 通过对日照市调研，采用 Logistic 回归模型实证发现，受访者"他人照顾接受度"显著影响其参保意愿。赵娜和陈凯（2015）[⑧] 发现受访者的照料方式选择与其长期护理保险购买意愿显著相关，愿意购买的倾向于选择机构养老，而不愿意购买的倾向于家庭养老。何苗（2018）[⑨] 通过对重庆市开展分层抽样调查，采用 Logistic 回归模型实证发现，受访者"是否接受家庭之外的照料"对其长期护理保险购买意愿有显著影响。黄懿炘等（2021）[⑩] 对国内外长期护理保险制度下居家护理服务相关研究进展情况进行研究，认为老年人的养老观念对服务需求发挥着重要作用。担心未来生病无人照顾、偏好依靠保险养老的老年人，对长期护理

① McCall, N. , Mangle, S. , Bauer, E. , et al. Factors important in the purchase of partnership long-term care insurance [J]. Health Services Research, 1998, 33 (2): 187 – 203.

② 陈杰. 日本的护理保险及其启示 [J]. 市场与人口分析, 2002 (2): 69 – 73.

③ 苏永莉. 长期护理保险发展的需求分析 [J]. 保险职业学院学报, 2007 (5): 30 – 33.

④ 吕鑫. 我国长期护理保险需求影响因素的实证研究 [J]. 中国保险, 2018 (12): 29 – 33.

⑤ 张铭. 老年护理保险需求影响因素研究 [D]. 大连: 大连理工大学, 2009.

⑥⑦ 申珅. 长期护理保险需求影响因素分析: 以山东日照市为例 [D]. 沈阳: 辽宁大学, 2013.

⑧ 赵娜, 陈凯. 风险认知对长期护理保险购买意愿影响分析 [J]. 保险研究, 2015 (10): 84 – 95.

⑨ 何苗. 重庆市长期护理保险需求研究 [D]. 重庆: 重庆工商大学, 2018.

⑩ 黄懿炘, 刘美兰, 彭献莹等. 长期护理保险制度下居家护理服务的研究进展 [J]. 护理学杂志, 2021, 36 (11): 102 – 105.

保险的需求程度越强。综上所述，居民受文化观念影响所作出的不同养老和护理方式的选择与其参保意愿或行为间存在显著影响关系，文化观念越守旧，参保意愿就越弱。此外，戴卫东和陶秀彬（2012）[①] 发现"依靠子女护理"变量与青年人不愿意参保间的影响关系不显著，他们将原因解释为现在青年人"养儿防老"传统观念已经淡化。

## 2. 外部情境维度

根据态度－行为－情境理论，行为的产生是内部认知因素与外部情境因素共同作用的结果（Guagnano et al.，1995[②]）。在行为学研究中，情境因素往往是指那些影响认知变量与行为（意愿）变量间路径关系的外界因素，通常包括政策规制、激励诱因和社会资本等（Tikka et al.，2000[③]；Darby，2006[④]）。当这些因素对个体有积极显著影响时，会推动个体执行某项行为，此时内部认知变量对行为的影响力和解释力增强；而当这些因素对个体有消极显著影响时，则会阻碍个体执行某项行为，相应地认知变量的影响力和解释力也会减弱。

保险价格是影响居民参保意愿的重要因素。许多学者的研究已证实保费过高限制了长期护理保险的购买意愿，例如：克雷默和詹森（Cramer & Jensen，2006）[⑤] 利用 2002 年美国健康与养老调查（Health and Retirement Study，HRS）数据，采用 Logistic 回归模型实证发现，保险价格显著影响长

---

① 戴卫东，陶秀彬. 青年人长期护理保险需求意愿及其影响因素分析：基于苏皖两省调查的比较研究［J］. 中国卫生事业管理，2012（5）：353－355.

② Guagnano, G. A., Stern, P. C., Dietz, T. Influences on attitude-behavior relationships：A natural experiment with curbside recycling［J］. Environment and Behavior，1995，27（5）：699－718.

③ Tikka, M. P., Kuitunen, M. T., Tynys, S. M. Effects of educational background on students' attitudes, activity levels, and knowledge concerning the environment［J］. Journal of Environmental Education，2000，31（3）：12－19.

④ Brown, J. R., Goda, G. S., McGarry, K. Long-term care insurance demand limited by beliefs about needs, concerns about insurers, and care available from family［J］. Health Affairs，2012，31（6）：1294－1302.

⑤ Cramer, A. T., Jensen, G. A. Why don't people buy long-term-care insurance?［J］. Journals of Gerontology Series B-Psychological Sciences and Social Sciences，2006，61（4）：185－193.

期护理保险购买意愿，过高的保费会降低公众的购买概率。布朗等（2012）[①]采用回归实证发现，担心无力负担长期护理保险保费的受访者参保长期护理保险的可能性率较低。王等（Wang et al.，2018）[②] 则基于对我国青海省和浙江省 1743 位受访者的调查数据，采用 Logistic 回归模型实证发现，较高的长期护理保险保费价格与长期护理保险的低参保率之间呈现显著相关。布朗和芬克尔斯坦（Brown & Finkelstein，2007）[③] 以及柯里等（2009）[④] 同样证实了该发现。83% 的非购买者认为过高保费是他们不购买商业长期护理保险的重要原因（AHIP，2007）[⑤]。宋畹玖（2011）[⑥] 通过对我国台湾省台中市的调研发现，约 60% 的受访者表示经济因素是导致其不愿意购买长期看护保险的最主要障碍。丁志宏和魏海伟（2016）[⑦] 则指出，从实际购买情况来看，经济条件是制约老年人购买长期护理保险的重要因素。张瑞利等（2018）[⑧] 则通过对南京市的调研发现，受经济因素制约和对长期护理保险不了解这两方面原因的影响，不愿意参保的受访者比例高达 71%。综上可见，要想提升居民的参保意愿必须努力降低其购买长期护理保险的成本，从而刺激购买热情。

除保险价格外，美国的医疗补助计划对长期护理保险购买具有非常明显

① Brown, J. R., Goda, G. S., McGarry, K. Long-term care insurance demand limited by beliefs about needs, concerns about insurers, and care available from family [J]. Health Affairs, 2012, 31 (6): 1294 – 1302.

② Wang, Q., Zhou, Y., Ding, X. R., et al. Demand for long-term care insurance in China [J]. International Journal of Environmental Research and Public Health, 2018, 15 (1): 6.

③ Brown, J. R., Finkelstein, A. Why is the market for long-term care insurance so small? [J]. Journal of Public Economics, 2007, 91 (10): 1967 – 1991.

④ Curry, L. A., Robison, J., Shugrue, N., et al. Individual decision making in the non-purchase of long-term care insurance [J]. Gerontologist, 2009, 49 (4): 560 – 569.

⑤ AHIP. Who buys long-term care insurance? A 15 – year study of buyers and non-buyers, 1990 – 2005. America's Health Insurance Plans, 2007.

⑥ 宋畹玖. 高龄化社会下长期看护风险与保险认知之研究：以台中市民为例 [D]. 长沙：中南大学，2011.

⑦ 丁志宏，魏海伟. 中国城市老人购买长期护理保险意愿及其影响因素 [J]. 人口研究，2016 (6): 76 – 86.

⑧ 张瑞利，时明铭，徐佩. 老年居民长期护理保险认知及参保意愿调查研究：以南京市为例 [J]. 华东理工大学学报（社会科学版），2018 (4): 99 – 107.

的挤出效应（Brown & Finkelstein，2008[1]；Brown et al.，2007[2]）。长期护理的费用高昂，在美国只有 10% ~12% 的老年人购买了长期护理保险，医疗补助计划每年的支出额超过 1000 亿美元，占美国近一半的长期护理费用。为了减轻医疗补助计划的压力，政策制定者实施了一系列政策来推动长期护理保险的购买，将更多的私人资金纳入长期护理体系，从而减少长期护理公共支出的增长（Cornell & Grabowski，2018[3]）。多年来，几项旨在增加长期护理保险购买的举措都集中在如何使商业长期护理保险政策更加具有吸引力，包括 1996 年的《医疗保险可携带性和责任法案》（HIPAA）、长期护理保险合作（PLTC）计划等（McCall et al.，1998[4]；Lin & Prince，2013[5]，2016[6]）。对于符合条件的参保人员而言，这些经济激励相当于对长期护理保险的价格打了折扣。

2000 年以来，为购买长期护理保险提供税收激励的州数量迅速增加，从开始时的 4 个增加到 2012 年的 37 个，占所有州数量的 2/3 以上。史蒂文森等（Stevenson et al.，2009）[7] 利用来自于美国保险监督官协会（National Association of Insurance Commissioners，NAIC）的数据，通过回归模型实证发现，为购买长期护理保险提供税收激励与保险市场占有率显著相关，有税收激励州的保险市场占有率比没有的州高出 1 个百分点。库特芒和何（Courte-

---

① Brown，J. R.，Finkelstein，A. The interaction of public and private insurance：Medicaid and the long-term care insurance market［J］. American Economic Review，2008，98（3）：1083 – 1102.

② Brown，J. R.，Coe，N. B.，Finkelstein，A. Medicaid crowd-out of private long-term care insurance demand：Evidence from the health and retirement survey［J］. Tax Policy and the Economy，2007，21：1 – 34.

③ Cornell，P. Y.，Grabowski，D. C. The impact of policy incentives on long-term-care insurance and Medicaid costs：Does underwriting matter?［J］. Health Services Research，2018，53（5）：3728 – 3749.

④ McCall，N.，Mangle，S.，Bauer，E.，et al. Factors important in the purchase of partnership long-term care insurance［J］. Health Services Research，1998，33（2）：187 – 203.

⑤ Lin，H. Z.，Prince，J. The impact of the partnership long-term care insurance program on private coverage［J］. Journal of Health Economics，2013，32（6）：1205 – 1213.

⑥ Lin，H. Z.，Prince，J. T. Determinants of private long-term care insurance purchase in response to the partnership program［J］. Health Services Research，2016，52（2）：687 – 703.

⑦ Stevenson，D. G.，Frank，R. G.，Tau，J. Private long-term care insurance and state tax incentives［J］. Inquiry – The Journal of Health Care Organization Provision and Financing，2009，46（3）：305 – 321.

manche & He，2009）① 基于 HRS 数据，使用双重差分回归（DID）分析了
1996 年 HIPAA 中规定的税收激励对个人长期护理保险购买行为的影响，研
究发现 HIPAA 增加了长期护理保险的购买，对符合条件的人而言，税收激
励使个人长期护理保险的参保概率提高了 3.3 个百分点，即 25%。戈达
（2011）② 基于 HRS 数据实证发现，税收激励对购买商业长期护理保险具有
显著的正向影响，实施税收激励措施能够使个人购买长期护理保险的可能性
增加 2.7 个百分点。格林哈尔希 - 斯坦利（Greenhalgh-Stanley，2014）③ 同
样基于 HRS 数据估计了实施 PLTC 对长期护理保险发生率的影响，研究发
现对于那些厌恶风险和拥有长期财务规划的家庭而言，PLTC 计划增加了他
们购买长期护理保险的可能性。但是，克雷默和詹森（2006）④ 发现，依靠
降低价格政策来激励长期护理保险购买行为的作用性很微小，即使给予
25% 的价格折扣，需求量也只会增加 11.2%，即从 4.4% 增加到 4.9%。布
朗等（2012）⑤ 认为，购买长期护理保险受到很多因素的限制，而且公众对
这些因素重要程度的认知是存在差异性的。综上所述，政府实施的政策干
预，尤其是提供的财政支持等对激励长期护理保险的购买具有一定的影响。

　　从国内长期护理保险试点省市的实践来看，大部分地区在保险基金筹措
方面实施了政府财政补贴政策，以此来降低居民的参保成本。但是，从学界
研究视角来看，有关政策情境因素影响长期护理保险居民参保意愿的研究很
少，杜霞和周志凯（2016）⑥ 基于对陕西省榆林市市民的随机抽样调查数
据，采用 Probit 离散选择模型和 Heckman 两步法估计发现，政府参与补贴会

① Courtemanche，C.，He，D. F. Tax incentives and the decision to purchase long-term care insurance［J］. Journal of Public Economics，2009，93（1 - 2）：296 - 310.

② Goda，G. S. The impact of state tax subsidies for private long-term care insurance on coverage and Medicaid expenditures［J］. Journal of Public Economics，2011，95（7 - 8）：744 - 757.

③ Greenhalgh-Stanley，N. Can the government incentivize the purchase of private long-term care insurance? Evidence from the partnership for long-term care［J］. Applied Economics Letters，2014，21（8）：541 - 544.

④ Cramer，A. T.，Jensen，G. A. Why don't people buy long-term-care insurance?［J］. Journals of Gerontology Series B-Psychological Sciences and Social Sciences，2006，61（4）：185 - 193.

⑤ Brown，J. R.，Goda，G. S.，McGarry，K. Long-term care insurance demand limited by beliefs about needs，concerns about insurers，and care available from family［J］. Health Affairs，2012，31（6）：1294 - 1302.

⑥ 杜霞，周志凯. 长期护理保险的参与意愿及其影响因素研究：基于陕西省榆林市的微观样本［J］. 社会保障研究，2016（3）：41 - 50.

增加受访者对长期护理保险的参保意愿。胡梓晴等（2018）[1] 通过对佛山市的调查发现，政府补贴对提升城镇居民投保长期护理保险的意愿具有重要影响。政策情境因素对参保意愿或行为的影响研究多见于其他类型的保险，例如：薛新东和刘国恩（2009）[2] 通过对全国 9 个城镇居民基本医疗保险试点城市的调查，使用 Logistic 回归模型实证发现，政府补贴水平对参保意愿具有显著的正向激励作用；姜岩和李扬（2012）[3] 通过对金湖县和泗洪县的政策性农业保险农户参保情况调查，实证发现报废补贴对农户参保行为影响显著；王敏刚和易继芬（2012）[4] 基于对陕西省榆林市佳县的调查数据，采用 Logistic 回归模型实证发现，政府财政补贴以及补贴的持续性显著影响新型农村社会养老保险居民参保意愿。

### 3. 社会人口统计学特征维度

社会人口统计学特征能够详尽地描述居民的基本情况，对于这些基本因素是否会对长期护理保险居民参保意愿或行为产生影响，这一直也是该领域研究关注的重点。国内外学者已针对该问题开展了诸多探讨。由于调查人群和研究方法的不同，得到的结论也不尽相同（凌文豪和董玉青，2019）[5]。在地区方面，曹信邦和陈强（2014）发现参保意愿存在明显地区差异，较之中东部地区，西部地区受访者的参保意愿更强[6]，丁志宏和魏海伟（2016）[7] 也得到同样结论。戴卫东（2011）[8] 发现江苏老年人对长期护理

---

[1] 胡梓晴，彭伟平，欧阳樟，等．城镇居民对长期护理保险的市场需求分析：以佛山市禅城区为例 [J]．价值工程，2018（35）：120 – 122.

[2] 薛新东，刘国恩．城镇居民基本医疗保险的参与意愿及影响因素 [J]．西北人口，2009（1）：62 – 66.

[3] 姜岩，李扬．政府补贴、风险管理与农业保险参保行为：基于江苏省农户调查数据的实证分析 [J]．农业技术经济，2012（10）：65 – 72.

[4] 王敏刚，易继芬．欠发达地区新型农村社会养老保险需求分析：以陕西省佳县为例 [J]．人口与经济，2012（2）：101 – 106.

[5] 凌文豪，董玉青．长期照护的需求分析、国际经验与中国方案：一个文献综述 [J]．社会保障研究，2019（4）：105 – 111.

[6] 曹信邦，陈强．中国长期护理保险需求影响因素分析 [J]．中国人口科学，2014（4）：102 – 109，128.

[7] 丁志宏，魏海伟．中国城市老人购买长期护理保险意愿及其影响因素 [J]．人口研究，2016（6）：76 – 86.

[8] 戴卫东．老年长期护理需求及其影响因素分析：基于苏皖两省调查的比较研究 [J]．人口研究，2011（4）：86 – 94.

保险的需求要低于安徽老年人，他将原因解释为收入水平高的江苏老年人更希望得到家庭成员的亲情照料。在年龄方面，斯隆和诺顿（Sloan & Norton，1997）[1] 发现年龄与购买行为显著相关，年龄越大，购买长期护理保险的概率越高，杨茹侠等（2021）[2]、李雪岩（2021）[3] 和李丹萍等（2022）[4] 得出同样结论。但也有部分学者发现年龄与参保意愿不相关（孟昶，2007[5]；张铭，2009[6]）。在性别方面，女性参保意愿高于男性（McCall et al.，1998[7]；张瑞利等，2018[8]）。但部分学者（张铭，2009[9]；戴卫东和陶秀彬，2012[10]）发现性别对参保意愿影响不显著。张琳和汤薇（2020）[11] 的研究指出，性别对长期护理保险需求的影响受到居民初始健康状态的影响。在户籍类型方面，孟昶（2007）[12]发现城市居民比农村居民的购买意愿更强，费等（Fei et al.，2020)[13] 对个人购买长期护理保险意愿的研究得出一致结论。谢春艳和丁汉升（2022）[14] 也指出城市老年人比农村老人能利用更多的长期护理保

① Sloan, F. A., Norton, E. C. Adverse selection, bequests, crowding out, and private demand for insurance：Evidence from the long-term care insurance market [J]. Journal of Risk and Uncertainty, 1997, 15 (3)：201 –219.

② 杨茹侠，黄春芳，谢红. 某市长期护理保险利用对象护理模式选择意愿状况及其影响因素 [J]. 医学与社会，2021, 34 (3)：94 –97.

③ 李雪岩. 基于模拟矩方法的长期护理保险政策模拟分析 [J]. 山东社会科学，2021, 314 (10)：98 –105.

④ 李丹萍，夏佳怡，钱林义等. 跨代连结型长期护理保险最优决策研究 [J]. 保险研究，2022, 409 (5)：48 –63.

⑤⑫ 孟昶. 长期护理保险的需求实证分析：以苏州、扬州、淮安为例 [D]. 北京：北京大学，2007.

⑥⑨ 张铭. 老年护理保险需求影响因素研究 [D]. 大连：大连理工大学，2009.

⑦ McCall, N., Mangle, S., Bauer, E., et al. Factors important in the purchase of partnership long-term care insurance [J]. Health Services Research, 1998, 33 (2)：187 –203.

⑧ 张瑞利，时明铭，徐佩. 老年居民长期护理保险认知及参保意愿调查研究：以南京市为例 [J]. 华东理工大学学报（社会科学版），2018 (4)：99 –107.

⑩ 戴卫东，陶秀彬. 青年人长期护理保险需求意愿及其影响因素分析：基于苏皖两省调查的比较研究 [J]. 中国卫生事业管理，2012 (5)：353 –355.

⑪ 张琳，汤薇. 基于非齐次 Markov 模型的长期护理保险定价研究 [J]. 保险研究，2020, 387 (7)：108 –121.

⑬ Fei X., Chen H., Qin L. Research on the Influence of Educational Human Capital on the Willingness to Purchase Long – Term Nursing Insurance [D]. Journal of Suihua University, 2019.

⑭ 谢春艳，丁汉升. 长期护理保险服务利用、体验及其影响因素研究：基于上海市 16 个区的调查数据 [J]. 卫生经济研究，2022, 39 (3)：38 –42.

险服务，但戴卫东（2011）[1] 发现农村老年人对长期护理服务的需求明显要高于城市老年人。在婚姻状况方面，韩会娟（2015）[2] 发现已婚受访者比未婚者参保意愿更高，但张奇林和韩瑞峰（2016）[3] 发现二者并不相关。在子女数量方面，麦克卡尔等（1998）[4] 指出没有护理依靠的人购买长期护理保险的概率更大。韩会娟（2015）[6] 发现子女数量与参保意愿呈显著负相关，子女数量越多，参保意愿越低，验证了孙正成（2013）[7] 的发现。此外，库尔巴赫等（2020）[8] 利用 2019 年瑞士一项调查的数据研究发现，与 18 岁以下的子女生活在一起是影响父母长期护理保险决策意愿的最强决定因素。在受教育程度方面，麦克卡尔等（1998）[9] 发现与购买长期护理保险最密切的变量是受教育程度，大学本科及以上学历的受访者购买长期护理保险的概率是其他人群的 2.53 倍。学者（Cramer & Jensen，2006[10]；王新军和李雪岩，2020[11]）同样发现受教育程度与长期护理保险购买意愿或行为存在显著正相关，但也有学者发现二者间并不相关（曹信邦和陈强，2014[12]）。在收入方面，大多数学者认为收入水平对参保意愿具有实质性影响，收入较高的个人和家庭的参保意愿更强，而低收入的个人和家庭的参保意愿较低（Ali，

① 戴卫东. 老年长期护理需求及其影响因素分析：基于苏皖两省调查的比较研究 [J]. 人口研究，2011（4）：86 - 94.

②⑥ 韩会娟. 老年长期护理保险的需求与供给研究：以石家庄为例 [D]. 石家庄：河北经贸大学，2015.

③ 张奇林，韩瑞峰. 长期医疗护理保险居民参保意愿研究：来自青岛市的调查 [J]. 社会保障研究，2016（2）：45 - 53.

④⑨ McCall, N., Mangle, S., Bauer, E., et al. Factors important in the purchase of partnership long-term care insurance [J]. Health Services Research，1998，33（2）：187 - 203.

⑦ 孙正成. 需求视角下的老年长期护理保险研究：基于浙江省 17 个县市的调查 [J]. 中国软科学，2013（11）：73 - 82.

⑧ Courbage C, Montoliu – Montes G, Wagner J. On children's motives to influence parents' long-term care insurance purchase [C] // Proceedings of the 4th World Risk and Insurance Economics Congress (WRIEC)，2020.

⑩ Cramer, A. T., Jensen, G. A. Why don't people buy long-term-care insurance? [J]. Journals of Gerontology Series B-Psychological Sciences and Social Sciences，2006，61（4）：185 - 193.

⑪ 王新军，李雪岩. 长期护理保险需求预测与保险机制研究 [J]. 东岳论丛，2020，41（1）：144 - 156.

⑫ 曹信邦，陈强. 中国长期护理保险需求影响因素分析 [J]. 中国人口科学，2014（4）：102 - 109.

2005①；Mellor，2001②；马慧敏等，2023③）。斯瓦米（Swamy，2004）④ 调查发现52%的受访者主要是由于缺乏支付能力才选择不参加长期护理保险。里夫林和维纳（Rivlin & Wiener，1988）⑤ 发现当保费低于受访者收入水平的5%，且受访者拥有1万美元以上的流动资产时，他们才愿意购买长期护理保险。张瑞利等（2018）⑥ 发现经济状况较好的家庭更倾向于参加长期护理保险，这与曹信邦和陈强（2014）⑦ 的结论相一致。但是收入过高则会抑制其购买意愿，麦克卡尔等（1998）⑧ 指出当一个人的年收入水平达到10万美元及以上时，其购买长期护理保险的概率是年收入水平低于或等于3万美元的人的0.8倍。李雪岩（2021）⑨ 的研究发现，高收入者的社会型长期护理参保率相对较低。在职业类型方面，曹信邦和陈强（2014）⑩发现拥有工作性质较为稳定且比较正式职业的受访者较其他群体的参保意愿更加烈。杜霞和周志凯（2016）⑪ 发现工作性质稳定且与政府联系密切的受访者较其他工作性质的人的参保意愿更强。但孟昶（2007）⑫ 和张铭（2009）⑬

① Ali，N. S. Long-term care insurance：Buy it or not！［J］. Geriatric Nursing，2005，26（4）：237 - 240.

② Mellor，J. M. Long-term care and nursing home coverage：Are adult children substitutes for insurance policies？［J］. Journal of Health Economics，2011，20（4）：527 - 547.

③ 马慧敏，贾二萍，潘言志，等. 基于离散选择实验的老年居民长期护理保险选择偏好研究［J］. 中国卫生事业管理，2023，40（1）：19 - 23.

④ Swamy，N. The importance of employer-sponsorship in the long-term care insurance market［J］. Journal of Aging and Social Policy，2004，16（2）：67 - 84.

⑤ Rivlin，A. M.，Wiener，J. M. Caring for the disabled elderly：Who will pay？［M］. Washington，DC：The Brookings Institution，1988.

⑥ 张瑞利，时明铭，徐佩. 老年居民长期护理保险认知及参保意愿调查研究：以南京市为例［J］. 华东理工大学学报（社会科学版），2018（4）：99 - 107.

⑦⑩ 曹信邦，陈强. 中国长期护理保险需求影响因素分析［J］. 中国人口科学，2014（4）：102 - 109，128.

⑧ McCall，N.，Mangle，S.，Bauer，E.，et al. Factors important in the purchase of partnership long-term care insurance［J］. Health Services Research，1998，33（2）：187 - 203.

⑨ 李雪岩. 基于模拟矩方法的长期护理保险政策模拟分析［J］. 山东社会科学，2021，314（10）：98 - 105.

⑪ 杜霞，周志凯. 长期护理保险的参与意愿及影响因素研究：基于陕西省榆林市的微观样本［J］. 社会保障研究，2016（3）：41 - 50.

⑫ 孟昶. 长期护理保险的需求实证分析：以苏州、扬州、淮安为例［D］. 北京：北京大学，2007.

⑬ 张铭. 老年护理保险需求影响因素研究［D］. 大连：大连理工大学，2009.

发现职业类型对居民长期护理保险需求和参保意愿的影响并不显著。因此对于职业类型变量的影响作用尚未达成共识。

### 4. 健康状况维度

健康状况及其相关变量会对长期护理保险居民参保意愿产生重要影响，这也始终是学者们关注的研究重点。从自评健康状况来看，健康状况越差的老年人通常对长期照护服务的需求会越多，参保意愿越强，例如：华莱士等（Wallace et al.，1994）发现健康状况比较差的拉丁美洲裔老年人对长期护理的需求更多，恶劣的工作和生活环境给他们带来了更高的失能风险[1]。陈凯和赵娜（2018）[2] 发现身体不健康居民的参保意愿更强，验证了张奇林和韩瑞峰（2016）[3] 的发现，但也有学者（孙正成，2013[4]；张瑞利等，2018[5]）发现两者不相关。麦克卡尔等（1998）[6] 发现健康状况良好的人更有可能购买长期护理保险，曹信邦和陈强（2014）[7]、杜霞和周志凯（2016）[8] 发现自评健康状况越差的受访者越不愿意购买长期护理保险。从患慢性病情况来看，杜霞和周志凯（2016）[9] 发现患有慢性病的受访者愿意以购买长期护理保险的方式来分散风险，保障其老年生活，但张瑞利等（2018）[10]发现是否患慢性病对参保意愿影响不显著。从家庭成员患病或需要护理情况来

---

① Wallace, S. P., Campbell, K., Lew-Ting, C. Y. Structural barriers to the use of formal in-home services by elderly Latinos [J]. Journal of Gerontology, 1994, 49 (5): S253 – S263.

② 陈凯，赵娜. 长期护理保险购买意愿机理研究：影响因素、作用方式与路径 [J]. 金融理论与实践，2018 (6): 99 – 103.

③ 张奇林，韩瑞峰. 长期医疗护理保险居民参保意愿研究：来自青岛市的调查 [J]. 社会保障研究，2016 (2): 45 – 53.

④ 孙正成. 需求视角下的老年长期护理保险研究：基于浙江省 17 个县市的调查 [J]. 中国软科学，2013 (11): 73 – 82.

⑤⑩ 张瑞利，时明铭，徐佩. 老年居民长期护理保险认知及参保意愿调查研究：以南京市为例 [J]. 华东理工大学学报（社会科学版），2018 (4): 99 – 107.

⑥ McCall, N., Mangle, S., Bauer, E., et al. Factors important in the purchase of partnership long-term care insurance [J]. Health Services Research, 1998, 33 (2): 187 – 203.

⑦ 曹信邦，陈强. 中国长期护理保险需求影响因素分析 [J]. 中国人口科学，2014 (4): 102 – 109, 128.

⑧⑨ 杜霞，周志凯. 长期护理保险的参与意愿及其影响因素研究：基于陕西省榆林市的微观样本 [J]. 社会保障研究，2016 (3): 41 – 50.

看，孙正成（2013）[①] 发现家庭成员的健康状况显著影响受访者的参保意愿，家中有慢性病患者的参保意愿较强，韩会娟（2015）[②] 得到同样的结论。李雪岩（2021）[③] 研究指出，健康状况指标同时影响个体的医疗护理需求以及对长期护理保险的购买决策。加维巴祖（Ghavibazoo，2022）[④] 在探讨健康状态变迁与长寿风险对退休人员购买长期护理保险最佳决策的影响时，强调了考虑寿命和发病率的动态和模糊性对长期护理保险需求的重要性。麦克卡尔等（1998）[⑤] 研究发现那些拥有需要长期护理家人或亲友的人购买长期护理保险的概率是那些不需要长期护理家人或亲友的人的 2.21 倍。孟昶（2007）[⑥] 同样证实两者存在显著相关关系。从参加医疗保险情况来看，布朗和芬克尔斯坦（2008）[⑦] 发现保障低收入人群长期护理需求的医疗补助计划对长期护理保险购买产生明显的挤出（替代）效应，与保利（1990）[⑧] 以及斯隆和诺顿（1997）[⑨] 的结论一致。赵娜和陈凯（2015）[⑩] 发现社会医疗保险对长期护理保险具有挤出效应，但是丁志宏和魏海伟

---

①　孙正成. 需求视角下的老年长期护理保险研究：基于浙江省 17 个县市的调查 [J]. 中国软科学，2013（11）：73 – 82.

②　韩会娟. 老年长期护理保险的需求与供给研究：以石家庄为例 [D]. 石家庄：河北经贸大学，2015.

③　李雪岩. 基于模拟矩方法的长期护理保险政策模拟分析 [J]. 山东社会科学，2021，314（10）：98 – 105.

④　Ghavibazoo O. The interplay between longevity and morbidity on optimal choice of long-term care insurance [J]. Available at SSRN, 2022.

⑤　McCall, N., Mangle, S., Bauer, E., et al. Factors important in the purchase of partnership long-term care insurance [J]. Health Services Research, 1998, 33（2）：187 – 203.

⑥　孟昶. 长期护理保险的需求实证分析：以苏州、扬州、淮安为例 [D]. 北京：北京大学，2007.

⑦　Brown, J. R., Finkelstein, A. The interaction of public and private insurance：Medicaid and the long-term care insurance market [J]. American Economic Review, 2008, 98（3）：1083 – 1102.

⑧　Pauly, M. V. The rational nonpurchase of long-term-care insurance [J]. Journal of Political Economy, 1990, 98：153 – 168.

⑨　Sloan, F. A., Norton, E. C. Adverse selection, bequests, crowding out, and private demand for insurance：Evidence from the long-term care insurance market [J]. Journal of Risk and Uncertainty, 1997, 15（3）：201 – 219.

⑩　赵娜，陈凯. 风险认知对长期护理保险购买意愿影响分析 [J]. 保险研究，2015（10）：84 – 95.

（2016）[①]、杜霞和周志凯（2016）[②]、张瑞利等（2018）[③] 等发现参保医疗保险对长期护理保险参保意愿影响不显著。从参加养老保险情况来看，丁志宏和魏海伟（2016）[④]发现有社会养老保险的老年人购买长期护理保险的意愿是没有社会养老保险老年人的 0.68 倍，说明社会养老保险对长期护理保险购买具有挤出效应。从参加商业保险情况来看，赵娜和陈凯（2015）[⑤] 发现商业健康保险购买行为对长期护理保险购买意愿有显著影响。丁志宏和魏海伟（2016）[⑥]则发现购买商业保险越多的老年人，其参保意愿越强。从照料期望来看，斯隆和诺顿（1997）[⑦] 指出未来入住养老院期望概率较高的人拥有更高的长期护理保险购买概率。杜霞和周志凯（2016）[⑧]发现期望照料人员为养老院人员、雇用保姆的受访者更愿意购买长期护理保险。布朗等（2012）[⑨] 发现对于愿意接受专业健康助理或专业护士护理，而不愿意接受配偶或其他家庭成员护理的受访者，其更加愿意参保长期护理保险。勒科达瓦拉和菲利普森（Lakdawalla & Philipson，2002） 等将长期护理提供者分为正式护理和非正式护理两类，认为家庭中的非正式护理供给使得对长期护理保险的需求减少[⑩]。柯里等（2009）[⑪] 以及赵娜和陈凯（2015）[⑫]也证实了非正式护理即家庭护理对长期护理保险的挤出效应。

---

①④⑥　丁志宏，魏海伟.中国城市老人购买长期护理保险意愿及其影响因素［J］.人口研究，2016（6）：76－86.

②⑧　杜霞，周志凯.长期护理保险的参与意愿及其影响因素研究：基于陕西省榆林市的微观样本［J］.社会保障研究，2016（3）：41－50.

③　张瑞利，时明铭，徐佩.老年居民长期护理保险认知及参保意愿调查研究：以南京市为例［J］.华东理工大学学报（社会科学版），2018（4）：99－107.

⑤⑫　赵娜，陈凯.风险认知对长期护理保险购买意愿影响分析［J］.保险研究，2015（10）：84－95.

⑦　Sloan, F. A., Norton, E. C. Adverse selection, bequests, crowding out, and private demand for insurance：Evidence from the long-term care insurance market［J］. Journal of Risk and Uncertainty，1997，15（3）：201－219.

⑨　Brown, J. R., Goda, G. S., McGarry, K. Long-term care insurance demand limited by beliefs about needs, concerns about insurers, and care available from family［J］. Health Affairs，2012，31（6）：1294－1302.

⑩　Lakdawalla, D., Philipson, T. The rise in old-age longevity and the market for long-term care［J］. American Economic Review，2002，92（1）：295－306.

⑪　Curry, L. A., Robison, J., Shugrue, N., et al. Individual decision making in the non-purchase of long-term care insurance［J］. Gerontologist，2009，49（4）：560－569.

## 2.3　研究述评

通过对相关经典行为理论和理论模型的梳理与回顾发现，目前尚未有专门针对居民参保的行为理论构建。本章梳理的计划行为理论、技术接受模型、规范激活理论、负责任环境行为模型和态度－行为－情境理论等均属于解释个体一般行为的理论模型，且模型中关于个体行为的影响因素存在明显差异。例如：计划行为理论侧重心理认知变量对行为的影响，忽视了外部情境变量；态度－行为－情境理论考虑到了内部态度与外部情境变量对行为的共同作用，但缺乏对态度的深入分析以及态度对行为的影响过程分析。此外，根据相关的风险理论和信任理论与模型可知，个体对风险的认知会导致其采取积极的风险规避行为（例如：面对长期护理风险选择参保长期护理保险以规避风险），而对某项事物或行为的信任倾向影响其接受该事物或执行该行为。虽然风险和信任因素能够影响个体行为，但是无论是风险还是信任都不足以单独来解释行为。综上所述，现有理论和理论模型在很大程度上难以有效地解释居民参保具体行为意愿，因此本研究认为，要想探究长期护理保险居民参保意愿驱动机理，有必要结合上述理论或理论模型构建长期护理保险居民参保意愿综合理论模型。

通过对国内外长期护理保险制度研究相关文献梳理发现，目前国际上比较有代表性的长期护理保险制度模式分为两类：一类是以美国为代表的商业长期护理保险制度；另一类是以德国、日本为代表的社会长期护理保险制度。这两类制度各有优缺点，选择哪种模式并无对错之分，主要取决于各自国情。由于目前我国仍处于长期护理保险制度试点阶段，因此国内学者的研究仍聚焦于选择何种长期护理保险制度模式。持社会长期护理保险主张的学者并非排斥商业长期护理保险，只是认为社会保险能够弥补商业保险覆盖面窄、逆向选择等问题；持商业长期护理保险主张的学者同样并非排斥社会长期护理保险，只是认为商业保险灵活自由，且不会给企业和政府增加过多的负担。持混合保险主张的学者正在不断增加，他们认为将社会保险作为主体，商业保险作为补充，能够满足不同群体的护理需求，似乎更加符合我国现实国情。本研究认同混合保险论，认为居民既可以选择参保社会长期护理保险，也可以选择购买商业长期护理保险。

在对长期护理保险居民参保意愿影响因素研究的相关文献梳理中发现，关于居民参保意愿影响因素的分析多是量化研究，探索性的质性研究有待丰富，而基于理论框架指导下的实证研究极为少见；已有研究对居民参保意愿影响因素的考察不够全面，多是随意选择单个或少数几个因素开展验证性分析，缺乏对影响因素的系统考量；研究中缺乏对居民参保意愿影响因素作用机制的分析，学者多是探讨影响因素对居民参保意愿的直接影响，很少考虑到这些因素对参保意愿的间接影响以及彼此间的交互作用关系。综上所述，本研究认为，针对长期护理保险居民参保意愿这一新研究主题，有必要首先对其开展探索性的质性研究，以深入挖掘和提炼居民参保意愿的影响因素；其次，结合已有经典理论和理论模型，依据这些因素的关联性构建综合理论模型，并据此提出研究假设；最后基于调研数据对理论模型的路径关系进行假设验证，得出居民参保意愿的驱动机理。

## 2.4　本章小结

本章首先梳理了社会心理学和行为学中与消费行为或亲环境行为相关的经典行为理论与理论模型，同时回顾了相关风险理论和信任理论与模型。长期护理保险居民参保行为可视为居民对长期护理保险的一种消费行为，对其行为意愿进行分析需要借助行为理论的指导和风险理论、信任理论的辅助。其次，分别从长期护理保险制度研究和长期护理保险居民参保意愿影响因素研究两个方面进行了相关文献梳理。其中，长期护理保险制度研究分别梳理了美国、德国和日本长期护理保险制度发展以及有关我国长期护理保险制度模式选择的文献，居民参保意愿影响因素研究则是从微观视角出发，基于心理认知、外部情境、社会人口统计学特征和健康状况四个维度开展文献的梳理工作。最后，对上述理论基础和相关文献进行简要的述评，指明本研究的方向。

# 第 3 章

# 居民参保意愿驱动机理
# 理论模型构建

目前国内学界多是侧重医疗保险、养老保险或商业健康保险居民参保意愿影响因素研究，针对长期护理保险参保意愿的研究并不多见。长期护理保险在我国处于试点阶段，就其发展初衷而言，与医疗和养老保险存在本质区别，因此长期护理保险居民参保意愿属于一个新课题。对此还没有成熟的变量范畴、测量量表和理论模型与研究假设，对于居民参保意愿的影响因素及其相互作用机制尚不清晰，因此需要对其进行探索性的质性研究。本章借助扎根理论质性研究方法来系统提炼和挖掘居民参保意愿的深层次驱动因素及其相互作用对参保意愿形成的影响机理，以期为实证分析提供理论基础。

## 3.1 研究方法与资料收集

### 3.1.1 扎根理论

扎根理论（Grounded Theory）是由格拉泽和斯特劳斯（Glaser & Strauss）于 1967 年提出的，其目的在于解决理论研究与经验研究间的"断裂"[①]。在此

---

① Glaser, B. G., Strauss, A. L. The discovery of grounded theory：Strategies for qualitative research [M]. Chicago：Aldine Publishing Company, 1967.

之前，质性研究被广泛地认为是非科学的描述方法，是开展量化研究的辅助工具，而扎根理论的创立使得质性研究范式得以突破局限，从传统的"描述性"迈向"解释性"与理论构建层面（贾哲敏，2015）[①]。在应用至今的半个多世纪里，扎根理论受到西方发达国家社会科学界研究者的青睐，其应用价值获得充分认可（Charmaz，1990[②]；Hall & Callery，2001[③]；LaRossa，2005[④]；Walker & Myrick，2006[⑤]）。目前国内学界基于扎根理论的研究正在迅速增加，研究范围涉及管理学、社会学、心理学和教育学等学科，语言学、法学、体育学和医学等学科也有所涉足。随着应用范围持续拓宽和认可度不断提升，扎根理论被誉为"当今社会科学领域中最具影响力的研究范式，引领着质性研究的前沿"（陈向明，2000[⑥]）。

作为一种质性研究方法，扎根理论在收集和整理原始资料基础上，运用系统化和科学严谨的程序步骤，使资料概念化和范畴化，凝练出与研究主题相关的系列范畴，然后深度挖掘这些范畴间的关联，从而实现自下而上地构建理论分析框架（Strauss，1987[⑦]）。在与民族志、文本分析、个案研究等其他质性研究方法和实验、统计调查、内容分析等量化研究方法相比较，扎根理论范式的优点突出表现在四个方面：一是注重对访谈、观察记录、文本资料等多元化资料的收集，充分确保研究数据基础的扎实性（贾哲敏，2015）[⑧]；二是研究不提出任何理论预设，完全从原始资料中归纳理论分析框架（王刚，2016）[⑨]；三是遵循"不断比较"的分析原则，该精髓贯穿研

①⑧ 贾哲敏. 扎根理论在公共管理研究中的应用：方法与实践［J］. 中国行政管理，2015（3）：90－95.

② Charmaz，K. "Discovering" chronic illness：Using grounded theory［J］. Social Science and Medicine. 1990，30（11）：1161－1172.

③ Hall，W. A.，Callery，P. Enhancing the rigor of grounded theory：Incorporating reflexivity and relationality［J］. Qualitative Health Research. 2001，11（2）：257－272.

④ LaRossa，R. Grounded theory methods and qualitative family research［J］. Journal of Marriage and Family. 2005，67（4）：837－857.

⑤ Walker，D.，Myrick，F. Grounded theory：An exploration of process and procedure［J］. Qualitative Health Research. 2006，16（4）：547－559.

⑥ 陈向明. 质的研究方法与社会科学研究［M］. 北京：教育科学出版社，2000.

⑦ Strauss，A. L. Qualitative analysis for social scientists［M］. Cambridge，England：Cambridge University Press，1987.

⑨ 王刚. 海洋环境风险的特性及形成机理：基于扎根理论分析［J］. 中国人口·资源与环境，2016（4）：22－29.

究始终（贾旭东和谭新辉，2010）①；四是坚持以理论构建为目的抽样方法，而非采取人口代表性抽样（杨冉冉和龙如银，2014）②。综上分析，扎根理论在提炼范畴和建构理论模型方面具有较强的科学性，能够有效地避免实证范式下仅仅依靠经验公式或前置性理论模型对收集的资料和所得结论的"程式化"方面的局限（姚丽芬和龙如银，2017）③。

综上所述，本研究以扎根理论为研究方法构建理论模型，主要通过对文本资料进行开放式编码（open coding）、主轴编码（axial coding）和选择性编码（selective coding）三个步骤构建长期护理保险居民参保意愿驱动机理分析框架。首先，将原始资料中所有可能编码的语句进行标识，提炼出新的概念范畴；其次，通过主轴编码发现和厘清概念间的关联，并识别组内主范畴与子范畴的关系；最后，选取核心范畴，将其与其他范畴建立联系，完成选择性编码。在编码过程中始终坚持不断比较的分析思路，持续提炼和修正理论，直至通过理论饱和度检验。扎根理论分析的具体流程与编码过程如图 3-1 所示。

## 3.1.2　资料收集

准确且全面地收集原始资料是开展扎根理论分析的基础和前提。本研究是通过利用预先设计的半结构化访谈提纲（开放式问卷）与代表性居民进行一对一的深度访谈，从而获取分析所需的一手资料。在访谈的过程中，通过与访谈对象间建立参与性对话，引导其从自身实际的角度出发，将访谈内容聚焦于访谈主题上（魏佳，2017）④。具体过程如下：为提高访谈资料的信效度，在访谈工作开展前，应该对访谈对象建立起一个初步认知，最大程

①　贾旭东，谭新辉. 经典扎根理论及其精神对中国管理研究的现实价值 [J]. 管理学报，2010（5）：656-665.

②　杨冉冉，龙如银. 基于扎根理论的城市居民绿色出行行为影响因素理论模型探讨 [J]. 武汉大学学报（哲学社会科学版），2014（5）：13-19.

③　姚丽芬，龙如银. 基于扎根理论的游客环保行为影响因素研究 [J]. 重庆大学学报（社会科学版），2017（1）：17-25.

④　魏佳. 城市居民碳能力及其驱动机理研究 [D]. 徐州：中国矿业大学，2017.

度上收集与之有关的信息，综合分析他们是否能够提供有价值的访谈资料，获得访谈对象的信任并建立合作。在此基础上开展半结构化访谈，访谈时间设定为 1 小时左右，以确保访谈对象有充足时间思考与表达。在获得访谈对象同意后，对整个访谈进行全程录音并记录访谈中的关键信息。依据扎根理论对概念不作界定、从数据中提炼范畴的研究理念，围绕核心议题开展深度访谈。为避免访谈对象只凭主观印象或漫无边际的交谈，访谈者应向访谈对象介绍访谈的主题和相关注意事项，并提前准备较为充分的访谈提纲。本研究所用访谈提纲如表 3 - 1 所示。该提纲在访谈过程中仅作为方向性的参考，具体访谈内容会根据实际情况进行适当调整，其中长期护理保险居民参保意愿的影响因素为访谈的重点，访谈时会围绕这一核心问题从不同视角进行适当的追问，以做到全方位观察和剖析问题。

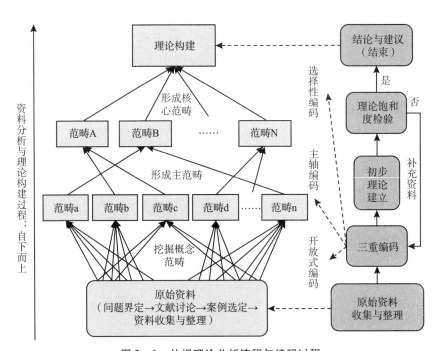

**图 3 - 1　扎根理论分析流程与编码过程**

表 3 - 1　　　　　　　　　　　　开放式访谈提纲

| 访谈主题 | 主要内容提纲 |
|---|---|
| 基本信息 | 年龄、性别、户籍类型、婚姻状况、子女数量、学历、收入水平、职业类型、自评健康状况、医疗保险情况、养老保险情况、商业保险情况等 |
| 对长期护理的认知 | 您认为自己老年时是否需要接受长期护理？<br>假如需要的话，您希望由谁来提供长期护理服务？<br>您对将来入住养老院或护理院有什么看法？ |
| 对长期护理保险的认知 | 您了解社会/商业长期护理保险吗？有什么看法？<br>您通过哪些途径听说过社会/商业长期护理保险？<br>您认为社会/商业长期护理保险有参保价值吗？ |
| 参保意愿现状 | 您愿意参加社会长期护理保险吗？为什么？<br>您愿意购买商业长期护理保险吗？为什么？<br>您愿意鼓励家人或朋友去参保长期护理保险吗？ |
| 影响参保意愿的因素 | 您觉得哪些因素会影响人们的参保意愿？<br>您觉得为什么有人不愿意参加社会长期护理保险？主要障碍有哪些？<br>您觉得为什么有人不愿意购买商业长期护理保险？主要障碍有哪些？<br>您觉得应该如何来提升居民的参保意愿？ |

资料来源：根据研究主题及访谈需要自行编制。

在访谈对象的选择上，主要基于扎根理论和研究目的，按照理论概念的发展要求开展理论抽样（王建明和王俊豪，2011）①。为确保访谈样本的代表性与可靠性，理论抽样的同时需要兼顾访谈对象性别、年龄、受教育程度、户籍和职业类型等人口统计学结构的层次性与合理性。由于访谈对象是质性研究资料和结论的主要来源，因此在访谈对象的选择上要尤为慎重，访谈对象应该对长期护理和长期护理保险有一定认知，从而保证他们能够提供有价值的信息。依据访谈对象的可得性和获取资料的典型性，本研究将访谈对象设定为 19 ~ 59 周岁的本科及以上学历的中青年城市居民和具有一定威望、知识水平与致富能力的中青年农村居民，这两部分群体看待问题有一定的主见性，接触的信息面较为广泛且思维较为灵活。通过自己联系、亲朋好友介绍等多种方式尽可能地拓宽访谈对象的范围，通过中国知网、全国哲学

---

① 王建明，王俊豪. 公众低碳消费模式的影响因素模型与政府管制政策：基于扎根理论的一个探索性研究 [J]. 管理世界，2011（4）：58 - 68.

社会科学工作办公室、国家自然科学基金委员会等学术平台搜索研究领域内的专家学者。依据理论饱和原则来确定最终的访谈对象数量，本研究最终确定 23 位访谈对象，其基本信息如表 3 - 2 所示。

表 3 - 2　　　　　　　　　访谈对象的基本信息

| 变量 | 选项 | 数量（人） | 比例（%） | 变量 | 选项 | 数量（人） | 比例（%） |
|---|---|---|---|---|---|---|---|
| 城市 | 青岛市 | 4 | 17.39 | 访谈方式 | 面对面访谈 | 12 | 52.17 |
| | 烟台市 | 8 | 34.78 | | 网络访谈 | 11 | 47.83 |
| | 淄博市 | 6 | 26.09 | 性别 | 女 | 13 | 56.52 |
| | 德州市 | 5 | 21.74 | | 男 | 10 | 43.48 |
| 年龄 | 19 ~ 30 岁 | 8 | 34.78 | 婚姻状况 | 未婚 | 7 | 30.43 |
| | 31 ~ 44 岁 | 9 | 39.13 | | 已婚 | 16 | 69.57 |
| | 45 ~ 59 岁 | 6 | 26.09 | 学历 | 初中及以下 | 2 | 8.70 |
| 户籍类型 | 农村 | 10 | 43.48 | | 高中/中专 | 5 | 21.74 |
| | 城市 | 13 | 56.52 | | 大专 | 7 | 30.43 |
| 子女数量 | 0 | 8 | 34.78 | | 本科 | 6 | 26.09 |
| | 1 | 12 | 52.18 | | 硕士及以上 | 3 | 13.04 |
| | 2 | 3 | 13.04 | 职业类型 | 公务员、事业编人员 | 5 | 21.74 |
| 月收入水平 | 3000 元及以下 | 4 | 17.38 | | 教育科研人员 | 4 | 17.39 |
| | 3001 ~ 6000 元 | 5 | 21.74 | | 商业、服务业个体经营人员 | 3 | 13.04 |
| | 6001 ~ 8000 元 | 2 | 8.70 | | 在读学生 | 4 | 17.39 |
| | 8001 ~ 10000 元 | 6 | 26.09 | | 农村务工务农人员 | 7 | 30.44 |
| | 10000 元以上 | 6 | 26.09 | 患慢性病 | 否 | 21 | 91.30 |
| 健康状况 | 一般 | 3 | 13.04 | | 是 | 2 | 8.70 |
| | 比较好 | 11 | 47.83 | 医疗保险 | 否 | 0 | 0.00 |
| | 很好 | 9 | 39.13 | | 是 | 23 | 100.00 |
| 养老保险 | 否 | 4 | 17.39 | 商业保险 | 否 | 18 | 78.26 |
| | 是 | 19 | 82.61 | | 是 | 5 | 21.74 |

注：未参加社会养老保险的 4 人均为在读学生。

为确保访谈资料收集的全面性与准确性，访谈工作均由笔者独立完成。本研究主要采用面对面访谈和利用 WeChat 聊天软件开展网络在线访谈两种方式获取资料。面对面访谈的优势在于可以消除与访谈对象间的距离感，近距离地观察其面部表情变化，洞察其心理状态，并适时调整访谈的内容与互动重点（王建明和贺爱忠，2011）①。网络访谈则打破了时空限制，实施更加方便快捷，访谈对象不会感到面对面带来的拘束感，回答问题时更加轻松自由，同时回答的内容往往是经过深思熟虑后的真实表达，具有较强的逻辑性。因此，面对面访谈和网络访谈两者相得益彰，互为补充，有效地达成本研究的访谈目标。

## 3.2　居民参保意愿的驱动因素提取

将访谈资料进行整理后，随机选取 2/3（15 份）的访谈资料进行扎根理论编码分析，其余 1/3（8 份）的访谈资料留作扎根理论饱和度检验。在扎根理论三级编码过程中，为确保研究的信效度，严格遵循斯特劳斯和科尔宾（Strauss & Corbin，1990）② 的扎根理论编码技术程序进行操作，参照杨冉冉（2016）③ 和魏佳（2017）④ 的研究范式展开分析。同时为尽可能地避免由于个人偏见或认知偏差所导致的数据判断误差，本研究在个人编码的基础上还结合了专家咨询的方法，从而确保数据编码过程和分析结果的客观性和科学性。

### 3.2.1　从原始资料到概念范畴化的过程

开放式编码（也称为一级编码）是访谈资料编码分析的第一步，其目

① 王建明，贺爱忠. 消费者低碳消费行为的心理归因和政策干预路径：一个基于扎根理论的探索性研究 [J]. 南开管理评论，2011（4）：80 – 89，99.

② Strauss，A. L.，Corbin，J. M. Basics of qualitative research：Grounded theory procedures and techniques [M]. Newbury Park：Sage Publications，1990.

③ 杨冉冉. 城市居民绿色出行行为的驱动机理与政策研究 [D]. 徐州：中国矿业大学，2016.

④ 魏佳. 城市居民碳能力及其驱动机理研究 [D]. 徐州：中国矿业大学，2017.

的是将原始资料"揉碎"，进行逐字逐句地编码，进而通过持续比较分析来
精练、缩减产生初始概念，在此基础上将这些层次相对较低、数量庞杂且彼
此间存有交叉性的概念同类化聚拢为范畴，实现概念范畴化。本研究采用
NVIVO 11.0 软件来辅助对原始资料的管理和处理。在对资料进行标签刻画
时，基本采用访谈对象的原话作为标签，从中直接命名概念或提取初始概
念，以此消除编码中因个人偏见而产生的影响。为深层次挖掘长期护理保险
居民参保意愿的影响因素，本研究对访谈资料中回答简单的或者是含糊不清
的语句进行删除，最终得到 300 余条原始语句及相应的初始概念。在进行概
念范畴化时，本研究选择重复频次在 3 次以上的初始概念，并且剔除了个别
前后间相互矛盾的概念。开放式编码在第一次访谈结束后便开始操作，而非
等所有访谈资料收集完成之后再进行编码分析。基于第一份访谈资料，从中
先整理出一些初始概念，通过进一步分析这些概念间的相关性与差异性，归
纳出一些概念范畴，然后根据分析中发现的问题和提炼的范畴，有针对性地
开展下一次访谈。遵循上述规律进行访谈，当发现编码分析中析出的概念和
范畴比较丰富，相关的初始概念和概念范畴在分析中不断重复出现时，表明
访谈无须再继续进行下去，可以进入下一级编码分析流程。表 3 - 3 反映了
本研究对原始访谈资料概念化和范畴化的过程与结果，范畴化的结果即为长
期护理保险居民参保意愿的相关影响因素。考虑篇幅限制，本研究对每个范
畴仅选取有代表性的原始访谈语句和初始概念予以列出。

表 3 - 3　　　　　　　开放式编码的概念化与范畴化过程及结果

| 原始访谈资料中的代表性语句 | 概念化<br>（初始概念） | 范畴化<br>（概念范畴） |
|---|---|---|
| A01 像医疗保险和养老保险一样，在全国范围内建立长期护理保险将是一项重大利好的民生工程，是利国利民的大好事。 | 积极评价 | 参保态度 |
| A17 能像你说的这样那就太好了，每年交点钱，如果将来真得了你说的那些病，请个人照顾还能给报销，参加这个保险真挺好。 | 积极评价 | 参保态度 |
| A07 这个保险真有这么好的话，我肯定支持呀，我相信其他人尤其是那些患慢性病的也一定会很支持的。 | 支持态度 | 参保态度 |
| A08 如果政府推行长期护理保险，我肯定会参加，将来指望孩子养老和照顾，还不如现在给自己买份保险靠谱。 | 接受态度 | 参保态度 |

续表

| 原始访谈资料中的代表性语句 | 概念化<br>（初始概念） | 范畴化<br>（概念范畴） |
|---|---|---|
| A12 如果保险公司有这样成熟的保险业务，只要保费别太贵，我愿意买一份，将来一旦得病瘫痪了，就不仅仅是花这点钱了。 | 接受态度 | 参保态度 |
| A02 在长期护理保险推行的开始阶段，肯定有许多人不理解甚至是不愿意接受，这就需要政府借助媒体影响力向公众宣传长期护理保险。 | 媒介影响 | 主观规范 |
| A17 怎么从来没有在微信上或者快手上听说过这个保险呢，看来买的人还是不多吧，要不早就宣传开了。 | | |
| A05 如果这个保险成为社保里的第六险，到时候保费直接就从工资中扣走了，没得选，如果是购买保险公司经营的保险产品，那我就有更多的选择余地，会和我老公商量一下，再决定是否购买。 | 人际影响 | |
| A20 大家都好面子和好跟风，只要有一个说这个保险好，就会带动一帮人说好，尤其当他们从身边的亲戚朋友口中听到这样的评价。 | | |
| A23 要想呼吁大家参保，应该请名人做一些公益广告，像姚明拍摄的那个"没有买卖就没有杀害"，广告语没几天就火了。 | | |
| A04 政府推行社会长期护理保险时不应该是强制性的，应该参照基本医疗和基本养老保险的参保原则，给公众留有足够的空间，让他们根据自身的实际情况作出参保选择。 | 自我效能/信心 | 知觉行为控制 |
| A12 现在的理赔纠纷案例很多，这可能是因为购买者事先没有仔细看好保险的条款规定，我的工作比较轻松，有大把的时间，如果真是打算购买的话，我一定会花费心思去仔细研究。 | | |
| A14 就算是政府推行这个保险，参不参加也取决于我自己，不可能我不想参加，硬生生地拉着我去参加吧。 | | |
| A11 这个保险费用会不会很高呀，我们农村的能承担得起吗？ | 经济负担能力 | |
| A15 虽然我不是在编人员，也没有什么"五险一金"，但是从我的收入水平来讲，从保险公司购买一份这样的保险并不困难。 | | |
| A23 现在我没有能力参保，主要是没有踏入工作岗位，没有稳定的经济收入来源，等有一定经济实力了，我会考虑是否参保。 | | |
| A01 需要让公众感受到长期护理保险能够带来经济方面的补偿，减轻个人经济负担，并着重突出它在老年护理方面的优势。 | 费用补偿 | 感知有用性 |
| A02 从目前试点省市的情况来看，长期护理保险会根据老年人的身体状况为其定期提供日常生活中的护理服务。 | 服务提供 | |

续表

| 原始访谈资料中的代表性语句 | 概念化<br>（初始概念） | 范畴化<br>（概念范畴） |
|---|---|---|
| A08 我一个同事的父亲去年做了脑梗手术，这都卧床一年多了，吃饭和喂药都需要照顾，她兄弟姐妹三人不仅在经济上付出了很多，也因为经常花时间护理老人而耽误了工作。 | 减轻家庭负担 | 感知有用性 |
| A07 说心里话，家里就一个儿子，而且还在外地安了家，将来等我们年龄大了，让他回来照顾也不可能，有这么个保险起码将来不麻烦他。 | | |
| A11 你看现在周围有很多这样的事，因为老人瘫痪了，儿女照顾老人时在时间和钱的问题上发生矛盾，闹得家庭关系紧张，其实做父母的都能体谅儿女的负担，不希望他们为自己花钱，将来有一天我真的不能动了，需要他们的照顾，这个保险还能减轻他们的负担。 | | |
| A12 护理费用可比治疗费用高得多，参加这个保险，老人能省一大部分钱，可以把钱用在补贴日常生活的其他支出。 | 提升生活质量 | |
| A15 有些老人不愿去养老院，有专门的护理人员上门提供服务，这样更加人性化，他们有专业知识，护理起来更加科学。 | | |
| A01 在德国和日本，长期护理保险是一种义务性保险，在我国也应该通过立法建立义务长期护理保险制度。 | 义务感 | 个人规范 |
| A22 如果党和政府号召参加长期护理保险，这项工作就富有了一定程度上的义务性，我会毫不犹豫地参加。 | | |
| A04 大多数的人会认为参不参加这个保险是自己的事，不会对参加长期护理保险形成社会责任感。 | 责任感 | |
| A11 将来我一旦得病需要儿女长期伺候，这会影响他们的工作，也会花很多钱，有这个保险的话还好，能报销，如果因为我没有参加这个保险而给他们带来麻烦，我心里会很不好受的，所以…… | | |
| A15 可别将来老来老去，给子女带来一大堆麻烦，不是心疼花钱，主要是照顾老人这事太熬人了，俗话说，久病床前无孝子呀，还是参加这个保险比较好，也是对子女负责嘛。 | | |
| A12 在我看来，长期护理保险值得参加，即使是买一份这种的保险公司承办的商业保险也是值得的。 | 自我价值判断 | |
| A18 不管别人参不参加，就根据我自己的价值判断，我会参加。 | | |
| A01 我就是搞这方面研究的，肯定对基本医疗保险不覆盖长期护理费用了解，也知道长期护理保险的服务内容、形式这些，但是这些还是有点像专业知识，其他行业的人对这个可能会了解得少吧。 | 内容与形式 | 保险知识 |

续表

| 原始访谈资料中的代表性语句 | 概念化<br>（初始概念） | 范畴化<br>（概念范畴） |
|---|---|---|
| A04 连长期护理保险的服务内容都不知道，何谈鼓励他们参保呢？ | 内容与形式 | 保险知识 |
| A20 长期护理保险的服务形式都有哪些呀？我就听说过不能动了可以去养老院，政府还会给他们补贴。可以待在家里吗？将来如果能在自己家里，有人来照顾我就好了。 | | |
| A22 长期护理保险的好处和作用，我都知道，的确是跟医疗保险和养老保险不一样。 | 保障作用 | |
| A23 长期护理保险是对老年人晚年生活的一份保障。 | | |
| A18 长期护理保险的政策法规知识很重要，要多做宣传引导。 | 政策法规 | |
| A20 什么时候可以参加这个保险，怎样来参加，最基本的要求是需要交多少年的钱，这些规定应该说明白。 | | |
| A15 这几年周围的朋友得心脑血管疾病的好几个，有一个睡着觉突然脑血管就崩了，虽然抢救及时，但是半边身子瘫痪了，对他而言，长期护理保险就很有必要了，我也担心自己有一天会遇上。 | 风险可能性 | 风险认知 |
| A18 年龄越大的老年人面临的失能风险越高，一旦失去活动能力，就只能完全依靠他人来长期照顾自己了。 | | |
| A20 我有高血压，血脂还比较高，说不定哪天突然栓住了，半身不遂的话就得需要长期护理了。 | | |
| A02 "青椒"的生活真是累，我现在整天熬夜写东西，睡眠不好，真怕将来有一天突然垮了，需要护理的时候谁来照顾我呀。 | 风险后果 | |
| A07 孩子的工作比较忙，我们两口子也是天天不闲着，上面还有个尚能自己照顾自己老妈妈，说不好听的，如果哪天我倒下的话，哪有空余的人手来照顾老人呀，估计到时候家里就全乱了。 | | |
| A12 现在基本上都是独生子女，将来他们根本没时间在老人身边长期尽孝，不行到时候就去养老院吧。 | | |
| A17 哎，真要是不能动了，遭罪的不光是自己，也会给家人带来负担。 | | |
| A01 我国政府既然提出在部分省市开展试点工作，其目的就是探索建立适合中国国情的长期护理保险制度，对此我们要充满信心。 | 政府信任 | 信任程度 |
| A07 你说的这个保险是政府牵头主办的吧，那我肯定放心地参加。 | | |
| A14 政府的监管还是不到位，力度不够，你说这部分长期护理保险的钱会不会被挪用呀？会不会被贪污了呀？能保证吗？ | | |

续表

| 原始访谈资料中的代表性语句 | 概念化<br>（初始概念） | 范畴化<br>（概念范畴） |
|---|---|---|
| A01 保险公司可以承办长期护理保险，但这也涉及参保者对这些保险公司的信任问题，这个需要考虑到。 | 保险公司信任 | 信任程度 |
| A20 现在的保险公司都不值得信任，让他们来承办能行吗？ | | |
| A17 我担心这个保险会不会过几年就停了呀，那我就白缴费了。 | 制度信任 | |
| A22 希望等到了我需要的时候，这个保险还能顺利实施。 | | |
| A02 许多农村居民不愿意参加长期护理保险，因为他们秉承"养儿防老"和"孝"的传统儒家伦理文化。 | 传统文化 | 文化观念 |
| A08 在农村，有儿有女的谁还去养老院呀，那样会让人家笑话的。 | | |
| A14 还是希望家人来照顾自己吧，不希望让别人来照顾。 | | |
| A17 说心里话，即便是参加了长期护理保险，我也不愿意去养老院，还是希望能够待在家里，守着自己的一亩三分地。 | | |
| A20 除非万不得已，要不会找别人来照顾自己，那样太不自在了，想想都感觉别扭得很。 | | |
| A01 在长期护理保险制度推行之初，政府必须配套相应的补贴政策，以此来减少居民个人缴费，调动其参保积极性。 | 补贴政策 | 政策支持 |
| A05 希望政府能多补贴点，这样我们就可以少缴点。 | | |
| A07 买商业（长期护理）保险的话，政府给补贴吗？ | | |
| A18 从试点城市的长期护理保险制度运行来看，政府补贴是保险基金来源的重要组成部分，补贴的目的是以此带动居民参保热情。 | | |
| A20 政府补贴多的话，我就愿意参加。 | | |
| A02 适时出台具有统一的指导性政策，进一步规范各地长期护理保险制度的发展，尤其是加强监管和运行方面的政策建设。 | 指导政策 | |
| A11 我想问一下政府现在有这方面的参保引导政策吗？ | | |
| A15 就像我们这些办企业的，能得到政府支持的话就很顺利，所以政府应该给保险公司更多的指导性建议和政策支持，推动他们开发更符合群众需要且价格能被大多数人所接受的保险，面对这样的保险，居民购买意愿自然就比较强了。 | | |
| A23 政府在政策制定上应该更加合理化，比如缴费的档次应该适当拉开，这样有钱的可以多缴费，没钱的可以适当选择少缴费。 | | |

注：A＊＊ 表示第 ＊＊ 份访谈资料中的原始语句。

根据表 3-3，本研究共抽象得到 10 个概念范畴。值得说明的是，考虑到篇幅的限制问题，本研究未详细列示居民的年龄、性别、婚姻状况、户籍类型、受教育程度、子女数量、收入水平、职业类型、自评健康状况、患慢性病情况、家庭成员健康状况、医疗保险情况、养老保险情况、商业保险情况和老年照料期望等概念范畴的开放式编码处理过程。上述概念范畴在访谈资料的开放式编码分析中反复出现，因此也是本研究中非常重要的范畴。

## 3.2.2　从概念范畴化上升到主范畴化的过程

主轴编码（也称为二级编码）是访谈资料编码分析的第二步，其目的是发现和建立各概念范畴之间的逻辑关系，以呈现出原始访谈资料中各部分之间的有机关联，从而对范畴再聚合和再提炼，最终形成主范畴。在主轴编码过程中，每次只针对一个范畴进行深度分析，围绕该范畴寻找相关关系，分析每一个范畴在概念层面上是否存在潜在关联，因此称为"主轴"。将具有关联性的各个范畴聚为群组，然后对组内范畴的级别进行识别，即识别其中的主范畴和子范畴，最后秉承持续比较的原则，构建主范畴和子范畴之间的联系。通过分析，本研究发现各个范畴在概念层次上的确存在内在联结，因此基于彼此间的关系对其进行重新归类。主轴编码的主范畴提炼过程及范畴间的对应结果如表 3-4 所示。本研究共归纳出居民心理认知、外部情境和居民属性 3 个主范畴，居民心理认知对应 9 个子范畴，外部情境对应 1 个子范畴，居民属性对应 17 个子范畴。

表 3-4　　　　　主轴编码的主范畴提炼过程及结果

| 主范畴 | 对应子范畴 | 范畴的内涵 |
| --- | --- | --- |
| 居民心理认知 | 参保态度 | 居民对于参保长期护理保险所持的正面或负面评价的程度 |
| | 主观规范 | 居民感受到来自周围事物或人对其参保长期护理保险所产生的影响 |
| | 知觉行为控制 | 居民在参保长期护理保险时感知到的控制力和难易程度 |
| | 感知有用性 | 居民对于参保长期护理保险可能给自己带来的益处与价值的主观认知 |
| | 个人规范 | 居民对于参保长期护理保险的自身义务感与责任感的认知 |
| | 保险知识 | 居民对于长期护理保险服务内容与形式、保障功能和政策法规的了解 |
| | 风险认知 | 居民对于长期护理风险发生率及后果严重性的预判与感知 |

续表

| 主范畴 | 对应子范畴 | 范畴的内涵 |
|---|---|---|
| 居民心理认知 | 信任程度 | 居民对于政府及相关部门在长期护理保险发展、运行与管理上的信任程度 |
| | 文化观念 | 居民对于传统儒家赡养文化和传统保守养老理念的认可程度 |
| 外部情境 | 政策支持 | 政府在推行长期护理保险方面所作出的政策性补贴与指导支持 |
| 居民属性 | 年龄、性别、户籍、学历等 | 主要包括居民的年龄、性别、户籍类型、婚姻状况、子女数量、受教育程度、月收入水平、家庭年纯收入水平、职业等社会人口统计学基本信息 |
| | 健康状况、患慢病和保险情况等 | 主要包括居民的自评健康状况、患慢病情况、家庭成员患病情况及护理需求情况、医疗/养老和商业保险参保情况、期望照料等健康状况属性变量 |

### 1. 居民心理认知主范畴的形成

通过对访谈资料编码分析发现，大部分受访者对长期护理保险的不了解和在心理认知方面的有限性制约着其参保意愿。例如："A01 现在的关键问题是居民对长期护理保险不了解，甚至好多职工医疗保险参保者都不清楚自己是否参保了长期护理保险。政府应该加强宣传力度，让人们感受到参保价值所在和参保责任所在，保险公司也可以做，这样能够改变公众对它不信任的看法，这系列措施能够提升居民的参保态度，进而激发他们的参保意愿（保险知识、主观规范、感知有用性、个人规范、信任程度和参保态度）。""A04 现在人们一听到参保、缴费就抵触，特别是保险公司宣传的保险，其实许多保险出发点是非常好的，能够有效地分散将来可能遇到的风险，应该花点时间和精力去研究研究（知觉行为控制）。""A23 传统文化的影响是潜移默化的，受那些传统守旧养老观念的束缚，再加上对未来风险认知的不足，都会是居民参保的重要障碍因素（文化观念和风险认知）"。通过深入挖掘分析发现，居民心理认知主范畴可以由 9 个对应子范畴构成。从主范畴与子范畴间的关系来看，除了文化观念对长期护理保险居民参保意愿心理认知的影响是负向的，其余 8 个子范畴与主范畴间均是正相关关系。

## 2. 外部情境主范畴的形成

通过对访谈资料编码分析发现，许多受访者表示政府的政策支持能够调动居民参保长期护理保险的热情，激发他们参保的意愿。例如："A02 政府的补贴政策很关键，现有的社保缴费率不低了，再让大家为一个新的且不太熟悉的险种缴费，这肯定会增加负担，引起反感，政府给予适当补贴能够起到引导缴费的作用，这样一来大家的参保意愿也不会太低。""A15 政府对保险公司开办长期护理保险的政策性支持很重要，要引导他们去发展，这样他们能够本着盈利与社会责任感兼顾的宗旨去设计保单，面对这样的商业长期护理保险，人们选择购买的意愿也会比较高"。

## 3. 居民属性主范畴的形成

通过对访谈资料编码分析发现，大部分受访者表示居民属性是居民参保长期护理保险意愿的重要影响因素之一。例如："A15 年龄在 45～50 岁，有公职，家里只有一个子女，而且自身健康状况开始出现问题的这部分人，其长期护理保险参保意愿会很高，像那些年轻，刚刚工作或工作不稳定，收入一般，身体健康状况很好的人基本上不会考虑参保"。

## 3.2.3　从主范畴抽象为核心范畴的过程

选择性编码（也称为三级编码）是访谈资料编码分析的第三步，其目的是在主轴编码分析的基础上，从主范畴中挖掘出核心范畴，系统地建立核心范畴与主范畴以及其他范畴之间的联结关系。在持续比较分析过程中，核心范畴必须被重复验证其对大多数范畴的统领性功能，揭示它们之间的关系构成，并将它们涵盖在一个理论框架之内。如果在分析初期就发现了多于一个的核心范畴，可以基于不断比较的原则，将相关范畴关联，剔除不相关范畴。通过深入挖掘，选择性编码后形成的各主范畴之间的典型关系结构如表3－5所示。

本研究确定"长期护理保险居民参保意愿驱动机理"为核心范畴，围绕该核心范畴的主范畴典型关系结构可以概括为：居民属性、心理认知和外部情境 3 个主范畴对居民参保意愿具有显著影响。具体而言，居民属性的异质性对居民参保意愿具有显著影响；心理认知是内驱因素，能够直接影响居民参保意愿；外部情境是外驱因素，能够调节心理认知与参保意愿间的路径关系。

表 3 – 5    选择性编码中主范畴间典型关系构建过程及结果

| 核心范畴 | 典型关系结构 | 关系结构的内涵 |
|---|---|---|
| 长期护理保险居民参保意愿驱动机理 | 居民属性→参保意愿 | 居民属性对其参保意愿具有显著影响 |
| | 心理认知→参保意愿 | 心理认知是参保意愿的内驱因素（内因）<br>居民的心理认知水平直接决定其参保意愿 |
| | 外部情境<br>心理认知 → 参保意愿 | 外部情境是参保意愿的外驱因素（外因）<br>外部情境影响心理认知—参保意愿间的强度和方向 |

### 3.2.4　理论饱和度检验

理论饱和度检验是指在不获取额外数据的基础上，进一步发展某一个范畴特征，以作为停止采样的鉴定标准（Fassinger，2005）①。本研究使用预留的 1/3 访谈资料进行理论饱和度检验。结果显示，模型中的范畴已发展丰富，对于影响居民参保意愿的主范畴均未再发现新的范畴和关系，3 个主范畴内部也未形成新的构成因子。因此可以认为，本研究的扎根理论分析是理论上饱和的。

## 3.3　理论模型与研究假设

### 3.3.1　综合理论模型构建

扎根理论的三重编码分析完成后便开始理论模型构建。从目前管理学研

---

①　Fassinger, R. E. Paradigms, praxis, problems, and promise：Grounded theory in counseling psychology research ［J］. Journal of Counseling Psychology，2005，52（2）：156 – 166.

究范式来看，构建综合理论模型，并在此基础上开展系统化实证分析成为一种比较受认可的研究趋势。因此，基于扎根理论结果，借鉴经典行为、风险和信任理论与模型，结合文献综述内容和专家咨询，本研究构建了长期护理保险居民参保意愿驱动机理的整合理论模型，具体如图 3 - 2 所示。

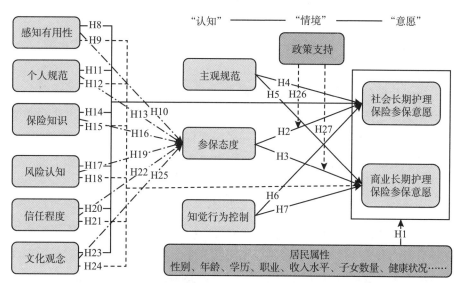

图 3 - 2　长期护理保险居民参保意愿驱动机理综合理论模型

　　该模型的理论建构思路具体如下：以行为决策理论为指导，以计划行为理论为基础，建立基础模型。根据阿耶兹（2011）[①]，计划行为理论模型是一个开放性的解释框架，允许在原模型的基础上增加新的变量或路径关系，以不断增强模型的解释力。本研究分别整合了技术接受模型中的感知有用性变量、规范激活理论中的个人规范变量、负责任环境行为模型中的知识变量、风险理论中的风险认知变量、信任理论与模型中的信任变量和我国特有的传统文化观念变量，将这些变量纳入基础模型中，对其进行拓展。在路径关系方面，本研究选择以计划行为理论中对行为意愿预测能力最强的态度作为中介变量，考察其在居民心理认知与参保意愿路径关系中的介导作用。值得说明的是，由于态度、主观规范和知觉行为控制三者间两两相互影响，路

　　① Ajzen，I. The theory of planned behaviour：Reactions and reflections［J］. Psychology and Health，2011，26（9）：1113 - 1127.

径关系难以准确刻画，因此在建构基础框架时仍遵循阿耶兹（1991）[①] 经典模型将三者并列放置。此外，借鉴态度－行为－情境理论和负责任环境行为模型，将政策支持情境变量纳入模型中，考察其在参保态度和参保意愿路径关系中的调节作用。最后考虑到居民参保意愿具有社会人口统计学特征和健康状况的异质性差异，因此将居民属性变量也纳入模型中。

### 3.3.2 基于"认知－情境－意愿"框架的驱动机理阐释

在"长期护理保险居民参保意愿驱动机理"核心范畴下，本研究主要基于"认知－情境－意愿"分析框架，探究内部心理认知变量和外部情境变量对参保意愿的影响，同时考虑到居民属性的异质性对参保意愿的影响。上述三个主范畴对居民参保意愿的驱动机理各有不同，具体阐释如下。

#### 1. 居民属性的异质性对居民参保意愿具有影响

根据负责任环境行为模型，个人经济条件等人口统计学特征因素对负责任环境行为有重要影响。学者研究也证实，社会人口统计学特征对长期护理保险居民参保意愿具有显著影响（Cramer & Jensen，2006[②]；曹信邦和陈强，2014[③]）。此外，也有诸多研究发现居民的健康状况及其相关因素与长期护理保险居民参保意愿间显著相关（Brown & Finkelstein，2008[④]；丁志宏和魏海伟，2016[⑤]）。在扎根理论分析中，年龄、性别、子女数量、收入水平、职业类型等社会人口统计学特征因素和健康状况、慢性病情况、家庭成员患病、医疗保险、养老保险等健康状况因素被居民反复提及。因此，本研究理论模型认为居民属性（社会人口统计学特征和居民及家人健康状况相关因

---

① Ajzen，I. The theory of planned behaviour［J］. Organizational Behaviour and Human Decision Processes，1991，50（2）：179－211.

② Cramer，A. T.，Jensen，G. A. Why don't people buy long-term-care insurance？［J］. Journals of Gerontology Series B-Psychological Sciences and Social Sciences，2006，61（4）：185－193.

③ 曹信邦，陈强. 中国长期护理保险需求影响因素分析［J］. 中国人口科学，2014（4）：102－109，128.

④ Brown，J. R.，Finkelstein，A. The interaction of public and private insurance：Medicaid and the long-term care insurance market［J］. American Economic Review，2008，98（3）：1083－1102.

⑤ 丁志宏，魏海伟. 中国城市老人购买长期护理保险意愿及其影响因素［J］. 人口研究，2016（6）：76－86.

素）对其参保意愿具有显著影响，即参保意愿存在明显的居民属性异质性差异。

## 2. 居民心理认知直接影响居民参保意愿

社会心理学理论指出，个体态度是"认知－情感－（行为）意愿"的过程，即认知是行为意愿的内因（金盛华，2005[①]；杨冉冉，2016[②]），在本研究的理论模型中，居民心理认知是影响其参保意愿的内驱变量。这里所提到的居民心理认知事实上是一个多维度的整合概念，是居民对影响其参保意愿系列因素的认知、理解与评价。根据计划行为理论，行为态度、主观规范和知觉行为控制对行为意愿具有直接影响，技术接受模型认为感知有用性与行为意愿直接相关，规范激活理论认为个人规范是行为意愿的前因变量，负责任环境行为模型则认为知识直接影响行为意愿，风险认知理论认为风险认知影响风险规避行为的产生，信任理论与模型认为个体对某项事物或行为的信任倾向影响其接受该事物或执行该行为。此外，根据扎根理论分析结果和文献综述可知，除风险认知和信任程度影响居民参保意愿外，文化观念也是重要的影响因素。因此，本研究理论模型认为居民心理认知直接影响居民参保意愿。

## 3. 居民心理认知通过参保态度间接影响居民参保意愿

态度可分为对广泛事物的一般态度（general attitude）和对所关注事物的特定态度（specific attitude）。在本研究的理论模型中，态度是指居民对长期护理保险参保行为的特定态度而非一般态度。行为态度是计划行为理论中行为意愿的最有力预测变量，个体态度越积极，其行为意愿越强烈。此外，越来越多的研究证实，除直接影响外，行为态度还可以作为中介变量（Oluyinka，2011[③]；Ebrahim et al.，2016[④]）。对于个体而言，出于自身的价值取向、知识观、感知观和思想观念等约束，其首先会在思维意识中形成对

① 金盛华. 社会心理学 ［M］. 北京：高等教育出版社，2005.

② 杨冉冉. 城市居民绿色出行行为的驱动机理与政策研究 ［D］. 徐州：中国矿业大学，2016.

③ Oluyinka，O. Attitude towards littering as a mediator of the relationship between personality attributes and responsible environmental behavior ［J］. Waste Management，2011，31（12）：2601－2611.

④ Ebrahim，N. B.，Davis，S.，Tomaka，J. Attitude as a mediator between acculturation and behavioral intention ［J］. Public Health Nursing，2016，33（6）：558－564.

执行某项行为的态度判断，进而产生行为意愿。同时根据计划行为理论，个体对某项行为的信念和结果评估会影响其执行该行为的态度，进而影响行为意愿。技术接受模型则指出，感知有用性和感知易用性能够通过态度变量影响行为意愿。事实上，个体的行为意愿集中体现的是一种态度倾向，因此态度可被视为一个中介变量。由此，本研究理论模型认为居民心理认知通过参保态度间接影响居民参保意愿。

### 4. 居民参保过程中存在明显的"态度–意愿"差距

居民参保态度直接影响其参保意愿，是参保意愿的内因，换言之，参保态度是形成参保意愿的重要因素，当居民持消极的、不支持的参保态度时，形成参保意愿的可能性微乎其微。但是当居民持积极的、支持的参保态度时，参保意愿却不一定必然形成。虽然早期关于态度与行为意愿的研究普遍证实，态度必然会导致意愿的形成（Foulke et al., 1998[①]；Finlay et al., 2002[②]；Morgan & Miller, 2002[③]），但是也有学者发现，态度和意愿之间并非完全一致，二者间的关系受到其他因素的影响，例如：希罗斯（Hirose, 1995）指出环境态度对行为意愿的影响受到社会规范评估、可行性评估和感知信息的影响[④]；陈凯和赵占波（2015）指出持绿色消费态度的消费者，可能因受主观规范和知觉行为控制的影响作用而未能形成绿色消费意愿，产生绿色消费态度—意愿差距[⑤]。在访谈过程中，一些访谈资料也证明了态度与意愿的不一致，例如："A07 买国家的保险有保障，我不愿意买保险公司办的，说实在的也买不起。""A14 我支持国家办这个保险，但是我不愿意

---

① Foulke, G. E., Bell, R. A., Siefkin, A. D., et al. Attitudes and behavioral intentions regarding managed care: A comparison of academic and community physicians [J]. American Journal of Managed Care, 1998, 4 (4): 555–563.

② Finlay, K. A., Trafimow, D., Villarreal, A. Predicting exercise and health behavioral intentions: Attitudes, subjective norms, and other behavioral determinants [J]. Journal of Applied Social Psychology, 2002, 32 (2): 342–358.

③ Morgan, S. E., Miller, J. K. Communicating about gifts of life: The effect of knowledge, attitudes, and altruism on behavior and behavioral intentions regarding organ donation [J]. Journal of Applied Communication Research, 2002, 30 (2): 163–178.

④ Hirose, Y. Social psychology for environment and consumption [M]. Nagoya University Press: Nagoya, 1995.

⑤ 陈凯，赵占波. 绿色消费态度–行为差距的二阶段分析及研究展望 [J]. 经济与管理，2015 (1): 19–24.

参加，现在养老的、看病的保险都有，又让参加这个保险，哪有那么多钱交呀，将来能不能用上还不一定呢，还是让有钱的交吧。""A16 这个保险是不错，但是这一半年我也用不上，还是等等再看吧。""A19 如果政府补贴多的话，我愿意参加。"可以看出，居民参保态度与参保意愿并非一致，二者间存在明显差距，即长期护理保险居民参保过程中存在"态度－意愿"差距。

通过深入分析访谈资料发现，居民参保长期护理保险过程中存在"态度－意愿"差距主要体现为态度高意愿低导致的意愿缺口。究其原因主要是居民的参保态度向参保意愿转化过程中受到诸多内外部情境因素的影响。本研究理论模型立足于对参保"态度－意愿"差距的解释性分析。

5. 政策支持作为外部情境因素调节"态度－意愿"路径关系

根据态度－行为－情境理论，个体执行某项行为是受其内部态度和外部情境条件共同作用的影响。经典的负责任环境行为模型也指出，个体执行负责任的环境行为时会受到社会压力、行为实施环境等外部情境因素的影响。根据扎根理论分析结果，许多居民的参保意愿受到政府补贴政策（例如："A05 希望政府能多补贴点。""A07 买商业长期护理保险的话，政府给补贴吗？""A19 如果政府补贴多的话，我愿意参加。"等）、指导政策（例如："A11 政府有这方面的参保引导政策吗？""A15 给保险公司更多的指导性建议和政策支持，推动他们开发更符合群众需要且能被大多数人所接受的保险。"等）等外部情境因素（政策支持）的影响。由此可见，如果政府及其相关部门对居民参保长期护理保险实施的政策支持力度加大，政策深入人心，居民参保意愿就越容易形成。同时结合文献综述中对居民参保意愿外部情境维度影响因素的梳理，本研究理论模型认为政策支持是居民参保意愿的外部情境变量，对居民参保态度和参保意愿间的路径关系具有调节作用。有效的政策支持能够产生正向的调节作用，推动居民参保态度更多地向参保意愿转化，从而弥补"态度－意愿"差距。

## 3.3.3　研究假设提出

根据建构的综合理论模型和基于"认知－情境－意愿"分析框架的驱

动机理阐释，本研究提出三组可以解释居民参保意愿驱动机理的路径关系假设：第一组是居民属性的异质性对参保意愿影响的关系假设；第二组是居民心理认知与参保意愿的关系假设；第三组是外部情境因素的调节作用假设。虽然扎根理论强调以开放的思想来提炼访谈资料中的概念，并挖掘概念间的关系，但是在研究中不能因此忽视经典理论和已有研究的发现。基于此，研究假设的提出结合了扎根理论结果、经典理论与理论模型和已有研究的发现，具体如下。

### 1. 居民属性的异质性对参保意愿影响的关系假设

本研究中居民属性变量包括两部分：社会人口统计学特征变量和健康状况维度变量。社会人口统计学特征变量包括年龄、性别、户籍类型、婚姻状况、子女数量、受教育程度、月收入水平、家庭年纯收入水平、职业类型；健康状况维度变量包括自评健康状况、患慢性病情况、家庭成员患病及护理需求情况、各类保险参保情况、照料期望。根据负责任环境行为模型，人口统计学特征因素对负责任的环境行为具有重要影响。此外，根据前面的文献综述，年龄（Sloan & Norton，1997①）、性别（张瑞利等，2018②）、婚姻状况（韩会娟，2015③）、子女的数量（孙正成，2013④）、受教育程度（Cramer & Jensen，2006⑤；戴卫东和陶秀彬，2012⑥）、收入水平（Rivlin & Wie-

---

① Sloan, F. A., Norton, E. C. Adverse selection, bequests, crowding out, and private demand for insurance: Evidence from the long-term care insurance market [J]. Journal of Risk and Uncertainty, 1997, 15 (3): 201 – 219.

② 张瑞利，时明铭，徐佩. 老年居民长期护理保险认知及参保意愿调查研究：以南京市为例 [J]. 华东理工大学学报（社会科学版），2018 (4): 99 – 107.

③ 韩会娟. 老年长期护理保险的需求与供给研究：以石家庄为例 [D]. 石家庄：河北经贸大学，2015.

④ 孙正成. 需求视角下的老年长期护理保险研究：基于浙江省 17 个县市的调查 [J]. 中国软科学，2013 (11): 73 – 82.

⑤ Cramer, A. T., Jensen, G. A. Why don't people buy long-term-care insurance? [J]. Journals of Gerontology Series B-Psychological Sciences and Social Sciences, 2006, 61 (4): 185 – 193.

⑥ 戴卫东，陶秀彬. 青年人长期护理保险需求意愿及其影响因素分析：基于苏皖两省调查的比较研究 [J]. 中国卫生事业管理，2012 (5): 353 – 355.

ner，1988[①]）等变量和健康状况（Wallace et al.，1994[②]；张奇林和韩瑞峰，2016[③]）、患慢性病情况（杜霞和周志凯，2016[④]）、家庭成员患慢性病以及护理需求情况（McCall et al.，1998[⑤]）、各类保险参保情况（Brown & Finkelstein，2008[⑥]；丁志宏和魏海伟，2016[⑦]）等变量对长期护理保险参保意愿具有显著影响。由于居民属性涉及的变量及影响关系众多，本研究不一一作出假设。结合扎根理论分析结果，本研究作出如下整体假设：

H1：居民参保意愿存在明显的居民属性异质性差异。

### 2. 居民心理认知与参保意愿的关系假设

根据计划行为理论和负责任环境行为模型，态度、主观规范和知觉行为控制能够直接影响行为意愿。哈桑和阿巴斯（2019）[⑧]、伍丹丹（2019）[⑨]的实证研究证实存在上述影响关系，即个体对行为的态度越积极、感受到的主观规范越强、知觉行为控制越强，其执行该行为的意愿就越强烈。结合扎根理论分析结果，本研究对居民态度、主观规范和知觉行为控制与居民参保意愿间关系假设如下：

H2：居民参保态度对其社会长期护理保险参保意愿具有显著正向影响。

H3：居民参保态度对其商业长期护理保险参保意愿具有显著正向影响。

H4：居民主观规范对其社会长期护理保险参保意愿具有显著正向影响。

---

① Rivlin，A. M.，Wiener，J. M. Caring for the disabled elderly：Who will pay？［M］. Washington，DC：The Brookings Institution，1988.

② Wallace，S. P.，Campbell，K.，Lew－Ting，C. Y. Structural barriers to the use of formal in-home services by elderly Latinos［J］. Journal of Gerontology，1994，49（5）：S253－S263.

③ 张奇林，韩瑞峰. 长期医疗护理保险居民参保意愿研究：来自青岛市的调查［J］. 社会保障研究，2016（2）：45－53.

④ 杜霞，周志凯. 长期护理保险的参与意愿及影响因素研究：基于陕西省榆林市的微观样本［J］. 社会保障研究，2016（3）：41－50.

⑤ McCall，N.，Mangle，S.，Bauer，E.，et al. Factors important in the purchase of partnership long-term care insurance［J］. Health Services Research，1998，33（2）：187－203.

⑥ Brown，J. R.，Finkelstein，A. The interaction of public and private insurance：Medicaid and the long-term care insurance market［J］. American Economic Review，2008，98（3）：1083－1102.

⑦ 丁志宏，魏海伟. 中国城市老人购买长期护理保险意愿及其影响因素［J］. 人口研究，2016（6）：76－86.

⑧ Hassan，H. A.，Abbas，S. K. Factors influencing the investors' intention to adopt Takaful（Islamic insurance）products：A survey of Pakistan［J］. Journal of Islamic Marketing，2019，11（1）：1－13.

⑨ 伍丹丹. 胶州大白菜价格指数保险购买意愿调查研究［D］. 青岛：青岛大学，2019.

H5：居民主观规范对其商业长期护理保险参保意愿具有显著正向影响。

H6：居民知觉行为控制对其社会长期护理保险参保意愿具有显著正向影响。

H7：居民知觉行为控制对其商业长期护理保险参保意愿具有显著正向影响。

根据技术接受模型和规范激活理论，感知有用性（结果认知）是行为意愿的重要影响因素。技术接受模型认为感知有用性能够直接影响行为意愿，也可以通过态度间接影响意愿。一些学者（Thilina & Gunawardane，2019①；Lin et al.，2020②）均证实感知有用性与行为意愿显著正相关，即当个体感受到执行某项行为所具有的价值或能够给自己带来感知效用时，其执行该行为的意愿就比较强烈。结合扎根理论分析结果，本研究对感知有用性与居民参保意愿间关系假设如下：

H8：居民感知有用性对其社会长期护理保险参保意愿具有显著正向影响。

H9：居民感知有用性对其商业长期护理保险参保意愿具有显著正向影响。

H10：居民感知有用性对其参保态度具有显著正向影响。

根据规范激活理论，个人规范对行为意愿或行为具有直接影响。一些学者（刘宇伟，2017③；Sia & Jose，2019④；Wang et al.，2019⑤）通过实证发现个人规范显著正向影响行为意愿，即个体执行某项行为的个人规范越强，

---

① Thilina，D.，Gunawardane，N. The effect of perceived risk on the purchase intention of electric vehicles：An extension to the technology acceptance model［J］. International Journal of Electric and Hybrid Vehicles，2019，11（1），73 – 83.

② Lin，C. H.，Shih，K. H.，Wang，W. C.，et al. Factors influencing the purchase of travel insurance over mobile banking［J］. International Journal of Mobile Communications，2020，18（2）：158 – 174.

③ 刘宇伟. 可持续交通中的汽车出行减量意愿研究：一个整合的模型［J］. 管理评论，2017（6）：234 – 241.

④ Sia，S. K.，Jose，A. Attitude and subjective norm as personal moral obligation mediated predictors of intention to build eco-friendly house［J］. Management of Environmental Quality，2019，30（4）：678 – 694.

⑤ Wang，Z. H.，Sun，Q. Y.，Wang，B.，et al. Purchasing intentions of Chinese consumers on energy-efficient appliances：Is the energy efficiency label effective？［J］. Journal of Cleaner Production，2019，238.

其行为意愿就越强烈。结合扎根理论分析结果，本研究对个人规范与居民参保意愿间关系假设如下：

H11：居民个人规范对其社会长期护理保险参保意愿具有显著正向影响。

H12：居民个人规范对其商业长期护理保险参保意愿具有显著正向影响。

H13：居民个人规范对其参保态度具有显著正向影响。

根据负责任环境行为模型，环境问题知识、行为知识与负责任环境行为意愿间具有直接影响关系。一些学者（曹信邦和陈强，2014[①]；Pothitou et al.，2016[②]；杜霞和周志凯，2016[③]）发现知识对行为意愿具有显著正向影响，当个体的行为知识越丰富，其执行某项行为的意愿就会越强烈。本研究对保险知识与居民参保意愿间关系假设如下：

H14：居民保险知识对其社会长期护理保险参保意愿具有显著正向影响。

H15：居民保险知识对其商业长期护理保险参保意愿具有显著正向影响。

H16：居民保险知识对其参保态度具有显著正向影响。

周 - 里希特等（2010）[④]、王新军和郑超（2014）[⑤]、赵娜和陈凯（2015）[⑥]通过调研和实证分析发现，风险认知是长期护理保险居民参保意愿的重要影响因素，即个体对长期护理方面的风险认知越强，其参保意愿越

---

①　曹信邦，陈强. 中国长期护理保险需求影响因素分析 [J]. 中国人口科学，2014（4）：102 - 109，128.

②　Pothitou，M.，Hanna，R. F.，Chalvatzis，K. J. Environmental knowledge，pro-environmental behavior and energy savings in households：An empirical study [J]. Applied Energy，2016，184：1217 - 1229.

③　杜霞，周志凯. 长期护理保险的参与意愿及其影响因素研究：基于陕西省榆林市的微观样本 [J]. 社会保障研究，2016（3）：41 - 50.

④　Zhou-Richter，T.，Browne，M. J.，Grundl，H. Don't they care? Or，are they just unaware? Risk perception and the demand for long-term care insurance [J]. Journal of Risk and Insurance，2010，77（4）：715 - 747.

⑤　王新军，郑超. 老年人健康与长期护理的实证分析 [J]. 山东大学学报（哲学社会科学版），2014（3）：30 - 41.

⑥　赵娜，陈凯. 风险认知对长期护理保险购买意愿影响分析 [J]. 保险研究，2015（10）：84 - 95.

强烈。根据相关风险理论，尤其是风险认知理论，结合扎根理论分析结果，本研究对风险认知与居民参保意愿间关系假设如下：

H17：居民风险认知对其社会长期护理保险参保意愿具有显著正向影响。

H18：居民风险认知对其商业长期护理保险参保意愿具有显著正向影响。

H19：居民风险认知对其参保态度具有显著正向影响。

布朗等（2012）[①]、张瑞利等（2018）[②] 基于对调查数据的实证分析发现，受访者对政府和保险公司的信任程度是影响其长期护理保险参保意愿的重要因素。在访谈中，部分受访者明确表达了他们对政府及其监管部门、保险公司以及长期护理保险制度本身的不信任，而这些不信任在很大程度上会限制其参保意愿。因此，根据信任理论与模型，本研究对信任程度与居民参保意愿间关系作出如下假设：

H20：居民信任程度对其社会长期护理保险参保意愿具有显著正向影响。

H21：居民信任程度对其商业长期护理保险参保意愿具有显著正向影响。

H22：居民信任程度对其参保态度具有显著正向影响。

麦克卡尔等（1998）[③]、赵娜和陈凯（2015）[④]、何苗（2018）[⑤] 通过分析护理方式选择（不接受家庭以外照料表明观念守旧，而接受则表示观念开放，受传统文化观念影响轻）与参保意愿间的关系实证发现，受访者对护理方式所持的观念显著影响其参保意愿，越不愿意接受家庭之外护理（文化观念守旧）的受访者，其参保意愿越弱。结合扎根理论分析结果，本

① Brown, J. R., Goda, G. S., McGarry, K. Long-term care insurance demand limited by beliefs about needs, concerns about insurers, and care available from family [J]. Health Affairs, 2012, 31 (6): 1294 – 1302.

② 张瑞利, 时明铭, 徐佩. 老年居民长期护理保险认知及参保意愿调查研究：以南京市为例 [J]. 华东理工大学学报（社会科学版）, 2018 (4): 99 – 107.

③ McCall, N., Mangle, S., Bauer, E., et al. Factors important in the purchase of partnership long-term care insurance [J]. Health Services Research, 1998, 33 (2): 187 – 203.

④ 赵娜, 陈凯. 风险认知对长期护理保险购买意愿影响分析 [J]. 保险研究, 2015 (10): 84 – 95.

⑤ 何苗. 重庆市长期护理保险需求研究 [D]. 重庆：重庆工商大学, 2018.

研究对文化观念与居民参保意愿间关系假设如下：

H23：居民的传统守旧文化观念对其社会长期护理保险参保意愿具有显著负向影响。

H24：居民的传统守旧文化观念对其商业长期护理保险参保意愿具有显著负向影响。

H25：居民的传统守旧文化观念对其参保态度具有显著负向影响。

### 3. 外部情境因素的调节作用假设

根据态度－行为－情境理论和负责任环境行为模型，个体是否执行某项行为受到外部情境因素的重要影响。根据前面文献综述，保险价格是影响居民参保意愿的重要因素（克雷默和詹森，2006[①]；张瑞利等，2018[②]）。为了提升公众的购买意愿，推动其购买行为，减轻公共财政的支出压力，政府制定了一系列税收激励和财政补贴政策。库特芒什和何（2009）[③] 以及戈达（2011）[④] 发现实施税收激励政策能够提升参保概率。杜霞和周志凯（2016）[⑤] 发现政府参与补贴会增加受访者参保长期护理保险的意愿。政府补贴的重要性也在其他保险参保意愿研究中得到验证（薛新东和刘国恩，2009[⑥]）。在访谈过程中，部分受访者明确表达希望通过政府补贴（例如："A05 希望政府多补贴点，……""A20 政府补贴多的话，我就愿意参加。"）的方式来减少自付部分的压力。因此，本研究对外部情境因素（政策支持）与居民参保意愿间的关系作出如下假设：

H26：政策支持显著正向调节居民参保态度和其社会长期护理保险参保

---

① Cramer, A. T. , Jensen, G. A. Why don't people buy long-term-care insurance? [J]. Journals of Gerontology Series B-Psychological Sciences and Social Sciences, 2006, 61 (4): 185 – 193.

② 张瑞利，时明铭，徐佩. 老年居民长期护理保险认知及参保意愿调查研究：以南京市为例 [J]. 华东理工大学学报（社会科学版），2018 (4): 99 – 107.

③ Courtemanche, C. , He, D. F. Tax incentives and the decision to purchase long-term care insurance [J]. Journal of Public Economics, 2009, 93 (1 – 2): 296 – 310.

④ Goda, G. S. The impact of state tax subsidies for private long-term care insurance on coverage and Medicaid expenditures [J]. Journal of Public Economics, 2011, 95 (7 – 8): 744 – 757.

⑤ 杜霞，周志凯. 长期护理保险的参与意愿及其影响因素研究：基于陕西省榆林市的微观样本 [J]. 社会保障研究，2016 (3): 41 – 50.

⑥ 薛新东，刘国恩. 城镇居民基本医疗保险的参与意愿及影响因素 [J]. 西北人口，2009 (1): 62 – 66.

意愿间的路径关系。

　　H27：政策支持显著正向调节居民参保态度和其商业长期护理保险参保意愿间的路径关系。

 ## 3.4　本章小结

　　根据研究需要，本章基于扎根理论的质性研究方法对长期护理保险居民参保意愿驱动机理进行了探索性研究。首先，介绍了研究方法和资料收集过程。其次，通过扎根理论三重编码（开放式编码、主轴编码和选择性编码），挖掘和提炼出居民参保意愿的深层次驱动因素及其相互作用对参保意愿形成的影响机制。最后，根据扎根理论分析结果，结合行为、风险和信任理论与模型，构建长期护理保险居民参保意愿驱动机理的综合理论模型，并确定了基于"认知－情境－意愿"的本研究整体分析框架，之后在理论模型和分析框架的指导下，结合前面文献综述内容提出研究假设，从而为后续实证分析提供理论基础。

# 第4章

# 居民参保意愿驱动机理
# 实证研究设计

本章介绍长期护理保险居民参保意愿驱动机理的实证研究设计，主要包括研究方法的选取、研究量表的设计与开发、正式调研与数据收集、正式量表的检验四部分内容，以期为后续实证分析提供高质量的数据基础。

## 4.1 研究方法的选取

为实现接下来的实证研究目标，本研究从数据资料的收集和分析两个视角选取适用的研究方法。具体而言，主要应用统计调查研究法中的访谈法和问卷调查法来收集相关统计数据，运用数理统计分析方法中的结构方程模型和层次回归分析来进行数据统计分析和假设检验，辅之以独立样本 T 检验、单因素方差分析、信效度检验、描述性统计分析、相关性分析和因子分析等方法。

### 4.1.1 统计调查研究方法

作为一种定量的实证研究方法，统计调查研究法已被广泛应用于管理学、社会学、经济学等社会科学领域。该方法的目的是有效地帮助研究人员收集统计分析所需的规范化数据，是以受访者回答调查问题的结果数据为基础，通过选取合适的研究方法进行统计分析，最终得到关于该问题的研究结论。本研究使用统计调查研究法中的访谈法和问卷调查法来收集统计数据。由于访谈法已在本书第 3 章扎根理论分析中得以应用，因此本节不再赘述。

问卷调查法（Questionnaire Survey）是近年来各个学科领域中非常流行的研究方法。从已有长期护理保险居民参保意愿影响因素研究的文献来看，问卷调查法是其中最常用，也是最有效的数据获取方法（Finkelstein & McGarry，2006[①]；Courbage & Roudaut，2008[②]；陈凯和赵娜，2018[③]）。问卷调查法是将需要研究的变量操作化处理，编制合理的结构化问卷，然后选取合适的调研方法和地点实施调查，最后收集和整理数据的一种方法。根据品索诺和克雷默（Pinsonneault & Kraemer，1993）[④] 以及纽斯泰德等（Nwested et al.，1998）[⑤]，该方法的优点包括：问卷调查的对象范围不受严格限制，可以包括人、企业、组织等，既可以对他们进行描述分析，也可对其影响因素展开研究；研究过程易于管理和可控，调研可突破时空限制，且具有耗时较短、经济实用性较强等优点；在数据取值和编码方面较为简单；较容易地确定变量、构念以及彼此间的影响关系；抽样所得结果在多数情况下可以扩展类推至研究总体中的其他单位或其他相似的总体中；过程具有较强的可重复性，可以基于群体的异质性进行客观比较分析。

本研究的目的是探讨长期护理保险居民参保意愿的影响因素及其之间的相互作用关系，基于上述分析，统计调查研究法中的问卷调查法在本研究中具有良好的适用性，因此本研究选取问卷调查法进行相关数据的收集。而实施问卷调查法的关键则在于问卷量表的设计与开发，这直接决定了数据的质量和统计分析结果的准确性，是实证研究的关键第一步（杨冉冉，2016[⑥]）。

---

① Finkelstein，A.，McGarry，K. Multiple dimensions of private information：Evidence from the long-term care insurance market ［J］. American Economic Review，2006，96（4）：938 – 958.

② Courbage，C.，Roudaut，N. Empirical evidence on long-term care insurance purchase in France ［J］. Geneva Papers on Risk and Insurance-Issues and Practice，2008，33（4）：645 – 658.

③ 陈凯，赵娜. 长期护理保险购买意愿机理研究：影响因素、作用方式与路径 ［J］. 金融理论与实践，2018（6）：99 – 103.

④ Pinsonneault，A.，Kraemer，K. L. Survey research methodology in management information systems：An assessment ［J］. Journal of Management Information Systems，1993，10（2）：75 – 106.

⑤ Newsted，P. R.，Huff，S. L.，Munro，M. C. Survey instruments in information systems ［J］. MIS Quarterly，1998，22（4）：553 – 554.

⑥ 杨冉冉. 城市居民绿色出行行为的驱动机理与政策研究 ［D］. 徐州：中国矿业大学，2016.

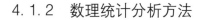

## 4.1.2 数理统计分析方法

实证研究的基本思路是：针对一个或多个科学化问题，通过统计调查研究法获取相关数据资料，基于这些资料采用系列数理统计分析方法进行分析，研究变量之间的关系，得出研究问题的结论（马庆国，2002①）。在研究中，数理统计分析方法的合理选取是确保研究质量的关键。本研究运用信效度检验、描述性统计分析、相关性分析、因子分析、独立样本 T 检验、单因素方差分析、结构方程模型和层次回归分析等方法开展分析。其中，结构方程模型和层次回归分析是重点方法，分别对长期护理保险居民参保意愿的直接或间接影响因素和外部情境变量对"态度 – 意愿"路径关系的调节效应进行了检验。

### 1. 结构方程模型

结构方程模型（Structural Equation Modeling，SEM）是一种强大的多元统计建模技术，常被用于检验所提出的理论模型和假设（Kline，2011②）。与回归分析等其他统计技术相比，结构方程模型具有许多显著的优势，包括：测量无法直接观察到的潜在（难以直接观测到的）构念；分析多组因果关系，即同时允许结构方程模型中包含多个因变量；测试不同构念之间的直接和间接影响关系；允许自变量和因变量包含测量误差；能够提供更精确和更具灵活性的测算结果（Zhang et al.，2018③）。考虑到居民参保意愿是一个抽象的概念变量，难以直接量化，且参保态度、主观规范、知觉行为控制等自变量同样具有不可直接观测的特点，结合上述分析可知，结构方程模型是适合本研究的分析方法。采用 AMOS 24.0 软件进行数据分析和假设检验。

---

① 马庆国. 管理统计：数据获取、统计原理 SPSS 工具与应用研究 ［M］. 北京：科学出版社，2002.

② Kline，R. B. Principles and Practice of Structural Equation Modeling ［M］. third ed. New York，The Guildford Press，2011.

③ Zhang，C. Y.，Yu，B. Y.，Wang，J. W.，et al. Impact factors of household energy-saving behavior：An empirical study of Shandong Province in China ［J］. Journal of Cleaner Production，2018，185：285 – 298.

结构方程模型一共由三个矩阵方程式组成，包括：两个测量方程式（测量模型）和一个结构方程式（结构模型）。测量模型是用于通过检查指标（观测变量）如何有意义地"结合在一起"来构造潜在变量。报告潜在变量和观测变量之间相关关系的测量方程式如下：

$$y = \Lambda y \eta + \varepsilon \qquad (4-1)$$

$$x = \Lambda x \xi + \delta \qquad (4-2)$$

其中，$y$ 和 $x$ 分别表示由内生观测变量和外生观测变量组成的列向量。内生潜在变量通常表示为 $\eta$，外生潜在变量通常表示为 $\xi$。$\Lambda y$ 和 $\Lambda x$ 分别表示外生观测变量在外生潜在变量上的因子载荷矩阵和内生观测变量在内生潜在变量上的因子载荷矩阵。$\varepsilon$ 和 $\delta$ 分别表示内生观测变量 $y$ 和外生观测变量 $x$ 的误差项。

结构模型揭示了潜在变量之间的相关关系，通常是线性的。典型的结构方程式如下：

$$\eta = B\eta + \Gamma\xi + \zeta \qquad (4-3)$$

其中，$\eta$ 表示内生潜在变量，$\xi$ 表示外生潜在变量。$B$ 和 $\Gamma$ 分别表示内生潜在变量间的路径系数和外生潜在变量对内生潜在变量的路径系数，$\zeta$ 是结构方程的残差项。

### 2. 层次回归分析

层次回归分析（Hierarchical Regression Analysis，HRA）是检验调节效应的一种非常适用的方法。该方法的优势突出表现在它能够将不同的变量分离成不同的模块，从而允许研究人员在添加新变量后观测方差是否有显著变化（Osazuwa & Che-Ahmad，2016）[1]。完整的层次回归分析通常包括四个步骤，在每个步骤中都会形成一个方程式（Du et al.，2018[2]；Yue et al.，

---

① Osazuwa, N. P., Che-Ahmad, A. The moderating effect of profitability and leverage on the relationship between eco-efficiency and firm value in publicly traded Malaysian firms [J]. Social Responsibility Journal, 2016, 12 (2): 295 – 306.

② Du, H. B., Liu, D. Y., Sovacool, B. K., et al. Who buys New Energy Vehicles in China? Assessing social-psychological predictors of purchasing awareness, intention, and policy [J]. Transportation Research Part F – Traffic Psychology and Behaviour, 2018, 58: 56 – 69.

2013[①])。第一步是将控制变量引入回归模型，得到如式（4-4）所示的方程式。在第二步和第三步中分别加入自变量和调节变量，生成如式（4-5）和式（4-6）所示的方程式。第四步将中心化处理后的自变量和调节变量相乘生成的交互变量加入模型，生成如式（4-7）所示的方程式。当交互项变量能够解释因变量的大部分方差变异，且具有统计学意义上的显著性时，或交互项的回归系数 $t$ 检验具有明显显著性时，又或是整个回归模型的 $F$ 检验具有明显显著性时，则表明该变量具有显著的调节效应（Dean & Snell，1991[②]；Qu et al.，2014[③]）。本研究采用 SPSS 22.0 软件进行层次回归分析。相关方程式表示如下：

$$y = \beta_0 + \beta_1 x_{control} + \varepsilon \tag{4-4}$$

$$y = \beta_0 + \beta_1 x_{control} + \beta_2 x_{independent\ variable} + \varepsilon \tag{4-5}$$

$$y = \beta_0 + \beta_1 x_{control} + \beta_2 x_{independent\ variable} + \beta_3 x_{moderator} + \varepsilon \tag{4-6}$$

$$y = \beta_0 + \beta_1 x_{control} + \beta_2 x_{independent\ variable} + \beta_3 x_{moderator} + \beta_4 x_{independent\ variable} \times x_{moderator} + \varepsilon$$

$$\tag{4-7}$$

其中，$y$ 是因变量；$\beta_0$ 是截距项；$\beta_1$、$\beta_2$、$\beta_3$ 和 $\beta_4$ 是回归系数；$x_{control}$、$x_{independent\ variable}$、$x_{moderator}$ 和 $x_{independent\ variable} \times x_{moderator}$ 分别代表控制变量、自变量、调节变量和交互变量。$\varepsilon$ 表示误差项。

## 4.2 研究量表的设计与开发

### 4.2.1 量表开发的步骤与原则

研究量表的开发是实施问卷调查研究的基础性前提，高质量的调查问卷

① Yue, T., Long, R. Y., Chen, H. Factors influencing energy-saving behavior of urban households in Jiangsu Province [J]. Energy Policy, 2013, 62: 665-675.

② Dean, J. W., Snell, S. A. Integrated manufacturing and job design: Moderating effects of organizational inertia [J]. Academy of Management Journal, 1991, 34 (4): 776-804.

③ Qu, Y., Liu, Y. K., Zhu, Q. H., et al. Motivating small-displacement car purchasing in China [J]. Transportation Research Part A - Policy and Practice, 2014, 67: 47-58.

是确保高质量研究结果的关键。本研究主要参照丘吉尔（Churchill，1979）[①]、帕拉休拉曼等（Parasuraman et al.，1988）[②]、德韦利斯（DeVellis，2003）[③]等学者关于量表开发的步骤，以此开发实证研究所需的长期护理保险居民参保意愿影响因素调查问卷。研究量表的具体开发步骤如图4-1所示。

第一步，确定影响因素。根据研究的问题和目标，在文献综述、专家咨询和访谈的基础上确定长期护理保险居民参保意愿的影响因素。这一步是为研究量表的开发提供充足的证据支持。本书第2章的文献综述和第3章基于访谈资料的扎根理论编码分析结果为该步骤的实施奠定了基础。

第二步，构建理论模式和提出研究假设。结合经典的行为、风险和信任理论与理论模型，根据文献综述和访谈资料的扎根理论编码分析结果，确定各影响因素对居民参保意愿的直接或间接影响关系以及因素间的相互作用关系，构建本研究综合理论模型，并据此提出相应的研究假设。这一步是为研究量表的开发提供充足的理论基础。本书第2章的相关理论及理论模型梳理和第3章基于访谈资料的扎根理论编码分析结果为该步的实施奠定了基础。

第三步，在上述两步的基础上，进行调查问卷量表的具体开发。针对居民参保意愿的每一个影响因素，开发相对应的多个测量指标题项。本研究采用两种方法来设计具体的测量指标项：一是直接借鉴已有长期护理保险居民参保意愿影响因素研究中的成熟量表体系，这些量表大多经过了科学化的论证，能够确保测量的准确性和可靠性，同时研究中会针对国内外量表的测量题项进行语义或情境的本土化修正；二是对于部分尚未形成成熟测量量表的或是已有研究中尚未关注到的变量，需要结合类似研究量表，根据已有研究中对变量的操作化定义，进行自行开发。在上述基础上生成初始调查问卷。

第四步，开展试调研。初始问卷的测量题项设计难免存在问题，因此需要在试调研阶段发现问题并进一步完善调查问卷。在试调研阶段，本研究使用网络调研和实地调研相结合的方式发放初始调查问卷。

---

① Churchill，G. A. A paradigm for developing better measures of marketing constructs [J]. Journal of Marketing Research，1979，16（1）：64-73.

② Parasuraman，A.，Zeithaml，V. A.，Berry，L. L. SERVQUAL：A multiple-item scale for measuring consumer perceptions of service quality [J]. Journal of Retailing，1988，64（1）：12-40.

③ DeVellis，R. F. Scale development：Theory and applications（Second Edition.）[M]. London：Sage Publications，2003.

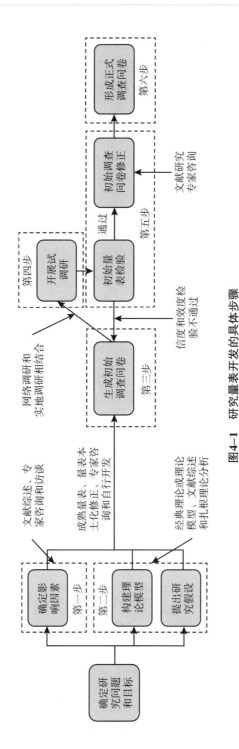

图 4-1　研究量表开发的具体步骤

第五步，初始调查问卷的修正。基于试调研中收集的数据，对初始量表的信度和效度进行检验。值得注意的是，所属同一变量的测量指标项的内部一致性是保证量表具有较高可靠性和有效性的必要前提条件。根据检验结果，并结合文献综述和专家咨询，对不满足检验要求的测量题项进行了修改或删除，再次重复第三步和第四步，若通过检验，则表明完成对初试调查问卷的修正。

第六步，形成正式调查问卷。在上述步骤的基础上重新整理研究量表，正式形成本研究实证部分的调查问卷。

此外，研究量表的开发需要遵循一定的原则，根据施瓦布（Schwab，1980）[①]、贝蒂（Berdie，1989）[②]、萨伦特和迪尔曼（Salant & Dillman，1994）[③] 以及伯杰（Berger，1997）[④]，本研究以下列六项原则为指导进行调查问卷开发工作。

一是问卷长度。调查问卷的篇幅尽量控制在 6 ~ 8 页，回答时间应控制在 15 ~ 20 分钟，内容过多、耗时过长容易引起受访者的反感情绪，影响问卷的回收率和准确性；时间过短则无法充分地获取研究涉及的变量信息。

二是问卷说明。在调查问卷最开始的说明部分简短介绍研究目的，并对问卷中涉及的专有术语进行释义，同时提供简明的问卷答题指引。

三是问卷语言。为确保受访者能够直白地理解调查问题，尽量使用日常化的简单且朴素的语言表达，避免使用复杂的专业化术语或名词缩写。

四是问卷结构与内容。为增加调查问卷的吸引力，在保证满足研究需要的前提下，尽量做到问卷结构简单、清晰且美观，从内容来看，同一变量的测量题项需要保持彼此间的相关性和同质性，变量的题项间则需要保持差异性。

五是问卷题项设计方式。为确保数据收集的可信度，尽量使用封闭式的

---

① Schwab, D. P. Construct validity in organizational behavior [C]. In Research in Organizational behavior, Edited by Cummings, L. L. and Staw, B. Vol. 2, Greenwich, CT: Jal Press. 1980.

② Berdie, D. R. Reassessing the value of high response rates to mail surveys [J]. Marketing Research, 1989, 1 (3): 52 – 64.

③ Salant, P., Dillman, D. A. How to conduct your own survey [M]. New York: John Wiley and Sons, 1994.

④ Berger, I. E. The demographics of recycling and the structure of environmental behavior [J]. Environment and Behavior, 1997, 29 (4): 515 – 531.

问题而避免开放式问题。同时合理使用反向题项能够减少反应偏差。

六是问卷题项度量。Likert 量表的点数通常与问卷的可靠性成正比，但研究中学者认为 5 级量表是最为可靠的度量设计。因此，除去社会人口统计学特征题项和居民健康状况相关题项之外，本研究中的其他题项均使用 Likert 5 级量表进行度量，以确保问卷结果的可靠性。

### 4.2.2　初始题项的生成与修正

目前有关长期护理保险居民参保意愿影响因素调查的成熟量表不多，根据前面介绍的研究量表开发步骤中的第三步，本研究中调查问卷初始题项的生成主要采用两种方法：一种方法是借鉴已有研究中的成熟量表体系，这些量表大多经过了科学化的论证，能够确保测量的准确性，在此基础上结合对居民访谈资料的扎根理论编码分析结果，根据我国长期护理保险发展实际情况，对国内外量表进行本土化修正与改造。在此过程中，本研究仔细回顾和梳理国内外相关文献，获取与居民参保意愿相关的研究变量及变量的概念表述，并整理出可用作变量题项测量表达的语句。在量表本体化修正时，邀请 3 位曾出国交流的博士生和 2 位曾出国访学的教授对外文文献中的量表进行语义上的本土化，而对国内文献中涉及的量表则结合我国长期护理保险的实际情况实施情境上的本土化。另一种方法是对于部分尚未形成成熟测量量表的或是已有研究中尚未关注到的变量，需要结合类似的研究量表，根据已有研究中对变量内涵进行界定，对变量进行操作化定义，结合居民访谈内容和专家咨询结果，进行测量量表的自行开发。

在调查问卷初始题项生成之后，为确保题项的适配性，邀请公共管理领域内的 2 名教授、4 名博士生和 6 名硕士生以及 10 位普通居民对初始题项进行讨论和修正。在与领域内学者的探讨中，主要针对问卷中变量的选取、变量的概念界定和具体测量项的设计合理性等问题进行交流；在与 10 位居民的探讨中，主要侧重测量题项是否是其购买或打算购买长期护理保险时比较看重的方面、这些测量题项是否符合其购买或打算购买长期护理保险时的心理预期，以及这些测量题项是否读起来直白易懂。根据上述反馈结果，对调查问卷初始题项进行再次修正和改造。为确保研究的意义和对量表效度的把控，将修正后的初始题项再次送给两位社会保障领域的专家进行检验。经过三轮的修正，最终生成初始调查问卷。该问卷包括社会人口统计学、健康状况、心理认知、外部情境和参保意愿 5 部分共计 62 个测量题项，具体见附录 E 长期护理保险居民参保意愿初始调查问卷。初始问卷量表构成与设计依据如表 4 - 1 所示。

表 4 - 1　　　　　　　　　初始问卷量表构成与设计依据

| 范畴 | 变量 | 对应题项 | 量表出处 |
|---|---|---|---|
| 社会人口统计学属性 | 年龄 | Q1 | Rivlin & Wiener, 1988①；Sloan & Norton, 1997②；McCall et al., 1998③；Ali, 2005④；Cramer & Jensen, 2006⑤；戴卫东, 2011⑥；Courbage & Roudaut, 2011⑦；曹信邦和陈强, 2014⑧；赵娜和陈凯, 2015⑨；丁志宏和魏海伟, 2016⑩ |
| | 性别 | Q2 | |
| | 户籍类型 | Q3 | |
| | 婚姻状况 | Q4 | |
| | 子女数量 | Q5 | |
| | 受教育程度 | Q6 | |
| | 月收入水平 | Q7 | |
| | 家庭年纯收入水平 | Q8 | |
| | 职业类型 | Q9 | |

① Rivlin, A. M., Wiener, J. M. Caring for the disabled elderly：Who will pay？［M］. Washington, DC：The Brookings Institution, 1988.

② Sloan, F. A., Norton, E. C. Adverse selection, bequests, crowding out, and private demand for insurance：Evidence from the long-term care insurance market［J］. Journal of Risk and Uncertainty, 1997, 15（3）：201 - 219.

③ McCall, N., Mangle, S., Bauer, E., et al. Factors important in the purchase of partnership long-term care insurance［J］. Health Services Research, 1998, 33（2）：187 - 203.

④ Ali, N. S. Long-term care insurance：Buy it or not！［J］. Geriatric Nursing, 2005, 26（4）：237 - 240.

⑤ Cramer, A. T., Jensen, G. A. Why don't people buy long-term-care insurance？［J］. Journals of Gerontology Series B-Psychological Sciences and Social Sciences, 2006, 61（4）：185 - 193.

⑥ 戴卫东. 老年长期护理需求及其影响因素分析：基于苏皖两省调查的比较研究［J］. 人口研究, 2011（4）：86 - 94.

⑦ Courbage, C., Roudaut, N. Long-term care insurance：The French example［J］. European Geriatric Medicine, 2011, 2（1）：22 - 25.

⑧ 曹信邦, 陈强. 中国长期护理保险需求影响因素分析［J］. 中国人口科学, 2014（4）：102 - 109, 128.

⑨ 赵娜, 陈凯. 风险认知对长期护理保险购买意愿影响分析［J］. 保险研究, 2015（10）：84 - 95.

⑩ 丁志宏, 魏海伟. 中国城市老人购买长期护理保险意愿及其影响因素［J］. 人口研究, 2016（6）：76 - 86.

续表

| 范畴 | 变量 | 对应题项 | 量表出处 |
|---|---|---|---|
| 健康状况属性 | 自评健康状况 | Q10 | Pauly, 1990①; McCall et al., 1998②; Lakdawalla & Philipson, 2002③; Brown & Finkelstein, 2008④; Curry et al., 2009⑤; 孙正成, 2013⑥; 张奇林和韩瑞峰, 2016⑦; 杜霞和周志凯, 2016⑧; 张瑞利等, 2018⑨ |
| | 是否患慢性病 | Q11 | |
| | 家人是否患慢性病 | Q12 | |
| | 家中长期护理需求情况 | Q13 | |
| | 参加医疗保险情况 | Q14 | |
| | 参加养老保险情况 | Q15 | |
| | 购买商业保险情况 | Q16 | |
| | 照料期望 | Q17 | |

① Pauly, M. V. The rational nonpurchase of long-term-care insurance [J]. Journal of Political Economy, 1990, 98: 153 - 168.

② McCall, N., Mangle, S., Bauer, E., et al. Factors important in the purchase of partnership long-term care insurance [J]. Health Services Research, 1998, 33 (2): 187 - 203.

③ Lakdawalla, D., Philipson, T. The rise in old-age longevity and the market for long-term care [J]. American Economic Review, 2002, 92 (1): 295 - 306.

④ Brown, J. R., Finkelstein, A. The interaction of public and private insurance: Medicaid and the long-term care insurance market [J]. American Economic Review, 2008, 98 (3): 1083 - 1102.

⑤ Curry, L. A., Robison, J., Shugrue, N., et al. Individual decision making in the non-purchase of long-term care insurance [J]. Gerontologist, 2009, 49 (4): 560 - 569.

⑥ 孙正成. 需求视角下的老年长期护理保险研究: 基于浙江省17个县市的调查 [J]. 中国软科学, 2013 (11): 73 - 82.

⑦ 张奇林, 韩瑞峰. 长期医疗护理保险居民参保意愿研究: 来自青岛市的调查 [J]. 社会保障研究, 2016 (2): 45 - 53.

⑧ 杜霞, 周志凯. 长期护理保险的参与意愿及其影响因素研究: 基于陕西省榆林市的微观样本 [J]. 社会保障研究, 2016 (3): 41 - 50.

⑨ 张瑞利, 时明铭, 徐佩. 老年居民长期护理保险认知及参保意愿调查研究: 以南京市为例 [J]. 华东理工大学学报 (社会科学版), 2018 (4): 99 - 107.

续表

| 范畴 | 变量 | 对应题项 | 量表出处 |
|---|---|---|---|
| 心理认知属性 | 参保态度（TD） | Q18 - (1 - 4) | Godin & Kok, 1996①; Lim et al., 2010②; 戴卫东和陶秀彬, 2012③; Brown et al., 2012④; 曹信邦和陈强, 2014⑤; Dzulkipli et al., 2017⑥; Liu et al., 2018⑦; Brahmana et al., 2018⑧; Cornell & Grabowski, 2018⑨; Zhang et al., 2019⑩ |
| | 主观规范（ZG） | Q19 - (1 - 3) | |
| | 知觉行为控制（KZ） | Q20 - (1 - 3) | |
| | 感知有用性（YY） | Q21 - (1 - 3) | |
| | 个人规范（GR） | Q22 - (1 - 4) | |
| | 保险知识（ZS） | Q23 - (1 - 6) | |
| | 风险认知（FX） | Q24 - (1 - 5) | |
| | 信任程度（XR） | Q25 - (1 - 4) | |
| | 文化观念（WH） | Q26 - (1 - 3) | |

① Godin, G., Kok, G. The theory of planned behavior: A review of its applications to health-related behaviors [J]. American Journal of Health Promotion, 1996, 11 (2): 87 - 98.

② Lim, S. H., Lee, S. H., Hur, Y. A study on adoption of online automobile insurance from the aspect of trust-reinforcement: Approach by gender and purchase intention level [J]. Journal of Risk Management, 2010, 21 (1): 83 - 124.

③ 戴卫东, 陶秀彬. 青年人长期护理保险需求意愿及其影响因素分析: 基于苏皖两省调查的比较研究 [J]. 中国卫生事业管理, 2012 (5): 353 - 355.

④ Brown, J. R., Goda, G. S., McGarry, K. Long-term care insurance demand limited by beliefs about needs, concerns about insurers, and care available from family [J]. Health Affairs, 2012, 31 (6): 1294 - 1302.

⑤ 曹信邦, 陈强. 中国长期护理保险需求影响因素分析 [J]. 中国人口科学, 2014 (4): 102 - 109, 128.

⑥ Dzulkipli, M. R., Zainuddin, N. N. N., Maon, S. N., et al. Intention to purchase medical and health insurance: Application of theory of planned behavior [J]. Advanced Science Letters, 2017, 23 (11): 10515 - 10518.

⑦ Liu, J. Y., Lin, S., Feng, Y. B. Understanding why Chinese contractors are not willing to purchase construction insurance [J]. Engineering Construction and Architectural Management, 2018, 25 (2): 257 - 272.

⑧ Brahmana, R., Brahmana, R. K., Memarista, G. Planned behaviour in purchasing health insurance [J]. South East Asian Journal of Management, 2018, 12 (1): 43 - 64.

⑨ Cornell, P. Y., Grabowski, D. C. The impact of policy incentives on long-term-care insurance and Medicaid costs: Does underwriting matter? [J]. Health Services Research, 2018, 53 (5): 3728 - 3749.

⑩ Zhang, B., Lai, K. H., Wang, B., et al. From intention to action: How do personal attitudes, facilities accessibility, and government stimulus matter for household waste sorting? [J]. Journal of Environmental Management, 2019, 233: 447 - 458.

续表

| 范畴 | 变量 | 对应题项 | 量表出处 |
|------|------|----------|----------|
| 外部情境属性 | 政策支持（ZC） | Q27 - (1 - 4) | 薛新东和刘国恩，2009① |
| 参保意愿属性 | 社会长期护理保险参保意愿（SHYY） | Q28 - (1 - 3) | Brown & Finkelstein, 2007②；曹信邦和陈强，2014③；赵曼和韩丽，2015④；王乐芝和曾水英，2015⑤ |
| | 商业长期护理保险参保意愿（SYYY） | Q29 - (1 - 3) | |

注：试调研量表的测量题项对应附录 E 初始调查问卷中的题项。下同。

## 1. 社会人口统计学属性题项设计

调查问卷的第一部分为针对居民基本信息的调查。参照《中国统计年鉴》中的相关分类范式和已有研究中学者对社会人口统计学特征的划分方法，结合本研究的需要，设计相关测量题项。该部分共包括 9 个问题，分别为年龄、性别、户籍类型、婚姻状况、子女数量、受教育程度、月收入水平、家庭年纯收入水平和职业类型。其中，年龄分为 3 个区间，依次为 19～30 岁、31～44 岁和 45～59 岁，前两个区间为青年人，第三个区间为中年人。性别、户籍和婚姻状况采用最为常规的设置，依次为男/女、农村/城市、已婚/未婚（Sloan & Norton，1997⑥；戴卫东和陶秀彬，2012⑦；张瑞利

① 薛新东，刘国恩. 城镇居民基本医疗保险的参与意愿及影响因素［J］. 西北人口，2009（1）：62 - 66.

② Brown，J. R.，Finkelstein，A. Why is the market for long-term care insurance so small？［J］. Journal of Public Economics，2007，91（10）：1967 - 1991.

③ 曹信邦，陈强. 中国长期护理保险需求影响因素分析［J］. 中国人口科学，2014（4）：102 - 109，128.

④ 赵曼，韩丽. 长期护理保险制度的选择：一个研究综述［J］. 中国人口科学，2015（1）：97 - 105，128.

⑤ 王乐芝，曾水英. 关于失能老人状况与老年长期护理保险的研究综述［J］. 人口学刊，2015，37（4）：86 - 91.

⑥ Sloan，F. A.，Norton，E. C. Adverse selection，bequests，crowding out，and private demand for insurance：Evidence from the long-term care insurance market［J］. Journal of Risk and Uncertainty，1997，15（3）：201 - 219.

⑦ 戴卫东，陶秀彬. 青年人长期护理保险需求意愿及其影响因素分析：基于苏皖两省调查的比较研究［J］. 中国卫生事业管理，2012（5）：353 - 355.

等，2018①）。子女数量分为 4 个测量选项，依次为 0 个、1 个、2 个、3 个及以上。受教育程度分为 5 个测量等级，依次为初中及以下、高中/中专、大专、本科、硕士及以上（Cramer & Jensen，2006②；赵娜和陈凯，2015③）。月收入水平分为 5 档，依次为 3000 元及以下、3001～6000 元、6001～8000 元、8001～10000 元、10000 元以上，家庭年纯收入水平分为 3 万元以下、3 万～5 万元、5 万～8 万元、8 万～10 万元、10 万元以上。职业类型主要参照《中国统计年鉴》中的划分办法，结合曹信邦和陈强（2014）④、杜霞和周志凯（2016）⑤ 等学者的划分，将其分为党政机关/事业单位工作人员、企业员工、个体经营者、农村务工务农人员、自由职业者（无固定职业者）、学生和其他群体。

## 2. 健康状况属性题项设计

根据已有研究中对居民及其家庭成员健康状况及相关问题的调查题目，本研究在该部分设计了 8 个测量题项，分别是自评健康状况、是否患慢性病、家人是否患慢性病、家中长期护理需求情况、参加医疗保险情况、参加养老保险情况、购买商业保险情况、照料期望。其中，自评健康状况使用 Likert 5 级量表进行度量，依次为很差、比较差、一般、比较好和很好（McCall et al.，1998⑥；陈凯和赵娜，2018⑦）。是否患慢性病、家人是否患慢性病、家中长期护理需求情况、参加医疗保险情况、参加养老保险情况、

① 张瑞利，时明铭，徐佩. 老年居民长期护理保险认知及参保意愿调查研究：以南京市为例 [J]. 华东理工大学学报（社会科学版），2018（4）：99－107.

② Cramer, A. T., Jensen, G. A. Why don't people buy long-term-care insurance? [J]. Journals of Gerontology Series B-Psychological Sciences and Social Sciences，2006，61（4）：185－193.

③ 赵娜，陈凯. 风险认知对长期护理保险购买意愿影响分析 [J]. 保险研究，2015（10）：84－95.

④ 曹信邦，陈强. 中国长期护理保险需求影响因素分析 [J]. 中国人口科学，2014（4）：102－109，128.

⑤ 杜霞，周志凯. 长期护理保险的参与意愿及其影响因素研究：基于陕西省榆林市的微观样本 [J]. 社会保障研究，2016（3）：41－50.

⑥ McCall, N., Mangle, S., Bauer, E., et al. Factors important in the purchase of partnership long-term care insurance [J]. Health Services Research，1998，33（2）：187－203.

⑦ 陈凯，赵娜. 长期护理保险购买意愿机理研究：影响因素、作用方式与路径 [J]. 金融理论与实践，2018（6）：99－103.

购买商业保险情况题项采用常规的是/否来测量（Brown & Finkelstein，2008[①]；韩会娟，2015[②]；丁志宏和魏海伟，2016[③]）。照料期望题项分为子女、配偶、亲属、专业护理人员 4 个选项（Lakdawalla & Philipson，2002[④]；赵娜和陈凯，2015[⑤]）。

### 3. 心理认知属性题项设计

居民心理认知属性涉及变量众多，且这些变量均为本研究的核心变量，包括参保态度、主观规范、知觉行为控制、感知有用性、个人规范、保险知识、风险认知、信任程度和文化观念 9 个变量。

参保态度、主观规范和知觉行为控制来自于计划行为理论模型。目前计划行为理论已被广泛应用于诸多领域的行为决策研究（Wang et al.，2016[⑥]；郭英之和李小民，2018[⑦]），学者针对模型中的变量开发了许多较为成熟的测量量表。虽然未具体涉及长期护理保险居民参保行为，但这些成熟量表提供了有益的借鉴。本研究参照阿耶兹和费希宾（1980）[⑧]、阿耶兹（2011）[⑨]等学者对上述三个变量的操作化定义，结合莫书敏（2016）[⑩]、库米 - 凯瑞

① Brown，J. R.，Finkelstein，A. The interaction of public and private insurance：Medicaid and the long-term care insurance market［J］. American Economic Review，2008，98（3）：1083 - 1102.

② 韩会娟. 老年长期护理保险的需求与供给研究：以石家庄为例［D］. 石家庄：河北经贸大学，2015.

③ 丁志宏，魏海伟. 中国城市老人购买长期护理保险意愿及其影响因素［J］. 人口研究，2016（6）：76 - 86.

④ Lakdawalla，D.，Philipson，T. The rise in old-age longevity and the market for long-term care［J］. American Economic Review，2002，92（1）：295 - 306.

⑤ 赵娜，陈凯. 风险认知对长期护理保险购买意愿影响分析［J］. 保险研究，2015（10）：84 - 95.

⑥ Wang，S. Y.，Fan，J.，Zhao，D. T.，et al. Predicting consumers' intention to adoption hybrid electric vehicles：Using an extended version of the theory of planned behavior model［J］. Transportation，2016，43（1）：123 - 143.

⑦ 郭英之，李小民. 消费者使用移动支付购买旅游产品意愿的实证研究：基于技术接受模型与计划行为理论模型［J］. 四川大学学报（哲学社会科学版），2018（6）：159 - 170.

⑧ Ajzen，I.，Fishbein，M. Understanding attitudes and predicting social behaviour［M］. Prentice-Hall，Englewood Cliffs，NJ. 1980.

⑨ Ajzen，I. The theory of planned behaviour：Reactions and reflections［J］. Psychology and Health，2011，26（9）：1113 - 1127.

⑩ 莫书敏. 基于 TPB 视角的商业健康保险需求影响因素研究［D］. 南宁：广西大学，2016.

梅等（Kumi-Kyereme et al.，2017）[①]；奥斯曼等（Othman et al.，2018）[②]学者的测量量表，再结合访谈资料，设计参保态度、主观规范和知觉行为控制的测量题项。其中，参保态度由4个题项进行测量，考察了居民对参保长期护理保险所持的积极正面评价；主观规范由3个题项进行测量，考察了居民感受到来自家人、周围朋友和媒体对其参保长期护理保险的影响；知觉行为控制由3个题项进行测量，考察了居民对参保长期护理保险的信心以及感知到参保长期护理保险的难易程度。

感知有用性变量来自于技术接受模型。从目前的研究来看，技术接受模型已被大量应用于除信息技术使用行为以外的更多消费行为研究，例如：网络消费行为、绿色消费行为和旅游消费行为（Thilina & Gunawardane，2019[③]；尹洁林等，2019[④]）。但是目前感知有用性变量并未用于预测长期护理保险居民参保意愿研究。本研究借助学者（Davis，1989[⑤]；Davis et al.，1989[⑥]）对感知有用性的操作化定义，结合程静和杜震（2018）[⑦]以及林等（2020）[⑧]等对于其他保险参保意愿研究时开发的量表，再结合本研究的访谈资料，设计了感知有用性的测量题项。感知有用性由3个题项进行测量，考察居民对参保长期护理保险可能给自身及家庭带来益处的认知。

个人规范变量来自规范激活理论模型。从已有研究来看，个人规范变量

① Kumi-Kyereme，A.，Amu，H.，Darteh，E. K. M. Barriers and motivations for health insurance subscription in Cape Coast，Ghana：A qualitative study ［J］. Archives of Public Health，2017，75：24.

② Othman，N.，Shami，A. M. A. A.，Mohamad，A. M.，et al. Predicting factors affecting Muslims' family takaful participation：Theory of planned behaviour ［J］. Global Business and Management Research，2018，10：1054－1063.

③ Thilina，D.，Gunawardane，N. The effect of perceived risk on the purchase intention of electric vehicles：An extension to the technology acceptance model ［J］. International Journal of Electric and Hybrid Vehicles，2019，11（1）：73－83.

④ 尹洁林，张千芊，廖赣丽，等. 基于技术接受模型和感知风险理论的消费者新能源汽车购买意愿研究 ［J］. 预测，2019（6）：83－89.

⑤ Davis，F. D. Perceived usefulness，perceived ease of use，and user acceptance of information technology ［J］. MIS Quarterly，1989，13（3）：319－340.

⑥ Davis，F. D.，Bagozzi，R. P.，Warshaw，P. R. User acceptance of computer technology：A comparison of two theoretical models ［J］. Management Science，1989，35（8）：982－1003.

⑦ 程静，杜震. 基于感知价值的农户政策性农业保险满意度研究 ［J］. 金融理论与实践，2018（7）：58－64.

⑧ Lin，C. H.，Shih，K. H.，Wang，W. C.，et al. Factors influencing the purchase of travel insurance over mobile banking ［J］. International Journal of Mobile Communications，2020，18（2）：158－174.

尚未被用于预测居民参保意愿或行为研究，但对于个人规范的测量已有许多成熟的量表。本研究借鉴杜等（2018）[①]、王等（2019）[②] 以及西亚和约瑟（2019）[③] 等对于个人规范的操作化定义和测量量表，结合访谈资料，设计对个人规范的测量题项。个人规范由 4 个题项进行测量，考察了居民对参保长期护理保险的道德倾向与义务感的认知。

保险知识变量来自于负责任环境行为模型。从已有研究来看，学界目前尚未形成有关保险知识的成熟测量量表，而有关环境知识的测量量表已经较成熟。基于此本研究借鉴帕吉斯利斯和克朗塔利斯（Pagiaslis & Krontalis, 2014）[④] 等的环境知识测量量表，结合布朗和芬克尔斯坦（2007）[⑤]、杜霞和周志凯（2016）[⑥] 等学者对保险知识的测量，再结合本研究访谈资料，设计了保险知识的测量题项。保险知识由 6 个题项进行测量，考察了居民对长期护理保险整体以及保险相关具体知识的了解程度。

风险认知、信任程度和文化观念三个变量主要来自相关风险理论、信任理论与模型和学者对居民参保长期护理保险意愿或行为研究的文献以及居民访谈资料的提炼与抽取。本研究借助芬克尔斯坦和麦加里（2006）[⑦]、王新军和郑超（2014）[⑧]、赵娜和陈凯（2015）[⑨] 等对于风险认知的操作化定义

---

①　Du, H. B. , Liu, D. Y. , Sovacool, B. K. , et al. Who buys New Energy Vehicles in China? Assessing social-psychological predictors of purchasing awareness, intention, and policy [J]. Transportation Research Part F – Traffic Psychology and Behaviour, 2018, 58: 56 – 69.

②　Wang, Z. H. , Sun, Q. Y. , Wang, B. , et al. Purchasing intentions of Chinese consumers on energy-efficient appliances: Is the energy efficiency label effective? [J]. Journal of Cleaner Production, 2019, 238: 117896.

③　Sia, S. K. , Jose, A. Attitude and subjective norm as personal moral obligation mediated predictors of intention to build eco-friendly house [J]. Management of Environmental Quality, 2019, 30 (4): 678 – 694.

④　Pagiaslis, A. , Krontalis, A. K. Green consumption behavior antecedents: Environmental concern, knowledge, and beliefs [J]. Psychology and Marketing, 2014, 31 (5): 335 – 348.

⑤　Brown, J. R. , Finkelstein, A. Why is the market for long-term care insurance so small? [J]. Journal of Public Economics, 2007, 91 (10): 1967 – 1991.

⑥　杜霞，周志凯. 长期护理保险的参与意愿及其影响因素研究：基于陕西省榆林市的微观样本 [J]. 社会保障研究, 2016 (3): 41 – 50.

⑦　Finkelstein, A. , McGarry, K. Multiple dimensions of private information: Evidence from the long-term care insurance market [J]. American Economic Review, 2006, 96 (4): 938 – 958.

⑧　王新军，郑超. 老年人健康与长期护理的实证分析 [J]. 山东大学学报（哲学社会科学版）, 2014 (3): 30 – 41.

⑨　赵娜，陈凯. 风险认知对长期护理保险购买意愿影响分析 [J]. 保险研究, 2015 (10): 84 – 95.

和测量量表，结合访谈资料，设计测量题项。风险认知由 5 个题项进行测量，考察了居民对风险发生的可能性、风险可能带来的危害性后果的认知。在测量信任程度时，本研究借鉴布朗等（2012）[1]、韩会娟（2015）[2]、张奇林和韩瑞峰（2016）[3] 等对于信任程度的操作化定义和测量量表，结合访谈资料，设计了测量题项。信任程度由 4 个题项进行测量，考察居民对政府及其相关监管部门、保险公司和保险制度本身可持续性的信任程度。在测量文化观念时，本研究借鉴吕鑫（2018）[4] 和何苗（2018）[5] 等对于文化观念的操作化定义和测量量表，结合本研究的访谈资料，设计测量题项。文化观念由 3 个题项进行测量，考察了居民对传统的守旧养老保障观念的认同程度。

### 4. 外部情境属性题项设计

外部情境变量来自态度 - 行为 - 情境理论模型和负责任环境行为模型。在本研究中主要体现为政策支持，即政府为鼓励居民参保长期护理保险所实施的政策措施，这是理论模型中的重要变量，也是本研究中的调节变量。许多学者研究发现保险价格是影响居民参保意愿的重要因素（Cramer & Jensen，2006[6]；张瑞利等，2018[7]）。因此一些学者证实实施税收激励政策能够有效地提升公众的长期护理保险购买意愿（Courtemanche & He，2009[8]；胡

① Brown, J. R., Goda, G. S., McGarry, K. Long-term care insurance demand limited by beliefs about needs, concerns about insurers, and care available from family [J]. Health Affairs, 2012, 31 (6): 1294 -1302.

② 韩会娟. 老年长期护理保险的需求与供给研究：以石家庄为例 [D]. 石家庄：河北经贸大学，2015.

③ 张奇林，韩瑞峰. 长期医疗护理保险居民参保意愿研究：来自青岛市的调查 [J]. 社会保障研究，2016 (2): 45 -53.

④ 吕鑫. 我国长期护理保险需求影响因素的实证研究 [J]. 中国保险，2018 (12): 29 -33.

⑤ 何苗. 重庆市长期护理保险需求研究 [D]. 重庆：重庆工商大学，2018.

⑥ Cramer, A. T., Jensen, G. A. Why don't people buy long-term-care insurance? [J]. Journals of Gerontology Series B-Psychological Sciences and Social Sciences, 2006, 61 (4): 185 -193.

⑦ 张瑞利，时明铭，徐佩. 老年居民长期护理保险认知及参保意愿调查研究：以南京市为例 [J]. 华东理工大学学报（社会科学版），2018 (4): 99 -107.

⑧ Courtemanche, C., He, D. F. Tax incentives and the decision to purchase long-term care insurance [J]. Journal of Public Economics, 2009, 93 (1 -2): 296 -310.

梓晴等，2018①）。结合王敏刚和易继芬（2012）② 等关于政府补贴政策对参保意愿或参保行为的的研究发现，本研究设置政府提供长期护理保险参保补贴和政府将长期护理保险费用给予个人所得税税前扣除两个题项来测量政策支持程度。与此同时，结合访谈资料，设置政府对长期护理保险的引导与监管政策建设到位和政府应该引导保险公司开发更加贴近居民需求的长期护理保险两个题项测量政策支持程度。因此，政策支持由 4 个题项进行测量。

### 5. 参保意愿属性题项设计

目前有关我国长期护理保险制度研究的一个重要争论焦点在于选择社会长期护理保险模式还是选择商业长期护理保险模式。一部分学者持社会长期护理保险论（戴卫东，2012③；曹信邦和陈强，2014④；刘晓静，2014⑤），而另一部分学者则坚持商业化长期护理保险（陈晓安，2010⑥；陈红，2012⑦），也有一部分学者主张构建社会和商业长期护理保险混合制度（荆涛和谢远涛，2014⑧；曹信邦，2018⑨）。本研究将居民参保意愿分为居民参保社会长期护理保险的意愿和居民参加商业长期护理保险的意愿两类。基于不同语义差异量表，设置我愿意参保和我计划参保两个题项测量居民参保意愿。此外，在社会长期护理保险居民参保意愿测量中增加我愿意鼓励家人参加社会长期护理保险题项，在商业长期护理保险居民参保意愿测量中增加我愿意为家人购买商业长期护理保险题项。

① 胡梓晴，彭伟平，欧阳樟，等 . 城镇居民对长期护理保险的市场需求分析：以佛山市禅城区为例 ［J］. 价值工程，2018（35）：120 – 122.

② 王敏刚，易继芬 . 欠发达地区新型农村社会养老保险需求分析：以陕西省佳县为例 ［J］. 人口与经济，2012（2）：101 – 106.

③ 戴卫东 . 中国长期护理保险制度构建研究 ［M］. 北京：人民出版社，2012.

④ 曹信邦，陈强 . 中国长期护理保险需求影响因素分析 ［J］. 中国人口科学，2014（4）：102 – 109，128.

⑤ 刘晓静 . 论中国养老服务的政策取向：基于养老服务政策变迁的视角 ［J］. 河北学刊，2014（5）：106 – 109.

⑥ 陈晓安 . 公司合作构建我国的长期护理保险制度：国外的借鉴 ［J］. 保险研究，2010（11）：55 – 60.

⑦ 陈红 . 北京发展商业长期护理保险的必要性及途径 ［J］. 人口与经济，2012（6）：82 – 87.

⑧ 荆涛，谢远涛 . 我国长期护理保险制度运行模式的微观分析 ［J］. 保险研究，2014（5）：60 – 66.

⑨ 曹信邦 . 中国长期护理保险制度构建的理论逻辑和现实路径 ［J］. 社会保障评论，2018（4）：75 – 84.

### 4.2.3　试调研与初始量表检验

在初始调查问卷量表生成之后，本研究首先进行了试调研，基于调研数据分析结果，结合调研过程中发现的问题，对初始问卷进行再次修正，进而形成正式调查问卷。在试调研阶段，采用实地调研和网络调研相结合的方式。基于便利性取样原则，选取青岛市和烟台市两个地区，在青岛市借助WeChat 聊天软件，以在群聊、朋友圈发布问卷网络链接的方式进行扩散，在烟台市则采用随机抽样的实地调研方式发放纸质问卷。试调研实施周期为3 天，共回收问卷 124 份，其中有 17 份因未完整填写或回答不认真等原因被剔除，最终有效问卷 107 份，有效问卷数量占回收问卷数量的 86.29%。根据吴明隆和涂金堂（2012）①，样本数量应当为最大分量表题项数量的 3~5 倍为宜，且样本数量越多，越利于量表检验。本研究中最大的分量表为心理认知属性分量表，包括 9 个变量 35 个测量题项，因此问卷数量应该保持在105 份及以上。试调研回收的有效问卷为 107 份，符合要求。本研究的初始量表检验主要是采用 SPSS 22.0 和 AMOS 24.0 软件对数据进行信效度检验。

#### 1. 初始量表的信度检验

基于克朗巴哈系数（Cronbach's alpha coefficient，$\alpha$）和组合信度（Composite Reliability，CR）对量表的信度进行检验。$\alpha$ 用于检验变量中各测量题项间的内部一致性。根据 Maichum et al.（2016）②、Nunnally & Bernstein（1994）③ 等学者的界定，$\alpha$ 的标准值为 0.7，超过了 0.7 则表明变量内部测量题项间具有良好的一致性，也表明量表具有较好的信度。CR 反映了一组测量题项能够多大程度上表示变量（构念）的指标，CR 值通常使用标准化因子载荷系数（$\lambda$）和误差方差（$\theta$）来计算得到。CR 的标准值为

---

①　吴明隆，涂金堂. SPSS 与统计应用分析 [M]. 大连：东北财经大学出版社，2012.

②　Maichum, K., Parichatnon, S., Peng, K. C. Application of the extended theory of planned behavior model to investigate purchase intention of green products among Thai consumers [J]. Sustainability, 2016, 8 (10)：1077.

③　Nunnally, J. C., Bernstein, I. Elements of statistical description and estimation [C]. In：Nunnally, J. C.；Bernstein, I. H. (Eds.), Psychometric Theory, third ed. McGraw Hill, New York, NY, USA. 1994.

0.7，值越大表明内部一致性越高、信度越好。在本研究中主要采用克朗巴哈系数来检验居民心理认知变量、政策支持情境变量和参保意愿变量的内部一致性，即对这些变量进行信度检验。

（1）居民心理认知变量的信度检验。

表4-2居民心理认知变量的信度检验结果表明，对于参保态度而言，测量题项TD1、TD3和TD4与整体的相关系数分别为0.64、0.76和0.72，明显大于标准值0.3，而测量题项TD2为0.31略微超过0.3。TD1、TD3和TD4的多元相关系数平方值分别为0.48、0.63和0.59，明显大于标准值0.3，而TD2为0.11低于0.3。整体α值为0.79，删除TD2后α值上升至0.86，明显高于删除其他题项后α值，表明删除TD2后变量的内部一致性具有明显的提升。通过与专家和受访者讨论，该题项的调查意义并不大，因此决定将其删除。

表4-2　　　　　　　　居民心理认知变量的信度检验结果

| 变量 | 测量题项 | 对应题项 | 该题项与整体相关系数 | 多元相关系数平方 | 删除该题项的α值变化情况 | 总体α值 |
|---|---|---|---|---|---|---|
| 参保态度 | TD1 | Q18-1 | 0.64 | 0.48 | 0.71 | 0.79 |
| | TD2 | Q18-2 | 0.31 | 0.11 | 0.86 | |
| | TD3 | Q18-3 | 0.76 | 0.63 | 0.65 | |
| | TD4 | Q18-4 | 0.72 | 0.59 | 0.67 | |
| 主观规范 | ZG1 | Q19-1 | 0.76 | 0.58 | 0.84 | 0.88 |
| | ZG2 | Q19-2 | 0.79 | 0.62 | 0.81 | |
| | ZG3 | Q19-3 | 0.76 | 0.58 | 0.83 | |
| 知觉行为控制 | KZ1 | Q20-1 | 0.76 | 0.57 | 0.82 | 0.87 |
| | KZ2 | Q20-2 | 0.77 | 0.59 | 0.81 | |
| | KZ3 | Q20-3 | 0.75 | 0.56 | 0.83 | |
| 感知有用性 | YY1 | Q21-1 | 0.75 | 0.57 | 0.84 | 0.88 |
| | YY2 | Q21-2 | 0.73 | 0.55 | 0.85 | |
| | YY3 | Q21-3 | 0.81 | 0.65 | 0.78 | |
| 个人规范 | GR1 | Q22-1 | 0.76 | 0.63 | 0.69 | 0.81 |
| | GR2 | Q22-2 | 0.31 | 0.10 | 0.88 | |

续表

| 变量 | 测量题项 | 对应题项 | 该题项与整体相关系数 | 多元相关系数平方 | 删除该题项的α值变化情况 | 总体α值 |
|---|---|---|---|---|---|---|
| 个人规范 | GR3 | Q22-3 | 0.74 | 0.62 | 0.70 | 0.81 |
| | GR4 | Q22-4 | 0.71 | 0.55 | 0.71 | |
| 保险知识 | ZS1 | Q23-1 | 0.10 | 0.02 | 0.82 | 0.77 |
| | ZS2 | Q23-2 | 0.74 | 0.58 | 0.67 | |
| | ZS3 | Q23-3 | 0.71 | 0.61 | 0.67 | |
| | ZS4 | Q23-4 | 0.68 | 0.57 | 0.68 | |
| | ZS5 | Q23-5 | 0.19 | 0.08 | 0.80 | |
| | ZS6 | Q23-6 | 0.69 | 0.54 | 0.68 | |
| 风险认知 | FX1 | Q24-1 | -0.21 | 0.09 | 0.88 | 0.74 |
| | FX2 | Q24-2 | 0.68 | 0.58 | 0.61 | |
| | FX3 | Q24-3 | 0.65 | 0.53 | 0.63 | |
| | FX4 | Q24-4 | 0.78 | 0.63 | 0.57 | |
| | FX5 | Q24-5 | 0.71 | 0.56 | 0.62 | |
| 信任程度 | XR1 | Q25-1 | 0.73 | 0.53 | 0.85 | 0.88 |
| | XR2 | Q25-2 | 0.74 | 0.57 | 0.84 | |
| | XR3 | Q25-3 | 0.79 | 0.63 | 0.82 | |
| | XR4 | Q25-4 | 0.69 | 0.48 | 0.86 | |
| 文化观念 | WH1 | Q26-1 | 0.79 | 0.63 | 0.83 | 0.89 |
| | WH2 | Q26-2 | 0.78 | 0.61 | 0.84 | |
| | WH3 | Q26-3 | 0.77 | 0.60 | 0.84 | |

对于主观规范而言，各题项与整体的相关系数集中在 0.76~0.79，均大于 0.3，各题项的多元相关系数平方值集中在 0.58~0.62，均大于 0.3，且删除任意一个题项后 α 值基本保持一致，因此保留所有测量题项。

对于知觉行为控制而言，各题项与整体的相关系数集中在 0.75~0.77，各题项的多元相关系数平方值集中在 0.57~0.59，均大于 0.3，且删除任意一个题项后 α 值未有明显差距，因此保留该变量的所有测量题项。

对于感知有用性而言，各题项与整体的相关系数集中在 0.75~0.81，各题项的多元相关系数平方值集中在 0.55 ~ 0.65，均大于 0.3，且删除任意一个题项后 α 值未有明显差距，因此保留感知有用性变量的所有测量题项。

对于信任程度和文化观念而言，其各题项与整体的相关系数分别集中在 0.69 ~ 0.79、0.77 ~ 0.79，其各题项的多元相关系数平方值分别集中在 0.48 ~ 0.63、0.60 ~ 0.63，均大于 0.3，且删除任意一个题项后 α 值未有明显差距，因此保留这两个变量的所有测量题项。

对于个人规范而言，测量题项 GR1、GR3 和 GR4 与整体的相关系数集中在 0.71 ~ 0.76，均大于 0.3，而测量题项 GR2 为 0.31 略微超过 0.3。GR1、GR3 和 GR4 的多元相关系数平方值集中在 0.55 ~ 0.63，均大于 0.3，而 GR2 为 0.1 低于 0.3。整体 α 值为 0.81，删除 GR2 后 α 值上升至 0.88，明显高于删除其他题项后 α 值。

对于保险知识而言，测量题项 ZS2、ZS3、ZS4 和 ZS6 与整体的相关系数集中在 0.68 ~ 0.74，其多元相关系数平方值集中在 0.54 ~ 0.61，均大于 0.3，而测量题项 ZS1 和 ZS5 在上述两项指标方面均未超过 0.3。整体 α 值为 0.77，删除 ZS1 和 ZS5 后 α 值分别上升至 0.82 和 0.8，明显高于删除其他题项后 α 值。

对于风险认知而言，测量题项 FX2、FX3、FX4 和 FX5 与整体的相关系数集中在 0.65 ~ 0.78，其多元相关系数平方值集中在 0.53 ~ 0.63，均大于 0.3，而测量题项 FX1 在上述两项指标方面均未超过 0.3。整体 α 值为 0.74，删除 FX1 后 α 值上升至 0.88，明显高于删除其他题项后 α 值。

综上所述，删除参保态度中的 TD2 题项、个人规范中 GR2 题项、保险知识中 ZS1 和 ZS5 题项、风险认知中 FX1 题项后，各变量的内部一致性明显提升，因此本研究决定删除上述测量题项。

（2）政策支持情境变量的信度检验。

表 4-3 政策支持情境变量的信度检验结果表明，测量题项 ZC1、ZC3 和 ZC4 与整体的相关系数分别为 0.66、0.6 和 0.7，明显大于标准值 0.3，而测量题项 ZC2 为 0.23 低于 0.3。此外，测量题项 ZC1、ZC3 和 ZC4 的多元相关系数平方值分别为 0.5、0.54 和 0.6，明显大于标准值 0.3，而 ZC2 为 0.08 低于 0.3。整体 α 值为 0.73，删除 ZC2 后 α 值上升至 0.86，明显高于删除其他题项后 α 值，这表明删除 ZC2 后变量内部的一致性具有显著提升。通过与专家和受访者讨论，一致认为对于该题项的调查意义并不大，因

此本研究决定删除 ZC2 测量题项。

表 4 - 3                    政策支持情境变量的信度检验结果

| 变量 | 测量题项 | 对应题项 | 该题项与整体相关系数 | 多元相关系数平方 | 删除该题项的 α 值变化情况 | 总体 α 值 |
|------|---------|---------|------------------|---------------|----------------------|---------|
| 政策支持 | ZC1 | Q27 - 1 | 0.66 | 0.50 | 0.59 | 0.73 |
| | ZC2 | Q27 - 2 | 0.23 | 0.08 | 0.86 | |
| | ZC3 | Q27 - 3 | 0.60 | 0.54 | 0.63 | |
| | ZC4 | Q27 - 4 | 0.70 | 0.60 | 0.57 | |

（3）居民参保意愿变量的信度检验。

表 4 - 4 居民参保意愿变量的信度检验结果表明，对于社会长期护理保险居民参保意愿而言，测量题项 SHYY1、SHYY2 和 SHYY3 与整体的相关系数分别为 0.72、0.73 和 0.75，均大于标准值 0.3，SHYY1、SHYY2 和 SHYY3 的多元相关系数平方值分别为 0.52、0.53 和 0.56，均大于标准值 0.3。删除任意一个题项后 α 值基本保持一致，未有明显的差距（0.81、0.81 和 0.78），因此保留社会长期护理保险居民参保意愿的所有测量题项。对于商业长期护理保险居民参保意愿而言，测量题项 SYYY1、SYYY2 和 SYYY3 与整体的相关系数分别为 0.72、0.74 和 0.75，均大于标准值 0.3，SYYY1、SYYY2 和 SYYY3 的多元相关系数平方值分别为 0.52、0.54 和 0.56，均大于标准值 0.3。删除任意一个题项后 α 值基本保持一致，未有明显的差距（0.81、0.80 和 0.79），因此保留商业长期护理保险居民参保意愿的所有测量题项。

表 4 - 4                    居民参保意愿变量的信度检验结果

| 变量 | 测量题项 | 对应题项 | 该题项与整体相关系数 | 多元相关系数平方 | 删除该题项的 α 值变化情况 | 总体 α 值 |
|------|---------|---------|------------------|---------------|----------------------|---------|
| 社会长期护理保险参保意愿 | SHYY1 | Q28 - 1 | 0.72 | 0.52 | 0.81 | 0.86 |
| | SHYY2 | Q28 - 2 | 0.73 | 0.53 | 0.81 | |
| | SHYY3 | Q28 - 3 | 0.75 | 0.56 | 0.78 | |

续表

| 变量 | 测量题项 | 对应题项 | 该题项与整体相关系数 | 多元相关系数平方 | 删除该题项的 $\alpha$ 值变化情况 | 总体 $\alpha$ 值 |
|---|---|---|---|---|---|---|
| 商业长期护理保险参保意愿 | SYYY1 | Q29 – 1 | 0.72 | 0.52 | 0.81 | 0.86 |
| | SYYY2 | Q29 – 2 | 0.74 | 0.54 | 0.80 | |
| | SYYY3 | Q29 – 3 | 0.75 | 0.56 | 0.79 | |

本研究基于试调研数据使用 AMOS 24.0 进行验证性因子分析（Confirmatory factor analysis，CFA），测算组合信度（CR）值。得到如下模型拟合情况：卡方比为 1.253，拟合优度指数为 0.761，调整拟合优度指数为 0.705，近似误差均方根为 0.049，比较拟合指数为 0.969，规范拟合指数为 0.867，塔克尔勒威斯指数为 0.964，增量拟合指数为 0.97。通过与表 4 – 5 拟合优度指数及其评判标准相对比发现，关键拟合指标卡方比、近似误差均方根等满足建议范围，部分拟合指标接近拟合范围，表明测量模型与数据吻合度较好。

表 4 – 5 拟合优度指数及其评判标准

| 属性 | 拟合指标 | 建议范围 | 参考出处 |
|---|---|---|---|
| 绝对拟合指数 | 卡方比（chi-square/degree of freedom, $\chi2/df$） | $\leqslant 5$ | Wheaton et al., 1977[1]; Bentler and Bonett, 1980[2]; Marsh and Hocevar, 1985[3]; Baron and Kenny, 1986[4]; |
| | 拟合优度指数（goodness of fit index, GFI） | $\geqslant 0.8$ | |
| | 调整拟合优度指数（adjust goodness of fit index, AGFI） | $\geqslant 0.8$ | |

① Wheaton, B., Muthén, B., Alwin, D. F., et al. Assessing reliability and stability in panel models [M]. Sociological Methodology, 1977, 8 (1): 84 – 136.

② Bentler, P. M., Bonett, D. G. Significance tests and goodness of fit in the analysis of covariance structures [J]. Psychological Bulletin, 1980, 88 (3): 588 – 606.

③ Marsh, H. W., Hocevar, D. Application of confirmatory factor analysis to the study of self-concept: First-and higher order factor models and their invariance across groups [J]. Psychological Bulletin, 1985, 97 (3): 562 – 582.

④ Baron, R. M., Kenny, D. A. The moderator-mediator variable distinction in social psychological research: Conceptual, strategic, and statistical considerations [J]. Journal of Personality and Social Psychology, 1986, 51 (6): 1173 – 1182.

续表

| 属性 | 拟合指标 | 建议范围 | 参考出处 |
|---|---|---|---|
| 绝对拟合指数 | 近似误差均方根（root mean square error of approximation，RMSEA） | ≤0.08 | Browne and Cudeck，1989①；Bentler，1990②；Hu and Bentler，1999③；Cox et al.，2002④；温忠麟等，2004⑤；侯杰泰等，2004⑥；Schumacker and Lomax，2004⑦；刘绍坚，2008⑧；林嵩，2008⑨；邱皓政和林碧芳，2009⑩；Markus，2012⑪；胡芳肖等，2014⑫；吴明隆，2017⑬ |
| 相对拟合指数 | 比较拟合指数（comparative fit index，CFI） | ≥0.9 | |
| | 规范拟合指数（normed fit index，NFI） | ≥0.9 | |
| | 塔克尔勒威斯指数（tucker lewis index，TLI） | ≥0.9 | |
| | 增量拟合指数（incremental fit index，IFI） | ≥0.9 | |

资料来源：根据相关文献资料整理所得。

表4-6 变量的组合信度测算结果显示，CR 值均大于标准值 0.7，且集

① Browne，M. W.，Cudeck，R. Single sample cross-validation indices for covariance structures ［J］. Multivariate Behavioral Research，1989，24（4）：445－455.

② Bentler，P. M. Comparative fit indexes in structural models ［J］. Psychological Bulletin，1990，107（2）：238－246.

③ Hu，L. T.，Bentler，P. M. Cutoff criteria for fit indexes in covariance structure analysis：Conventional criteria versus new alternatives ［J］. Structural Equation Modeling－A multidisciplinary journal，1999，6（1）：1－55.

④ Cox，B. J.，Enns，M. W.，Clara，I. P. The multidimensional structure of perfectionism in clinically distressed and college student ［J］. Psychological Assessment，2002，14（3）：365－373.

⑤ 温忠麟，侯杰泰，马什赫伯特. 结构方程模型检验：拟合指数与卡方准则 ［J］. 心理学报，2004（2）：186－194.

⑥ 侯杰泰. 结构方程模型及其应用 ［M］. 北京：教育科学出版社，2004.

⑦ Schumacker，R. E.，Lomax，R. G. A beginner's guide to structural equation modeling（2nd ed.）［M］. Lawrence Erlbaum Associates Publishers. 2004.

⑧ 刘绍坚. 承接国际软件外包的技术外溢效应研究 ［J］. 经济研究，2008（5）：105－115.

⑨ 林嵩. 结构方程模型原理及 AMOS 应用 ［M］. 武汉：华中师范大学出版社，2008.

⑩ 邱皓政，林碧芳. 结构方程模型的原理与应用 ［M］. 北京：中国轻工业出版社，2009.

⑪ Markus，K. A. Principles and practice of structural equation modeling，3rd edition ［J］. Structural Equation Modeling－A multidisciplinary journal，2012，19（3）：509－512.

⑫ 胡芳肖，张美丽，李蒙娜. 新型农村社会养老保险制度满意度影响因素实证 ［J］. 公共管理学报，2014（4）：95－104，143.

⑬ 吴明隆. 结构方程模型：AMOS 的操作与应用 ［M］. 2 版. 重庆：重庆大学出版社，2017.

中在 0.85 ~ 0.89，表明量表的内部一致性较好，组合信度通过检验。

表 4 - 6　　　　　　　　　　　变量的组合信度测算结果

| 变量 | CR 值 | 变量 | CR 值 | 变量 | CR 值 |
|---|---|---|---|---|---|
| 参保态度 | 0.86 | 保险知识 | 0.88 | 社会长期护理保险参保意愿 | 0.85 |
| 主观规范 | 0.88 | 风险认知 | 0.88 | | |
| 知觉行为控制 | 0.87 | 信任程度 | 0.88 | 商业长期护理保险参保意愿 | 0.86 |
| 感知有用性 | 0.88 | 文化观念 | 0.89 | | |
| 个人规范 | 0.88 | | | | |

### 2. 初始量表的效度检验

效度检验主要包括内容效度（Context Validity）检验和建构效度（Construct Validity）检验两类。由于本研究是基于已有研究中的成熟量表，并结合学者对于变量的操作化定义、专家咨询和访谈资料分析等，形成初始量表。因此量表内容具备一定广度，符合本研究的调查目的，具有良好的内容效度。建构效度则分为收敛效度（Convergent Validity）和判别效度（Discriminant Validity）。本研究主要采用标准化因子载荷系数（Standardized Factor Loading Coefficients，$\lambda$）和平均方差抽取（Average Variance Extracted，AVE）计算来检验量表的收敛效度，采用探索性因子分析（Exploratory Factor Analysis，EFA）来检验量表的判别效度（杨冉冉，2016[①]；Liu et al.，2017[②]；Fu et al.，2020[③]）。

（1）收敛效度检验。

表 4 - 7 各变量测量题项的标准化因子载荷系数测算结果显示，对于参保态度变量而言，测量题项的 $\lambda$ 值集中在 0.81 ~ 0.85，均大于标准值 0.5

---

① 杨冉冉. 城市居民绿色出行行为的驱动机理与政策研究 [D]. 徐州：中国矿业大学，2016.

② Liu, D., Du, H., Southworth, F., et al. The influence of social-psychological factors on the intention to choose low-carbon travel modes in Tianjin, China [J]. Transportation Research Part A – Policy and Practice, 2017, 105：42 – 53.

③ Fu, L. P., Sun, Z. H., Zha, L. J., et al. Environmental awareness and pro-environmental behavior within China's road freight transportation industry：Moderating role of perceived policy effectiveness [J]. Journal of Cleaner Production, 2020, 252.

（Chin，1998[①]；Wang et al.，2016[②]；Liu et al.，2017[③]），且标准化因子载荷系数均具有统计学意义上的显著性（$p<0.001$），表明参保态度变量的收敛效度较好。对于主观规范、知觉行为控制、感知有用性、个人规范、保险知识、风险认知、信任程度、文化观念、社会长期护理保险参保意愿、商业长期护理保险参保意愿变量而言，测量项的 $\lambda$ 值分别集中在 0.81 ~ 0.87、0.81 ~ 0.88、0.82 ~ 0.85、0.83 ~ 0.86、0.76 ~ 0.86、0.79 ~ 0.84、0.78 ~ 0.84、0.8 ~ 0.89、0.75 ~ 0.88、0.78 ~ 0.86，均超过标准值0.5，且各变量题项的标准化因子载荷系数均具有统计学意义上的显著性（$p<0.001$），表明上述变量的收敛效度良好。

表4-7　　　　各变量测量题项的标准化因子载荷系数测算结果

| 变量 | 测量题项 | λ值 | 变量 | 测量题项 | λ值 | 变量 | 测量题项 | λ值 |
|---|---|---|---|---|---|---|---|---|
| 参保态度 | TD1 | 0.82 | 个人规范 | GR1 | 0.86 | 信任程度 | XR2 | 0.79 |
| | TD3 | 0.85 | | GR3 | 0.85 | | XR3 | 0.84 |
| | TD4 | 0.81 | | GR4 | 0.83 | | XR4 | 0.78 |
| 主观规范 | ZG1 | 0.87 | 保险知识 | ZS2 | 0.76 | 文化观念 | WH1 | 0.89 |
| | ZG2 | 0.86 | | ZS3 | 0.86 | | WH2 | 0.86 |
| | ZG3 | 0.81 | | ZS4 | 0.84 | | WH3 | 0.80 |
| 知觉行为控制 | KZ1 | 0.88 | | ZS6 | 0.77 | 社会长期护理保险参保意愿 | SHYY1 | 0.75 |
| | KZ2 | 0.81 | 风险认知 | FX2 | 0.81 | | SHYY2 | 0.81 |
| | KZ3 | 0.82 | | FX3 | 0.79 | | SHYY3 | 0.88 |
| 感知有用性 | YY1 | 0.85 | | FX4 | 0.84 | 商业长期护理保险参保意愿 | SYYY1 | 0.78 |
| | YY2 | 0.82 | | FX5 | 0.79 | | SYYY2 | 0.81 |
| | YY3 | 0.85 | 信任程度 | XR1 | 0.81 | | SYYY3 | 0.86 |

注：各测量题项的标准化因子载荷系数均呈现显著（$p<0.001$）。

① Chin，W. W. Commentary：Issues and opinion on structural equation modeling ［M］. MIS Quarterly，1998，22（1）：vii - xvi.

② Wang，S. Y.，Fan，J.，Zhao，D. T.，et al. Predicting consumers' intention to adoption hybrid electric vehicles：Using an extended version of the theory of planned behavior model ［J］. Transportation，2016，43（1）：123 - 143.

③ Liu，D.，Du，H.，Southworth，F.，et al. The influence of social-psychological factors on the intention to choose low-carbon travel modes in Tianjin，China ［J］. Transportation Research Part A - Policy and Practice，2017，105：42 - 53.

此外，本研究通过计算各变量的平均方差抽取值来进一步检验量表的收敛效度。通过前述信度检验中的验证性因子分析，测算得到如表 4 - 8 所示的变量平均方差抽取结果。变量的 AVE 值集中在 0.65 ~ 0.72，大于标准值 0.5，再次证明各变量具有良好的收敛效度。

表 4 - 8　　　　　　　　变量的平均方差抽取测算结果

| 变量 | AVE 值 | 变量 | AVE 值 | 变量 | AVE 值 |
|------|--------|------|--------|------|--------|
| 参保态度 | 0.68 | 保险知识 | 0.66 | 社会长期护理保险参保意愿 | 0.66 |
| 主观规范 | 0.71 | 风险认知 | 0.65 | | |
| 知觉行为控制 | 0.70 | 信任程度 | 0.65 | 商业长期护理保险参保意愿 | 0.67 |
| 感知有用性 | 0.70 | 文化观念 | 0.72 | | |
| 个人规范 | 0.71 | | | | |

（2）判别效度检验。

本研究采用探索性因子分析来进行量表的判别效度检验。在进行探索性因子分析之前，需要检验各变量是否适合进行因子分析。表 4 - 9 显示，各变量的 KMO 值均大于标准值 0.6，且 Bartlett 球性检验的卡方值较大，具有统计学意义上的显著性（$p < 0.001$），表明这些变量适合进行因子分析。本研究利用 SPSS 22.0 基于试调研数据将居民心理认知变量分为一组，将政策支持情境变量和居民参保意愿变量设为另一组进行探索性因子分析。使用最大方差旋转的主轴因子法对第一组变量进行分析发现，认知变量测量题项被很好地分为 9 个公因子，其累计方差解释贡献率为 80.37%，解释率较好，且因子载荷均大于 0.5。使用同样的方法对第二组变量进行分析发现，政策支持情境变量和居民参保意愿变量测量题项被很好地分为 3 个公因子，其累计方差解释贡献率为 71.01%，解释率较好，且因子载荷均大于 0.5。综上可知，量表具有较好的判别效度。

## 4.2.4　初始量表修订与正式量表形成

根据对初始量表的信效度检验结果，结合专家咨询和受访者问题反馈，本研究对初始调查问卷量表进行如下修订：删除参保态度变量中的 TD2 测量

表 4 – 9 基于试调研数据的探索性因子分析结果

| 变量 | 测量题项 | 因子载荷 | KMO值 | 变量 | 测量题项 | 因子载荷 | KMO值 | 变量 | 测量题项 | 因子载荷 | KMO值 |
|---|---|---|---|---|---|---|---|---|---|---|---|
| 参保态度 | TD1 | 0.75 | | 个人规范 | GR3 | 0.86 | 0.74 | 信任程度 | XR4 | 0.75 | 0.83 |
| | TD3 | 0.88 | 0.73 | | GR4 | 0.80 | | 文化观念 | WH1 | 0.87 | |
| | TD4 | 0.84 | | 保险知识 | ZS2 | 0.80 | | | WH2 | 0.85 | 0.75 |
| 主观规范 | ZG1 | 0.83 | | | ZS3 | 0.85 | 0.84 | | WH3 | 0.84 | |
| | ZG2 | 0.87 | 0.74 | | ZS4 | 0.81 | | 政策支持 | ZC1 | 0.76 | |
| | ZG3 | 0.83 | | | ZS6 | 0.79 | | | ZC3 | 0.80 | 0.72 |
| 知觉行为控制 | KZ1 | 0.83 | | 风险认知 | FX2 | 0.80 | | | ZC4 | 0.89 | |
| | KZ2 | 0.85 | 0.74 | | FX3 | 0.76 | 0.83 | 社会长期护理保险参保意愿 | SHYY1 | 0.80 | |
| | KZ3 | 0.82 | | | FX4 | 0.86 | | | SHYY2 | 0.81 | 0.73 |
| 感知有用性 | YY1 | 0.81 | | | FX5 | 0.81 | | | SHYY3 | 0.84 | |
| | YY2 | 0.79 | 0.73 | 信任程度 | XR1 | 0.79 | | 商业长期护理保险参保意愿 | SYYY1 | 0.80 | |
| | YY3 | 0.91 | | | XR2 | 0.81 | 0.83 | | SYYY2 | 0.82 | 0.74 |
| 个人规范 | GR1 | 0.87 | 0.74 | | XR3 | 0.87 | | | SYYY3 | 0.84 | |

题项（Q18 – 2）、个人规范变量中的 GR2 测量题项（Q22 – 2）、保险知识变量中的 ZS1 和 ZS5 测量题项（Q23 – 1、Q23 – 5）、风险认知变量中的 FX1 测量题项（Q24 – 1）和政策支持变量中的 ZC2 测量题项（Q27 – 2）。调整后的正式调查问卷见附录 F 长期护理保险居民参保意愿正式调查问卷。

## 4.3 正式调研与数据收集

### 4.3.1 数据收集过程

本研究正式调研采用实地调研的方式进行，以确保问卷回收质量。方法上则采用分层随机抽样，以确保样本统计推断总体情况是设计无偏差的。本研究的调研地点选择为河北省。河北省最早于 2016 年 5 月将巨鹿县确定为省内首个长期护理保险试点县，同年 6 月，承德市正式被确立为我国首批长期护理保险试点城市之一，8 月，巨鹿县的试点工作正式启动。此外，石家庄市、邢台市、唐山市、秦皇岛市等城市开展了不同程度的试点工作。近年来，河北省委、省政府高度重视长期护理保险制度试点工作，积极探索推动，创造可复制可推广的河北经验。截至 2023 年初，河北省长期护理保险制度试点地区已实现覆盖 1655.22 万人，累计享受待遇 8.09 万人。河北省在长期护理保险方面具有一定的工作基础，多年来在长期护理保险宣传方面也取得了显著的成效。这能够有效地避免受访者因不了解或没听说过长期护理保险而影响其参保意愿的判断。从具体调研实施过程来看，本研究根据各地级市的经济发展水平，选取经济发达地区的唐山市和石家庄市，经济中等发达地区的保定市和廊坊市，经济欠发达地区的衡水市和承德市，共计 6 个地级市为具体的问卷发放地。从经济发展水平来看，这些城市的层次性明显，能够较好地代表河北省的整体情况。在调研对象的选取上，本研究设定为 19 ~ 59 岁的中青年居民。他们是现在的中青年人，也将是以后的老年人。同时作为长期护理保险的主要缴费人群，对其参保意愿的研究尤为重要。正式调研为期 30 天，共发放问卷 600 份，回收问卷 552 份，其中有效问卷数量为 516 份，有效问卷比例为 86%。各城市的问卷发放和回收情况如表 4 - 10 所示。

表 4 - 10　　　　　　　　　　调查问卷的城市分布情况

| 区域 | 城市 | 问卷发放数量（份） | 问卷回收数量（份） | 有效问卷数量（份） | 有效问卷比例（%） |
|------|------|------|------|------|------|
| 经济发达地区 | 唐山市 | 100 | 89 | 81 | 13.5 |
| | 石家庄市 | 100 | 90 | 84 | 16 |
| 经济中等发达地区 | 保定市 | 100 | 100 | 98 | 16.33 |
| | 廊坊市 | 100 | 92 | 83 | 13.83 |
| 经济欠发达地区 | 衡水市 | 100 | 86 | 80 | 13.33 |
| | 承德市 | 100 | 95 | 90 | 15 |
| 合计 | | 600 | 552 | 516 | 86 |

注：有效问卷比例为有效问卷数量占问卷发放总数量的比重。

根据吴明隆和涂金堂（2012）[1] 的建议，样本数量应当为最大分量表题项数量的 3~5 倍为宜。正式问卷中最大的分量表为心理认知属性分量表，包括 9 个变量 30 个测量题项，因此问卷数量应该保持在 90 份及以上。正式调研中回收的有效问卷共计 516 份，是最大分量表测量题项数目的 17.2 倍，符合要求。同时本研究遵循克莱恩（2011）[2] 的建议，样本量必须 10 倍于测量题项。由于本研究共有 30 个测量题项，至少需要 300 个样本量，因此516 份有效问卷能够满足这个前提条件，本研究的调研数据符合研究需要。

## 4.3.2　样本特征分析

本研究主要从居民的社会人口统计学特征和健康状况两个维度对调查样本的特征进行分析。样本的描述性统计分析结果如表 4-11 所示。

表 4-11　　　　　　　　　　样本的描述性统计结果

| 变量 | 选项 | 数量（人） | 比例（%） | 变量 | 选项 | 数量（人） | 比例（%） |
|---|---|---|---|---|---|---|---|
| 年龄 | 1 = 19~30 岁 | 155 | 30.04 | 性别 | 0 = 女 | 269 | 52.13 |
| | 2 = 31~44 岁 | 214 | 41.47 | | 1 = 男 | 247 | 47.87 |
| | 3 = 45~59 岁 | 147 | 28.49 | 婚姻状况 | 0 = 未婚 | 99 | 19.19 |
| 户籍类型 | 0 = 农村 | 238 | 46.12 | | 1 = 已婚 | 417 | 80.81 |
| | 1 = 城市 | 278 | 53.88 | 受教育程度 | 1 = 初中及以下 | 81 | 15.70 |
| 子女数量 | 1 = 0 个 | 132 | 25.58 | | 2 = 高中/中专 | 116 | 22.48 |
| | 2 = 1 个 | 255 | 49.42 | | 3 = 大专 | 104 | 20.16 |
| | 3 = 2 个 | 112 | 21.71 | | 4 = 本科 | 165 | 31.97 |
| | 4 = 3 个及以上 | 17 | 3.29 | | 5 = 硕士及以上 | 50 | 9.69 |

---

[1]　吴明隆，涂金堂. SPSS 与统计应用分析［M］. 大连：东北财经大学出版社，2012.

[2]　Kline，R. B. Principles and Practice of Structural Equation Modeling［M］. third ed. The Guildford Press，New York，2011.

续表

| 变量 | 选项 | 数量（人） | 比例（%） | 变量 | 选项 | 数量（人） | 比例（%） |
|---|---|---|---|---|---|---|---|
| 月收入水平 | 1＝3000元及以下 | 99 | 19.19 | 家庭年纯收入水平 | 1＝3万元以下 | 34 | 6.58 |
| | 2＝3001~6000元 | 146 | 28.29 | | 2＝3万~5万元 | 99 | 19.19 |
| | 3＝6001~8000元 | 129 | 25.00 | | 3＝5万~8万元 | 102 | 19.77 |
| | 4＝8001~10000元 | 94 | 18.22 | | 4＝8万~10万元 | 87 | 16.86 |
| | 5＝10000元以上 | 48 | 9.30 | | 5＝10万元以上 | 194 | 37.60 |
| 职业类型 | 1＝党政机关、事业单位工作人员 | 98 | 18.99 | 家中有需长护人员 | 0＝否 | 452 | 87.60 |
| | 2＝企业员工 | 118 | 22.87 | | 1＝是 | 64 | 12.40 |
| | 3＝个体经营者 | 58 | 11.24 | 家人患慢性病 | 0＝否 | 427 | 82.75 |
| | 4＝农村务工务农人员 | 98 | 18.99 | | 1＝是 | 89 | 17.25 |
| | 5＝自由职业者 | 57 | 11.05 | 参加社会医疗保险 | 0＝否 | 15 | 2.91 |
| | 6＝学生 | 59 | 11.43 | | 1＝是 | 501 | 97.09 |
| | 7＝其他 | 28 | 5.43 | 参加社会养老保险 | 0＝否 | 107 | 20.74 |
| 自评健康状况 | 1＝很差 | 0 | 0.00 | | 1＝是 | 409 | 79.26 |
| | 2＝比较差 | 16 | 3.10 | 购买商业保险 | 0＝否 | 461 | 89.34 |
| | 3＝一般 | 50 | 9.69 | | 1＝是 | 55 | 10.66 |
| | 4＝比较好 | 206 | 39.92 | 照料期望 | 1＝子女 | 334 | 64.73 |
| | 5＝很好 | 244 | 47.29 | | 2＝配偶 | 139 | 26.94 |
| 患慢性病 | 0＝否 | 474 | 91.86 | | 3＝亲属 | 17 | 3.29 |
| | 1＝是 | 42 | 8.14 | | 4＝专业护理人员 | 26 | 5.04 |

注：未参加社会养老保险的居民（107人）中学生为59人，学生占未参加居民总数的55.14%。

在社会人口统计学特征方面，从年龄来看，调研对象为中青年群体，其中以青年群体居多，占样本量的71.51%；从性别来看，女性和男性受访者分别占样本量的52.13%和47.87%，在性别分布上较为均衡；从户籍类型来看，农村户籍和城市户籍的受访者分别占样本量的46.12%和53.88%，整体而言，受访者在户籍分布上也较为均衡；从婚姻状况来看，已婚受访者占据绝大多数，占样本量的 80.81%；从子女数量来看，拥有独生子女的受访者居多，接近样本量的一半，其次为没有子女的受访者（25.58%），有 3 个及以上子女的受访者最少，仅占样本量的 3.29%；从受教育程度来看，本科学历的受访者居多（31.97%），高中/中专学历者（22.48%）、大专学历者（20.16%）、初中及以下学历者（15.7%）和硕士及以上学历者（9.69%）的数量依次递减；从月收入水平来看，样本的分布上较为均衡，以 3001～6000 元收入者居多，月入 10000 元以上的受访者最少；从家庭年纯收入水平来看，达到 10 万元以上的占 37.6%；从职业类型来看，企业员工占比最高，其次为农村务农务工人员和党政机关、事业单位工作人员。

在健康状况维度方面，从自评健康状况来看，自评健康状况比较好和很好的受访者占样本量的 87.21%，自评比较差的受访者占 3.1%；从患慢性病情况来看，42 位受访者自报患有慢性病；从家人患慢性病情况来看，89 位受访者的家人患有慢性病；从家中长期护理需求情况来看，12.4% 的受访者的家庭中有需要长期护理照料的人员；从参加医疗保险情况来看，仅有 2.91% 的受访者未参加社会医疗保险，而参加者比例高达 97.09%，可见社会医疗保险覆盖率很高；从参加养老保险情况来看，107 位受访者未参加，其中 59 人为学生，根据相关规定在校学生无须参加社会养老保险；从购买商业保险情况来看，仅 10.66% 的受访者购买过商业保险，可见商业保险的普及度还是较低；从照料期望来看，受访者更加倾向由子女或配偶为其提供晚年日常生活照料服务。

## 4.4　正式量表的检验

### 4.4.1　数据的正态分布检验

结构方程模型分析的前提是需要确保数据符合正态分布。因此本研究首先对数据的正态分布进行检验。使用 SPSS 22.0 软件计算各变量测量题项的偏度和峰度系数值，结果如表 4-12 所示。

表 4 - 12　　　　　　　　　　　量表的正态分布检验结果

| 测量题项 | 偏度 | | 峰度 | | 测量题项 | 偏度 | | 峰度 | |
|---|---|---|---|---|---|---|---|---|---|
| | 统计量 | 标准误 | 统计量 | 标准误 | | 统计量 | 标准误 | 统计量 | 标准误 |
| TD1 | 0.02 | 0.11 | -0.65 | 0.22 | FX2 | -0.26 | 0.11 | -0.52 | 0.22 |
| TD2 | -0.25 | 0.11 | -0.25 | 0.22 | FX3 | -0.15 | 0.11 | -0.31 | 0.22 |
| TD3 | -0.24 | 0.11 | -0.29 | 0.22 | FX4 | -0.34 | 0.11 | -0.05 | 0.22 |
| ZG1 | -0.01 | 0.11 | -0.76 | 0.22 | XR1 | -0.18 | 0.11 | -0.37 | 0.22 |
| ZG2 | -0.45 | 0.11 | 0.11 | 0.22 | XR2 | -0.19 | 0.11 | -0.61 | 0.22 |
| ZG3 | -0.36 | 0.11 | -0.02 | 0.22 | XR3 | -0.15 | 0.11 | -0.38 | 0.22 |
| KZ1 | 0.01 | 0.11 | -0.86 | 0.22 | XR4 | -0.29 | 0.11 | -0.09 | 0.22 |
| KZ2 | -0.18 | 0.11 | -0.17 | 0.22 | WH1 | 0.44 | 0.11 | -1.15 | 0.22 |
| KZ3 | -0.47 | 0.11 | 0.19 | 0.22 | WH2 | 0.17 | 0.11 | -0.94 | 0.22 |
| YY1 | -0.11 | 0.11 | -0.47 | 0.22 | WH3 | 0.28 | 0.11 | -0.97 | 0.22 |
| YY2 | -0.19 | 0.11 | -0.59 | 0.22 | ZC1 | -0.82 | 0.11 | -0.37 | 0.22 |
| YY3 | -0.48 | 0.11 | 0.14 | 0.22 | ZC2 | -0.55 | 0.11 | -0.62 | 0.22 |
| GR1 | -0.29 | 0.11 | -0.15 | 0.22 | ZC3 | -0.46 | 0.11 | -0.66 | 0.22 |
| GR2 | -0.21 | 0.11 | -0.48 | 0.22 | SHYY1 | -0.61 | 0.11 | -0.28 | 0.22 |
| GR3 | -0.23 | 0.11 | -0.41 | 0.22 | SHYY2 | 0.02 | 0.11 | -0.36 | 0.22 |
| ZS1 | -0.31 | 0.11 | 0.12 | 0.22 | SHYY3 | -0.17 | 0.11 | -0.07 | 0.22 |
| ZS2 | -0.12 | 0.11 | -0.70 | 0.22 | SYYY1 | -0.31 | 0.11 | -0.19 | 0.22 |
| ZS3 | -0.10 | 0.11 | -0.40 | 0.22 | SYYY2 | 0.11 | 0.11 | -0.37 | 0.22 |
| ZS4 | -0.30 | 0.11 | -0.15 | 0.22 | SYYY3 | -0.26 | 0.11 | -0.24 | 0.22 |
| FX1 | -0.21 | 0.11 | -0.31 | 0.22 | | | | | |

注：正式调研量表的测量题项对应附录 F 正式调查问卷中的题项。下同。

　　根据玛尔迪亚（Mardia，1983）[1] 和克莱恩（2011）[2]，量表数据的正态分布检验可以借助偏度和峰度系数法来实现，当偏度和峰度系数的绝对值小

[1]　Mardia，K. V.，Foster，D. Omnibus tests of multinormality based on skewness and kurtosis [J]. Communications in Statistics：Theory and Methods，1983，12（2）：207 - 221.

[2]　Kline，R. B. Principles and Practice of Structural Equation Modeling [M]. third ed. The Guildford Press，New York，2011.

于 2 时，表明量表通过正态分布检验，数据呈现正态分布。表 4 – 12 检验结果显示，各测量题项的偏度和峰度系数的绝对值均未超过 2，表明数据通过正态分布检验，量表数据呈现正态分布，可以用于结构方程模型分析。

### 4.4.2  正式量表的信效度检验

本研究参照前面对初始量表信效度检验的方法和步骤开展正式量表的信效度检验，以确保实证分析数据的可靠性和有效性。使用 SPSS 22.0 对各变量进行一致性检验，克朗巴哈系数（α）的计算结果如表 4 – 13 所示。各变量的 α 集中在 0.84 ~ 0.89，明显大于标准阈值 0.7，表明变量内部测量题项间的一致性良好，量表具有较好的信度。同时本研究使用 AMOS 24.0 软件对正式调研数据进行了验证性因子分析，测算组合信度（CR）值。模型的拟合指数如下：$\chi 2/df = 1.699$，GFI = 0.912，AGFI = 0.891，RMSEA = 0.037，CFI = 0.983，NFI = 0.961，TLI = 0.981，IFI = 0.983。通过与表 4 – 5 拟合优度指数及其评价标准对比，上述拟合指数均在建议范围之内，表明测量模型与数据比较吻合。使用标准化因子载荷系数（λ）和计算 CR 值，结果如表 4 – 13 所示。CR 值集中在 0.84 ~ 0.9，明显大于标准值 0.7，组合信度通过检验。因此，正式量表具有良好的信度。

表 4 – 13　　　　　　　　量表的信度与效度检验结果

| 范畴 | 变量 | 测量题项 | 对应题项 | λ | θ | CR | AVE | α |
|---|---|---|---|---|---|---|---|---|
| 居民心理认知 | 参保态度 | TD1 | Q18 – 1 | 0.84 *** | 0.29 | 0.88 | 0.71 | 0.88 |
| | | TD2 | Q18 – 2 | 0.85 *** | 0.28 | | | |
| | | TD3 | Q18 – 3 | 0.84 *** | 0.29 | | | |
| | 主观规范 | ZG1 | Q19 – 1 | 0.83 *** | 0.31 | 0.86 | 0.68 | 0.86 |
| | | ZG2 | Q19 – 2 | 0.84 *** | 0.29 | | | |
| | | ZG3 | Q19 – 3 | 0.80 *** | 0.36 | | | |
| | 知觉行为控制 | KZ1 | Q20 – 1 | 0.84 *** | 0.29 | 0.85 | 0.66 | 0.85 |
| | | KZ2 | Q20 – 2 | 0.83 *** | 0.31 | | | |
| | | KZ3 | Q20 – 3 | 0.77 *** | 0.41 | | | |

| 范畴 | 变量 | 测量题项 | 对应题项 | $\lambda$ | $\theta$ | CR | AVE | $\alpha$ |
|---|---|---|---|---|---|---|---|---|
| 居民心理认知 | 感知有用性 | YY1 | Q21-1 | 0.81*** | 0.34 | 0.85 | 0.65 | 0.85 |
| | | YY2 | Q21-2 | 0.80*** | 0.36 | | | |
| | | YY3 | Q21-3 | 0.80*** | 0.36 | | | |
| | 个人规范 | GR1 | Q22-1 | 0.81*** | 0.34 | 0.84 | 0.64 | 0.84 |
| | | GR2 | Q22-2 | 0.81*** | 0.34 | | | |
| | | GR3 | Q22-3 | 0.78*** | 0.39 | | | |
| | 保险知识 | ZS1 | Q23-1 | 0.83*** | 0.31 | 0.89 | 0.67 | 0.89 |
| | | ZS2 | Q23-2 | 0.84*** | 0.29 | | | |
| | | ZS3 | Q23-3 | 0.83*** | 0.31 | | | |
| | | ZS4 | Q23-4 | 0.76*** | 0.42 | | | |
| | 风险认知 | FX1 | Q24-1 | 0.82*** | 0.33 | 0.89 | 0.66 | 0.89 |
| | | FX2 | Q24-2 | 0.83*** | 0.31 | | | |
| | | FX3 | Q24-3 | 0.82*** | 0.33 | | | |
| | | FX4 | Q24-4 | 0.78*** | 0.39 | | | |
| | 信任程度 | XR1 | Q25-1 | 0.82*** | 0.33 | 0.89 | 0.66 | 0.89 |
| | | XR2 | Q25-2 | 0.83*** | 0.31 | | | |
| | | XR3 | Q25-3 | 0.83*** | 0.31 | | | |
| | | XR4 | Q25-4 | 0.77*** | 0.41 | | | |
| | 文化观念 | WH1 | Q26-1 | 0.89*** | 0.21 | 0.90 | 0.75 | 0.89 |
| | | WH2 | Q26-2 | 0.85*** | 0.28 | | | |
| | | WH3 | Q26-3 | 0.85*** | 0.28 | | | |
| 居民参保意愿 | 社会长护险参保意愿 | SHYY1 | Q28-1 | 0.87*** | 0.24 | 0.89 | 0.73 | 0.89 |
| | | SHYY2 | Q28-2 | 0.82*** | 0.33 | | | |
| | | SHYY3 | Q28-3 | 0.88*** | 0.23 | | | |
| | 商业长护险参保意愿 | SYYY1 | Q29-1 | 0.91*** | 0.17 | 0.90 | 0.76 | 0.89 |
| | | SYYY2 | Q29-2 | 0.86*** | 0.26 | | | |
| | | SYYY3 | Q29-3 | 0.84*** | 0.29 | | | |

注：$\lambda$ 表示标准化因子载荷系数，$\theta$ 表示误差方差，CR 表示组合信度，AVE 表示平均方差抽取量，$\alpha$ 表示克朗巴哈系数；*** 表示 $p < 0.001$。

在效度检验方面，本研究主要使用收敛效度和判别效度对量表的建构效度进行检验。根据验证性因子分析结果（见表4-13），各变量内部测量题项的λ值均大于标准值0.5，且均具有统计学意义上的显著性（$p < 0.001$），表明各变量的收敛效度较好。此外，通过计算AVE值进一步检验量表的收敛效度。测算结果如表4-13所示，各变量的AVE值集中在0.64~0.76，均大于标准值0.5，再次证明各变量具有良好的收敛效度。

各变量的判别效度是通过探索性因子分析进行检验。根据表4-14，各变量的KMO值均大于标准值0.6，且Bartlett球性检验的卡方值较大，具有统计学意义上的显著性（$p < 0.001$），表明这些变量适合进行因子分析。本研究使用最大方差旋转的主轴因子法对居民认知变量分析发现，测量题项被分为9个公因子，累计方差解释贡献率为84.04%，且因子载荷均大于标准值0.5。通过对政策支持和居民参保意愿变量分析发现，测量题项被分为3个公因子，累计方差解释贡献率为82.86%，且因子载荷均大于0.5。因此，正式调研量表具有较好的判别效度。

表4-14　　　　　　　　基于正式调研数据的探索性因子分析结果

| 变量 | 测量题项 | 因子载荷 | KMO值 | 变量 | 测量题项 | 因子载荷 | KMO值 | 变量 | 测量题项 | 因子载荷 | KMO值 |
|---|---|---|---|---|---|---|---|---|---|---|---|
| 参保态度 | TD1 | 0.88 | 0.74 | 个人规范 | GR2 | 0.87 | 0.72 | 信任程度 | XR4 | 0.83 | 0.84 |
| | TD2 | 0.91 | | | GR3 | 0.85 | | 文化观念 | WH1 | 0.91 | 0.75 |
| | TD3 | 0.91 | | 保险知识 | ZS1 | 0.86 | 0.84 | | WH2 | 0.90 | |
| 主观规范 | ZG1 | 0.87 | 0.73 | | ZS2 | 0.89 | | | WH3 | 0.91 | |
| | ZG2 | 0.90 | | | ZS3 | 0.88 | | 政策支持 | ZC1 | 0.86 | 0.72 |
| | ZG3 | 0.88 | | | ZS4 | 0.83 | | | ZC2 | 0.91 | |
| 知觉行为控制 | KZ1 | 0.88 | 0.72 | 风险认知 | FX1 | 0.87 | 0.84 | | ZC3 | 0.87 | |
| | KZ2 | 0.90 | | | FX2 | 0.86 | | 社会长期护理保险参保意愿 | SHYY1 | 0.93 | 0.73 |
| | KZ3 | 0.85 | | | FX3 | 0.87 | | | SHYY2 | 0.91 | |
| 感知有用性 | YY1 | 0.88 | 0.73 | | FX4 | 0.85 | | | SHYY3 | 0.89 | |
| | YY2 | 0.87 | | 信任程度 | XR1 | 0.88 | 0.84 | 商业长期护理保险参保意愿 | SYYY1 | 0.95 | 0.71 |
| | YY3 | 0.88 | | | XR2 | 0.86 | | | SYYY2 | 0.91 | |
| 个人规范 | GR1 | 0.89 | 0.72 | | XR3 | 0.88 | | | SYYY3 | 0.87 | |

## 4.5　本章小结

　　本章在系统介绍研究方法选取、研究量表开发步骤与原则的基础上，根据本书第三章构建的综合理论模型和提出的研究假设，结合已有研究中相关变量的成熟量表或相似量表、变量的操作化定义和访谈资料等，设计初始问卷量表。通过对初始问卷量表数据的信度和效度检验来完成对其修正，形成正式问卷量表。基于对河北省 6 市的正式调研，回收有效问卷 516 份，并对数据的正态分布、信度和效度进行检验，为后续实证分析奠定了数据基础。

# 第5章

# 居民参保意愿驱动机理分析

本章运用数理统计分析方法对调研数据进行实证分析。首先，探讨异质性居民参保意愿的差异性，检验居民属性的异质性对参保意愿影响的关系假设；其次，基于"认知－情境－意愿"框架分析居民参保意愿的内外部驱动机理，分别检验居民心理认知与参保意愿的关系假设和外部情境因素的调节作用假设；最后，根据假设检验结果修正驱动机理模型。

##  异质性居民参保意愿的差异性分析

本节主要使用独立样本 T 检验（Independent Samples T-test）、单因素方差分析（One-way ANOVA）和均值比较（Sample Average Comparison）等方法对异质性居民参保意愿的差异性进行具体分析，用于检验研究假设 H1。独立样本 T 检验只适用于两个样本或两个分组变量均值差异的显著性检验，而单因素方差分析则适用于三个及以上样本或分组变量均值差异的显著性检验。遵循上述检验方法原则，使用 SPSS 22.0 软件进行相关分析。

### 5.1.1 基于社会人口统计学特征异质性的分析

1. 地区变量的单因素方差分析

本书前面章节的扎根理论分析以及试调研和正式调研量表中均未将地区

视为研究变量，但是样本分布存在河北省内经济发展水平差异，因此异质性分析中将其考虑在内。如表 5 - 1 所示的单因素方差分析结果显示，地区因素对于社会长期护理保险参保意愿（$p = 0.012 < 0.05$）和商业长期护理保险参保意愿（$p = 0.02 < 0.05$）均有显著影响，即 SHYY 和 SYYY 在不同地区间呈现出显著差异。

表 5 - 1　　　　　　　　　　区域变量的单因素方差分析结果

| 变量 | | 平方和 | df | 均方 | F | 显著性 |
|---|---|---|---|---|---|---|
| SHYY | 组间 | 5.955 | 2 | 2.977 | 4.492 | 0.012 |
| | 组内 | 340.042 | 513 | 0.663 | | |
| | 总计 | 345.997 | 515 | | | |
| SYYY | 组间 | 5.712 | 2 | 2.856 | 3.932 | 0.020 |
| | 组内 | 372.603 | 513 | 0.726 | | |
| | 总计 | 378.315 | 515 | | | |

根据表 5 - 2 所示的基于地区变量的居民参保意愿组间均值比较结果，相较于经济欠发达地区（衡水市和承德市），中等发达地区（保定市和廊坊市）、发达地区（唐山市和石家庄市）居民参保社会长期护理保险和商业长期护理保险的意愿均较低。该结论与丁志宏和魏海伟（2016）[①] 的研究发现相一致。形成上述结果的原因可能有二：一是收入水平更高地区的居民希望更多地得到家庭成员的亲情照料，二是受家庭内部道德风险认知的影响，即许多父母担心参保长期护理保险之后，自己需要护理时，子女会更多地依赖于医疗机构承担护理责任，从而减少护理投入（Zweifel & Struwe，1998[②]）。

---

① 丁志宏，魏海伟. 中国城市老人购买长期护理保险意愿及其影响因素［J］. 人口研究，2016（6）：76 - 86.

② Zweifel，P.，Struwe，W. Long-term care insurance in a two-generation model［J］. Journal of Risk and Insurance，1998，65：13 - 32.

**表 5 - 2**　　　　　　　　基于区域变量的居民参保意愿组间均值比较

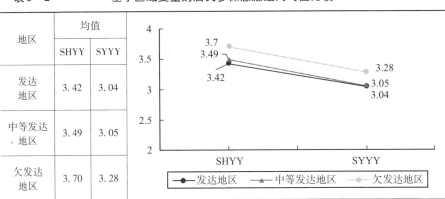

| 地区 | 均值 | |
|---|---|---|
| | SHYY | SYYY |
| 发达地区 | 3.42 | 3.04 |
| 中等发达地区 | 3.49 | 3.05 |
| 欠发达地区 | 3.70 | 3.28 |

### 2. 年龄变量的单因素方差分析

如表 5 - 3 所示的单因素方差分析结果显示，年龄因素对于社会长期护理保险参保意愿（$p < 0.001$）和商业长期护理保险参保意愿（$p < 0.001$）有显著影响，即 SHYY 和 SYYY 在不同年龄段上呈现出显著差异。

**表 5 - 3**　　　　　　　　年龄变量的单因素方差分析结果

| 变量 | | 平方和 | df | 均方 | F | 显著性 |
|---|---|---|---|---|---|---|
| SHYY | 组间 | 83.462 | 2 | 41.731 | 81.543 | < 0.001 |
| | 组内 | 262.536 | 513 | 0.512 | | |
| | 总计 | 345.997 | 515 | | | |
| SYYY | 组间 | 89.218 | 2 | 44.609 | 79.158 | < 0.001 |
| | 组内 | 289.097 | 513 | 0.564 | | |
| | 总计 | 378.315 | 515 | | | |

根据表 5 - 4 所示的基于年龄变量的居民参保意愿组间均值比较结果，相较于 19 ~ 44 岁的青年群体，45 ~ 59 岁的中年群体参保社会长期护理保险和商业长期护理保险的意愿均更高，青年群体中 31 ~ 44 岁年龄段居民的参保意愿高于 19 ~ 30 岁年龄段居民的参保意愿。综上所述，年龄越大的居民，

其参保意愿越强烈。该结论与一些学者（McCall et al.，1998[1]；孙正成，2013[2]）的研究发现相同。分析其产生原因，19~30 岁年龄段年轻人踏入社会不久，工作和收入不够稳定，对于长期护理风险的认知能力弱；31~44 岁年龄段青年人已经进入工作稳定期，收入不断提高，但是他们面临抚养孩子、照顾家庭和照料父母等压力；45~59 岁年龄段中年人工作上升空间较小，他们中的大多数人子女已经长大成人，且随着年龄的增大，他们会或多或少感觉到自身身体机能的衰退，对于养老问题和长期护理风险的认知能力提升，其参保社会长期护理保险或购买商业长期护理保险的意愿也会提高。这正是所谓的长期护理保险逆向选择效应，即年龄越大，身体状况越差、失能风险越高的居民越愿意参保。

表 5 - 4　　　　　基于年龄变量的居民参保意愿组间均值比较

| 年龄 | 均值 | | |
|---|---|---|---|
| | SHYY | SYYY | |
| 19~30 岁 | 2.93 | 2.52 | |
| 31~44 岁 | 3.64 | 3.19 | |
| 45~59 岁 | 3.95 | 3.59 | |

3. 性别变量的独立样本 T 检验

根据表 5 - 5 所示的性别变量独立样本 T 检验结果，SHYY 和 SYYY 的 F 值分别为 10.551（$p = 0.001 < 0.01$）和 15.877（$p < 0.001$），均通过显著性检验，因此认为方差非齐性。性别因素对于社会长期护理保险参保意愿（$p < 0.001$）和商业长期护理保险参保意愿（$p < 0.001$）均有显著影响，即

---

① McCall, N., Mangle, S., Bauer, E., et al. Factors important in the purchase of partnership long-term care insurance [J]. Health Services Research, 1998, 33 (2): 187 – 203.

② 孙正成. 需求视角下的老年长期护理保险研究：基于浙江省 17 个县市的调查 [J]. 中国软科学, 2013 (11): 73 – 82.

SHYY 和 SYYY 在不同性别上呈现出显著差异。

表 5 - 5 性别变量的独立样本 T 检验结果

| 变量 | | 方差方程的 Levene 检验 | | 均值方程的 T 检验 | | | | |
|---|---|---|---|---|---|---|---|---|
| | | F | Sig. | t | df | Sig.（双侧） | 均值差值 | 标准误差值 |
| SHYY | 假设方差齐性 | 10.551 | 0.001 | 3.831 | 514 | <0.001 | 0.273 | 0.071 |
| | 假设方差非齐性 | | | 3.801 | 479.822 | <0.001 | 0.273 | 0.072 |
| SYYY | 假设方差齐性 | 15.877 | <0.001 | 4.238 | 514 | <0.001 | 0.315 | 0.074 |
| | 假设方差非齐性 | | | 4.204 | 478.005 | <0.001 | 0.315 | 0.075 |

　　基于性别变量的居民参保意愿组间均值比较（见表 5 - 6）结果显示，相较于男性居民，女性居民的社会长期护理保险参保意愿（3.65 > 3.37）和商业长期护理保险参保意愿（3.25 > 2.94）均更加强烈。该结论与麦克卡尔等（1998）①、王新军和郑超（2014）② 的研究发现相同。这可能是由于女性的平均寿命高于男性，因此其面临遭遇长期护理的风险概率更大，为规避长期护理风险，女性居民更倾向于选择参保长期护理保险。

表 5 - 6 基于性别变量的居民参保意愿组间均值比较

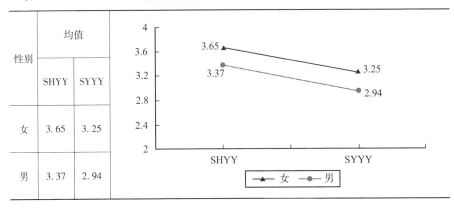

| 性别 | 均值 | |
|---|---|---|
| | SHYY | SYYY |
| 女 | 3.65 | 3.25 |
| 男 | 3.37 | 2.94 |

　　① McCall, N., Mangle, S., Bauer, E., et al. Factors important in the purchase of partnership long-term care insurance [J]. Health Services Research, 1998, 33 (2): 187 - 203.
　　② 王新军，郑超. 老年人健康与长期护理的实证分析 [J]. 山东大学学报（哲学社会科学版），2014 (3): 30 - 41.

### 4. 户籍类型变量的独立样本 T 检验

根据表 5 − 7 所示的户籍类型变量独立样本 T 检验结果，SHYY 和 SYYY 的 F 值分别为 2.484（$p = 0.116 > 0.1$）和 1.485（$p = 0.224 > 0.1$），均未通过显著性检验，因此认为方差齐性。户籍类型因素对于社会长期护理保险参保意愿（$p = 0.006 < 0.01$）和商业长期护理保险参保意愿（$p < 0.001$）均有显著影响，即 SHYY 和 SYYY 在不同户籍类型上呈现出显著差异。

表 5 − 7　　　　　　　　户籍类型变量的独立样本 T 检验结果

| 变量 | | 方差方程的 Levene 检验 | | 均值方程的 T 检验 | | | | |
| --- | --- | --- | --- | --- | --- | --- | --- | --- |
| | | F | Sig. | t | df | Sig.（双侧） | 均值差值 | 标准误差值 |
| SHYY | 假设方差齐性 | 2.484 | 0.116 | − 2.769 | 514 | 0.006 | − 0.199 | 0.072 |
| | 假设方差非齐性 | | | − 2.786 | 511.097 | 0.006 | − 0.199 | 0.071 |
| SYYY | 假设方差齐性 | 1.485 | 0.224 | − 3.755 | 514 | < 0.001 | − 0.281 | 0.075 |
| | 假设方差非齐性 | | | − 3.786 | 512.828 | < 0.001 | − 0.281 | 0.074 |

基于户籍变量的居民参保意愿组间均值比较（见表 5 − 8）结果显示，相较于农村户口居民，城市户口居民的社会长期护理保险参保意愿（3.61 > 3.41）和商业长期护理保险参保意愿（3.23 > 2.95）均更加强烈。该结论与孟昶（2007）[①] 的研究发现一致。分析其产生的可能性原因，一方面是农村居民更加依赖于非正式照护（孙正成，2013[②]），对于长期护理保险的接受度和认可度不高，尤其是因忌惮于高昂的保费，对于商业长期护理保险的购买意愿不强（2.95 < 3，低于 3 被认为是劣性值）；另一方面城市居民收入水平普遍高于农村居民，且城市居民眼界较为宽阔，接受新事物的能力较强，而农村居民的养老观念较为传统守旧。

---

① 孟昶. 长期护理保险的需求实证分析：以苏州、扬州、淮安为例［D］. 北京：北京大学，2007.

② 孙正成. 需求视角下的老年长期护理保险研究：基于浙江省 17 个县市的调查［J］. 中国软科学，2013（11）：73 − 82.

表 5 - 8                    基于户籍类型变量的居民参保意愿组间均值比较

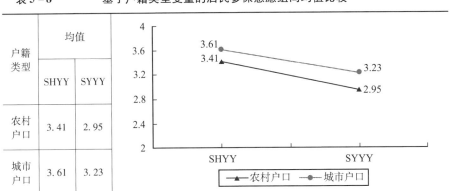

| 户籍类型 | 均值 | |
|---|---|---|
| | SHYY | SYYY |
| 农村户口 | 3.41 | 2.95 |
| 城市户口 | 3.61 | 3.23 |

### 5. 婚姻状况变量的独立样本 T 检验

根据表 5 - 9 所示的婚姻状况变量独立样本 T 检验结果，SHYY 和 SYYY 的 F 值分别为 0.102（$p = 0.749 > 0.1$）和 0.894（$p = 0.345 > 0.1$），两者均未通过显著性检验，因此认为其方差齐性。婚姻状况因素对于社会长期护理保险参保意愿（$p = 0.101 > 0.1$）和商业长期护理保险参保意愿（$p = 0.151 > 0.1$）均没有显著性影响。基于婚姻变量的居民参保意愿组间均值比较（因差异性不显著，故省略均值比较表）结果显示，未婚居民和已婚居民的社会长期护理保险参保意愿（3.64 和 3.49）和商业长期护理保险参保意愿（3.21 和 3.07）均值差距很小，未呈现出显著差异。这与张奇林和韩瑞峰（2016）[①] 的研究发现相同。

表 5 - 9                    婚姻状况变量的独立样本 T 检验结果

| 变量 | | 方差方程的 Levene 检验 | | 均值方程的 T 检验 | | | | |
|---|---|---|---|---|---|---|---|---|
| | | F | Sig. | t | df | Sig.（双侧） | 均值差值 | 标准误差值 |
| SHYY | 假设方差齐性 | 0.102 | 0.749 | 1.643 | 514 | 0.101 | 0.150 | 0.091 |
| | 假设方差非齐性 | | | 1.702 | 154.492 | 0.091 | 0.150 | 0.088 |

①  张奇林，韩瑞峰. 长期医疗护理保险居民参保意愿研究：来自青岛市的调查 [J]. 社会保障研究，2016（2）：45 - 53.

续表

| 变量 | | 方差方程的Levene 检验 | | 均值方程的 T 检验 | | | | |
|---|---|---|---|---|---|---|---|---|
| | | F | Sig. | t | df | Sig.（双侧） | 均值差值 | 标准误差值 |
| SYYY | 假设方差齐性 | 0.894 | 0.345 | 1.439 | 514 | 0.151 | 0.138 | 0.096 |
| | 假设方差非齐性 | | | 1.478 | 152.843 | 0.141 | 0.138 | 0.093 |

### 6. 子女数量变量的单因素方差分析

如表 5 - 10 所示的单因素方差分析结果显示，子女数量因素对于社会长期护理保险参保意愿（$p < 0.001$）和商业长期护理保险参保意愿（$p < 0.001$）均有显著影响，即 SHYY 和 SYYY 在不同子女数量上呈现出显著差异。

表 5 - 10　　　　　　　　子女数量变量的单因素方差分析结果

| 变量 | | 平方和 | df | 均方 | F | 显著性 |
|---|---|---|---|---|---|---|
| SHYY | 组间 | 30.329 | 3 | 10.110 | 16.397 | <0.001 |
| | 组内 | 315.669 | 512 | 0.617 | | |
| | 总计 | 325.956 | 515 | | | |
| SYYY | 组间 | 27.083 | 3 | 9.028 | 13.160 | <0.001 |
| | 组内 | 351.232 | 512 | 0.686 | | |
| | 总计 | 378.315 | 515 | | | |

根据表 5 - 11 基于子女数量变量的居民参保意愿组间均值比较结果，相较于拥有 3 个及以上子女的居民，没有子女、拥有 1 个和 2 个子女的居民参保社会长期护理保险和商业长期护理保险的意愿均较高。其中，没有子女的居民的参保意愿依次高于拥有 1 个、2 个子女的居民的参保意愿。综上可知，子女数量与参保意愿呈显著负相关，即子女数量越多，居民参保意愿越低。该研究结论与麦克卡尔等（1998）[①]、孙正成（2013）[②] 的发现一致。

---

① McCall, N., Mangle, S., Bauer, E., et al. Factors important in the purchase of partnership long-term care insurance [J]. Health Services Research, 1998, 33 (2)：187 - 203.

② 孙正成. 需求视角下的老年长期护理保险研究：基于浙江省 17 个县市的调查 [J]. 中国软科学, 2013 (11)：73 - 82.

分析其原因，子女较多的家庭更加倾向于将子女作为发生长期护理需求时的优先选择和护理依靠，因此其不愿意参保长期护理保险，尤其是不愿意购买商业长期护理保险（1.9＜2），这也符合我国"养儿防老"的传统家庭伦理观念。而子女数量较少的居民则更加倾向于通过参保长期护理保险来保障其长期护理需求。

表5－11　　　　　基于子女数量变量的居民参保意愿组间均值比较

| 子女数量 | 均值 | |
|---|---|---|
| | SHYY | SYYY |
| 0 个 | 3.66 | 3.24 |
| 1 个 | 3.54 | 3.12 |
| 2 个 | 3.47 | 3.07 |
| 3 个及以上 | 2.25 | 1.90 |

### 7. 受教育程度变量的单因素方差分析

如表5－12所示的单因素方差分析结果显示，受教育程度因素对于社会长期护理保险参保意愿（$p < 0.001$）和商业长期护理保险参保意愿（$p < 0.001$）均有显著影响，即SHYY和SYYY在不同受教育程度上呈现出显著差异。

表5－12　　　　　受教育程度变量的单因素方差分析结果

| 变量 | | 平方和 | df | 均方 | F | 显著性 |
|---|---|---|---|---|---|---|
| SHYY | 组间 | 50.264 | 4 | 12.566 | 21.713 | <0.001 |
| | 组内 | 295.734 | 511 | 0.579 | | |
| | 总计 | 345.997 | 515 | | | |
| SYYY | 组间 | 70.262 | 4 | 17.565 | 29.137 | <0.001 |
| | 组内 | 308.054 | 511 | 0.603 | | |
| | 总计 | 378.315 | 515 | | | |

根据表 5 - 13 基于受教育程度变量的居民参保意愿组间均值比较结果，相较于低学历的居民，高学历居民参保社会长期护理保险和商业长期护理保险的意愿均较高。具体而言，硕士及以上学历、本科学历、大专学历、高中/中专学历和初中及以下学历居民的 SHYY 和 SYYY 依次次之，硕士及以上学历居民的参保意愿明显高于其他学历群体的参保意愿，且差距较大。该结论与克雷默和詹森（2006）[1]、张瑞利等（2018）[2] 的研究发现相同。受教育程度高的居民对于风险的认知能力较强，他们愿意通过保险来规避风险。同时他们接受新事物的能力比较强，对于长期护理保险的参保意愿自然较高。

表 5 - 13　　　　基于受教育程度变量的居民参保意愿组间均值比较

| 受教育程度 | 均值 | |
| --- | --- | --- |
| | SHYY | SYYY |
| 初中及以下 | 3.17 | 2.73 |
| 高中/中专 | 3.29 | 2.84 |
| 大专 | 3.45 | 2.95 |
| 本科 | 3.65 | 3.27 |
| 硕士及以上 | 4.31 | 4.04 |

### 8. 月收入水平变量的单因素方差分析

如表 5 - 14 所示的单因素方差分析结果表明，月收入水平因素对于社会长期护理保险参保意愿（$p = 0.003 < 0.01$）和商业长期护理保险参保意愿（$p < 0.001$）均有显著影响，即 SHYY 和 SYYY 在不同月收入水平上呈现出

---

① Cramer, A. T., Jensen, G. A. Why don't people buy long-term-care insurance? [J]. Journals of Gerontology Series B-Psychological Sciences and Social Sciences, 2006, 61 (4): 185 - 193.

② 张瑞利，时明铭，徐佩. 老年居民长期护理保险认知及参保意愿调查研究：以南京市为例 [J]. 华东理工大学学报（社会科学版），2018 (4): 99 - 107.

显著差异。

表 5 – 14　　　　　　　　　月收入水平变量的单因素方差分析结果

| 变量 | | 平方和 | df | 均方 | F | 显著性 |
|---|---|---|---|---|---|---|
| SHYY | 组间 | 10.676 | 4 | 2.669 | 4.067 | 0.003 |
| | 组内 | 335.322 | 511 | 0.656 | | |
| | 总计 | 345.997 | 515 | | | |
| SYYY | 组间 | 17.614 | 4 | 4.403 | 6.238 | <0.001 |
| | 组内 | 360.702 | 511 | 0.706 | | |
| | 总计 | 378.315 | 515 | | | |

根据表 5 – 15 基于月收入水平变量的居民参保意愿组间均值比较结果，相较于低月收入水平（3000 元及以下）和高月收入水平（10000 元以上）居民，较高月收入水平（8001～10000 元）居民参保社会长期护理保险的意愿更强，即参保意愿与月收入水平间呈现出明显的倒"V"形相关关系。该结论与部分学者（McCall et al., 1998[①]；赵娜和陈凯，2015[②]）的研究发现相一致。对于高收入群体而言，这种覆盖面广、只能保基本的社会长期护理保险对其缺乏足够的吸引力，他们倾向于参加保障水平更高、护理服务更加专业化和个性化的商业长期护理保险。而对于次高收入群体而言，他们对社会长期护理保险有着最高的参保意愿。在商业长期护理保险参保意愿方面，随着收入水平的增长，居民参保意愿呈现不断提升趋势，而且高收入群体与低收入群体的意愿差距较社会长期护理保险参保意愿差距进一步拉大。综上所述，研究结果说明，低收入群体对长期护理保险的参保意愿因其收入水平而受到抑制，而高收入群体对个性化更强的商业长期护理保险更加青睐。

① McCall, N., Mangle, S., Bauer, E., et al. Factors important in the purchase of partnership long-term care insurance [J]. Health Services Research, 1998, 33 (2): 187 – 203.

② 赵娜，陈凯. 风险认知对长期护理保险购买意愿影响分析 [J]. 保险研究，2015 (10): 84 – 95.

表 5 – 15　　　　基于月收入水平变量的居民参保意愿组间均值比较

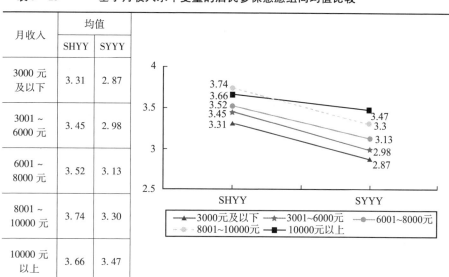

| 月收入 | 均值 | |
|---|---|---|
| | SHYY | SYYY |
| 3000 元及以下 | 3.31 | 2.87 |
| 3001 ~ 6000 元 | 3.45 | 2.98 |
| 6001 ~ 8000 元 | 3.52 | 3.13 |
| 8001 ~ 10000 元 | 3.74 | 3.30 |
| 10000 元以上 | 3.66 | 3.47 |

9. 家庭年纯收入水平变量的单因素方差分析

如表 5 – 16 所示的单因素方差分析结果表明，家庭年纯收入水平因素对于社会长期护理保险参保意愿（$p = 0.016 < 0.05$）和商业长期护理保险参保意愿（$p = 0.002 < 0.01$）均有显著影响，即 SHYY 和 SYYY 在不同家庭年纯收入水平上呈现出显著差异。表明无论是个人收入还是家庭收入均对参保意愿产生影响。

表 5 – 16　　　　家庭年纯收入水平变量的单因素方差分析结果

| 变量 | | 平方和 | df | 均方 | F | 显著性 |
|---|---|---|---|---|---|---|
| SHYY | 组间 | 8.150 | 4 | 2.038 | 3.082 | 0.016 |
| | 组内 | 337.847 | 511 | 0.661 | | |
| | 总计 | 345.997 | 515 | | | |
| SYYY | 组间 | 12.471 | 4 | 3.118 | 4.355 | 0.002 |
| | 组内 | 365.844 | 511 | 0.716 | | |
| | 总计 | 378.315 | 515 | | | |

根据如表5-17所示的基于家庭年纯收入水平变量的居民参保意愿组间均值比较结果，高收入水平家庭参保社会长期护理保险和商业长期护理保险的意愿均较高，即随着家庭年纯收入水平的增加，居民参保意愿也不断提升。该结论与库尔巴赫和鲁道（2011）[1]、张瑞利等（2018）[2] 的研究发现相同。随着家庭年纯收入水平的增加，居民参保长期护理保险的意愿不断上升，高收入群体与低收入群体的参保意愿均值差距较大，在SYYY方面更为明显，这说明低收入群体的长期护理保险参保意愿因经济能力而受到抑制，这也验证了月收入水平对参保意愿的类似影响。

表5-17　　基于家庭年纯收入水平变量的居民参保意愿组间均值比较

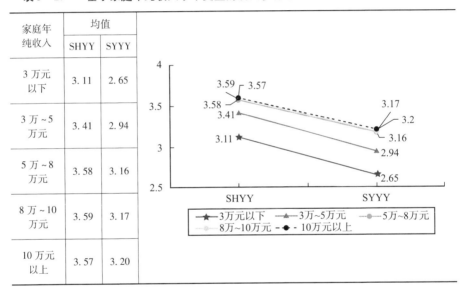

| 家庭年纯收入 | 均值 | |
| --- | --- | --- |
| | SHYY | SYYY |
| 3万元以下 | 3.11 | 2.65 |
| 3万~5万元 | 3.41 | 2.94 |
| 5万~8万元 | 3.58 | 3.16 |
| 8万~10万元 | 3.59 | 3.17 |
| 10万元以上 | 3.57 | 3.20 |

### 10. 职业类型变量的单因素方差分析

如表5-18所示的单因素方差分析结果表明，职业类型因素对于社会长期护理保险参保意愿（$p < 0.001$）和商业长期护理保险参保意愿（$p <$

① Courbage, C., Roudaut, N. Long-term care insurance: The French example [J]. European Geriatric Medicine, 2011, 2 (1): 22 - 25.

② 张瑞利, 时明铭, 徐佩. 老年居民长期护理保险认知及参保意愿调查研究: 以南京市为例 [J]. 华东理工大学学报 (社会科学版), 2018 (4): 99 - 107.

0.001）均有显著影响，即 SHYY 和 SYYY 在不同职业类型上呈现出显著差异。

表 5 – 18　　　　　　　　职业类型变量的单因素方差分析结果

| 变量 | | 平方和 | df | 均方 | F | 显著性 |
|---|---|---|---|---|---|---|
| SHYY | 组间 | 37.780 | 6 | 6.297 | 10.399 | <0.001 |
| | 组内 | 308.217 | 509 | 0.606 | | |
| | 总计 | 345.997 | 515 | | | |
| SYYY | 组间 | 43.299 | 6 | 7.216 | 10.964 | <0.001 |
| | 组内 | 335.017 | 509 | 0.658 | | |
| | 总计 | 378.315 | 515 | | | |

根据表 5 – 19 基于职业类型变量的居民参保意愿组间均值比较结果，相较于农村务工务农人员、自由职业者和其他职业者，党政机关/事业单位工作人员、企业员工、个体经营者参保社会长期护理保险和商业长期护理保险的意愿均较高，这表明工作性质稳定的正式工作且与政府联系密切的工作对参保意愿具有显著的促进作用。该结论与曹信邦和陈强（2014）[①]、杜霞和周志凯（2016）[②] 的研究发现相一致。党政机关/事业单位工作人员、企业员工的参保意愿最高，分析其可能的原因包括：这部分群体的工作收入稳定，为参保提供了经济保障；受教育程度普遍较高，对新事物的接受能力强；他们大多参保其他社会保险，对社会保险功能的认知程度较高。值得注意的是，学生群体的参保意愿并不高，这主要是受经济收入和风险认知等因素的抑制。

---

① 曹信邦，陈强. 中国长期护理保险需求影响因素分析 [J]. 中国人口科学，2014（4）：102 – 109，128.

② 杜霞，周志凯. 长期护理保险的参与意愿及其影响因素研究：基于陕西省榆林市的微观样本 [J]. 社会保障研究，2016（3）：41 – 50.

表 5 – 19　　　　基于职业类型变量的居民参保意愿组间均值比较

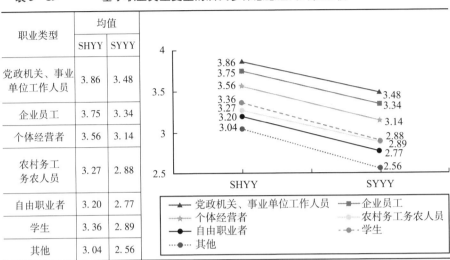

| 职业类型 | 均值 | |
| --- | --- | --- |
| | SHYY | SYYY |
| 党政机关、事业单位工作人员 | 3.86 | 3.48 |
| 企业员工 | 3.75 | 3.34 |
| 个体经营者 | 3.56 | 3.14 |
| 农村务工务农人员 | 3.27 | 2.88 |
| 自由职业者 | 3.20 | 2.77 |
| 学生 | 3.36 | 2.89 |
| 其他 | 3.04 | 2.56 |

## 5.1.2　基于居民健康状况维度异质性的分析

### 1. 自评健康状况变量的单因素方差分析

如表 5 – 20 所示的单因素方差分析结果显示，自评健康状况因素对于社会长期护理保险参保意愿（$p = 0.208 > 0.1$）和商业长期护理保险参保意愿（$p = 0.369 > 0.1$）均没有显著影响，即 SHYY 和 SYYY 在不同健康状况上未呈现显著差异。根据基于自评健康状况变量的居民参保意愿组间均值比较结果（因差异性不显著，故省略均值比较表）可知，各健康状况下的社会长期护理保险参保意愿和商业长期护理保险参保意愿的均值差距较小，未呈现出显著差异。该结论进一步验证了孙正成（2013）[①] 和张瑞利等（2018）[②] 的研究发现。

---

① 孙正成. 需求视角下的老年长期护理保险研究：基于浙江省 17 个县市的调查 [J]. 中国软科学，2013（11）：73 – 82.

② 张瑞利，时明铭，徐佩. 老年居民长期护理保险认知及参保意愿调查研究：以南京市为例 [J]. 华东理工大学学报（社会科学版），2018（4）：99 – 107.

表 5 – 20　　　　　　自评健康状况变量的单因素方差分析结果

| 变量 | | 平方和 | df | 均方 | F | 显著性 |
|---|---|---|---|---|---|---|
| SHYY | 组间 | 3.508 | 3 | 1.019 | 1.522 | 0.208 |
| | 组内 | 342.940 | 512 | 0.670 | | |
| | 总计 | 345.997 | 515 | | | |
| SYYY | 组间 | 2.316 | 3 | 0.772 | 1.051 | 0.369 |
| | 组内 | 375.999 | 512 | 0.734 | | |
| | 总计 | 378.315 | 515 | | | |

2. 患慢性病情况变量的独立样本 T 检验

根据表 5 – 21 所示的患慢性病情况变量独立样本 T 检验结果，SHYY 和 SYYY 的 F 值分别为 0.653（$p = 0.419 > 0.1$）和 5.954（$p = 0.015 < 0.05$），说明 SHYY 未通过显著性检验，因此认为其方差齐性，而 SYYY 通过显著性检验，因此认为其方差非齐性。患慢性病情况因素对于社会长期护理保险参保意愿（$p = 0.003 < 0.01$）和商业长期护理保险参保意愿（$p = 0.004 < 0.01$）均有显著影响，即 SHYY 和 SYYY 在不同患慢性病情况上呈现出显著差异。

表 5 – 21　　　　　　患慢性病情况变量的独立样本 T 检验结果

| 变量 | | 方差方程的 Levene 检验 | | 均值方程的 T 检验 | | | | |
|---|---|---|---|---|---|---|---|---|
| | | F | Sig. | t | df | Sig.（双侧） | 均值差值 | 标准误差值 |
| SHYY | 假设方差齐性 | 0.653 | 0.419 | − 2.977 | 514 | 0.003 | − 0.390 | 0.131 |
| | 假设方差非齐性 | | | − 3.303 | 50.785 | 0.002 | − 0.390 | 0.118 |
| SYYY | 假设方差齐性 | 5.954 | 0.015 | − 2.409 | 514 | 0.016 | − 0.331 | 0.137 |
| | 假设方差非齐性 | | | − 3.007 | 54.200 | 0.004 | − 0.331 | 0.110 |

基于如表 5 – 22 所示的患慢性病情况变量的居民参保意愿组间均值比较结果显示，相较于未患慢性病的居民，患有慢性病的居民的社会长期护理保险参保意愿（3.87 > 3.48）和商业长期护理保险参保意愿（3.4 > 3.07）均

更加强烈。该结论与杜霞和周志凯（2016）[①] 的研究发现一致。患有慢性病的居民需要每日坚持药物治疗，并需要辅助以饮食控制和身体锻炼等，这会给其日常生活带来许多不便，同时也会加大其老年长期护理的风险，因此他们更加倾向于通过参保长期护理保险来分散风险，保障其晚年生活质量，即使在购买商业长期护理保险方面，他们也表达出了较高的参保意愿。

表 5－22　　　　基于患慢性病情况变量的居民参保意愿组间均值比较

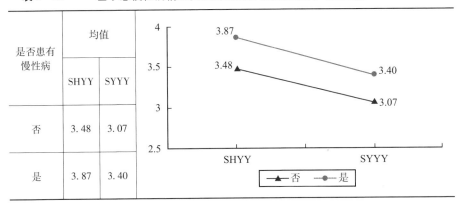

| 是否患有慢性病 | 均值 | |
| --- | --- | --- |
| | SHYY | SYYY |
| 否 | 3.48 | 3.07 |
| 是 | 3.87 | 3.40 |

### 3. 家人患慢性病情况变量的独立样本 T 检验

根据表 5－23 所示的家人患慢性病情况变量独立样本 T 检验结果，SHYY 和 SYYY 的 F 值分别为 1.359（$p = 0.244 > 0.1$）和 3.19（$p = 0.075 < 0.1$），说明 SHYY 未通过显著性检验，因此认为其方差齐性，而 SYYY 通过显著性检验，因此认为其方差非齐性。家人患慢性病情况因素对于社会长期护理保险参保意愿（$p = 0.006 < 0.05$）和商业长期护理保险参保意愿（$p = 0.005 < 0.05$）均有显著影响，即 SHYY 和 SYYY 在不同家人患慢性病情况上呈现出显著差异。

① 杜霞，周志凯. 长期护理保险的参与意愿及其影响因素研究：基于陕西省榆林市的微观样本 [J]. 社会保障研究，2016（3）：41－50.

表 5 - 23　　　　　家人患慢性病情况变量的独立样本 T 检验结果

| 变量 | | 方差方程的 Levene 检验 | | 均值方程的 T 检验 | | | | |
|---|---|---|---|---|---|---|---|---|
| | | F | Sig. | t | df | Sig.（双侧） | 均值差值 | 标准误差值 |
| SHYY | 假设方差齐性 | 1.359 | 0.244 | -2.744 | 514 | 0.006 | -0.260 | 0.095 |
| | 假设方差非齐性 | | | -2.987 | 139.882 | 0.003 | -0.260 | 0.087 |
| SYYY | 假设方差齐性 | 3.190 | 0.075 | -2.694 | 514 | 0.007 | -0.267 | 0.099 |
| | 假设方差非齐性 | | | -2.860 | 135.793 | 0.005 | -0.267 | 0.094 |

　　基于家人患慢性病情况变量的居民参保意愿组间均值比较（见表 5 - 24）结果显示，相较于家庭中无慢性病患者的居民，家庭中有慢性病患者的居民的社会长期护理保险参保意愿（3.73 > 3.47）和商业长期护理保险参保意愿（3.32 > 3.05）均更加强烈。该结论与孙正成（2013）[1]、韩会娟（2015）[2] 的研究发现一致。家庭中有慢性病患者的居民对慢性病及其并发症更加了解，能够体会到家庭在长期照料慢性病患者方面所承担的经济和人力压力，因此他们倾向于通过参保长期护理保险来分散这种风险。

表 5 - 24　　　基于家人患慢性病情况变量的居民参保意愿组间均值比较

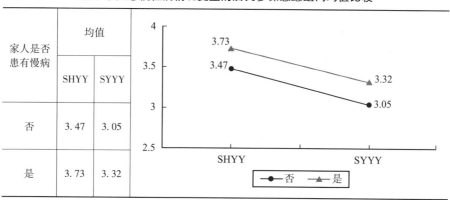

| 家人是否患有慢病 | 均值 | |
|---|---|---|
| | SHYY | SYYY |
| 否 | 3.47 | 3.05 |
| 是 | 3.73 | 3.32 |

　　① 孙正成. 需求视角下的老年长期护理保险研究：基于浙江省 17 个县市的调查 [J]. 中国软科学，2013（11）：73 - 82.
　　② 韩会娟. 老年长期护理保险的需求与供给研究：以石家庄为例 [D]. 石家庄：河北经贸大学，2015.

### 4. 家中长期护理需求情况变量的独立样本 T 检验

根据表 5 - 25 所示的家中长期护理需求情况变量独立样本 T 检验结果，SHYY 和 SYYY 的 F 值分别为 2.703（$p = 0.101 > 0.1$）和 3.582（$p = 0.059 < 0.1$），说明 SHYY 未通过显著性检验，因此认为其方差齐性，而 SYYY 通过显著性检验，因此认为其方差非齐性。家中长期护理需求情况因素对于社会长期护理保险参保意愿（$p = 0.016 < 0.05$）和商业长期护理保险参保意愿（$p = 0.017 < 0.05$）均有显著影响，即 SHYY 和 SYYY 在不同家中长期护理需求情况上呈现出显著差异。

**表 5 - 25    家中长期护理需求情况变量的独立样本 T 检验结果**

| 变量 | | 方差方程的 Levene 检验 | | 均值方程的 T 检验 | | | | |
| --- | --- | --- | --- | --- | --- | --- | --- | --- |
| | | F | Sig. | t | df | Sig.（双侧） | 均值差值 | 标准误差值 |
| SHYY | 假设方差齐性 | 2.703 | 0.101 | -2.409 | 514 | 0.016 | -0.262 | 0.109 |
| | 假设方差非齐性 | | | -2.757 | 90.640 | 0.007 | -0.262 | 0.095 |
| SYYY | 假设方差齐性 | 3.582 | 0.059 | -2.277 | 514 | 0.023 | -0.260 | 0.114 |
| | 假设方差非齐性 | | | -2.445 | 86.075 | 0.017 | -0.260 | 0.106 |

基于家中长期护理需求情况变量的居民参保意愿组间均值比较（见表 5 - 26）结果显示，相较于家庭中没有需要长期护理照料人员的居民，家庭中有需要长期护理照料人员的居民的社会长期护理保险参保意愿（3.74 > 3.48）和商业长期护理保险参保意愿（3.33 > 3.07）均更加强烈。该结论与麦克卡尔等（1998）[1] 和孟昶（2007）[2] 的研究发现一致。家庭中有需要长期护理照料人员的居民能够更加深刻地亲身体会到整个家庭在长期护理中所承受的压力，因此他们倾向于通过参保长期护理保险来分散这种压力。

---

[1] McCall, N., Mangle, S., Bauer, E., et al. Factors important in the purchase of partnership long-term care insurance [J]. Health Services Research, 1998, 33 (2): 187 - 203.

[2] 孟昶. 长期护理保险的需求实证分析：以苏州、扬州、淮安为例 [D]. 北京：北京大学，2007.

表 5 - 26    基于家中长期护理需求情况变量的居民参保意愿组间均值比较

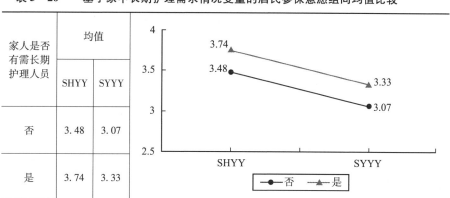

| 家人是否有需长期护理人员 | 均值 | |
|---|---|---|
| | SHYY | SYYY |
| 否 | 3. 48 | 3. 07 |
| 是 | 3. 74 | 3. 33 |

### 5. 社会医疗保险参保情况变量的独立样本 T 检验

根据表 5 - 27 所示的社会医疗保险参保情况变量独立样本 T 检验结果，SHYY 和 SYYY 的 F 值分别为 0. 031（$p = 0.86 > 0.1$）和 0. 003（$p = 0.953 > 0.1$），两者均未通过显著性检验，因此认为方差齐性。社会医疗保险参保情况因素对于社会长期护理保险参保意愿（$p = 0.008 < 0.01$）和商业长期护理保险参保意愿（$p = 0.009 < 0.01$）均有显著影响，即 SHYY 和 SYYY 在不同社会医疗保险参保情况上呈现出显著差异。

表 5 - 27    社会医疗保险参保情况变量的独立样本 T 检验结果

| 变量 | | 方差方程的 Levene 检验 | | 均值方程的 T 检验 | | | | |
|---|---|---|---|---|---|---|---|---|
| | | F | Sig. | t | df | Sig.（双侧） | 均值差值 | 标准误差值 |
| SHYY | 假设方差齐性 | 0. 031 | 0. 860 | 2. 662 | 514 | 0. 008 | 0. 568 | 0. 214 |
| | 假设方差非齐性 | | | 2. 893 | 15. 018 | 0. 011 | 0. 568 | 0. 196 |
| SYYY | 假设方差齐性 | 0. 003 | 0. 953 | 2. 610 | 514 | 0. 009 | 0. 582 | 0. 223 |
| | 假设方差非齐性 | | | 2. 430 | 14. 730 | 0. 028 | 0. 582 | 0. 240 |

基于社会医疗保险参保情况变量的居民参保意愿组间均值比较（见表 5 - 28）结果显示，相较于已参保医疗保险的居民，未参保医疗保险的居民的社会长期护理保险参保意愿（4. 07 > 3. 5）和商业长期护理保险参保意愿

（3.67 > 3.08）均更加强烈。该结论与布朗和芬克尔斯坦（2008）[①]、赵娜和陈凯（2015）[②]的研究发现一致。通过访谈发现，许多居民对社会基本医疗保险不覆盖长期护理费用并不了解，而且他们误认为医疗保险能够用于支付长期护理的费用，因此他们不愿意参保长期护理保险。这表明社会医疗保险对长期护理保险具有明显的挤出效应。同时也表明，居民选择参保长期护理保险时并未形成对社会医疗保险的路径依赖效应，即居民不会因为参加过社会医疗保险、享受过保险待遇等原因，而去积极参保长期护理保险。因此，长期护理保险在未来的建设和发展中，完全可以作为一个独立险种纳入我国社会保障体系之中，而无须采用跟随医保的形式。

表 5 - 28 　　　　基于社会医疗保险参保情况变量的居民参保意愿组间均值比较

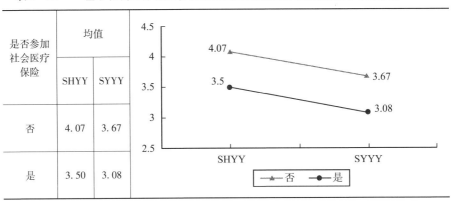

| 是否参加社会医疗保险 | 均值 | |
|---|---|---|
| | SHYY | SYYY |
| 否 | 4.07 | 3.67 |
| 是 | 3.50 | 3.08 |

### 6. 社会养老保险参保情况变量的独立样本 T 检验

根据表 5 - 29 所示的社会养老保险参保情况变量独立样本 T 检验结果，SHYY 和 SYYY 的 F 值分别为 1.396（$p = 0.238 > 0.1$）和 0.01（$p = 0.92 > 0.1$），两者均未通过显著性检验，因此认为方差齐性。社会养老保险参保情况因素对于社会长期护理保险参保意愿（$p = 0.011 < 0.05$）和商业长期护理保险参保意愿（$p = 0.013 < 0.05$）均有显著影响，即 SHYY 和 SYYY 在

① Brown, J. R., Finkelstein, A. The interaction of public and private insurance: Medicaid and the long-term care insurance market [J]. American Economic Review, 2008, 98 (3): 1083 - 1102.

② 赵娜，陈凯. 风险认知对长期护理保险购买意愿影响分析 [J]. 保险研究，2015 (10): 84 - 95.

不同社会养老保险参保情况上呈现出显著差异。

表 5 – 29　　　　社会养老保险参保情况变量的独立样本 T 检验结果

| 变量 | | 方差方程的 Levene 检验 | | 均值方程的 T 检验 | | | | |
|---|---|---|---|---|---|---|---|---|
| | | F | Sig. | t | df | Sig.（双侧） | 均值差值 | 标准误差值 |
| SHYY | 假设方差齐性 | 1.396 | 0.238 | 2.563 | 514 | 0.011 | 0.227 | 0.089 |
| | 假设方差非齐性 | | | 2.563 | 163.563 | 0.012 | 0.227 | 0.089 |
| SYYY | 假设方差齐性 | 0.010 | 0.920 | 2.489 | 514 | 0.013 | 0.231 | 0.093 |
| | 假设方差非齐性 | | | 2.479 | 164.887 | 0.014 | 0.231 | 0.093 |

　　基于社会养老保险参保情况变量的居民参保意愿组间均值比较（见表 5 – 30）结果显示，相较于已参保养老保险的居民，未参保养老保险的居民的社会长期护理保险参保意愿（3.69 > 3.47）和商业长期护理保险参保意愿（3.28 > 3.05）均更加强烈。该结论与丁志宏和魏海伟（2016）[①] 的研究发现相一致。但也有学者发现社会医疗保险和社会养老保险支出对长期护理需求不存在挤出效应（荆涛等，2011[②]）。这主要是因为荆涛等（2011）是基于宏观视角，研究了社会医疗保险和社会养老保险基金支出对商业长期护理保险需求规模的影响，而本研究是基于微观个体参保社会养老保险和社会医疗保险的情况对其长期护理保险参保意愿的影响研究，因此结论必然不一样。许多居民混淆了养老保险、医疗保险和长期护理保险的保障功能，导致已参保养老保险的居民对长期护理保险意愿不高。

### 7. 商业保险购买情况变量的独立样本 T 检验

　　根据表 5 – 31 所示的商业保险购买情况变量独立样本 T 检验结果，SHYY 和 SYYY 的 F 值分别为 4.71（$p = 0.03 < 0.05$）和 2.497（$p = 0.115 > 0.1$），说明 SHYY 通过显著性检验，因此认为其方差非齐性，而 SYYY 未通

---

① 丁志宏，魏海伟. 中国城市老人购买长期护理保险意愿及其影响因素 [J]. 人口研究，2016（6）：76 – 86.

② 荆涛，王靖韬，李莎. 影响我国长期护理保险需求的实证分析 [J]. 北京工商大学学报（社会科学版），2011（6）：90 – 96.

过显著性检验，因此认为其方差齐性。商业保险购买情况因素对于社会长期护理保险参保意愿（$p = 0.056 < 0.1$）和商业长期护理保险参保意愿（$p = 0.002 < 0.01$）均有显著影响，即 SHYY 和 SYYY 在不同商业保险购买情况上呈现显著差异。

表 5 – 30  基于社会养老保险参保情况变量的居民参保意愿组间均值比较

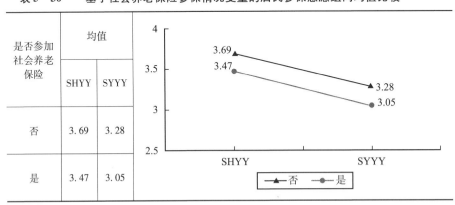

| 是否参加社会养老保险 | 均值 | |
| --- | --- | --- |
| | SHYY | SYYY |
| 否 | 3.69 | 3.28 |
| 是 | 3.47 | 3.05 |

表 5 – 31  商业保险购买情况变量的独立样本 T 检验结果

| 变量 | | 方差方程的 Levene 检验 | | 均值方程的 T 检验 | | | | |
| --- | --- | --- | --- | --- | --- | --- | --- | --- |
| | | F | Sig. | t | df | Sig.（双侧） | 均值差值 | 标准误差值 |
| SHYY | 假设方差齐性 | 4.710 | 0.030 | – 2.216 | 514 | 0.027 | – 0.258 | 0.116 |
| | 假设方差非齐性 | | | – 1.944 | 63.580 | 0.056 | – 0.258 | 0.133 |
| SYYY | 假设方差齐性 | 2.497 | 0.115 | – 3.155 | 514 | 0.002 | – 0.382 | 0.121 |
| | 假设方差非齐性 | | | – 2.706 | 603.016 | 0.009 | – 0.382 | 0.141 |

　　基于商业保险购买情况变量的居民参保意愿组间均值比较（见表 5 – 32）结果显示，相较于未曾购买过商业保险的居民，已购买商业保险的居民的社会长期护理保险参保意愿（3.75 > 3.49）和商业长期护理保险参保意愿（3.44 > 3.06）均更加强烈。该结论与赵娜和陈凯（2015）[①] 的研究发现相

---

　　① 赵娜，陈凯. 风险认知对长期护理保险购买意愿影响分析［J］. 保险研究，2015（10）：84 – 95.

一致。这可能是由于购买商业保险的居民拥有更高的风险认知能力和更好的经济基础。

表 5 – 32　　　基于商业保险购买情况变量的居民参保意愿组间均值比较

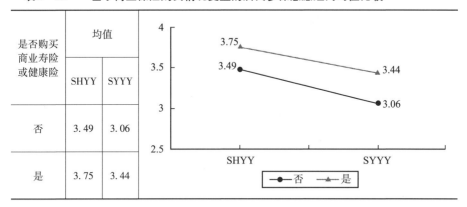

| 是否购买商业寿险或健康险 | 均值 | |
|---|---|---|
| | SHYY | SYYY |
| 否 | 3.49 | 3.06 |
| 是 | 3.75 | 3.44 |

8. 照料期望变量的单因素方差分析

如表 5 – 33 所示的单因素方差分析结果显示，照料期望因素对于社会长期护理保险参保意愿（$p = 0.016 < 0.05$）和商业长期护理保险参保意愿（$p = 0.023 < 0.05$）均有显著影响，即 SHYY 和 SYYY 在不同照料期望上未呈现显著差异。

表 5 – 33　　　　　　　照料期望变量的单因素方差分析结果

| 变量 | | 平方和 | df | 均方 | F | 显著性 |
|---|---|---|---|---|---|---|
| SHYY | 组间 | 3.863 | 1 | 3.863 | 5.803 | 0.016 |
| | 组内 | 342.134 | 514 | 0.666 | | |
| | 总计 | 345.997 | 515 | | | |
| SYYY | 组间 | 5.776 | 1 | 3.776 | 5.183 | 0.023 |
| | 组内 | 374.539 | 514 | 0.729 | | |
| | 总计 | 378.315 | 515 | | | |

根据表 5 – 34 基于照料期望变量的居民参保意愿组间均值比较结果，相较于选择非正式照料（子女、配偶和亲属）的居民，倾向于选择正式照料

（专业护理人员）的居民的社会长期护理保险参保意愿和商业长期护理保险参保意愿均更加强烈，而且在 SYYY 上均值差距较为明显。该结论进一步验证了勒科达瓦拉和菲利普森（Lakdawalla & Philipson，2002）[1]、赵娜和陈凯（2015）[2] 的研究发现。选择非正式照料的居民大多持有较为传统守旧的养老观，将家庭成员尤其是子女视为养老依靠的首选，而选择正式照料的居民则较为开放，受传统养老观念的影响较小。

表 5–34　　　　　　基于照料期望变量的居民参保意愿组间均值比较

| 晚年时希望获得谁的照料 | 均值 | |
| --- | --- | --- |
| | SHYY | SYYY |
| 子女 | 3.50 | 3.08 |
| 配偶 | 3.47 | 3.06 |
| 亲属 | 3.51 | 3.06 |
| 专业护理人员 | 3.97 | 3.56 |

## 5.2　居民参保意愿及其驱动因素描述性统计分析

　　本节通过描述性统计分析，以均值和百分比统计指标来反映受访者在各变量测量题项上的选择情况，以期为之后的路径分析和调节效应分析奠定基础。主要针对模型中居民参保意愿、居民心理认知变量（参保态度、主观规范、知觉行为控制、感知有用性、个人规范、保险知识、风险感知、信任程度和文化观念）和外部情境调节变量（政策支持）进行描述性统计分析。

---

　　[1]　Lakdawalla，D.，Philipson，T. The rise in old-age longevity and the market for long-term care［J］. American Economic Review，2002，92（1）：295–306.
　　[2]　赵娜，陈凯. 风险认知对长期护理保险购买意愿影响分析［J］. 保险研究，2015（10）：84–95.

### 5.2.1　参保意愿变量的描述分析

本研究对居民参保意愿使用 Likert 5 级量表进行度量，得分越高表明居民的参保意愿越强烈。参照 Fu et al.（2020）[①] 等研究范式，采用均值分析方法计算居民参保意愿各测量题项的得分。根据图 5－1 所示的居民参保意愿得分及比例情况，居民参保意愿的整体平均值为 3.31，说明居民参保意愿并不高。从社会长期护理保险居民参保意愿来看，整体均值得分为 3.51，就各测量题项的均值得分而言，SHYY1、SHYY3 和 SHYY2 依次次之，分别为 4.07、3.3 和 3.17。在上述测量题项上，分别有 4.85%、22.87% 和 16.47% 的居民评分为 1 或 2。从商业长期护理保险居民参保意愿来看，整体均值得分为 3.1，SYYY1、SYYY2 和 SYYY3 的均值得分分别为 3.52、2.76

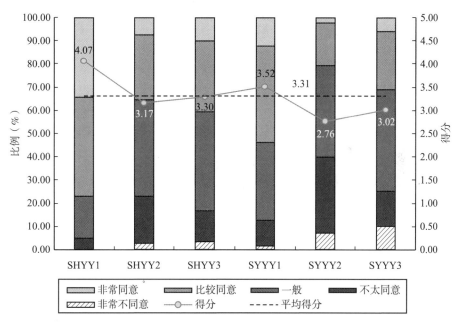

图 5－1　居民参保意愿得分及比例情况

---

① Fu, L. P., Sun, Z. H., Zha, L. J., et al. Environmental awareness and pro-environmental be-havior within China's road freight transportation industry：Moderating role of perceived policy effectiveness [J]. Journal of Cleaner Production, 2020, 252.

和 3.02。在上述测量题项上，分别有 12.41%、39.92% 和 25.19% 的居民评分为 1 或 2，分别有 53.87%、20.74% 和 31.01% 的居民评分为 4 或 5。因此，针对现阶段居民参保意愿不高的现实状况，适时探索影响其参保意愿的影响因素及其作用机制就显得极为必要。

SHYY 的均值（3.51）高于 SYYY 的均值（3.1），表明居民参保社会长期护理保险的意愿高于参保商业长期护理保险的意愿。结合访谈资料分析上述结果产生的原因，主要包括：居民更加信任政府主导的保险，而缺乏对保险公司的信任；对商业保险不了解；忌惮商业保险保费过高，难以承受；担心保险公司理赔问题等。SHYY 的标准差（0.90）小于 SYYY 的标准差（0.94），表明 SHYY 变量内部的一致性要优于 SYYY 变量。

## 5.2.2 居民心理认知变量的描述分析

### 1. 参保态度变量的描述性统计分析

根据图 5 - 2 参保态度变量的描述性统计分析结果，居民参保态度的整体均值得分为 3.45，表明参保态度水平一般。参保态度变量包括 3 个测量题项，分别考察居民对参保长期护理保险的积极评价（TD1）、对推行长期护理保险制度的支持态度（TD2）和对参保长期护理保险的接受态度（TD3）。上述三个测量题项的均值得分分别为 3.43、3.46 和 3.47，表明居民在这些题项上持有较为一致的态度。从选项的比例情况来看，在 TD1、TD2 和 TD3 上评分为 4 分或 5 分的居民分别占 45.35%、49.22% 和 49.41%，且其他选项的比例也比较相近。

此外，参保态度的整体水平高于参保意愿整体水平（3.45 > 3.31），表明两者间存在明显的"态度 - 意愿"差距。该结论进一步验证了维梅尔和维伯克（Vermeir & Verbeke，2006）[①]、陈凯和赵占波（2015）[②] 的研究发现。这也进一步验证了基于扎根理论分析的研究结论。态度在向行为意愿转

---

① Vermeir, I., Verbeke, W. Sustainable food consumption: Exploring the consumer "attitude-behavioral intention" gap [J]. Journal of Agricultural and Environmental Ethics, 2006, 19: 169 - 194.

② 陈凯，赵占波. 绿色消费态度 - 行为差距的二阶段分析及研究展望 [J]. 经济与管理，2015 (1): 19 - 24.

化的过程中，往往会受到部分不利的外部情境因素的影响，从而削弱两者间的一致性。而有利的外部情境因素则能够推动态度向行为意愿的转化，弥补两者间的差距。

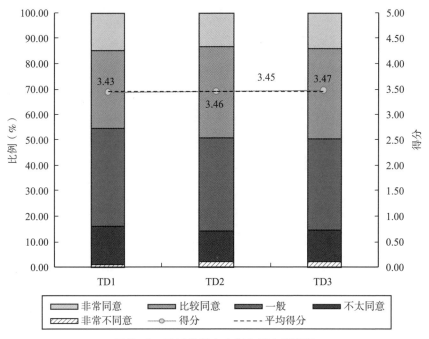

图 5 - 2　居民参保态度得分及比例情况

### 2. 主观规范变量的描述性统计分析

根据图 5 - 3 主观规范变量的描述性统计分析结果，居民主观规范的整体均值得分为 3.41，表明主观规范水平一般。主观规范变量包括 3 个测量题项，分别考察居民感知到的来自于家人、周围朋友和新闻媒体对其参保长期护理保险的压力和影响。ZG1、ZG2 和 ZG3 的均值得分分别为 3.49、3.34 和 3.41，表明家人的主观规范作用最强，新闻媒体的宣传引导也发挥较强的主观规范作用，朋友的主观规范作用最弱。从选项的比例情况来看，在 ZG1、ZG2 和 ZG3 上评分为 4 或 5 分的居民分别占 47.28%、45.93% 和 48.26%。

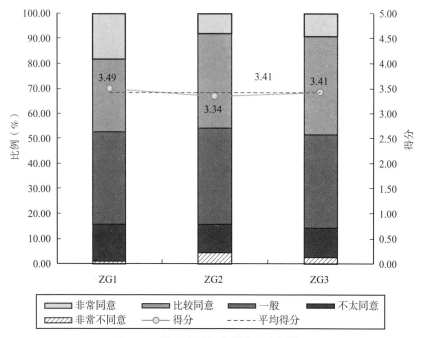

图 5 - 3　居民主观规范得分及比例情况

3. 知觉行为控制变量的描述性统计分析

根据图 5 - 4 知觉行为控制变量的描述性统计分析结果，居民感知到的行为控制整体均值得分为 3.44，表明知觉行为控制水平一般。知觉行为控制变量包括 3 个测量题项，KZ1、KZ2 和 KZ3 的均值得分分别为 3.53、3.38和 3.4，表明居民对自己参保长期护理保险的难易程度和可控性的认知尚未明确确定，尤其是对于自己是否有足够的自信、知识和能力参保长期护理保险把握性不强。从选项的比例情况来看，在 KZ1、KZ2 和 KZ3 上，分别有36.05%、40.31% 和 37.6% 的居民的知觉行为控制得分为 3，不确定群体规模比例较大。

4. 感知有用性变量的描述性统计分析

根据图 5 - 5 感知有用性变量的描述性统计分析结果，居民感知有用性的整体均值得分为 3.45，表明感知有用性水平同样一般。感知有用性变量包括 3 个测量题项，分别考察居民对参保长期护理保险可能得到费用或服务补偿（YY1）、减轻家庭照料的人力和经济负担（YY2）、提升老年生活质量

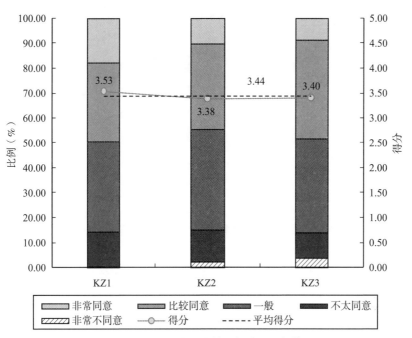

图 5 - 4　居民知觉行为控制得分及比例情况

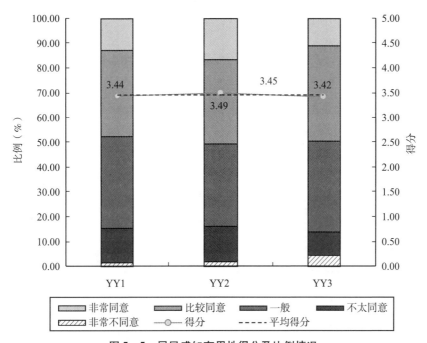

图 5 - 5　居民感知有用性得分及比例情况

（YY3）方面益处的感知。YY1、YY2和YY3的均值得分分别为3.44、3.49和3.42，表明居民感知有用最强的是长期护理保险能够减轻家庭照料的人力和经济负担。这是符合现实情况的，通过访谈发现许多居民选择参保长期护理保险主要是为了减轻家庭在护理中所承受的压力。但是从选项的比例情况来看，在ZG1、ZG2和ZG3上，仍有15.31%、16.27%和13.96%的居民对参保长期护理保险的有用性持否定态度，而持有不确定态度，即评分为3分的居民分别占37.01%、32.95%和36.43%。

5. 个人规范变量的描述性统计分析

根据图5-6个人规范变量的描述性统计分析结果，居民个人规范的整体均值得分为3.45，表明个人规范水平一般。个人规范变量包括3个测量题项，分别考察居民对参保长期护理保险感知到的义务（GR1）、道德责任（GR2）和自我价值判断（GR3）。这三个测量题项的均值得分分别为3.42、3.45和3.48，表明居民参保长期护理保险主要是源于自身的价值判断和对家庭的责任感，而对政府号召参保的义务感稍弱。从选项的比例情况来看，

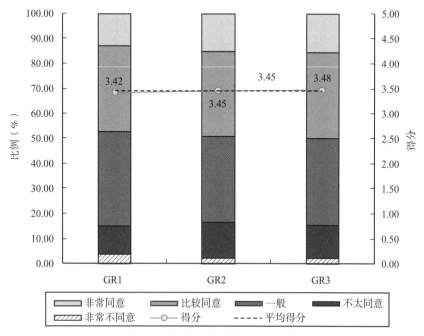

图5-6　居民个人规范得分及比例情况

在 GR1 和 GR2 上，37.60% 和 34.11% 的居民对其参保长期护理保险的义务感和责任感持不确定态度，而持同意态度（评分为 4 分或 5 分）的居民分别占 47.48% 和 49.23%。

### 6. 保险知识变量的描述性统计分析

根据图 5 – 7 保险知识变量的描述性统计分析结果，居民保险知识的整体均值得分为 3.41，表明保险知识水平一般。保险知识变量包括 4 个测量题项，分别考察居民对医疗保险不覆盖长期护理费用（ZS1）、护理保险保障作用（ZS2）、服务内容与形式（ZS3）和相关政策法规（ZS4）的了解程度。上述测量题项的均值得分分别为 3.32、3.48、3.39 和 3.43，表明居民对长期护理保险的保障作用了解度最高，而对较为细致的医疗保险不覆盖长期护理费用的了解度最低。从选项的比例情况来看，在 ZS1、ZS2、ZS3 和 ZS4 上，57.36% 的居民对医疗保险不覆盖长期护理费用表现出不确定或不了解，分别有 48.64%、44.77% 和 49.61% 的居民表示了解保险的保障作用、服务内容与形式、相关政策法规。

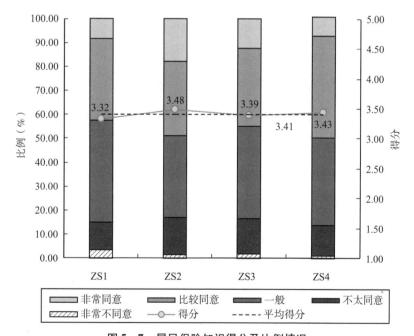

图 5 – 7　居民保险知识得分及比例情况

7. 风险认知变量的描述性统计分析

根据图 5-8 风险认知变量的描述性统计分析结果，居民风险认知的整体均值得分为 3.42，表明风险认知水平一般。风险认知变量包括 4 个测量题项，考察居民对长期护理风险可能性和长期护理带来的严重后果的认知。FX1、FX2、FX3 和 FX4 的均值得分分别为 3.34、3.47、3.44 和 3.41，表明居民对长期护理带来的严重后果的认知较强，而对长期护理风险发生的可能性认知最弱。从选项的比例情况来看，38.95% 的居民对风险的可能性持不确定态度，在 FX1、FX2、FX3 和 FX4 上评分为 4 分或 5 分的居民分别占43.02%、50.59%、46.7% 和 48.64%。

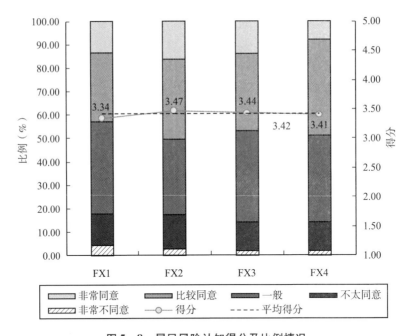

图 5-8　居民风险认知得分及比例情况

8. 信任程度变量的描述性统计分析

根据图 5-9 信任程度变量的描述性统计分析结果，信任程度的整体均值得分为 3.45，表明居民信任水平不高。信任程度包括 4 个测量题项，分别考察居民对政府（XR1）、监管部门（XR2）、保险公司（XR3）和制度本身（XR4）的信任程度。上述四个题项的均值得分分别为 3.43、3.47、3.44 和 3.44，表明居民对长期护理保险监管部门的信任程度较高，而在其他三个题项上表现出了相同的信任程度。从选项的比例情况来看，在 XR1、XR2、XR3 和 XR4 上评分为 4 分或 5 分的居民分别占 46.52%、49.8%、46.91% 和 49.23%。

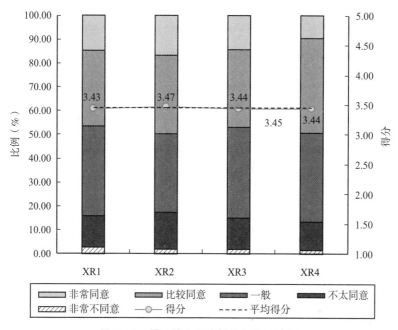

**图 5 - 9　居民信任程度得分及比例情况**

### 9. 文化观念变量的描述性统计分析

根据图 5 - 10 文化观念变量的描述性统计分析结果，居民文化观念的整体均值得分为 2.71，由于该变量均设置为反向测量题项，因此得分较低。在本研究中，文化观念变量包括 3 个测量题项，分别考察居民对赞同"养儿防老"（WH1）、不愿意接受家庭以外人员的护理服务（WH2）、不愿意去养老院或护理院（WH3）等传统守旧养老护理观念的认知程度。上述题项的均值得分分别为 2.51、2.85 和 2.77，表明居民对传统守旧文化观念表现出不确定态度，即存在支持和否定传统守旧文化观念的两种态度，但否定传统守旧文化的居民比持赞同态度的居民要多。从选项的比例情况来看，在测量题项 WH1、WH2 和 WH3 上，54.07%、43.61% 和 48.25% 的居民持不同意态度，而 27.32%、32.17% 和 30.43% 则持同意态度。

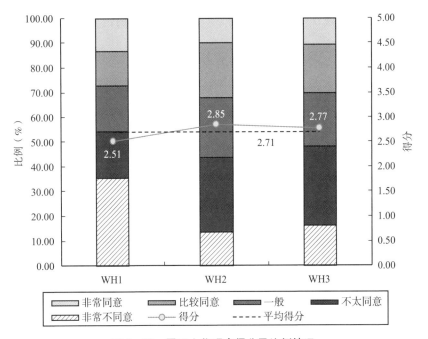

图 5-10　居民文化观念得分及比例情况

### 5.2.3　外部情境变量的描述分析

本研究的外部情境变量为政策支持，即政府对居民参保和保险发展方面给予的政策类支持。根据图 5-11 政策支持变量的描述性统计分析结果，政策支持的整体均值得分为 4.42，表明居民感知到的政府政策支持水平较高。政策支持变量共包括 3 个测量题项，分别考察政府在提供参保补贴（ZC1）、对长期护理保险的引导与监督政策建设（ZC2）、对保险公司开发更贴近居民的保险产品进行引导（ZC3）方面提供的支持。在实际调研中，是以居民对政府提供上述支持感知到的有效性作为衡量标准进行评价。测量题项 ZC1、ZC2 和 ZC3 的均值得分分别为 4.47、4.4 和 4.4，表明居民对政府提供参保补贴支持的感知最为有效，而对另外两个题项的感知有效性相同。从选项的比例情况来看，在 ZC1、ZC2 和 ZC3 上，均未出现居民选择 1 分或 2

分的情况，7. 95% 、7. 56% 和 6. 01% 的居民评分为 3，而评分为 4 分或 5 分的居民比例分别高达 92. 05% 、92. 44% 和 93. 99% 。

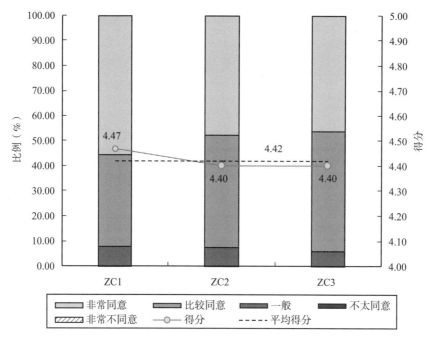

图 5 - 11　政策支持得分及比例情况

## 5.3　居民参保意愿驱动因素的路径分析及假设检验

### 5.3.1　模型路径系数与假设检验结果

在进行结构方程模型检验之前，本研究首先使用 SPSS 22. 0 软件对变量进行 Person 相关性分析。相关性检验结果发现，各变量间具有较高的相关性，表明模型中各变量间的关系假设具有合理性。在此基础上，本研究使用 AMOS 24. 0 软件基于最大似然估计的结构方程模型对理论模型和研究假设进行检验。模型的拟合指数结果如下：$\chi^2/\mathrm{df} = 4. 395$，GFI = 0. 870，AGFI = 0. 843，RMSEA = 0. 081，CFI = 0. 917，NFI = 0. 895，TLI = 0. 906，IFI =

0.917。虽然上述指标部分可以接受，但是卡方比和近似误差均方根等核心指标并未达到理想值范围，因此需要对模型进行修正。修正模型的拟合指数结果如下：$\chi2/df = 4.152$，$GFI = 0.883$，$AGFI = 0.858$，$RMSEA = 0.078$，$CFI = 0.924$，$NFI = 0.902$，$TLI = 0.912$，$IFI = 0.924$。通过与表4-5拟合优度指数及其评价标准对比发现，上述拟合指数均在建议范围之内，表明模型的拟合效果较好。理论模型的标准化路径系数和假设检验结果如表5-35所示。

表5-35　　　　　　　　理论模型的标准化路径系数与假设检验结果

| 假设路径 | 影响方向 | $\beta$ | $t$ 值 | $P$ 值 | 结论 |
|---|---|---|---|---|---|
| H2：参保态度→社会长期护理保险参保意愿 | + | 0.241 | 5.987*** | <0.001 | 支持 |
| H3：参保态度→商业长期护理保险参保意愿 | + | 0.074 | 2.026* | 0.043 | 支持 |
| H4：主观规范→社会长期护理保险参保意愿 | − | 0.022 | 0.143 | 0.886 | 拒绝 |
| H5：主观规范→商业长期护理保险参保意愿 | + | 0.088 | 0.638 | 0.523 | 拒绝 |
| H6：知觉行为控制→社会长期护理保险参保意愿 | + | 0.512 | 3.351*** | <0.001 | 支持 |
| H7：知觉行为控制→商业长期护理保险参保意愿 | + | 0.399 | 2.885** | 0.004 | 支持 |
| H8：感知有用性→社会长期护理保险参保意愿 | + | 0.196 | 4.670*** | <0.001 | 支持 |
| H9：感知有用性→商业长期护理保险参保意愿 | + | 0.170 | 4.174*** | <0.001 | 支持 |
| H10：感知有用性→参保态度 | + | 0.143 | 7.536*** | <0.001 | 支持 |
| H11：个人规范→社会长期护理保险参保意愿 | + | 0.130 | 3.112** | 0.002 | 支持 |
| H12：个人规范→商业长期护理保险参保意愿 | + | 0.160 | 3.649*** | <0.001 | 支持 |
| H13：个人规范→参保态度 | + | 0.195 | 9.623*** | <0.001 | 支持 |
| H14：保险知识→社会长期护理保险参保意愿 | − | 0.088 | 0.663 | 0.508 | 拒绝 |
| H15：保险知识→商业长期护理保险参保意愿 | − | 0.095 | 0.710 | 0.478 | 拒绝 |
| H16：保险知识→参保态度 | + | 0.287 | 4.967*** | <0.001 | 支持 |
| H17：风险认知→社会长期护理保险参保意愿 | + | 0.038 | 0.788 | 0.431 | 拒绝 |
| H18：风险认知→商业长期护理保险参保意愿 | + | 0.154 | 3.162** | 0.002 | 支持 |
| H19：风险认知→参保态度 | + | 0.293 | 12.059*** | <0.001 | 支持 |
| H20：信任程度→社会长期护理保险参保意愿 | + | 0.180 | 2.619** | 0.009 | 支持 |
| H21：信任程度→商业长期护理保险参保意愿 | + | 0.296 | 4.108*** | <0.001 | 支持 |
| H22：信任程度→参保态度 | + | 0.180 | 4.967*** | <0.001 | 支持 |

续表

| 假设路径 | 影响方向 | $\beta$ | $t$ 值 | $P$ 值 | 结论 |
|---|---|---|---|---|---|
| H23：文化观念→社会长期护理保险参保意愿 | − | 0.181 | 2.795 ** | 0.005 | 支持 |
| H24：文化观念→商业长期护理保险参保意愿 | − | 0.127 | 1.978 * | 0.048 | 支持 |
| H25：文化观念→参保态度 | + | 0.086 | 3.128 ** | 0.002 | 拒绝 |

注：$\beta$ 为标准化路径系数，$t$ 值即 CR 值；* 表示 $p < 0.05$，** 表示 $p < 0.01$，*** 表示 $p \leqslant 0.001$。

假设检验结果显示，假设 H2、H3、H6、H7、H8、H9、H10、H11、H12、H13、H16、H18、H19、H20、H21、H22、H23 和 H24 均成立，假设 H4、H5、H14、H15、H17 和 H25 均未成立。根据上述结果，针对居民心理认知变量对参保意愿产生的路径影响进行具体分析。

## 5.3.2　居民心理认知对参保意愿的直接驱动效应分析

### 1. 参保态度对参保意愿的直接驱动效应分析

参保态度与社会长期护理保险参保意愿（$\beta = 0.241$，$t = 5.987$，$p < 0.001$）和商业长期护理保险参保意愿（$\beta = 0.074$，$t = 2.026$，$p = 0.043 < 0.05$）呈显著正相关，表明参保态度越积极，参保意愿越强烈。这与刘等（2018）[1] 和卡佐雷（Kazaure，2019）[2] 等对参保态度与保险购买意愿关系的研究发现相一致。此外通过比较发现，参保态度对社会长期护理保险参保意愿的影响更强（0.241 > 0.074），显著性水平更高。

### 2. 主观规范对参保意愿的直接驱动效应分析

主观规范对社会长期护理保险参保意愿（$\beta = -0.022$，$t = -0.143$，

① Liu, J. Y., Lin, S., Feng, Y. B. Understanding why Chinese contractors are not willing to purchase construction insurance [J]. Engineering Construction and Architectural Management，2018，25（2）：257 – 272.

② Kazaure, M. A. Extending the theory of planned behavior to explain the role of awareness in accepting Islamic health insurance（takaful）by microenterprises in northwestern Nigeria [J]. Journal of Islamic Accounting and Business Research，2019，10（4）：607 – 620.

$p = 0.886 > 0.1$）和商业长期护理保险参保意愿（$\beta = 0.088$，$t = 0.638$，$p = 0.523 > 0.1$）的影响均不显著。该结论验证了胡辛和拉赫曼（2016）[①] 关于主观规范与保险购买意愿间不相关的研究发现，但是与部分支持两者显著相关的文献相悖，例如：刘等（2018）[②]、哈桑和阿巴斯（2019）[③] 等。分析产生该结果的原因，主观规范反映的是外部重要参照体期望的影响，而无论参保社会长期护理保险还是商业长期护理保险，居民往往是基于自身的经济基础、切实需求等判断进行选择，是一种内化的社会影响过程而非顺从期望的社会影响过程。

### 3. 知觉行为控制对参保意愿的直接驱动效应分析

知觉行为控制与社会长期护理保险参保意愿（$\beta = 0.512$，$t = 3.351$，$p < 0.001$）和商业长期护理保险参保意愿（$\beta = 0.399$，$t = 2.885$，$p = 0.004 < 0.01$）均呈显著正相关，表明知觉行为控制能力越强，参保意愿越强。该结论与 Brahmana et al.（2018）[④] 和谭征（2019）[⑤] 等的研究发现相一致。由于居民对长期护理保险的认知度还不够高，因此反映个人掌控能力的知觉行为控制是参保意愿的最强影响因素。此外通过比较发现，知觉行为控制对社会长期护理保险参保意愿的影响更强（$0.512 > 0.399$），显著性水平更高。

### 4. 感知有用性对参保意愿的直接驱动效应分析

感知有用性与社会长期护理保险参保意愿（$\beta = 0.196$，$t = 4.67$，$p <$

① Husin, M. M., Rahman, A. A. Do Muslims intend to participate in Islamic insurance? Analysis from theory of planned behaviour [J]. Journal of Islamic Accounting and Business Research, 2016, 7 (1): 42 – 58.

② Liu, J. Y., Lin, S., Feng, Y. B. Understanding why Chinese contractors are not willing to purchase construction insurance [J]. Engineering Construction and Architectural Management, 2018, 25 (2): 257 – 272.

③ Hassan, H. A., Abbas, S. K. Factors influencing the investors' intention to adopt Takaful (Islamic insurance) products: A survey of Pakistan [J]. Journal of Islamic Marketing, 2019, 11 (1): 1 – 13.

④ Brahmana, R., Brahmana, R. K., Memarista, G. Planned behaviour in purchasing health insurance [J]. South East Asian Journal of Management, 2018, 12 (1): 43 – 64.

⑤ 谭征. 基于 K-Means 和 SEM 的消费者互联网保险购买意愿研究：以 TPB 和 TAM 为分析框架 [J]. 重庆理工大学学报（自然科学），2019 (2): 198 – 207.

0.001）和商业长期护理保险参保意愿（$\beta = 0.17$，$t = 4.174$，$p < 0.001$）均呈显著正相关，表明居民对参保长期护理保险的有用性感知越强，其参保意愿越强烈。该结论与程静和杜震（2018）[①]、林等（2020）[②] 等的研究发现相一致。感知到参保长期护理保险的有用性是居民的一种内在认知，它显著影响居民的参保意愿，这充分证明了居民选择参保与否主要受内化的认知影响，而非受外在的顺从期望影响。通过比较知觉行为控制的影响强度发现，其对社会长期护理保险参保意愿的影响更强（0.196 > 0.17）。

### 5. 个人规范对参保意愿的直接驱动效应分析

个人规范变量与社会长期护理保险参保意愿（$\beta = 0.13$，$t = 3.112$，$p = 0.002 < 0.01$）和商业长期护理保险参保意愿（$\beta = 0.16$，$t = 3.649$，$p < 0.001$）均呈显著正相关，表明个人规范较强的居民往往表现出更加积极的参保态度和更加强烈的参保意愿。这与王等（2019）[③]、张等（2019）[④] 等关于个人规范与行为意愿或行为关系的研究发现相一致。对于参保者而言，积极参保政府主导的社会长期护理保险是社会责任感和义务感的体现，而购买商业长期护理保险则在一定程度上体现了对家庭成员的责任感和担当意识。在访谈过程中，受访者普遍表达出不希望自己老年时给子女增添过多的压力，如果因为没有参保长期护理保险而给子女带来繁重的照料负担，他们会感觉非常内疚，因此这推动着他们去选择参保。本研究证实了居民个人规范对参保意愿的显著正向影响。通过比较发现，主观规范对商业长期护理保险参保意愿的影响更强（0.16 > 0.13），显著性水平更高。

---

①　程静，杜震. 基于感知价值的农户政策性农业保险满意度研究 [J]. 金融理论与实践，2018（7）：58 – 64.

②　Lin, C. H. , Shih, K. H. , Wang, W. C. , et al. Factors influencing the purchase of travel insurance over mobile banking [J]. International Journal of Mobile Communications, 2020, 18（2）：158 – 174.

③　Wang, Z. H. , Sun, Q. Y. , Wang, B. , et al. Purchasing intentions of Chinese consumers on energy-efficient appliances：Is the energy efficiency label effective? [J]. Journal of Cleaner Production, 2019, 238.

④　Zhang, B. , Lai, K. H. , Wang, B. , et al. From intention to action：How do personal attitudes, facilities accessibility, and government stimulus matter for household waste sorting? [J]. Journal of Environmental Management, 2019, 233：447 – 458.

### 6. 保险知识对参保意愿的直接驱动效应分析

保险知识变量对社会长期护理保险参保意愿（$\beta = -0.088$，$t = -0.663$，$p = 0.508 > 0.1$）、商业长期护理保险参保意愿（$\beta = -0.095$，$t = -0.71$，$p = 0.478 > 0.1$）的影响均不显著，表明保险知识对参保意愿的直接影响不显著。居民即使在拥有较为丰富的保险知识的情况下，也难以激发出他们的参保意愿。分析保险知识对参保意愿影响不显著的原因，结合访谈资料，一个可能的解释是，由于目前我国社会长期护理保险制度尚处于试点阶段，且商业长期护理保险发展滞缓、产品不健全，鉴于这种情况，拥有丰富保险知识的居民会明确认识到现在长期护理保险市场并不完善，此时参保并不明智，因此他们大多持观望态度。

### 7. 风险认知对参保意愿的直接驱动效应分析

风险认知对社会长期护理保险参保意愿（$\beta = 0.038$，$t = 0.788$，$p = 0.431 > 0.1$）影响不显著，而与商业长期护理保险参保意愿（$\beta = 0.154$，$t = 3.162$，$p = 0.002 < 0.01$）呈显著正相关。长期护理保险是一项能够有效规避和化解未来可能发生护理风险的制度安排，对风险的可能性和危害性的认知与评估是公众选择参保与否的重要影响因素。但是在社会长期护理保险和商业长期护理保险上存在影响差异，风险认知的影响更多地体现在商业护理保险参保意愿上（Zhou-Richter et al.，2010[1]；陈璐和范红丽，2014[2]）。这可能是因为社会长期护理保险秉持的是全民参保原则（虽然在试点的现阶段以职工医疗保险参保者为主，但是制度成熟后必定将会覆盖全民），而商业长期护理保险则是保险公司经营的可根据参保人自身情况进行多样化选择的保险产品。因此，具备高或低风险认知能力的居民在社会长期护理保险参保意愿方面的差异并不明显，而在商业长期护理保险参保意愿方面，具有高风险认知能力的居民倾向于参保以规避风险，其参保意愿较强，而低认知

---

① Zhou-Richter, T., Browne, M. J., Grundl, H. Don't they care? Or, are they just unaware? Risk perception and the demand for long-term care insurance [J]. Journal of Risk and Insurance, 2010, 77 (4): 715 – 747.

② 陈璐，范红丽. 我国失能老人长期护理保障融资制度研究：基于个人态度的视角 [J]. 保险研究，2014（4）：110 – 120.

能力的居民可能持不确定态度，其参保意愿较弱。

### 8. 信任程度对参保意愿的直接驱动效应分析

信任程度变量与社会长期护理保险参保意愿（$\beta = 0.18$，$t = 2.619$，$p = 0.009 < 0.01$）和商业长期护理保险参保意愿（$\beta = 0.296$，$t = 4.108$，$p < 0.001$）均呈显著正相关关系，表明对政府及保险监管部门、保险公司和保险制度本身持较高信任态度的居民，往往表现出强烈的参保意愿。该结论与布朗等（2012）[①]、荆涛等（2016）[②] 和张瑞利等（2018）[③] 等的研究发现相一致。根据相关信任理论，个体对某项事物或行为的信任倾向会影响其接受该事物或执行该行为。由此可见，对长期护理保险及其相关事物的信任，能够激发参保意愿。通过比较发现，信任程度对商业长期护理保险参保意愿的影响更强（$0.296 > 0.18$），显著性水平更高。这可能是因为居民在选择参保商业长期护理保险时，首先考虑到的便是关于保险公司的信任问题。

### 9. 文化观念对参保意愿的直接驱动效应分析

文化观念变量与社会长期护理保险参保意愿（$\beta = -0.181$，$t = -2.795$，$p = 0.005 < 0.01$）和商业长期护理保险参保意愿（$\beta = -0.127$，$t = -1.978$，$p = 0.048 < 0.05$）均呈显著正相关，表明传统守旧的文化观念（例如："养儿防老"）会抑制长期护理保险参保意愿。该研究结论与麦克卡尔等（1998）[④] 和何苗（2018）[⑤] 等的研究发现一致。通常而言，文化价值观念是在较长时间内形成的一种基本的、较为固定的认知观。由于受到一些传统守旧文化价值观念的影响，许多失能老年人和慢性病人会选择由家庭成员来护理，通过保险来转嫁长期护理风险的观念不强，其参保意愿自然也不

① Brown，J. R.，Goda，G. S.，McGarry，K. Long-term care insurance demand limited by beliefs about needs，concerns about insurers，and care available from family ［J］. Health Affairs，2012，31（6）：1294 - 1302.

② 荆涛，杨舒，孟郁聪. 消费者对长期护理保险的购买意愿及影响因素分析 ［J］. 保险职业学院学报，2016（1）：5 - 11.

③ 张瑞利，时明铭，徐佩. 老年居民长期护理保险认知及参保意愿调查研究：以南京市为例 ［J］. 华东理工大学学报（社会科学版），2018（4）：99 - 107.

④ McCall，N.，Mangle，S.，Bauer，E.，et al. Factors important in the purchase of partnership long-term care insurance ［J］. Health Services Research，1998，33（2）：187 - 203.

⑤ 何苗. 重庆市长期护理保险需求研究 ［D］. 重庆：重庆工商大学，2018.

强。通过比较发现，文化观念对社会长期护理保险参保意愿的影响更强
（｜-0.181｜>｜-0.127｜），显著性水平更高。

### 5.3.3 居民心理认知对参保意愿的间接驱动效应分析

#### 1. 感知有用性对参保意愿的间接驱动效应分析

感知有用性变量和参保态度（$\beta = 0.143$，$t = 7.536$，$p < 0.001$）呈显著
正相关关系，参保态度与社会长期护理保险参保意愿（$\beta = 0.241$，$t = 5.987$，$p < 0.001$）和商业长期护理保险参保意愿（$\beta = 0.074$，$t = 2.026$，
$p = 0.043 < 0.05$）显著正相关，表明感知有用性可以通过参保态度间接影响
参保意愿，即态度在感知有用性和参保意愿间起到中介作用。根据表 5-36
中介效应检验结果可知，感知有用性与社会长期护理保险参保意愿的间接效
应为 0.034，且在 $p < 0.001$ 的水平下显著；感知有用性与商业长期护理保
险参保意愿的间接效应为 0.011，且在 $p < 0.05$ 的水平下显著。通过比较发
现，感知有用性对社会保险参保意愿的间接影响效应大于其对商业保险参保
意愿的间接效应（0.034 > 0.011）。由于感知有用性对参保意愿的直接效应
显著，因此上述中介效应结果均为部分中介。

表 5-36　　　　　　　　　　中介效应检验结果

| 自变量 | 中介变量 | 因变量 | 直接效应 | 间接效应 | 中介效应结果 |
|---|---|---|---|---|---|
| 感知有用性 | 参保态度 | 社会长期护理保险参保意愿 | 0.196*** | 0.034*** | 部分中介 |
| 个人规范 | 参保态度 | 社会长期护理保险参保意愿 | 0.130** | 0.047*** | 部分中介 |
| 保险知识 | 参保态度 | 社会长期护理保险参保意愿 | -0.088 | 0.069*** | 完全中介 |
| 风险认知 | 参保态度 | 社会长期护理保险参保意愿 | 0.038 | 0.071*** | 完全中介 |
| 信任程度 | 参保态度 | 社会长期护理保险参保意愿 | 0.180** | 0.043*** | 部分中介 |
| 文化观念 | 参保态度 | 社会长期护理保险参保意愿 | -0.181** | 0.021** | 部分中介 |
| 感知有用性 | 参保态度 | 商业长期护理保险参保意愿 | 0.170*** | 0.011* | 部分中介 |
| 个人规范 | 参保态度 | 商业长期护理保险参保意愿 | 0.160*** | 0.014* | 部分中介 |
| 保险知识 | 参保态度 | 商业长期护理保险参保意愿 | -0.095 | 0.021* | 完全中介 |
| 风险认知 | 参保态度 | 商业长期护理保险参保意愿 | 0.154** | 0.022* | 部分中介 |

| 自变量 | 中介变量 | 因变量 | 直接效应 | 间接效应 | 中介效应结果 |
|---|---|---|---|---|---|
| 信任程度 | 参保态度 | 商业长期护理保险参保意愿 | 0.296 *** | 0.013 * | 部分中介 |
| 文化观念 | 参保态度 | 商业长期护理保险参保意愿 | - 0.127 * | 0.006 * | 部分中介 |

注：* 表示 $p < 0.05$，** 表示 $p < 0.01$，*** 表示 $p < 0.001$。

## 2. 个人规范对参保意愿的间接驱动效应分析

个人规范变量和参保态度（$\beta = 0.195$，$t = 9.623$，$p < 0.001$）显著正相关，参保态度又与参保意愿显著正相关，这表明个人规范能够通过参保态度间接影响参保意愿，即态度在个人规范和参保意愿间起到中介作用。个人规范与社会长期护理保险参保意愿的间接效应为 0.047，且在 $p < 0.001$ 的水平下显著；个人规范与商业长期护理保险参保意愿的间接效应为 0.014，且在 $p < 0.05$ 的水平下显著。通过比较发现，个人规范对社会保险参保意愿的间接影响效应大于其对商业保险参保意愿的间接效应（0.047 > 0.014）。由于个人规范对参保意愿的直接效应显著，因此上述中介效应结果均为部分中介。

## 3. 保险知识对参保意愿的间接驱动效应分析

保险知识变量与参保态度（$\beta = 0.287$，$t = 4.967$，$p < 0.001$）之间呈显著正相关关系，参保态度又与参保意愿显著正相关，这表明保险知识能够通过参保态度间接影响参保意愿，即态度在保险知识和参保意愿间起到中介作用。保险知识与社会长期护理保险参保意愿的间接效应为 0.069，且在 $p < 0.001$ 的水平下显著；保险知识与商业长期护理保险参保意愿的间接效应为 0.021，且在 $p < 0.05$ 的水平下显著。通过比较发现，保险知识对社会保险参保意愿的间接影响效应大于其对商业保险参保意愿的间接效应（0.069 > 0.021）。由于保险知识对参保意愿的直接效应不显著，因此上述中介效应结果为完全中介。

## 4. 风险认知对参保意愿的间接驱动效应分析

风险认知变量和参保态度（$\beta = 0.293$，$t = 12.059$，$p < 0.001$）之间呈

显著正相关关系，参保态度又与参保意愿显著正相关，这表明风险认知能够通过参保态度间接影响参保意愿，即态度在风险认知和参保意愿间起到中介作用。风险认知与社会长期护理保险参保意愿的间接效应为 0.071，且在 $p < 0.001$ 的水平下显著；风险认知与商业长期护理保险参保意愿的间接路径效应为 0.022，且在 $p < 0.05$ 的水平下显著。通过比较发现，风险认知对社会保险参保意愿的间接影响效应大于其对商业保险参保意愿的间接效应（0.071 > 0.022）。由于风险认知与社会长期护理保险参保意愿间的直接效应不显著，因此参保态度在两者间起到的中介效应为完全中介；而风险认知与商业长期护理保险参保意愿间的直接效应显著，因此参保态度在两者间起到的中介效应为部分中介。

### 5. 信任程度对参保意愿的间接驱动效应分析

信任程度变量和参保态度（$\beta = 0.180$，$t = 4.967$，$p < 0.001$）显著正相关，参保态度又与参保意愿显著正相关，这表明信任程度能够通过参保态度间接影响参保意愿，即态度在信任程度和参保意愿间起到中介作用。信任程度与社会长期护理保险参保意愿的间接效应为 0.043，且在 $p < 0.001$ 的水平下显著；信任程度与商业长期护理保险参保意愿的间接效应为 0.013，且在 $p < 0.05$ 的水平下显著。通过比较发现，信任程度对社会保险参保意愿的间接影响效应大于其对商业保险参保意愿的间接效应（0.043 > 0.013）。由于信任程度与参保意愿间的直接影响效应显著，因此上述中介效应结果为部分中介。

### 6. 文化观念对参保意愿的间接驱动效应分析

文化观念变量与参保态度（$\beta = 0.086$，$t = 3.128$，$p < 0.001$）显著正相关，表明传统守旧文化观念越强的居民往往拥有更加积极的参保态度，该结论与研究假设相反，故假设 H25 不成立。该结论有悖于常识，在综合多方意见的基础上，给出一个可能的解释，对于具有传统守旧养老护理观念的居民，让其作出开放式的参保选择倾向（参保意愿）时，其往往表现出消极反应，而让其判断参保的好坏（参保态度）时，其往往又会表现出部分积极性，因此形成了一个难以常规解释的研究结论。该问题值得进一步深入挖掘和研究。由于参保态度又与参保意愿显著正相关，这表明文化观念能够通

过参保态度间接影响参保意愿，即态度在文化观念和参保意愿间起到中介作用。文化观念与社会长期护理保险参保意愿的间接效应为 0.021，且在 $p < 0.001$ 的水平下显著；文化观念与商业长期护理保险参保意愿的间接效应为 0.006，且在 $p < 0.05$ 的水平下显著。虽然令人十分费解的中介效应显著存在，但是从两条路径的总效应来看仍然显著为负，这表明传统守旧的文化观念对参保意愿整体上具有负向显著影响。

## 5.4　情境因素的调节效应分析及假设检验

### 5.4.1　变量处理与相关性检验

如果自变量对因变量的路径关系受到另一个自变量的影响，那么后者自变量就是该路径的调节变量，它会影响变量间的作用方向和关系强度。本研究以政策支持作为参保态度与参保意愿路径关系的调节变量，检验政策支持在两者间的调节效应。通过图 5 – 1 和图 5 – 2 发现，参保态度与参保意愿间存在明显的"态度 – 意愿"差距。针对该问题，本节主要检验通过引入政策支持变量是否能够推动参保态度更多地向参保意愿转化，从而弥补两者差距。使用 SPSS 22.0 软件基于层次回归分析检验政策支持的调节效应，验证假设 H26 和 H27。

根据表 4 – 14，政策支持、参保态度、社会长期护理保险参保意愿和商业长期护理保险参保意愿的 KMO 值分别为 0.72、0.74、0.73 和 0.71，均超过建议标准值 0.6，表明这些变量可以进行探索性因子分析。使用最大方差旋转的主成分分析法对上述 4 个变量分析发现，各变量均提取出一个公因子，累计方差解释贡献率分别为 77.11%、80.48%、82.74% 和 83.03%。同时，根据表 4 – 13，上述变量的 $\alpha$ 值分别为 0.85、0.88、0.89 和 0.89，超过标准值 0.7，表明变量内部题项间一致性非常好。综上可知，将变量内部的测量题项归为一个因子是合理的。在层次回归分析中，使用各变量测量题项的平均得分来进行实证检验。

表 5 – 37 为变量间的相关性分析结果。根据 Qu et al.（2014）[1]，如果一个变量与自变量和因变量均显著相关，那么这个变量在自变量和因变量的路径关系上可能起到调节作用。根据表 5 – 37 可知，政策支持与参保态度、社会长期护理保险参保意愿和商业长期护理保险参保意愿间均呈现显著正相关。基于此，初步判断政策支持可以是一个调节变量。此外，根据参保态度与社会长期护理保险参保意愿、商业长期护理保险参保意愿间的散点图（如图 5 – 12 所示），两图内的数据点均紧密靠近一条直线，表明变量间呈线性相关关系，因此采用线性的普通最小二乘法（Ordinary Least Squares，OLS）回归来进行验证。

表 5 – 37　　　　　　　　　　　　变量间的相关性分析

| 变量 | 均值 | 标准差 | 政策支持 | 参保态度 | 社会长期护理保险参保意愿 | 商业长期护理保险参保意愿 |
|---|---|---|---|---|---|---|
| 政策支持 | 4.43 | 0.55 | 1 | | | |
| 参保态度 | 3.45 | 0.85 | 0.201*** | 1 | | |
| 社会长期护理保险参保意愿 | 3.52 | 0.82 | 0.202*** | 0.906*** | 1 | |
| 商业长期护理保险参保意愿 | 3.10 | 0.86 | 0.172*** | 0.925*** | 0.895*** | 1 |

注：*** 表示 $p < 0.001$，双侧检验。

### 5.4.2　政策支持的调节效应假设检验分析

为避免多重共线性问题，本研究对数据进行了均值中心化处理。依据研究方法选取本书 4.1 中对层次回归分析步骤的介绍，首先将社会人口统计学特征维度变量中的年龄、性别、户籍类型、婚姻状况、子女数量、受教育程度和月收入水平共计 7 个变量作为控制变量投入模型，其次将自变量参保态度加入模型，再次将调节变量政策支持加入模型，最后将参保态度与政策支

① Qu, Y., Liu, Y. K., Zhu, Q. H., et al. Motivating small-displacement car purchasing in China [J]. Transportation Research Part A – Policy and Practice, 2014, 67: 47 – 58.

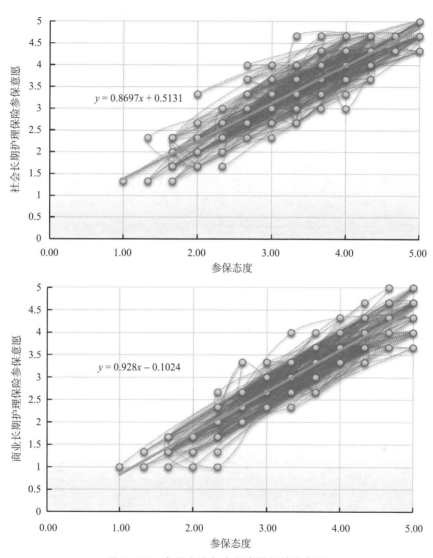

图 5 – 12　参保态度与参保意愿间的散点图

持的交互项投入模型。本研究的因变量细分为社会长期护理保险参保意愿和商业长期护理保险参保意愿，因此基于不同的因变量将上述步骤分两次分析，层次回归分析结果如表 5 – 38 所示。

　　根据表 5 – 38 可知，模型 1 至模型 4 为政策支持变量对参保态度和社会长期护理保险参保意愿路径关系调节效应分析结果，而模型 5 至模型 8 为政策支持变量对参保态度和商业长期护理保险参保意愿路径关系调节效应分析

表 5-38

**调节效应分析结果**

| 变量 | | 社会长期护理保险参保意愿 | | | | | 商业长期护理保险参保意愿 | | |
| --- | --- | --- | --- | --- | --- | --- | --- | --- | --- |
| | | 模型 1 | 模型 2 | 模型 3 | 模型 4 | 模型 5 | 模型 6 | 模型 7 | 模型 8 |
| 控制变量 | 年龄 | 0.408*** (10.803) | 0.071*** (3.370) | 0.069** (3.257) | 0.067*** (3.245) | 0.392*** (10.624) | 0.053** (2.832) | 0.055** (2.937) | 0.054** (2.911) |
| | 性别 | -0.151*** (-4.114) | -0.026 (-1.378) | -0.029 (-1.511) | -0.030 (-1.625) | -0.171*** (-4.752) | -0.045** (-2.665) | -0.042* (-2.489) | -0.043* (-2.544) |
| | 户籍类型 | -0.002 (-0.057) | -0.014 (-0.731) | -0.015 (-0.799) | -0.021 (-1.109) | 0.031 (0.840) | 0.019 (1.123) | 0.020 (1.198) | 0.018 (1.046) |
| | 婚姻状况 | 0.029 (0.463) | 0.005 (0.262) | 0.004 (0.216) | 0.006 (0.301) | 0.028 (0.717) | 0.004 (0.211) | 0.005 (0.261) | 0.005 (0.305) |
| | 子女数量 | -0.131** (-3.284) | -0.044* (-2.171) | -0.047* (-2.277) | -0.051* (-2.554) | -0.093* (-2.367) | -0.005 (-0.274) | -0.003 (-0.146) | -0.005 (-0.269) |
| | 教育程度 | 0.210*** (5.193) | 0.007 (0.336) | 0.005 (0.236) | 0.001 (0.022) | 0.248*** (6.262) | 0.043* (2.302) | 0.045* (2.405) | 0.043* (2.299) |
| | 月收入 | 0.069+ (1.800) | -0.001 (-0.070) | -0.002 (-0.099) | -0.001 (-0.020) | 0.109** (2.918) | 0.039* (2.220) | 0.039* (2.254) | 0.040* (2.327) |
| 自变量 | 参保态度 | | 0.861*** (38.311) | 0.857*** (37.858) | 0.777*** (27.469) | | 0.867*** (43.427) | 0.870*** (43.266) | 0.832*** (32.645) |

因变量

续表

| 变量 | | 因变量 | | | | | | | |
|---|---|---|---|---|---|---|---|---|---|
| | | 社会长期护理保险参保意愿 | | | | 商业长期护理保险参保意愿 | | | |
| | | 模型 1 | 模型 2 | 模型 3 | 模型 4 | 模型 5 | 模型 6 | 模型 7 | 模型 8 |
| 调节变量 | 政策支持 | | | 0.023<br>(1.183) | 0.049*<br>(2.478) | | | -0.022<br>(-1.306) | -0.010<br>(-0.564) |
| 交互项 | 参保态度 *<br>政策支持 | | | | 0.116***<br>(4.572) | | | | 0.054*<br>(2.389) |
| $R^2$ | | 0.329 | 0.828 | 0.828 | 0.835 | 0.358 | 0.864 | 0.864 | 0.866 |
| 调整 $R^2$ | | 0.319 | 0.825 | 0.825 | 0.832 | 0.349 | 0.862 | 0.862 | 0.863 |
| $F$ - value | | 35.513*** | 304.255*** | 270.817*** | 255.411*** | 40.473*** | 402.546*** | 358.507*** | 326.229*** |
| $\Delta R^2$ | | 0.329 | 0.499 | 0.000 | 0.007 | 0.358 | 0.506 | 0.000 | 0.002 |
| $\Delta F$ | | 35.513*** | 1467.709*** | 1.398 | 20.899*** | 40.473*** | 1885.865*** | 1.706 | 5.708* |
| $N$ | | 516 | 516 | 516 | 516 | 516 | 516 | 516 | 516 |

注: 标准化回归系数在模型 1 - 8 中列出, 括号内为 $t$ 统计量; $N$ 为观测值数量; $+ p < 0.1$, $*$ 表示 $p < 0.05$, $**$ 表示 $p < 0.01$, $***$ 表示 $p < 0.001$; VIF 值均小于 2.5。

结果。从模型 1 至模型 4 分析结果来看，控制变量解释了社会长期护理保险参保意愿的 31.3% 的方差变异（调整的 $R^2 = 0.319$）。模型 2 包括控制变量和自变量，解释了社会长期护理保险参保意愿的 82.5% 的方差变异（调整的 $R^2 = 0.825$）。参保态度变量在模型 2（$\beta = 0.861$，$t = 38.311$，$p < 0.001$）、模型 3（$\beta = 0.857$，$t = 37.858$，$p < 0.001$）、模型 4（$\beta = 0.777$，$t = 27.469$，$p < 0.001$）中与社会长期护理保险参保意愿呈显著正相关，表明参保态度能够有效地转化为参保意愿。模型 3 包括控制变量、自变量和调节变量，解释了社会长期护理保险参保意愿的 82.5% 的方差变异（调整的 $R^2 = 0.825$）。在模型 4 中，政策支持与社会长期护理保险参保意愿呈显著正相关（$\beta = 0.049$，$t = 2.478$，$p < 0.05$），表明政策支持能够激励居民的参保意愿；参保态度与政策支持乘积的交互项与社会长期护理保险参保意愿呈显著正相关（$\beta = 0.116$，$t = 4.572$，$p < 0.001$），表明调节效应显著。模型 4 解释了社会长期护理保险参保意愿的 83.2% 的方差变异（调整的 $R^2 = 0.832$）。从模型的解释力度来看，随着新变量的加入，模型的解释力度在不断增强。同时，在模型 1 至模型 4 中，$F$ 值均在 $p < 0.001$ 的水平下显著，且模型 4 中 $F$ 值变化（$\Delta F$）为 20.899，在 $p < 0.001$ 的水平下显著，再次证明了政策支持具有显著的调节效应。此外，所有的方差膨胀因子（Variance Inflation Factor，VIF）值均小于 2.5，表明模型中自变量间不存在多重共线性问题。因此，假设 H26 成立。

从模型 5 至模型 8 的分析结果来看，控制变量解释了商业长期护理保险参保意愿的 34.9% 的方差变异（调整的 $R^2 = 0.349$）。模型 6 包括控制变量和自变量，能够解释商业长期护理保险参保意愿的 86.2% 的方差变异（调整的 $R^2 = 0.862$）。参保态度变量在模型 6（$\beta = 0.867$，$t = 43.427$，$p < 0.001$）、模型 7（$\beta = 0.87$，$t = 43.266$，$p < 0.001$）、模型 8（$\beta = 0.832$，$t = 32.645$，$p < 0.001$）中与商业长期护理保险参保意愿呈显著正相关，表明参保态度能够有效地转化为参保意愿。模型 7 包括控制变量、自变量和调节变量，解释了商业长期护理保险参保意愿的 86.2% 的方差变异（调整的 $R^2 = 0.862$）。在模型 8 中，参保态度与政策支持乘积的交互项与商业长期护理保险参保意愿呈显著正相关（$\beta = 0.054$，$t = 2.389$，$p < 0.05$），表明调节效应显著。模型 8 解释了商业长期护理保险参保意愿的 86.3% 的方差变异（调整的 $R^2 = 0.863$）。从模型的解释力度来看，随着新变量的加入，模型的

解释力度在不断增强。同时，在模型 5 至模型 8 中，$F$ 值均在 $p < 0.001$ 的水平下显著，且模型 8 中 $F$ 值变化（$\Delta F$）为 5.708，在 $p < 0.05$ 的水平下显著，再次证明了政策支持具有显著的调节效应。此外，所有的方差膨胀因子（Variance Inflation Factor，VIF）值均小于 2.5，表明模型中自变量间不存在多重共线性问题。因此，假设 H27 成立。

从控制变量来看，年龄变量在模型 1 至模型 4 和模型 5 至模型 8 中分别与社会长期护理保险参保意愿、商业长期护理保险参保意愿呈显著正相关，表明年龄越大的居民，其参保意愿越强烈。这也验证了年龄变量的单因素方差分析结果。性别变量在模型 1 和模型 5 至模型 8 中分别与社会长期护理保险参保意愿、商业长期护理保险参保意愿呈显著负相关，表明较之男性居民，女性居民的参保意愿更强烈。这也验证了性别变量的独立样本 T 检验结果。子女数量变量在模型 1 至模型 4 和模型 5 中分别与社会长期护理保险参保意愿、商业长期护理保险参保意愿呈显著负相关，表明子女数量越多的居民，其参保意愿越弱。验证了子女数量变量的单因素方差分析结果。受教育程度变量在模型 1 和模型 5 至模型 8 中分别与社会长期护理保险参保意愿、商业长期护理保险参保意愿呈显著正相关，表明受教育程度越高的居民，其参保长期护理保险的意愿越强烈。而且受教育程度对商业长期护理保险参保意愿的影响在模型 5 至模型 8 中始终保持显著，表明影响较为稳定。月收入水平变量在模型 1 和模型 5 至模型 8 中分别与社会长期护理保险参保意愿、商业长期护理保险参保意愿呈显著正相关，表明月收入水平越高的居民，其参保意愿越强烈。与受教育程度变量相同，月收入水平对商业长期护理保险参保意愿的影响在模型 5 至模型 8 中始终保持显著，表明影响较为稳定。

## 5.5　居民参保意愿驱动机理理论模型修正

根据上述实证分析结果，本研究对长期护理保险居民参保意愿驱动机理综合模型进行修正，修正后的模型如图 5-13 所示。从心理认知变量对参保意愿的影响来看，参保态度、知觉行为控制、感知有用性、个人规范、信任程度和文化观念对社会长期护理保险参保意愿具有直接影响，其中感知有用性、个人规范和信任程度也可通过参保态度间接作用于社会长期护理保险参保意愿；参保态度、知觉行为控制、感知有用性、个人规范、信任程度、文化观念和风险认知对商业长期护理保险参保意愿具有直接影响，其中感知有用性、个人规范、信任程度和风险认知也可通过参保态度间接作用于商业长期护理保险参保意愿；保险知识只能通过参保态度间接作用于参保意愿。从情境变量对参保意愿的影响来看，政策支持显著正向调节参保态度和参保意愿间的路径关系。社会人口统计学特征中的区域、年龄、性别、户籍类型、子女数量、受教育程度、月收入水平、年纯收入水平和职业类型以及健康状况属性中的患慢性病情况、家人患慢性病情况、家中长期护理需求情况、医疗保险参保情况、养老保险参保情况、商业保险参保情况和未来照料期望均对参保意愿具有显著的差异影响。

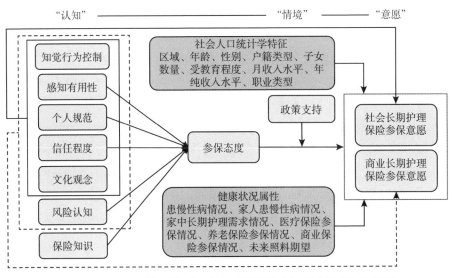

图 5-13　修正后的长期护理保险居民参保意愿驱动机理综合模型

## 5.6　本章小结

在本书第 3 章构建的综合理论模型和提出的研究假设及第 4 章的实证研

究设计基础上，本章对长期护理保险居民参保意愿的驱动机理进行了实证分析。首先分析了异质性居民参保意愿的差异性；其次对居民参保意愿变量和意愿的驱动因素进行了描述性统计分析，发现存在"态度－意愿"差距；再次通过结构方程模型对居民参保意愿驱动因素的作用路径进行分析，检验了心理认知变量对参保意愿的研究假设；再次，通过层次回归分析验证了外部情境变量政策支持对参保态度和参保意愿路径关系的调节效应，弥补了"态度－意愿"差距。最后基于实证分析的结果，对长期护理保险居民参保意愿驱动机理综合模型进行了重新修正。本研究的实证分析严格遵循"认知－情境－意愿"框架，对居民参保意愿驱动机理进行系统研究，研究结论能够为后续政策建议的提出提供依据。

# 第6章

# 研究结论、建议与展望

## 6.1 研究结论

### 6.1.1 居民参保意愿驱动机理质性研究结论

本研究基于探索性的扎根理论质性研究方法，构建了"长期护理保险居民参保意愿驱动机理综合理论模型"，并提出基于"认知－情境－意愿"的分析框架来阐释居民参保意愿的驱动机理。理论模型包括居民属性、居民心理认知和外部情境三个主范畴，各主范畴内涵及相互间的建构关系如下。

#### 1. 居民属性的异质性对其参保意愿具有重要影响

居民属性主范畴包括年龄、性别、户籍类型、婚姻状况、子女数量、受教育程度、月收入水平、家庭年纯收入水平、职业类型9个社会人口统计学特征子范畴和自评健康状况、患慢性病情况、家人患慢性病情况、家中长期护理需求情况、医疗保险参保情况、养老保险参保情况、商业保险参保情况、老年照料期望8个健康状况维度子范畴，居民属性对参保意愿产生重要的直接影响。

#### 2. 居民心理认知变量直接或间接影响其参保意愿

居民心理认知主范畴主要包括参保态度、主观规范、知觉行为控制、感知有用性、个人规范、保险知识、风险认知、信任程度和文化观念9个子范畴。根据经典的行为、风险和信任理论或理论模型，结合文献综述中已有研究的发现和扎根理论分析结果可知，上述变量能够直接影响居民参保意愿。此外，考虑到态度是意愿最强有力的预测变量，因此本研究提出心理认知变量可以通过参保态度间接作用于参保意愿。

### 3. 外部情境变量调节态度与意愿路径关系，弥补"态度－意愿"差距

根据扎根理论分析结果，居民在参保长期护理保险过程中存在明显的"态度－意愿"差距，即态度认知与意愿发生并非一致，这主要体现为态度高意愿低导致的意愿缺口。究其原因主要是居民的参保态度向参保意愿转化过程中受到诸多内外部情境因素的影响。基于此，本研究重点聚焦于外部情境变量政策支持对居民参保"态度－意愿"路径关系的影响。

## 6.1.2　居民参保意愿驱动机理量化研究结论

本研究中有关长期护理保险居民参保意愿驱动机理的量化分析主要集中在第 4 章和第 5 章，第 4 章为实证研究设计和数据收集，其研究内容过于分散、不聚焦，涉及问卷设计、发放、回收以及数据的信度与效度检验等，此处不对该章进行总结归纳。第 5 章的实证研究结论主要包括以下几点。

### 1. 异质性居民参保意愿的差异性分析结论

通过独立样本 T 检验和单因素方差分析发现，居民参保意愿在不同的区域、年龄、性别、户籍、子女数量、学历、收入水平、职业、患慢性病情况、家人患病情况、家中长期护理需求情况、医疗/养老/商业保险参保情况和照料期望下呈现显著差异。这是对 6.1.1 质性研究结论中"居民属性的异质性对其参保意愿具有重要影响"的实证检验。

### 2. 居民参保意愿及其驱动因素描述性统计分析结论

通过对参保意愿及其驱动因素的描述性统计分析发现，居民参保意愿整体水平不高，平均得分仅为 3.31；居民参保态度与参保意愿间存在明显的"态度－意愿"差距，态度水平（3.45）高于意愿水平，形成态度高意愿低的意愿缺口。通过均值比较，证实了质性研究中对"态度－意愿"差距的

发现。

### 3. 居民参保意愿驱动因素的路径分析及假设检验结论

通过结构方程模型分析发现，参保态度、知觉行为控制、感知有用性、个人规范、信任程度和文化观念对居民参保意愿具有显著直接影响；风险认知只对商业长期护理保险居民参保意愿具有显著直接影响；感知有用性、个人规范、信任程度、风险认知和保险知识通过参保态度的介导作用间接影响参保意愿。这是对 6.1.1 质性研究结论中"居民心理认知变量直接或间接影响其参保意愿"的实证检验。

### 4. 情境因素的调节效应分析及假设检验结论

通过层次回归分析发现，政策支持对参保态度和参保意愿路径关系具有显著正向调节效应。在高政策支持的调节作用下，能够加强参保态度更加有效地向参保意愿转化，从而弥补居民在参保过程中出现的"态度－意愿"差距。这是对 6.1.1 质性研究结论中"外部情境变量调节态度与意愿路径关系，弥补'态度－意愿'差距"的实证检验。

## 6.2 政策建议

本研究自始至终主张的是以政府为主导的社会长期护理保险和以保险机构主办的商业长期护理保险混合发展的制度模式，遵循"以社会保险为主，商业保险为补充"的原则。基于上述观点，在实证研究中设置了社会长期护理保险参保意愿和商业长期护理保险参保意愿两个因变量，来分别探讨居民针对这两种保险的参保意愿的驱动机理。基于实证研究结论，结合访谈资料，从政府和保险机构两个层面提出有利于提升居民参保意愿的政策建议。

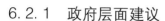

## 6.2.1　政府层面建议

### 1. 尽快出台长期护理保险相关法律法规

立法先行是长期护理保险发展的重要保障，颁布长期护理保险法律具有重要意义。随着我国人口老龄化速度加快和程度加深，现有的社会保障体系已经无法满足日益增长的护理需求，长期护理保险的建立尤为急迫和紧要，而目前我国仍然未能出台专门的针对长期护理保险的相关法律法规，这使得长期护理保险作为独立的"第六险"无法可依。纵观各国发展经验，都是通过法律的形式正式建立了长期护理保险制度。例如德国、日本、韩国等将长期护理保险纳入社会保险体系，通过对制度现行问题的改进带来了改革成效，使得受益人群大幅增长、护理质量进一步提升、居家护理比例得到提高，充分体现了其社会性和保障性。各国长期护理保险发展的历程证明，在法制框架内实施长期护理保险有助于明晰各方权责，吸引更多社会力量和多方资金参与进来。因此，我国也应构建完善的长期护理保险法律法规体系，为其可持续发展提供根本保证，并且针对试点城市中存在的问题，法律法规也应与时俱进。长期护理保险第一阶段试点早已结束，第 2 阶段试点已近四年，有必要推动各省市试点经验交流与总结，为顶层制度设计特别是立法层面制度的出台提供支持。政府应在《中华人民共和国社会保险法》的基础上尽快研究出台长期护理保险补充法，将长期护理保险依法纳入社会保障体系，探索建立统一的长期护理保险标准，明确保险的覆盖范围、基金筹措渠道、给付方式、质量监管体系以及评估机制等系列内容。各级地方政府和保险主管部门可根据上述立法，因地制宜地制定和出台地方性的法律法规，避免因各地方人口结构不平衡、经济发展不均衡等造成差异，为制度的可持续发展奠定法律保障，将长期护理保险的立法工作层次化和深度化。

### 2. 加强宣传工作，转变部分居民传统的养老护理观念

目前居民对长期护理保险的有用性感知水平不高，不可否认这在一定程度上是由于居民受教育程度差异导致的认知不同，但究其原因主要是长期护理保险的宣传工作缺位或是不到位。在开展长期护理保险宣传工作时，需要

让居民对长期护理保险有所了解，包括覆盖范围、服务内容与形式、相关法规等。这能够使居民对长期护理保险形成整体上的认知。在此基础上，针对长期护理保险的保障功能进行重点介绍，既要包括参保可以获得补偿、减轻家庭负担和提升晚年生活质量等功能性内容介绍，也要包括不同档次的报销比例、给付方式等更加具体的知识性内容的介绍。在宣传路径的选择上，可以以街道、社区、村、乡镇、市、省为分类，进行逐级走访和汇总，再进行逐级宣传。针对不同人群、家庭和地区情况采取不同宣传手法，尤其要着重聚焦于受教育程度低的农村居民，让这部分群体清楚地认识到参保长期护理保险的意义所在。上述宣传工作的开展，可以由中央出台指导性意见，各省级政府制定相关政策，各市区县结合自身实际探索具体宣传实施方案，由社区居委会和村委会负责开展宣传工作，对极其需要照护帮助的家庭，街道和社区可以采取上门走访宣传的方式，向他们详细讲解政策内容，使他们了解参加长期护理保险后能够享受的福利待遇。

目前我国已结束第一阶段长期护理保险试点，正在积极开展第二批更大范围试点工作，体现了国家对该项任务的重视。借鉴德国和日本经验，我国社会长期护理保险应该是一种义务保险，即要求所有居民参保。对于居民而言，响应此号召积极参保长期护理保险是社会责任感与义务感的体现。政府应该发挥媒体和舆论的导向性作用，采用多种形式宣传相关政策，改变居民只讲权利、不讲义务的依赖心理，使其正确认识自己在整个长期护理保险体系中的应有作用，不断提高居民的责任感和义务感。此外，传统守旧的养老护理观念是居民参保意愿的重要障碍因素。子女将父母送入养老院或护理机构被视为不孝，甚至一些文化观念守旧的父母认为机构养老是子女转嫁赡养义务的方式，这些传统养老观念使得长期护理保险的起步和发展举步维艰。因此，政府需要加强宣传，使居民认识到家庭保障功能弱化的现实，养老问题必须由社会和家庭来共同承担。与此同时，要加强居民的保险意识，使其认识到参保长期护理保险、接受家庭成员以外的正式照护与传统价值观念并不矛盾，逐渐改变其单纯依靠家庭照护和子女养老的观念。此外，也可以引导居民尤其是老年人群体验长期护理保险所包含的服务内容，使其通过切身感受来改变传统的养老护理观念，以此提升他们的参保意愿。

### 3. 完善长期护理保险的多元筹资机制

针对人口老龄化日益增长的形势，以及长期护理服务要求的增加所带来的资金压力，必须构建多元化的筹资模式。对我国而言，地区之间经济发展速度不一，各地政府财政水平差异较大，采取什么样的筹资机制需要政府慎重抉择。从我国多年的社会保险实践来看，长期护理保险最重要的责任主体是个人、单位和政府。无论是直接从医保结余进行资金划转，还是将医保划拨与政府补贴、个人及单位缴费结合的筹资方式，长此以往会导致长期护理保险基金不能承担风险或是政府加大补贴带来巨大财政压力。目前长期护理保险试点城市的筹资原则是"以收定支、收支平衡、略有结余"，即给付金额取决于筹集资金数目，但由于各地经济发展水平及医保基金结余情况的差异，在今后长期护理保险的发展过程中，建立起个人、单位、财政、社会捐赠等多元筹资渠道是必然的选择。从一些采取社会保险模式运作长期护理保险的亚洲国家经验来看，首先，财政应适当补贴长期护理保险。我国长期护理保险的筹资模式由政府、企业和个人共同承担，政府应加大财政支持和政策支持，各地可根据自身财政状况，科学划分政府筹资比例，对积极参与到长期护理保险筹资过程中的企业、个人给予一定优惠和补贴，建立并加固长期护理保险制度稳定多样的筹资渠道。其次，积极引导社会力量共建长期护理保险，以福利多元主义为理论基础，在可实现的范围内设计多元化的筹资方案，倡导多方参与，充分发挥个人捐款、团体捐赠、企业捐赠以及福利体彩等社会化筹资渠道的作用，尽量减少对医保基金和政府补贴的依赖。对特殊困难群体给予适当资助，充分发挥社会保险的互助共济功能。建立互助共济、责任共担的良性多元筹资机制，能够保持资金筹集的可持续性，形成合理稳定的筹资来源，也可减轻基本医疗保险基金负担过重的压力，同时可以更有效地规避和分散风险，保证长期护理保险制度的稳健运行。

4. 明确保险监管部门的监督管理职责，提升居民的信任感

长期护理保险与长期护理服务的复杂性决定了必须有健全的监督体系作为支撑。明确和落实好保险监管部门对长期护理保险的监督管理职责，能够提升居民对政府及其监管部门的信任度，从而激发他们的参保热情。目前试点地市已经发布的长期护理保险相关政策文件中，涉及多方主体对经办机构、服务机构、失能评估机构等保险制度相关机构的监管规定很少，政府部门亟须健全完善监督管理机制。首先，我国应不断完善对护理服务机构和从业人员的协议管理和监督稽核制度，同时积极引导社会力量参与监督。由社

会组织参与并发布专业的监督报告，个人依托信息平台进行监督，充分考察护理机构和护理人员的服务质量，管理部门对违法行为严格处罚，共同维护长期护理服务市场的规范化运作。其次，保险监管部门的职责主要体现在对长期护理保险条款及保险运营情况的监管。在长期护理保险条款监管方面，监管部门需要秉持公平、公正、客观的态度对保险条款进行审查，保证保险条款有利于投保者。在保险运营监管方面，针对社会化运营的保险，需要对保险的相关政策规定、基金来源与使用、定点护理机构资质、护理服务内容与质量等系列方面进行监管，并实施定期信息公开制度；针对市场运营的保险，重点监管保险机构的财务情况、产品设计和服务质量情况等。对长期护理保险的社商合作进行监管，提高各地长期护理保险经办、管理和服务的能力与效率，避免照护服务质量良莠不齐导致照护服务的浪费和无效率等问题。此外，可引入第三方评估机构定期对保险机构进行全方位、多层次的评估。政府与第三方监管机构签订合同，通过委托的方式将保险制度的实际管理者与监督者实现分离，充分发挥第三方监管机构自身的独立性，在保证不同服务机构、失能评估机构等制度利益相关机构平等参与竞争的同时，既激发长期护理保险相关机构的经办能力的提升，又保障保险制度监管的效率与质量，有效地增加居民参保的安全感和积极性。

### 5. 为长期护理保险提供强有力的政策支持与引导

长期护理保险的正常运转离不开政府强有力的政策支持与引导。针对社会长期护理保险，政府应在其政策设计过程中保持高度的可持续性，确保居民形成对未来收益的稳定预期，提升其参保意愿。此外需要注意的是，由于地区间发展的不均衡性，各地区在政策制定时需要体现灵活性，避免政策歧视。在商业长期护理保险方面，由于保险机构的趋利性使得商业保险发展滞缓，这就必然需要政府的介入以打破发展僵局。政府可以通过制定相关政策以招标、竞标的方式引导保险机构参与到长期护理保险制度的建设中来，将商业保险作为社会保险的有益补充。同时，政府可以通过税收减免和财政补贴等政策来推进商业长期护理保险的发展，灵活地调整其市场占有率，引导其稳定发展。为确保保险机构的良性运作，政府应该建立完善的保险市场评估政策，对保险机构的产品、销售、服务等进行多方位监管，以保障保险市场的规范化秩序。

现实中，低收入群体的参保意愿普遍因其经济能力而受到抑制。由于我国目前社会保险的总体缴费率已经不低，再增加长期护理保险缴费无疑将进一步加重居民的负担。因此就需要加大政府的财政补贴力度，加快完善长期护理保险补贴制度，合理引导居民的参保积极性，提高其参保意愿。政府应该按照责任共担的原则，明确政府、企业和个人的缴费责任，结合不同参保对象的实际情况设置灵活多档、差异对待的参保补贴标准。具体而言，对低收入的重度失能者可进行全额补贴，对低收入的中度失能者进行 75% 补贴，而对低收入的轻度失能者则进行 50% 补贴。该补贴标准可以结合当地实际情况进行适度调整。此外，为激励居民积极参保商业长期护理保险，政府可以通过减免税收、财政补贴等方式将保险机构纳入补贴对象，以此鼓励保险机构开发物美价廉的产品。

### 6. 扩大试点范围，尽快探索建立长期护理保险制度

长期护理保险应尽快扩大试点范围，将广大城乡居民纳入保障网。这一方面是制度发展的必然要求，另一方面也是保证制度可持续发展的源泉动力。只有让更多的居民参与到制度之中，才能扩大长期护理保险的"资金池"，提升制度的支付能力。随着长期护理保险第一阶段试点工作的结束，我国政府紧接着积极着手推进第二阶段试点，这充分表明了国家建立长期护理保险制度的决心。在第一阶段试点过程中，主要以城镇职工医疗保险参保者为对象，这与城乡居民的实际护理需求是不相吻合的。虽然城市居民的参保意愿更强，但农村居民相比于城市居民有着更加迫切的现实需求。在试点的第二阶段，一些有条件的地区可以适当地将参保对象覆盖范围扩大到城乡居民。应在充分吸收上海、青岛等城市试点经验的基础上，加强顶层设计，推进扩大试点范围，尤其是向农村地区拓展，做到城乡全覆盖，使农村地区失能人群也享受到制度实惠。在完善筹资机制奠定资金基础、明确参保人员的权利与义务、确定责任主体的基础上，扩大长期护理保险的保障范围，逐步将农村居民以及经济欠发达地区居民纳入保障范围，逐步实现全民长护险。同时，坚持一体化原则实现城乡统筹，避免再走城乡二元分割的旧路。已有研究表明，将城镇职工和城乡居民一同作为参保对象，既有助于缓解个人筹资压力，也避免了制度的碎片化造成高收入人群高福利、低收入人群低福利的"福利倒挂"现象，并且有助于维护长期护理保险制度的公平属性，

实现长期护理保险的"大数法则"原则。

在扩大试点工作中，可适当向早期未参保群体倾斜，在合理范围内适当地提高报销比例，做好早期未参保群体的补偿工作。通过政策的力量，使得早期未参保人群获得相应补偿，增加其获得感；对刚参保人群也进行政策激励，以提高其对长期护理保险相关政策的接受程度、忠诚度。各试点省区市应该结合自身情况适时开展长期护理保险居民参保意愿调查，关注早期未参保群体的身心健康状况，社区医疗卫生机构增加对早期未参保群体的体检频率，并重点关注慢性疾病等老年病，坚持以需求侧的意愿为导向来指导保险制度建立过程中供给侧的做法。待试点工作结束后，积极总结经验和教训，尽快建立具有较高公平性和普惠性的长期护理保险制度。

## 6.2.2 保险机构层面建议

### 1. 宣导商业保险理念，提升居民参保意愿

厘清商业长期护理保险与社会长期护理保险的区别是提升居民对商业保险参保意愿的关键。商业保险具有形式灵活性、保单多样化、特色定制化、内容个性化和管理专业化等优点，在向居民介绍商业长期护理保险时，保险机构需要着重突出上述特色，以此来吸引居民参保。在银保监会的授意和监督下，保险机构可以与高校、大型国企、社区等积极开展合作，深入到上述单位进行商业保险理念的主题宣讲活动。此外，保险机构可以借助手机App、公益广告、网络推送和抖音、快手小视频等新媒体途径和平台充分发挥宣传功能，提升居民对商业保险的价值认知，进而提升居民参保长期护理保险的意愿。

由于对商业保险的条款缺乏清晰的认知，参保人与保险机构间的误解时有发生。针对类似多发现象，保险机构应该加强对保险知识的宣传，确保居民对所投保险的全面了解。具体而言，保险机构工作人员首先需要介绍各类商业长期护理保险的保障范围和理赔条件等，居民可根据自身需求选择适当的商业长期护理保险产品，产品选定后，工作人员需针对产品中的每一项条款向居民作出详细的解读，以确保其完全清楚。此外，保险机构可以通过定期召开产品的宣讲会或说明会的方式，以网络直播或录播的形式，对产品进

行多维全面的讲解并加以区别化比较，突出产品与其他健康险、人寿险、重大疾病险的不同，加强居民对商业长期护理保险知识的了解，最后针对不同群体推荐合理的保单。同时，保险机构需要让居民认识到在老龄化和高龄化趋势加剧的当下，长期护理风险较为多发，且一旦发生，必将耗费其终生积蓄，同时其家庭也会背负沉重的人力和经济压力，而商业长期护理保险可以有效地转嫁该风险，为长期护理费用提供补偿。保险机构通过风险教育、风险宣传等方式来提升居民的风险意识和风险认知能力。具体而言，可结合网络媒介和传统媒介进行共同宣传，通过举办寓教于乐的线上/线下活动、发放风险宣传手册、推送风险教育内容，增强居民的风险认知，提升其参保意识。在这一过程中，保险机构还要考虑到不同年龄不同地区的居民接受能力的差异，应尽量将专业的保险知识简化，便于居民接受并挑选出适合自己的产品，进而提升居民的满意度，增加其对商业保险的需求。

2. 强化保险机构的规范化运营管理，提升服务质量

强化规范运营和科学管理，提高经营效率和管理水平，是提升保险机构的社会认知度和信任度的基础手段。在运营过程中，保险机构需着重做好对保险产品前期设计、中期推广销售和后期理赔等环节工作。首先，商业保险机构在参与社会管理的过程中，需要根据参与管理的类别、产品和渠道，制定相应的管理政策，并加强管理过程的监督和管理，坚决杜绝不理性的价格竞争，销售误导行为。其次，要规范保险机构合规经营，加强服务的诚信建设，树立行业良好形象。必须坚持对投保人及社会公众采取信息公开、高度透明等原则推广和销售产品，保险机构也应及时、准确地披露经营信息，包括企业的经营现状、所发布保险产品条款的准确解释、免赔条款细则、注册资本、准备金等，避免因买卖双方信息不对称而引发后续纠纷。再次，制定规范的理赔标准，并做到理赔环节的公平性与公正性。遵循上述运营策略，保险公司能够在社会中逐渐树立起良好信誉与口碑，从而提升居民对其信任度。保险机构还需要加强人才队伍建设。一方面需要提高工作人员的业务水平和综合能力，严把筛选入职、岗前培训、筛选到岗的流程，并建立完善的考核考评制度；另一方面需要提高工作人员的职业素质和道德操守，在向居民推荐保险产品时，严格遵守诚信的底线，秉持不欺瞒、不利诱的原则，根据居民的切实需求和经济状况进行合理化保险产品推荐。此外，保险机构还

要加强保险需求市场和客户满意度的调查，根据客户需求和反映分析保险服务对客户可能产生的影响，形成最终的服务概念，根据客户需求和行为制定市场细分标准，提高服务质量，并通过激励机制对服务过程进行有效的组织管理。最后，商业保险机构还应加强自身建设，加强内部治理，促进自身管理能力的提高，夯实商业保险机构促进和谐社会发展和参与社会管理的基础，实现商业保险又好又快发展。

### 3. 完善商业长期护理保险产品设计，满足居民多样化需求

目前我国商业长期护理保险产品普遍存在保费高、产品同质化强、长期护理保障特征不明显、给付方式单一化等问题，因此保险机构需要不断地创新保险业务，开发适销对路的保险产品，通过提供多种补充养老方案，在方便参保者选择的同时也在领域内形成良性竞争，从而激发市场活力。而且，商业保险形成的专业化产业和团队，可以提供更安稳的风险管控方案和更优质的客户服务，分摊长期护理保险资金的风险，减少经营成本。研究中发现，不同异质性居民对商业长期护理保险的参保意愿具有显著差异，因此保险机构可以坚持以需求为导向，通过对居民的健康状况、自理能力、认知功能、已有保险情况等进行评估，按照评估等级设计灵活多档的保险产品，从而满足居民的差异化选择需求。一方面，保险机构在设计商业保险产品时应开阔视野，研发出更丰富、多层次的商业长期护理保险产品供不同人群选择。可以根据参保者收入的不同，将中低收入人群定为主要目标，对于高收入客户，可以根据需求定制个性化保险支付和服务方案，为参保者提供更好的待遇和使用体验。另一方面，商业保险机构需要创新产品开发机制，推广更具地方特色的保险服务产品。商业保险机构不仅要加强对保险产品创新，还要创新服务手段和渠道，才能更好满足参保者多种形式的安全需求，扩大产品的覆盖范围，提高保护水平。

在创新渠道方面，商业保险机构要继续完善现有的营销模式，通过处理直接销售渠道和代理渠道之间的关系，积极探索新兴保险销售渠道，大力发展电话销售和网络营销，进一步丰富营销渠道的层次和多样性。同时，商业保险机构间要大力推进合作，促进营销渠道整合，资源共享，优势互补，提高竞争能力。在保费方面，可根据居民的经济状况、家庭结构情况和理赔期望情况等，结合专家学者和业内人士的建议，对保险产品实行合理的阶梯式

定价，设计满足消费者需求且在其经济承受能力范围内的保险产品。在给付方面，保险机构可以采取现金给付与服务给付相结合的方式，给居民更多的选择机会，提升其参保意愿。

### 4. 培养专业护理人才，提高护理人员整体素质

长期护理保险作为我国应对人口老龄化趋势的新探索，离不开专业护理人员，也对护理人员的服务质量和职业素质提出了更高的要求。因此，保险机构必须加强机构护理人员的培养和管理，加大对护理人员的训练和教育力度，提高行业整体素质，使其为老年人护理工作提供更加专业的服务。第一，保险机构应提高护理人员的准入门槛，在上岗前，要对每个护理服务提供者进行完备的专业技能培训，在经过规范化培养的基础上，优化笔试、面试流程，为护理工作提供针对性人才。与护理服务人员签订劳动合同或协议，通过用人的正规化来确保护理服务队伍的稳定性，提高服务供给的持续性。第二，建立系统化、专业化的技能提升培训机制，保险机构应联合卫健、民政、医保、人社等部门，整合各方培训资源，加强行业从业人员技能培训，包括压力管理、团队工作、沟通技巧和冲突管理等方面。第三，从管理方面入手，着力补齐养老服务的人才短板。完善养老护理员工薪酬动态调整机制，出台行业指导工资线，通过设定合理的待遇支付标准，在一定程度上确保机构可以提供与职工工资水平相当的薪资，吸纳护理服务从业人员，优化服务队伍，根据护理服务人员不同资质梯度，设置不同标准的服务价格，健全职业发展路径。第四，保险机构可以通过利用计算机信息系统制作与保管长期护理病历、普及新型护理服务工具等多种手段切实提高长期护理服务行业的工作效率，改善长期护理服务劳动环境，以提升护理服务队伍的稳定性。同时，在面临道德问题和伦理问题时，进行多重预设和讨论，最大程度上提供解决大部分伦理道德问题的方案，增加护理人员从业信心。此外，保险机构还可以通过加强对护理行业的宣传和教育，打破群众对护理工作，尤其是老年护理工作的不合理认知，鼓励更多感兴趣的年轻人积极参与护理工作。

## 6.3 研究局限与展望

### 6.3.1 研究局限

本研究力求科学严谨，但受到主观能力水平和时间等客观因素的限制，难免存在一些不足之处，主要涉及驱动因素选取与量表设计、调查样本等方面。研究局限具体表现如下。

#### 1. 驱动因素选取与量表设计的局限性

长期护理保险居民参保意愿是一个新议题，对此还没有成熟的变量范畴和测量量表。本研究在相关行为、风险和信任经典理论或理论模型的基础上，结合文献综述中已有研究的发现和扎根理论结果，筛选出居民参保意愿的深层次驱动因素。虽然驱动因素提炼过程较为科学规范，但是这恐怕难以完全涵盖居民参保意愿的所有驱动因素。在量表题项设计方面，除部分变量题项依据成熟测量量表进行设计外，另外一部分变量题项则是结合相关联的测量量表或根据变量的操作化定义进行自行开发，虽然量表的信度和效度在试调研和正式调研中均得到了有效验证，但是仍具有不可否认的主观性。

#### 2. 调查样本的局限性

为确保问卷回收质量，本研究仅通过实地调研以分层随机抽样的方法发放纸质调查问卷，共发放问卷 600 份，回收有效卷共计 516 份。虽然调研实施中将河北省划分为经济发达、经济中等发达、经济欠发达三类地区，选取每个地区中的部分代表性地级市作为调研实施点，体现了经济发展水平的层次性，能够较好地代表河北省的整体情况，同时也满足了统计研究对调查样本的基本要求，但是调查样本在数量上和地区分布上仍存在局限性。受限于调研时间和经济能力，样本总量稍显薄弱，代表性受限。

## 6.3.2　研究展望

针对上述研究不足之处，结合本研究过程中产生的些许想法，对未来研究工作提出以下展望，以期为该研究领域的深入发展提供空间，具体如下：

一是进一步深度挖掘驱动因素。在已有的经典理论借鉴、文献研究和扎根理论分析等方法的基础上，采用实验研究设置具体的实时情景模拟现场，以此来挖掘不同情境下居民参保意愿的驱动因素。可以深入探究的变量包括：居民的遗赠动机、朋辈和子女的参保态度、社区支持等。

二是进一步完善测量量表。针对提炼的驱动因素，借助数据仿真方法对这些因素进行动态模拟，分析因素间的相互作用关系，依据仿真模拟的结果不断地完善测量量表，并选取不同时间阶段和不同省市进行多次验证与修正。

三是进一步扩大调研范围。将调研范围从河北省的 6 个地级市扩大到所有地级市，覆盖整个省内。通过更大范围的调研，获取更多研究数据，以确保研究结论的可靠性和准确性。

# 参 考 文 献

［1］贝克，威尔姆斯. 自由与资本主义：与著名社会学家乌尔里希·贝克对话 ［M］. 路国林，译. 杭州：浙江人民出版社，2001.

［2］曹信邦，陈强. 中国长期护理保险需求影响因素分析 ［J］. 中国人口科学，2014 (4)：102 – 109，128.

［3］曹信邦. 中国长期护理保险制度构建的理论逻辑和现实路径 ［J］. 社会保障评论，2018 (4)：75 – 84.

［4］曹信邦. 中国失能老人公共长期护理保险制度的构建 ［J］. 中国行政管理，2015 (7)：66 – 69.

［5］陈诚诚. 德日韩长期护理保险制度比较研究 ［M］. 北京：中国劳动社会保障出版社，2016.

［6］陈红. 北京发展商业长期护理保险的必要性及途径 ［J］. 人口与经济，2012 (6)：82 – 87.

［7］陈虹霖，孙雯，彭希哲. 性别观念视域下老年人自我效能感研究：基于第三次妇女社会地位调查（老年专卷）数据的分析 ［J］. 老龄科学研究，2018 (2)：14 – 27.

［8］陈杰. 日本的护理保险及其启示 ［J］. 市场与人口分析，2002 (2)：69 – 73.

［9］陈凯，赵娜. 长期护理保险购买意愿机理研究：影响因素、作用方式与路径 ［J］. 金融理论与实践，2018 (6)：99 – 103.

［10］陈凯，赵占波. 绿色消费态度 – 行为差距的二阶段分析及研究展望 ［J］. 经济与管理，2015 (1)：19 – 24.

［11］陈璐，范红丽. 我国失能老人长期护理保障融资制度研究：基于

个人态度的视角 [J]. 保险研究, 2014 (4)：110 - 120.

[12] 陈玫, 高卫东, 孟彦辰等. 北京市社区居民长期护理保险购买和参与意愿及其影响因素研究 [J]. 中国卫生政策研究, 2019, 12 (12)：66 - 74.

[13] 陈向明. 质的研究方法与社会科学研究 [M]. 北京：教育科学出版社, 2000.

[14] 陈晓安. 公司合作构建我国的长期护理保险制度：国外的借鉴 [J]. 保险研究, 2010 (11)：55 - 60.

[15] 程静, 杜震. 基于感知价值的农户政策性农业保险满意度研究 [J]. 金融理论与实践, 2018 (7)：58 - 64.

[16] 程立军, 王丽娜, 李杨. 后疫情时代旅游市场扩散影响因素的实证分析：基于 TAM - IDT 模型 [J]. 商业经济研究, 2021, 818 (7)：188 - 192.

[17] 楚啸原, 杨晓凡, 理原, 雷雳. 虚拟商品感知有用性与网络游戏消费意愿：有调节的中介模型 [J]. 中国临床心理学杂志, 2020, 28 (5)：1013 - 1016.

[18] 戴卫东, 陶秀彬. 青年人长期护理保险需求意愿及其影响因素分析：基于苏皖两省调查的比较研究 [J]. 中国卫生事业管理, 2012 (5)：353 - 355.

[19] 戴卫东. 长期护理保险制度理论与模式构建 [J]. 人民论坛, 2011 (29)：31 - 34.

[20] 戴卫东. 长期护理保险：中国养老保障的理性选择 [J]. 人口学刊, 2016 (2)：72 - 81.

[21] 戴卫东. 老年长期护理需求及其影响因素分析：基于苏皖两省调查的比较研究 [J]. 人口研究, 2011 (4)：86 - 94.

[22] 戴卫东. 中国长期护理保险制度构建研究 [M]. 北京：人民出版社, 2012.

[23] 丁华, 严洁. 中国老年人失能率测算及变化趋势研究 [J]. 中国人口科学, 2018 (3)：97 - 108, 128.

[24] 丁志宏, 魏海伟. 中国城市老人购买长期护理保险意愿及其影响因素 [J]. 人口研究, 2016 (6)：76 - 86.

［25］董大海，杨毅．网络环境下消费者感知价值的理论剖析［J］．管理学报，2008（6）：856－861．

［26］杜鹏，孙鹃娟，张文娟，等．中国老年人的养老需求及家庭和社会养老资源现状［J］．人口研究，2016（6）：49－61．

［27］杜鹏，武超．中国老年人的生活自理能力状况与变化［J］．人口研究，2006（1）：50－56．

［28］杜鹏，翟振武，陈卫．中国人口老龄化百年发展趋势［J］．人口研究，2005（6）：4．

［29］杜霞，周志凯．长期护理保险的参与意愿及其影响因素研究：基于陕西省榆林市的微观样本［J］．社会保障研究，2016（3）：41－50．

［30］郭清卉，李昊，李世平等．个人规范对农户亲环境行为的影响分析：基于拓展的规范激活理论框架［J］．长江流域资源与环境，2019，28（5）：1176－1184．

［31］郭淑婷．基于 ILO 模型的长期护理保险筹资机制研究［J］．老龄科学研究，2017（11）：12－22．

［32］郭英之，李小民．消费者使用移动支付购买旅游产品意愿的实证研究：基于技术接受模型与计划行为理论模型［J］．四川大学学报（哲学社会科学版），2018（6）：159－170．

［33］韩会娟．老年长期护理保险的需求与供给研究：以石家庄为例［D］．石家庄：河北经贸大学，2015．

［34］韩俊江，张友．老年社会需要长期护理保险［J］．中国人力资源社会保障，2011（5）：42－43．

［35］韩笑，吴宇凤．长期护理保险与居民健康预防行为：来自中国试点城市的证据［J］．天府新论，2022，225（3）：108－122．

［36］郝君富，李心愉．德国长期护理保险：制度设计、经济影响与启示［J］．人口学刊，2014（2）：104－112．

［37］何苗．重庆市长期护理保险需求研究［D］．重庆：重庆工商大学，2018．

［38］何文炯．中国社会保障：从快速扩展到高质量发展［J］．中国人口科学，2019（1）：2－15，126．

［39］何学松．推广服务、金融素养与农户农业保险行为研究：以设施

蔬菜种植户为例［D］．咸阳：西北农林科技大学，2018.

［40］何玉东，孙湜溪．美国长期护理保障制度改革及其对我国的启示［J］．保险研究，2011（10）：122－127.

［41］何玉东．中国长期护理保险供给问题研究［D］．武汉：武汉大学，2012.

［42］侯杰泰．结构方程模型及其应用［M］．北京：教育科学出版社，2004.

［43］胡芳肖，张美丽，李蒙娜．新型农村社会养老保险制度满意度影响因素实证［J］．公共管理学报．2014（4）：95－104，143.

［44］胡宏伟，李佳怿，栾文敬．美国长期护理保险体系：发端、架构、问题与启示［J］．西北大学学报（哲学社会科学版），2015（5）：163－174.

［45］胡晓义．关于建立长期护理保险制度的几点思考［J］．中国医疗保险，2016（2）：10－11.

［46］胡湛，彭希哲．家庭变迁背景下的中国家庭政策［J］．人口研究，2012（2）：3－10.

［47］胡湛，彭希哲．中国当代家庭户变动的趋势分析：基于人口普查数据的考察［J］．社会学研究，2014（3）：145－166，244.

［48］胡梓晴，彭伟平，欧阳樟，等．城镇居民对长期护理保险的市场需求分析：以佛山市禅城区为例［J］．价值工程，2018（35）：120－122.

［49］黄如意，胡善菊．我国长期护理保险制度试行的典型比较与思考［J］．中国卫生事业管理，2019（8）：583－587.

［50］黄懿炘，刘美兰，彭献莹等．长期护理保险制度下居家护理服务的研究进展［J］．护理学杂志，2021，36（11）：102－105.

［51］吉登斯．失控的世界［M］．周红云，译．南昌：江西人民出版社，2001.

［52］吉登斯．现代性的后果［M］．田禾，译．南京：译林出版社，2000.

［53］贾清显．中国长期护理保险制度构建研究：基于老龄化背景下护理风险深度分析［D］．天津：南开大学，2010.

［54］贾旭东，谭新辉．经典扎根理论及其精神对中国管理研究的现实

价值 [J]. 管理学报，2010 (5)：656－665.

[55] 贾哲敏. 扎根理论在公共管理研究中的应用：方法与实践 [J]. 中国行政管理，2015 (3)：90－95.

[56] 江生忠. 风险管理与保险 [M]. 天津：南开大学出版社，2008.

[57] 姜岩，李扬. 政府补贴、风险管理与农业保险参保行为：基于江苏省农户调查数据的实证分析 [J]. 农业技术经济，2012 (10)：65－72.

[58] 金盛华. 社会心理学 [M]. 北京：高等教育出版社，2005.

[59] 荆涛，王靖韬，李莎. 影响我国长期护理保险需求的实证分析 [J]. 北京工商大学学报（社会科学版），2011 (6)：90－96.

[60] 荆涛，谢远涛. 我国长期护理保险制度运行模式的微观分析 [J]. 保险研究，2014 (5)：60－66.

[61] 荆涛，杨舒，孟郁聪. 消费者对长期护理保险的购买意愿及影响因素分析 [J]. 保险职业学院学报，2016 (1)：5－11.

[62] 荆涛，杨舒，谢桃方. 政策性长期护理保险定价研究：以北京市为例 [J]. 保险研究，2016 (9)：74－88.

[63] 荆涛，杨舒，朱海. 政策性长期护理保险补贴制度研究 [J]. 保险研究，2017 (8)：47－59.

[64] 荆涛，杨舒. 我国建立政策性长期护理保险制度的探讨 [J]. 中国保险，2016 (5)：20－23.

[65] 荆涛. 长期护理保险：中国未来极富竞争力的险种 [M]. 北京：对外经济贸易大学出版社，2006.

[66] 荆涛. 建立适合中国国情的长期护理保险制度模式 [J]. 保险研究，2010 (4)：77－82.

[67] 荆艳花. 消费者重大疾病保险购买行为影响因素实证研究：以天津市为例 [D]. 天津：天津财经大学，2018.

[68] 景跃军，李涵，李元. 我国失能老年数量及其结构的定量预测分析 [J]. 人口学刊，2017 (6)：81－89.

[69] 景跃军，李元. 中国失能老年人构成及长期护理需求分析 [J]. 人口学刊，2014 (2)：55－63.

[70] 乐章，陈志. 长期护理制度的启示 [J]. 社会保障研究，2014 (2)：92－96.

［71］雷咸胜. 中国老年失能人口规模预测及对策分析［J］. 当代经济管理，2020（5）：72-78.

［72］李丹丹. 济南市居民长期护理保险参保意愿研究：从风险偏好、风险认知角度分析［D］. 济南：山东财经大学，2017.

［73］李丹萍，夏佳怡，钱林义等. 跨代连结型长期护理保险最优决策研究［J］. 保险研究，2022，409（5）：48-63.

［74］李建民，杜鹏，桂世勋，等. 新时期的老龄问题我们应该如何面对［J］. 人口研究，2011（4）：30-44.

［75］李小敏，胡象明. 邻避现象原因新析：风险认知与公众信任的视角［J］. 中国行政管理，2015（3）：131-135.

［76］李雪岩. 基于模拟矩方法的长期护理保险政策模拟分析［J］. 山东社会科学，2021，314（10）：98-105.

［77］廖少宏，王广州. 中国老年人口失能状况与变动趋势［J］. 中国人口科学，2021（1）：38-49，126-127.

［78］林宝. 对中国长期护理保险制度模式的初步思考［J］. 老龄科学研究，2015（5）：13-21.

［79］林宝. 中国不能自理老年人口的现状及趋势分析［J］. 人口与经济，2015（4）：77-84.

［80］林嵩. 结构方程模型原理及 AMOS 应用［M］. 武汉：华中师范大学出版社，2008.

［81］凌文豪，董玉青. 长期照护的需求分析、国际经验与中国方案：一个文献综述［J］. 社会保障研究，2019（4）：105-111.

［82］刘金涛，陈树文. 构建我国老年长期护理保险制度［J］. 财经问题研究，2012（3）：78-82.

［83］刘绍坚. 承接国际软件外包的技术外溢效应研究［J］. 经济研究，2008（5）：105-115.

［84］刘晓静. 论中国养老服务的政策取向：基于养老服务政策变迁的视角［J］. 河北学刊，2014（5）：106-109.

［85］刘宇伟. 可持续交通中的汽车出行减量意愿研究：一个整合的模型［J］. 管理评论，2017（6）：234-241.

［86］卢东，曾小桥. 游客共享住宿消费的心理机制研究：基于认知—

情感—意动理论的视角［J］. 资源开发与市场，2022，38（11）：1382 - 1389，1400.

［87］卢婷. 我国长期护理保险发展现状与思考：基于全国 15 个城市的实践［J］. 中国卫生事业管理，2019（1）：23 - 28.

［88］鲁於，杨翠迎. 我国长期护理保险制度构建研究回顾与评述［J］. 社会保障研究，2016（4）：98 - 105.

［89］吕国营，韩丽. 中国长期护理保险的制度选择［J］. 财政研究，2014（8）：69 - 71.

［90］吕鑫. 我国长期护理保险需求影响因素的实证研究［J］. 中国保险，2018（12）：29 - 33.

［91］罗金凤，王小凤. 荆门市长期护理保险试点地区城镇居民对长期护理服务的认知与需求研究［J］. 护理研究，2019，33（23）：4121 - 4125.

［92］马慧敏，贾二萍，潘言志等. 基于离散选择实验的老年居民长期护理保险选择偏好研究［J］. 中国卫生事业管理，2023，40（1）：19 - 23.

［93］马庆国. 管理统计：数据获取、统计原理 SPSS 工具与应用研究［M］. 北京：科学出版社，2002.

［94］马驭，秦光荣，何晔晖，等. 关于应对人口老龄化与发展养老服务的调研报告［J］. 社会保障评论，2017（1）：8 - 23.

［95］孟昶. 长期护理保险的需求实证分析：以苏州、扬州、淮安为例［D］. 北京：北京大学，2007.

［96］米红，纪敏，刘卫国. 青岛市长期护理保险研究［M］. 北京：中国劳动社会保障出版社，2019.

［97］莫书敏. 基于 TPB 视角的商业健康保险需求影响因素研究［D］. 南宁：广西大学，2016.

［98］穆怀中，闫琳琳. 新型农村养老保险参保决策影响因素研究［J］. 人口研究，2012（1）：73 - 82.

［99］彭希哲，胡湛. 当代中国家庭变迁与家庭政策重构［J］. 中国社会科学. 2015（12）：113 - 132，207.

［100］彭希哲，胡湛. 公共政策视角下的中国人口老龄化［J］. 中国社会科学，2011（3）：121 - 138，222 - 223.

［101］彭远春. 国外环境行为影响因素研究述评［J］. 中国人口·资源

与环境，2013（8）：140－145.

[102] 秦安兰．需要层次理论视域下敬老文化的发展困境及其纾解[J]．老龄科学研究，2015（4）：71－80.

[103] 邱皓政，林碧芳．结构方程模型的原理与应用［M］．北京：中国轻工业出版社，2009.

[104] 饶育蕾，朱锐．认知差异是否影响中老年投资者持有风险资产？[J]．管理世界，2014（11）：170－171.

[105] 邵希娟，杨建梅．行为决策及其理论研究的发展过程［J］．科技管理研究，2006（5）：203－205.

[106] 申坤．长期护理保险需求影响因素分析：以山东日照市为例[D]．沈阳：辽宁大学，2013.

[107] 石金群．转型期家庭代际关系流变：机制、逻辑与张力［J］．社会学研究，2016（6）：191－213，245.

[108] 宋明哲．现代风险管理［M］．北京：中国纺织出版社，2002.

[109] 宋畹玖．高龄化社会下长期看护风险与保险认知之研究：以台中市民为例［D］．长沙：中南大学，2011.

[110] 宋学红，彭雪梅，崔微微．社会资本影响农村长期互助护理保险参与意愿吗：来自江苏淮安市调查数据的经验发现［J］．财经科学，2022，412（7）：47－61.

[111] 苏永莉．长期护理保险发展的需求分析［J］．保险职业学院学报，2007（5）：30－33.

[112] 睢党臣，彭庆超．农村计生家庭养老保障的现实境遇［J］．重庆社会科学，2015（9）：72－80.

[113] 孙鹃娟．中国老年人的居住方式现状与变动特点：基于"六普"和"五普"数据的分析［J］．人口研究，2013（6）：35－42.

[114] 孙乐，陈盛伟．农业保险投保意愿、投保行为及其一致性研究：基于解构计划行为理论视角［J］．农村经济，2021，469（11）：70－77.

[115] 孙正成，兰虹．"社商之争"：我国长期护理保险的供给困境与出路［J］．人口与社会，2016（1）：83－93.

[116] 孙正成．需求视角下的老年长期护理保险研究：基于浙江省17个县市的调查［J］．中国软科学，2013（11）：73－82.

［117］谭征．基于 K-Means 和 SEM 的消费者互联网保险购买意愿研究：以 TPB 和 TAM 为分析框架［J］．重庆理工大学学报（自然科学版），2019（2）：198 – 207.

［118］田勇．中国长期护理保险财政负担能力研究：兼论依托医保的长期护理保险制度的合理性［J］．社会保障研究，2020（1）：33 – 47.

［119］王刚．海洋环境风险的特性及形成机理：基于扎根理论分析［J］．中国人口·资源与环境，2016（4）：22 – 29.

［120］王建明，贺爱忠．消费者低碳消费行为的心理归因和政策干预路径：一个基于扎根理论的探索性研究［J］．南开管理评论，2011（4）：80 – 89，99.

［121］王建明，王俊豪．公众低碳消费模式的影响因素模型与政府管制政策：基于扎根理论的一个探索性研究［J］．管理世界，2011（4）：58 – 68.

［122］王俊，龚强，王威．"老龄健康"的经济学研究［J］．经济研究，2012（1）：134 – 150.

［123］王乐芝，曾水英．关于失能老人状况与老年长期护理保险的研究综述［J］．人口学刊，2015，37（4）：86 – 91.

［124］王敏刚，易继芬．欠发达地区新型农村社会养老保险需求分析：以陕西省佳县为例［J］．人口与经济，2012（2）：101 – 106.

［125］王新军，李雪岩．长期护理保险需求预测与保险机制研究［J］．东岳论丛，2020（1）：144 – 156.

［126］王新军，郑超．老年人健康与长期护理的实证分析［J］．山东大学学报（哲学社会科学版），2014（3）：30 – 41.

［127］王岩梅，石磊．我国实行长期护理保险的可行性分析［J］．中华护理杂志，2007（10）：926 – 928.

［128］王跃生．当代中国家庭结构变动分析［J］．中国社会科学，2006（1）：96 – 108，207.

［129］王铮．我国长期护理保险制度优化研究：国际经验与中国模式［D］．北京：对外经济贸易大学，2019.

［130］魏华林，何玉东．中国长期护理保险市场潜力研究［J］．保险研究，2012（7）：7 – 15.

[131] 魏佳.城市居民碳能力及其驱动机理研究 [D].徐州:中国矿业大学,2017.

[132] 温忠麟,侯杰泰,马什赫伯特.结构方程模型检验:拟合指数与卡方准则 [J].心理学报,2004 (2):186-194.

[133] 文太林.中国长期护理需求测算与财政保障 [J].江西财经大学学报,2022 (2):49-58.

[134] 吴帆,李建民.家庭发展能力建设的政策路径分析 [J].人口研究,2012 (4):37-44.

[135] 吴明隆,涂金堂.SPSS 与统计应用分析 [M].大连:东北财经大学出版社,2012.

[136] 吴明隆.结构方程模型:AMOS 的操作与应用 [M].2 版.重庆:重庆大学出版社,2017.

[137] 伍丹丹.胶州大白菜价格指数保险购买意愿调查研究 [D].青岛:青岛大学,2019.

[138] 伍海霞."人口老龄化与养老服务业发展"学术研讨会综述 [J].中国人口科学,2015 (4):121-125.

[139] 西美尔.货币哲学 [M].陈戎女,等译.北京:华夏出版社,2002.

[140] 西美尔.社会学:关于社会化形式的研究 [M].林荣远,译.北京:华夏出版社,2002.

[141] 夏雅睿,常峰,路云,等.长期护理保险筹资机制的国际经验与中国实践 [J].卫生经济研究,2018 (12):69-71,75.

[142] 谢春艳,丁汉升.长期护理保险服务利用、体验及其影响因素研究:基于上海市 16 个区的调查数据 [J].卫生经济研究,2022,39 (3):38-42.

[143] 谢筱璐.我国长期护理保险需求的影响因素分析 [J].金融与经济,2012 (11):75-78.

[144] 许宏,王颖,蒋曼,等.独立险种:我国长期护理保险宜采用的模式 [J].中国卫生资源,2019 (1):43-46.

[145] 薛新东,刘国恩.城镇居民基本医疗保险的参与意愿及影响因素 [J].西北人口,2009 (1):62-66.

[146] 阎春宁. 风险管理学 [M]. 上海：上海大学出版社，2002.

[147] 晏子. 倾向传统还是走向现代：性别意识与养老责任态度：基于中国、日本、韩国的比较研究 [J]. 公共行政评论，2018 (6)：112 – 136，212.

[148] 杨舸. 社会转型视角下的家庭结构和代际居住模式：以上海、浙江、福建的调查为例 [J]. 人口学刊，2017 (2)：5 – 17.

[149] 杨红燕. 发达国家老年护理保险制度及启示 [J]. 国外医学（卫生经济分册），2004 (1)：31 – 34.

[150] 杨冉冉，龙如银. 基于扎根理论的城市居民绿色出行行为影响因素理论模型探讨 [J]. 武汉大学学报（哲学社会科学版），2014 (5)：13 – 19.

[151] 杨冉冉. 城市居民绿色出行行为的驱动机理与政策研究 [D]. 徐州：中国矿业大学，2016.

[152] 杨茹侠，黄春芳，谢红. 某市长期护理保险利用对象护理模式选择意愿状况及其影响因素 [J]. 医学与社会，2021，34 (3)：94 – 97.

[153] 杨团. 中国长期照护的政策选择 [J]. 中国社会科学，2016 (11)：87 – 110，207.

[154] 杨政怡. 替代或互补：群体分异视角下新农保与农村家庭养老的互动机制：来自全国五省的农村调查数据 [J]. 公共管理学报，2016 (1)：117 – 127，158 – 159.

[155] 姚虹. 老龄危机背景下我国长期护理保险制度试点方案的比较与思考 [J]. 社会保障研究，2020 (1)：48 – 56.

[156] 姚丽芬，龙如银. 基于扎根理论的游客环保行为影响因素研究 [J]. 重庆大学学报（社会科学版），2017 (1)：17 – 25.

[157] 姚云浩，栾维新. 基于 TAM – IDT 模型的游艇旅游消费行为意向影响因素 [J]. 旅游学刊，2019 (2)：60 – 71.

[158] 尹洁林，张千芊，廖赣丽，葛新权. 基于技术接受模型和感知风险理论的消费者新能源汽车购买意愿研究 [J]. 预测，2019 (6)：83 – 89.

[159] 于丹，董大海，刘瑞明，等. 理性行为理论及其拓展研究的现状与展望 [J]. 心理科学进展，2008 (5)：796 – 802.

[160] 原新. 以少子化为特征的人口老龄化进程及其对家庭变迁的影响 [J]. 老龄科学研究, 2013 (1): 34-43.

[161] 臧旭恒, 张倩. 代际扶持视角下的医疗保险与居民消费: 基于世代交替模型的分析 [J]. 山东大学学报 (哲学社会科学版), 2019 (1): 15-24.

[162] 曾毅, 冯秋石, Hesketh, T., 等. 中国高龄老人健康状况和死亡率变动趋势 [J]. 人口研究, 2017 (4): 22-32.

[163] 翟振武, 李龙. 老年标准和定义的再探讨 [J]. 人口研究, 2014 (6): 57-63.

[164] 张慧芳, 雷咸胜. 我国探索长期护理保险的地方实践、经验总结和问题研究 [J]. 当代经济管理, 2016 (9): 91-97.

[165] 张立龙. 福利国家长期照护制度及对中国的启示 [J]. 社会保障研究, 2015 (6): 100-108.

[166] 张琳, 汤薇. 基于非齐次 Markov 模型的长期护理保险定价研究 [J]. 保险研究, 2020, 387 (7): 108-121.

[167] 张铭. 老年护理保险需求影响因素研究 [D]. 大连: 大连理工大学, 2009.

[168] 张奇林, 韩瑞峰. 长期护理保险: 化解社会老龄化危机的重要路径 [J]. 河北学刊, 2016 (4): 172-177.

[169] 张奇林, 韩瑞峰. 长期医疗护理保险居民参保意愿研究: 来自青岛市的调查 [J]. 社会保障研究, 2016 (2): 45-53.

[170] 张强, 高向东. 老年人口长期护理需求及影响因素分析: 基于上海调查数据的实证分析 [J]. 西北人口, 2016 (2): 87-90.

[171] 张瑞利, 时明铭, 徐佩. 老年居民长期护理保险认知及参保意愿调查研究: 以南京市为例 [J]. 华东理工大学学报 (社会科学版), 2018 (4): 99-107.

[172] 张晏玮, 栾娜娜. 日本长期护理保险制度发展方向及对我国的启示 [J]. 社会保障研究, 2017 (2): 106-112.

[173] 张耀军, 巫锡炜, 张敏敏. 省级区域人口吸引力对主体功能区规划的影响与启示 [J]. 人口研究, 2016 (2): 12-22.

[174] 张玉玲, 张捷, 赵文慧. 居民环境后果认知对保护旅游地环境

行为影响研究 [J]. 中国人口·资源与环境, 2014 (7): 149 – 156.

[175] 章琦琴, 刘畅, 侯福妍. 长期护理保险需求文献研究 [J]. 卫生经济研究, 2015 (9): 30 – 33.

[176] 赵曼, 韩丽. 长期护理保险制度的选择: 一个研究综述 [J]. 中国人口科学, 2015 (1): 97 – 105, 128.

[177] 赵娜, 陈凯. 风险认知对长期护理保险购买意愿影响分析 [J]. 保险研究, 2015 (10): 84 – 95.

[178] 郑秉文. 改革开放 40 年: 商业保险对我国多层次养老保障体系的贡献与展望 [J]. 保险研究, 2018 (12): 101 – 109.

[179] 郑春东, 韩晴, 王寒. 网络水军言论如何左右你的购买意愿 [J]. 南开管理评论, 2015 (1), 89 – 97.

[180] 周慧玲. 风险管理学 [M]. 武汉: 武汉测绘科技大学出版社, 1996.

[181] 周新发, 王妲. 基于 TPB 视角的消费者网络财产保险购买意愿研究 [J]. 保险研究, 2014 (7): 51 – 60, 86.

[182] 朱大伟, 于保荣. 基于蒙特卡洛模拟的我国老年人长期照护需求测算 [J]. 山东大学学报 (医学版), 2019, 57 (8): 82 – 88.

[183] 朱铭来, 贾清显. 关于构建我国长期护理保险制度的思考 [C]. 金融危机: 监管与发展: 北大赛瑟 (CCISSR) 论坛文集, 北京: 北京大学中国保险与社会保障研究中心, 2009: 462 – 474.

[184] 朱铭来, 于新亮. 关于我国照护保障制度构建的若干思考 [J]. 中国医疗保险, 2015 (3): 19 – 22.

[185] 朱微微, 舒婷, 黄成礼, 等. 国外老年人口长期护理服务支付方式及其对中国的启示 [J]. 中国护理管理, 2010 (2): 69 – 71.

[186] AARP. 2006. The Costs of Long – Term Care: Public Perceptions Versus Reality in 2006, American Association of Retired Persons, World Wide Web: http://fbic446fe59d602c4187a5a738d5681a0377scbbq5u006bu06xp0. fiac. eds. tju. edu. cn/rgcenter/health/ltc_costs_2006. pdf.

[187] AHIP. Who buys long-term care insurance? A 15 – year study of buyers and non-buyers, 1990 – 2005. America's Health Insurance Plans, 2007.

[188] Ajzen, I., Driver, B. L. Prediction of leisure participation from be-

havioral, normative, and control beliefs: An application of the theory of planned behavior [J]. Leisure Sciences, 1991, 13 (3): 185 – 204.

[189] Ajzen, I. , Fishbein, M. Understanding attitudes and predicting social behaviour [M]. Prentice – Hall, Englewood Cliffs, NJ, 1980.

[190] Ajzen, I. , Madden, T. J. Prediction of goal-directed behavior: Attitudes, intentions, and perceived behavioral control [J]. Journal of Experimental Social Psychology, 1986, 22 (5): 453 – 474.

[191] Ajzen, I. The theory of planned behaviour: Reactions and reflections [J]. Psychology and Health, 2011, 26 (9): 1113 – 1127.

[192] Ajzen, I. The theory of planned behaviour [J]. Organizational Behaviour and Human Decision Processes, 1991, 50 (2): 179 – 211.

[193] Ali, N. S. Long-term care insurance: Buy it or not! [J]. Geriatric Nursing, 2005, 26 (4): 237 – 240.

[194] Allais, M. Rational man's behavior in the presence of risk: Critique of the postul-ates and axioms of the American school [J]. Econometrica, 1953, 21: 503 – 546.

[195] Arntz, M. , Sacchetto, R. , Spermann, A. , et al. 2007. The German social long-term care insurance: Structure and reform options [R]. Institute for the Study of Labor. https: //www. econstor. eu/bitstream/10419/34303/1/544113039. pdf.

[196] Arrow, K. J. The Limits of Organization [M]. New York: Norton Press, 1974.

[197] Bacon, P. W. , Gitman, L. J. , Ahmad, K. , et al. Long-term catastrophic care: A financial planning perspective [J]. Journal of Risk and Insurance, 1989, 56 (1): 146 – 154.

[198] Bandura, A. Self-efficacy: The exercise of control [M]. New York: Freeman, 1997.

[199] Barber, B. The logic and limits of trust [M]. New Brunswick, New Brunswick: NJ: Rutgers University Press, 1983.

[200] Barnes, L. E. , Asahara, K. , Davis, A. J. , et al. Questions of distributive justice: Public health nurses' perceptions of long-term care insurance

for elderly Japanese people [J]. Nursing Ethics, 2002, 9 (1): 67 – 79.

[201] Baron, R. M., Kenny, D. A. The moderator-mediator variable distinction in social psychological research: Conceptual, strategic, and statistical considerations [J]. Journal of Personality and Social Psychology, 1986, 51 (6): 1173 – 1182.

[202] Beck, U., Anthony, G., Scott, L. Reflexive modernization: Politics, tradition and aesthetics in the modern social order [M]. Cambridge: Polity Press, 1994.

[203] Beck, U., Bonss, W., Lau, C. The theory of reflexive modernization: Problematic, hypotheses and research programme [J]. Theory Culture and Society, 2003, 20 (2): 1 – 33.

[204] Bentler, P. M., Bonett, D. G. Significance tests and goodness of fit in the analysis of covariance structures [J]. Psychological Bulletin, 1980, 88 (3): 588 – 606.

[205] Bentler, P. M. Comparative fit indexes in structural models [J]. Psychological Bulletin, 1990, 107 (2): 238 – 246.

[206] Berdie, D. R. Reassessing the value of high response rates to mail surveys [J]. Marketing Research, 1989, 1 (3): 52 – 64.

[207] Berger, I. E. The demographics of recycling and the structure of environmental behavior [J]. Environment and Behavior, 1997, 29 (4): 515 – 531.

[208] Bird, B. Implementing entrepreneurial ideas: The case for intention [J]. Academy of Management Review, 1988, 13 (3): 442 – 453.

[209] Brahmana, R., Brahmana, R. K., Memarista, G. Planned behaviour in purchasing health insurance [J]. South East Asian Journal of Management, 2018, 12 (1): 43 – 64.

[210] Brown, J. R., Coe, N. B., Finkelstein, A. Medicaid crowd-out of private long-term care insurance demand: Evidence from the health and retirement survey [J]. Tax Policy and the Economy, 2007, 21: 1 – 34.

[211] Brown, J. R., Finkelstein, A. Insuring long-term care in the United States [J]. Journal of Economic Perspectives, 2011, 25 (4): 119 – 142.

[212] Brown, J. R. , Finkelstein, A. The interaction of public and private insurance: Medicaid and the long-term care insurance market [J]. American Economic Review, 2008, 98 (3): 1083 – 1102.

[213] Brown, J. R. , Finkelstein, A. The private market for long-term care insurance in the United States: A review of the evidence [J]. Journal of Risk and Insurance, 2009, 76 (1): 5 – 29.

[214] Brown, J. R. , Finkelstein, A. Why is the market for long-term care insurance so small? [J]. Journal of Public Economics, 2007, 91 (10): 1967 – 1991.

[215] Brown, J. R. , Goda, G. S. , McGarry, K. Long-term care insurance demand limited by beliefs about needs, concerns about insurers, and care available from family [J]. Health Affairs, 2012, 31 (6): 1294 – 1302.

[216] Browne, M. W. , Cudeck, R. Single sample cross-validation indices for covariance structures [J]. Multivariate Behavioral Research, 1989, 24 (4): 445 – 455.

[217] Buchori A. , Harwani Y. The The Effect of Service Quality and Promotion on Purchase Intention Mediated by Trust (Case Study: PT China Taiping Insurance Indonesia) [J]. European Journal of Business Management and Research, 2021, 6 (2): 44 – 47.

[218] Campbell, J. C. , Ikegami, N. , Gibson, M. J. S. Lessons from public long-term care insurance in Germany and Japan [J]. Health Affairs, 2010, 29 (1): 87 – 95.

[219] Campbell, J. C, Ikegami, N. Japan's radical reform of long-term care [J]. Social Policy and Administration, 2003, 37 (1): 21 – 34.

[220] Campbell, J. C. , Ikegami, N. Long-term care insurance comes to Japan [J]. Health Affairs, 2000, 19 (3): 26 – 39.

[221] Canadian Life and Health Insurance Association. 2012. A guide to long-term care insurance [R]. https: //www. clhia. ca/web/CLHIA_LP4W_LND_ Webstation. nsf/ resources/Consumer + Brochures/ $ file/Brochure_Guide_Long_ Term_Care_ENG. pdf.

[222] Charmaz, K. 'Discovering' chronic illness: Using grounded theory

[J]. Social Science and Medicine. 1990, 30 (11): 1161 –1172.

[223] Chen, F. Y., Chen, H., Wu, M. F., et al. Research on the driving mechanism of waste separation behavior: Based on qualitative analysis of Chinese urban residents [J]. International Journal of Environmental Research and Public Health, 2019, 16 (10), 1859.

[224] Chin, W. W. Commentary: Issues and opinion on structural equation modeling [M]. MIS Quarterly, 1998, 22 (1): vii –xvi.

[225] Churchill, G. A. A paradigm for developing better measures of marketing constructs [J]. Journal of Marketing Research, 1979, 16 (1): 64 –73.

[226] Conner, M., Armitage, C. J. Extending the theory of planned behavior: A review and avenues for further research [J]. Journal of Applied Social Psychology, 1998, 285: 1429 –1464.

[227] Cornell, P. Y., Grabowski, D. C. The impact of policy incentives on long-term-care insurance and Medicaid costs: Does underwriting matter? [J]. Health Services Research, 2018, 53 (5): 3728 –3749.

[228] Courbage, C., Roudaut, N. Empirical evidence on long-term care insurance purchase in France [J]. Geneva Papers on Risk and Insurance – Issues and Practice, 2008, 33 (4): 645 –658.

[229] Courbage, C., Roudaut, N. Long-term care insurance: The French example [J]. European Geriatric Medicine, 2011, 2 (1): 22 –25.

[230] Courbage C., Montoliu-Montes G., Wagner J. On children's motives to influence parents' long-term care insurance purchase [C]// Proceedings of the 4th World Risk and Insurance Economics Congress (WRIEC). 2 – 6 August 2020, 2020.

[231] Courtemanche, C., He, D. F. Tax incentives and the decision to purchase long-term care insurance [J]. Journal of Public Economics, 2009, 93 (1 –2): 296 –310.

[232] Cox, B. J., Enns, M. W., Clara, I. P. The multidimensional structure of perfectionism in clinically distressed and college student [J]. Psychological Assessment, 2002, 14 (3): 365 –373.

[233] Cramer, A. T., Jensen, G. A. Why don't people buy long-term-care

insurance? [J]. Journals of Gerontology Series B-Psychological Sciences and Social Sciences, 2006, 61 (4): 185 – 193.

[234] Curry, L. A., Robison, J., Shugrue, N., et al. Individual decision making in the non-purchase of long-term care insurance [J]. Gerontologist, 2009, 49 (4): 560 – 569.

[235] Darby, S. Social learning and public policy: Lessons from an energy-conscious village [J]. Energy Policy, 2006, 34 (17): 2929 – 2940.

[236] Davis, F. D., Bagozzi, R. P., Warshaw, P. R. User acceptance of computer technology: A comparison of two theoretical models [J]. Management Science, 1989, 35 (8): 982 – 1003.

[237] Davis, F. D., Venkatesh, V. A critical assessment of potential measurement biases in the technology acceptance model: Three experiments [J]. International Journal of Man-Machine Studies, 1996, 45 (1): 19 – 45.

[238] Davis, F. D. A technology acceptance model for empirically testing new end-user information systems: Theory and Results [D]. Massachusetts Institute of Technology, 1986.

[239] Davis, F. D. Perceived usefulness, perceived ease of use, and user acceptance of information technology [J]. MIS Quarterly, 1989, 13 (3): 319 – 340.

[240] Davis, F. D. User acceptance of information technology: System characteristics, user perceptions and behavioral impacts [J]. International Journal of Man – Machine Studies, 1993, 38 (3): 475 – 487.

[241] Dean, J. W., Snell, S. A. Integrated manufacturing and job design: Moderating effects of organizational inertia [J]. Academy of Management Journal, 1991, 34 (4): 776 – 804.

[242] De Groot, J. I. M., Steg, L. Morality and prosocial behavior: The role of awareness, responsibility, and norms in the norm activation model [J]. Journal of Social Psychology, 2009, 149 (4): 425 – 449.

[243] Delone, W. H., McLean, E. R. Information systems success: The quest for the dependent variable [J]. Information Systems Research, 1992, 3 (1): 60 – 95.

［244］Delone, W. H., McLean, E. R. The Delone and McLean model of information systems success: A ten-year update ［J］. Journal of Management Information Systems, 2003, 19 (4): 9 – 30.

［245］DeVellis, R. F. Scale development: Theory and applications (Second Edition. ) ［M］. London: Sage Publications, 2003.

［246］Du, H. B., Liu, D. Y., Sovacool, B. K., et al. Who buys New Energy Vehicles in China? Assessing social-psychological predictors of purchasing awareness, intention, and policy ［J］. Transportation Research Part F-Traffic Psychology and Behaviour, 2018, 58: 56 – 69.

［247］Dzulkipli, M. R., Zainuddin, N. N. N., Maon, S. N., et al. Intention to purchase medical and health insurance: Application of theory of planned behavior ［J］. Advanced Science Letters, 2017, 23 (11): 10515 – 10518.

［248］Ebrahim, N. B., Davis, S., Tomaka, J. Attitude as a mediator between acculturation and behavioral intention ［J］. Public Health Nursing, 2016, 33 (6): 558 – 564.

［249］Edwards, W. Behavioral decision theory ［J］. Annual Review of Psychology, 1961, 12: 473 – 498.

［250］Edwards, W. The theory of decision making ［J］. Psychological Bulletin, 1954, 41: 380 – 417.

［251］Ellsberg, D. Risk, ambiguity, and the savage axioms ［J］. Quarterly Journal of Economics, 1961, 75 (4): 643 – 669.

［252］Eriksson, L., Garvill, J., Nordlund, A. M. Acceptability of travel demand management measures: The importance of problem awareness, personal norm, freedom, and fairness ［J］. Journal of Environmental Psychology, 2006, 26 (1): 15 – 26.

［253］Fassinger, R. E. Paradigms, praxis, problems, and promise: Grounded theory in counseling psychology research ［J］. Journal of Counseling Psychology, 2005, 52 (2): 156 – 166.

［254］Fei X., Chen H., Qin L. Research on the Influence of Educational Human Capital on the Willingness to Purchase Long-Term Nursing Insurance ［J］. Journal of Suihua University, 2019.

［255］ Finkelstein, A. , McGarry, K. Multiple dimensions of private information: Evidence from the long-term care insurance market ［J］. American Economic Review, 2006, 96 (4): 938 – 958.

［256］ Finlay, K. A. , Trafimow, D. , Villarreal, A. Predicting exercise and health behavioral intentions: Attitudes, subjective norms, and other behavioral determinants ［J］. Journal of Applied Social Psychology, 2002, 32 (2): 342 – 358.

［257］ Fischhoff, B. , Slovic, P. , Lichtenstein, S. , et al. How safe is safe enough? A psychometric study of attitudes towards technological risks and benefits ［J］. Policy Sciences, 1978, 9 (2): 127 – 152.

［258］ Fishbein, M. , Ajzen, I. Belief, attitude, intentions, and behavior: An introduction to theory and research ［M］. Menlo Park, CA: Addison – Wesley Publishing Company, 1975.

［259］ Fitzmaurice, J. Incorporating consumers' motivations into the theory of reasoned action ［J］. Psychology and Marketing, 2005, 22 (11): 911 – 929.

［260］ Foulke, G. E. , Bell, R. A. , Siefkin, A. D. , et al. Attitudes and behavioral intentions regarding managed care: A comparison of academic and community physicians ［J］. American Journal of Managed Care, 1998, 4 (4): 555 – 563.

［261］ Frank, R. Long-term care financing in the United States: Sources and institutions ［J］. Applied Economic Perspective Policy, 2012, 34 (2): 333 – 345.

［262］ Frolik, L. A. Private long-term care insurance: Not the solution to the high cost of long-term care for the elderly ［J］. Elder Law Journal, 2016, 23: 371.

［263］ Fu, L. P. , Sun, Z. H. , Zha, L. J. , et al. Environmental awareness and pro-environmental behavior within China's road freight transportation industry: Moderating role of perceived policy effectiveness ［J］. Journal of Cleaner Production, 2020, 252: 119796.

［264］ Gefen, D. , Karahanna, E. , Straub, D. W. Trust and TAM in online shopping: An integrated model ［J］. MIS Quarterly, 2003, 27 (1): 51 –

90.

[265] Gefen, D., Karahanna, E. Straub, D. W. Trust and TAM in online shopping: An integrated model [J]. MIS Quarterly, 2003, 27 (1): 51 –90.

[266] Gefen, D. E-commerce: The role of familiarity and trust [J]. Omega, 2000, 28 (6): 725 –737.

[267] Ghavibazoo O. The interplay between longevity and morbidity on optimal choice of long-term care insurance [J]. Available at SSRN, 2022.

[268] Gibson, M. J., Redfoot, D. L. Comparing long-term care in Germany and the United States: What can we learn from each other? [M]. Washington (DC): AARP Public Institute, 2007.

[269] Giddens, A. Risk and responsibility [J]. Modern Law Review, 1999, 62 (1): 1 –10.

[270] Giddens, A. The consequences of modernity [M]. Cambridge: Polity Press, 1990.

[271] Glaser, B. G., Strauss, A. L. The discovery of grounded theory: Strategies for qualitative research [M]. Chicago: Aldine Publishing Company, 1967.

[272] Goda, G. S. The impact of state tax subsidies for private long-term care insurance on coverage and Medicaid expenditures [J]. Journal of Public Economics, 2011, 95 (7 –8): 744 –757.

[273] Godin, G., Kok, G. The theory of planned behavior: A review of its applications to health-related behaviors [J]. American Journal of Health Promotion: AJHP, 1996, 11 (2): 87 –98.

[274] Greenhalgh-Stanley, N. Can the government incentivize the purchase of private long-term care insurance? Evidence from the partnership for long-term care [J]. Applied Economics Letters, 2014, 21 (8): 541 –544.

[275] Guagnano, G. A., Stern, P. C., Dietz, T. Influences on attitude-behavior relationships: A natural experiment with curbside recycling [J]. Environment and Behavior, 1995, 27 (5): 699 –718.

[276] Hall, W. A., Callery, P. Enhancing the rigor of grounded theory: Incorporating reflexivity and relationality [J]. Qualitative Health Research,

2001，11（2）：257－272.

［277］Harland，P.，Staats，H.，Wilke，H. A. M. Situational and personality factors as direct or personal norm mediated predictors of pro-environmental behavior：Questions derived from norm-activation theory［J］. Basic and Applied Social Psychology，2007，29（4）：323－334.

［278］Hassan，H. A.，Abbas，S. K. Factors influencing the investors' intention to adopt Takaful（Islamic insurance）products：A survey of Pakistan［J］. Journal of Islamic Marketing，2019，11（1）：1－13.

［279］Haynes，J. Risk as an economic factor［J］. Quarterly Journal of Economics，1895，9（4）：409－449.

［280］Health Insurance Association of America. 1997. Long-term care：Knowing the risk，paying the price. Washington，U. S. ：Health Insurance Association of America.

［281］Heinicke，K.，Thomsen，S. L. The social long-term care insurance in Germany：Origin，situation，threats，and perspectives. ZEW Discussion Papers，2010. No. 10－012. ftp：//ftp. zew. de/pub/zew－docs/dp/dp10012. pdf.

［282］Hines，J. M.，Hungerford，H. R.，Tomera，A. N. Analysis and synthesis of research on responsible environmental behavior：A meta-analysis［J］. Journal of Environmental Education，1987，18（2）：1－8.

［283］Hirose，Y. Social psychology for environment and consumption［M］. Nagoya University Press：Nagoya，1995.

［284］Hoffman，D. R. The false claims act as a remedy to the inadequate provision of nutrition and would care to nursing home residents［J］. Advances in Wound Care：The Journal for Prevention and Healing，1996，9（5）：25－29.

［285］Hopper，J. R.，Nielsen，J. M. Recycling as altruistic behavior：Normative and behavioral strategies to expand participation in a community recycling program［J］. Environment and Behavior，1991，23（2）：195－220.

［286］Hu，L. T.，Bentler，P. M. Cutoff criteria for fit indexes in covariance structure analysis：Conventional criteria versus new alternatives［J］. Structural Equation Modeling－A multidisciplinary Journal，1999，6（1）：1－55.

［287］Hua，L.，Wang，S. Y. Antecedents of consumers' intention to purchase energy-efficient appliances: An empirical study based on the technology acceptance model and theory of planned behavior [J]. Sustainability, 2019, 11 (10): 2994.

[288] Husin, M. M. , Rahman, A. A. Do Muslims intend to participate in Islamic insurance? Analysis from theory of planned behaviour [J]. Journal of Islamic Accounting and Business Research, 2016, 7 (1): 42 – 58.

[289] Jiao, J. L. , Wang, C. X. , Yang, R. R. Exploring the driving orientations and driving mechanisms of environmental innovation: The case study of the China Gezhouba [J]. Journal of Cleaner Production, 2020, 260.

[290] Johnson, R. W. , Uccello, C. E. Is private long-term care insurance the answer? [M]. Center for Retirement Research at Boston College, 2005.

[291] Judge, M. , Warren-Myers, G. , Paladino, A. Using the theory of planned behaviour to predict intentions to purchase sustainable housing [J]. Journal of Cleaner Production, 2019, 215: 259 – 267.

[292] Jung, S. H. , Park, K. S. Relationship between the service quality of non-face-to-face channels and the insurance purchase intention in the life insurance industry [J]. Financial Planning Review, 2017, 10 (3): 65 – 86.

[293] Kahneman, D. , Tversky, A. Prospect theory: An analysis of decision under risk [J]. Econometrica, 1979, 47: 263 – 291.

[294] Kasper-Fuehrera, E. C. , Ashkanasy, N. M. Communicating trustworthiness and building trust in interorganizational virtual organizations [J]. Journal of Management, 2001, 27 (3): 235 – 254.

[295] Kazaure, M. A. Extending the theory of planned behavior to explain the role of awareness in accepting Islamic health insurance (takaful) by microenterprises in northwestern Nigeria [J]. Journal of Islamic Accounting and Business Research, 2019, 10 (4): 607 – 620.

[296] Kidwell, B. , Jewell, R. D. An examination of perceived behavioral control: Internal and external influences on intention [J]. Psychology and Marketing, 2003, 20 (7): 625 – 642.

[297] Kim, J. B. An empirical study on consumer first purchase intention in online shopping: Integrating initial trust and TAM [J]. Electronic Commerce Re-

search, 2012, 12 (2): 125 – 150.

[298] Kline, R. B. Principles and Practice of Structural Equation Modeling [M]. third ed. The Guildford Press, New York, NY. 2011.

[299] Kotler, P. Marketing management: Analysis, planning, implementation, and control [M]. 8th edition, Prentice Hall, Upper Saddle River, 1994.

[300] Kumi-Kyereme, A. , Amu, H. , Darteh, E. K. M. Barriers and motivations for health insurance subscription in Cape Coast, Ghana: A qualitative study [J]. Archives of Public Health, 2017, 75: 24.

[301] Lakdawalla, D. , Philipson, T. The rise in old-age longevity and the market for long-term care [J]. American Economic Review, 2002, 92 (1): 295 – 306.

[302] LaRossa, R. Grounded theory methods and qualitative family research [J]. Journal of Marriage and Family, 2005, 67 (4): 837 – 857.

[303] Lewick, R. J. , Bunker, B. B. Developing and maintaining trust in work relationships [C]. In: Kramer, R. M. , Tyler, T. R. , Eds. , Trust in Organizations: Frontiers of Theory and Reach, Sage Publications, Thousand Oaks, 1996, 114 – 139.

[304] Lim, S. H. , Lee, S. H. , Hur, Y. A study on adoption of online automobile insurance from the aspect of trust-reinforcement: Approach by gender and purchase intention level [J]. Journal of Risk Management, 2010, 21 (1): 83 – 124.

[305] Lin, C. H. , Shih, K. H. , Wang, W. C. , et al. Factors influencing the purchase of travel insurance over mobile banking [J]. International Journal of Mobile Communications, 2020, 18 (2): 158 – 174.

[306] Lin, C. Y. , Syrgabayeva, D. Mechanism of environmental concern on intention to pay more for renewable energy: Application to a developing country [J]. Asia Pacific Management Review, 2016, 21 (3): 125 – 134.

[307] Lin, H. Z. , Prince, J. T. Determinants of private long-term care insurance purchase in response to the partnership program [J]. Health Services Research, 2016, 52 (2): 687 – 703.

[308] Lin, H. Z. , Prince, J. The impact of the partnership long-term care

insurance program on private coverage ［J］. Journal of Health Economics, 2013, 32 (6): 1205 – 1213.

［309］ Liu, D., Du, H., Southworth, F., et al. The influence of social-psychological factors on the intention to choose low-carbon travel modes in Tianjin, China ［J］. Transportation Research Part A – Policy and Practice, 2017, 105: 42 – 53.

［310］ Liu, J. Y., Lin, S., Feng, Y. B. Understanding why Chinese contractors are not willing to purchase construction insurance ［J］. Engineering Construction and Architectural Management, 2018, 25 (2): 257 – 272.

［311］ Maichum, K., Parichatnon, S., Peng, K. C., Application of the extended theory of planned behavior model to investigate purchase intention of green products among Thai consumers ［J］. Sustainability, 2016, 8 (10): 1077.

［312］ Mamun A. A., Rahman M. K., Munikrishnan U. T., et al. Predicting the Intention and Purchase of Health Insurance Among Malaysian Working Adults: ［J］. SAGE Open, 2021, 11 (4): 234 – 252.

［313］ Mardia, K. V., Foster, D. Omnibus tests of multinormality based on skewness and kurtosis ［J］. Communications in Statistics: Theory and Methods, 1983, 12 (2): 207 – 221.

［314］ Markus, K. A. Principles and practice of structural equation modeling, 3rd edition ［J］. Structural Equation Modeling – A multidisciplinary journal, 2012, 19 (3): 509 – 512.

［315］ Marsh, H. W., Hocevar, D. Application of confirmatory factor analysis to the study of self-concept: First-and higher order factor models and their invariance across groups ［J］. Psychological Bulletin, 1985, 97 (3): 562 – 582.

［316］ Masud M. M., Ahsan M. R., Ismail N. A., et al. The underlying drivers of household purchase behaviour of life insurance ［J］. Society and Business Review, 2021, ahead-of-print (ahead-of-print).

［317］ Mayer, R. C., Davis, J. H., Schoorman, F. D. An integrative model of organizational trust ［J］. Academy of Management Review, 1995, 20 (3): 709 – 734.

［318］McCall, N. , Mangle, S. , Bauer, E. , et al. Factors important in the purchase of partnership long-term care insurance ［J］. Health Services Research, 1998, 33 (2): 187 –203.

［319］McKnight, D. H. , Choudhury, V. , Kacmar, C. The impact of initial consumer trust on intentions to transact with a web site: A trust building model ［J］. Journal of Strategic Information Systems, 2002, 11 (3 – 4): 297 – 323.

［320］Mcknight, D. H. , Cummings, L. L. , Chervany, N. L. Initial trust formation in new organizational relationships ［J］. Academy of Management Journal, 1998, 23 (3): 473 –490.

［321］Mellor, J. M. Long-term care and nursing home coverage: Are adult children substitutes for insurance policies? ［J］. Journal of Health Economics, 2011, 20 (4): 527 –547.

［322］Morgan, S. E. , Miller, J. K. Communicating about gifts of life: The effect of knowledge, attitudes, and altruism on behavior and behavioral intentions regarding organ donation ［J］. Journal of Applied Communication Research, 2002, 30 (2): 163 –178.

［323］Nasir, N. F. , Roslin, R. M. , Chui, C. B. Decomposing the theory of planned behaviour and incorporating spiritual intelligence to further understand purchase intention of life insurance and takaful ［J］. International Journal of Economic Research, 2017, 14 (16): 241 –251.

［324］Newsted, P. R. , Huff, S. L. , Munro, M. C. Survey instruments in information systems ［J］. MIS Quarterly, 1998, 22 (4): 553 –554.

［325］Nugent, J. B. The old-age security motive for fertility ［J］. Population and Development Review, 1985, 11: 75 –97.

［326］Nunnally, J. C. , Bernstein, I. , Elements of statistical description and estimation ［C］. In: Nunnally, J. C. ; Bernstein, I. H. ( Eds. ), Psychometric Theory, third ed. McGraw Hill, New York, NY, USA. 1994.

［327］Nursiana A. , Budhijono F. , Fuad M. Critical factors affecting customers' purchase intention of insurance policies in Indonesia ［J］. The Journal of Asian Finance, Economics and Business, 2021, 8 (2): 123 –133.

［328］Oluyinka，O. Attitude towards littering as a mediator of the relation-ship between personality attributes and responsible environmental behavior ［J］. Waste Management，2011，31（12）：2601 – 2611.

［329］Osazuwa，N. P.，Che-Ahmad，A. The moderating effect of profit-ability and leverage on the relationship between eco-efficiency and firm value in publicly traded Malaysian firms ［J］. Social Responsibility Journal，2016，12 （2）：295 – 306.

［330］Othman，N.，Shami，A. M. A. A. A.，Mohamad，A. M.，et al. Predicting factors affecting Muslims' family takaful participation：Theory of planned behaviour ［J］. Global Business and Management Research，2018，10：1054 – 1063.

［331］Pagiaslis，A.，Krontalis，A. K. Green consumption behavior ante-cedents：Environmental concern，knowledge，and beliefs ［J］. Psychology and Marketing，2014，31（5）：335 – 348.

［332］Parasuraman，A.，Zeithaml，V. A.，Berry，L. L. SERVQUAL：A multiple-item scale for measuring consumer perceptions of service quality ［J］. Journal of Retailing，1988，64（1）：12 – 40.

［333］Pauly，M. V. The rational nonpurchase of long-term-care insurance ［J］. Journal of Political Economy，1990，98：153 – 168.

［334］Pfuntner，J.，Dietz，E. Long-term care insurance gains prominence ［J］. US Department of Labor，Bureau of Labor Statistics. Retrieved March，2004，3：2005.

［335］Pinsonneault，A.，Kraemer，K. L. Survey research methodology in management information systems：An assessment ［J］. Journal of Management In-formation Systems，1993，10（2）：75 – 106.

［336］Pothitou，M.，Hanna，R. F.，Chalvatzis，K. J. Environmental knowledge，pro-environmental behavior and energy savings in households：An empirical study ［J］. Applied Energy，2016，184：1217 – 1229.

［337］Qu，Y.，Liu，Y. K.，Zhu，Q. H.，et al. Motivating small-dis-placement car purchasing in China ［J］. Transportation Research Part A – Policy and Practice，2014，67：47 – 58.

［338］ Rhee, J. C. , Done, N. , Anderson, G. F. Considering long-term care insurance for middle-income countries: Comparing South Korea with Japan and Germany ［J］. Health Policy, 2015, 119 (10): 1319 – 1329.

［339］ Rivlin, A. M. , Wiener, J. M. Caring for the disabled elderly: Who will pay? ［M］. Washington, DC: The Brookings Institution, 1988.

［340］ Rothgang, H. Social insurance for long-term care: An evaluation of the German model ［J］. Social Policy and Administration, 2010, 44 (4): 436 – 460.

［341］ Salant, P. , Dillman, D. A. How to conduct your own survey ［M］. New York: John Wiley and Sons, 1994.

［342］ Schaber, P. L. , Stum, M. S. Factors impacting group long-term care insurance enrollment decisions ［J］. Journal of Family and Economic Issues, 2007, 28 (2): 189 – 205.

［343］ Schoorman, F. D. , Mayer, R. C. , Davis, J. H. An integrative model of organizational trust: Past, present, and future ［J］. Academy of Management Review, 2007, 32 (2): 344 – 354.

［344］ Schultz, P. W. , Zelezny, L. C. Values and proenvironmental behavior: A five-country survey ［J］. Journal of Cross – Cultural Psychology, 1998, 29 (4): 540 – 558.

［345］ Schumacker, R. E. , Lomax, R. G. A beginner's guide to structural equation modeling (2nd ed. ) ［M］. Lawrence Erlbaum Associates Publishers, 2004.

［346］ Schwab, D. P. Construct validity in organizational behavior ［C］. In Research in Organizational behavior, Edited by Cummings, L. L. and Staw, B. Vol. 2, Greenwich, CT: Jal Press. 1980.

［347］ Schwarcz, D. Insurance demand anomalies and regulation ［J］. Journal of Consumer Affairs, 2010, 44 (3): 557 – 577.

［348］ Schwartz, S. H. , Howard, J. A. A normative decision-making model of altruism ［C］. In Rushton, J. P. & Sorrentino, R. M. (Eds. ), Altruism and helping behavior (89 – 211). Hillsdale: Erlbaum, 1981.

［349］ Schwartz, S. H. Normative explanations of helping behavior: A critique, proposal, and empirical test [J]. Journal of Experimental Social Psychology, 1973, 9 (4): 349 – 364.

[350] Schwartz, S. H. Normative influences on altruism [C]. In Berkowitz, L. (Ed.), Advances in Experimental Social Psychology (10, 221 – 279). New York: Academic Press, 1977.

[351] Shi H. Y., Yeh S. C. J., Chou H. C., et al. Long-term care insurance purchase decisions of registered nurses: deep learning versus logistic regression models [J]. Health Policy, 2023: 104709.

[352] Sia, S. K., Jose, A. Attitude and subjective norm as personal moral obligation mediated predictors of intention to build eco-friendly house [J]. Management of Environmental Quality, 2019, 30 (4): 678 – 694.

[353] Sloan, F. A., Norton, E. C. Adverse selection, bequests, crowding out, and private demand for insurance: Evidence from the long-term care insurance market [J]. Journal of Risk and Uncertainty, 1997, 15 (3): 201 – 219.

[354] Slovic, P., Fischhoff, B., Lichtenstein, S., et al. Perceived risk: Psychological factors and social implications [J]. Proceedings of the Royal Society of London. Series A, Mathematical and Physical Sciences, 1981, 376 (1764): 17 – 34.

[355] Slovic, P. Perceived risk, trust, and democracy [J]. Risk Analysis, 1993, 13 (6): 675 – 682.

[356] Sorrentino, R. M., Holmes, J. G., Hanna, S. E., et al. Uncertainty orientation and trust in close relationships: Individual differences in cognitive styles [J]. Journal of Personality and Social Psychology, 1995, 68 (2): 314 – 327.

[357] Stern, P. C., Dietz, T., Abel, T. D., et al. A value-belief-norm theory of support for social movements: The case of environmentalism [J]. Human Ecology Review, 1999, 6 (2): 81 – 97.

[358] Stern, P. C. Toward a coherent theory of environmentally significant behavior [J]. Journal of Social Issues, 2000, 56 (3): 407 – 424.

[359] Stevenson, D. G., Frank, R. G., Tau, J. Private long-term care

insurance and state tax incentives [J]. Inquiry – The Journal of Health Care Organization Provision and Financing, 2009, 46 (3): 305 – 321.

[360] Strauss, A. L., Corbin, J. M. Basics of qualitative research: Grounded theory procedures and techniques [M]. Newbury Park: Sage Publications, 1990.

[361] Strauss, A. L. Qualitative analysis for social scientists [M]. Cambridge, England: Cambridge University Press, 1987.

[362] Swamy, N. The importance of employer-sponsorship in the long-term care insurance market [J]. Journal of Aging and Social Policy, 2004, 16 (2): 67 – 84.

[363] Tamiya, N., Noguchi, H., Nishi, A., et al. Population ageing and wellbeing: Lessons from Japan's long-term care insurance policy [J]. The Lancet, 2011, 378 (9797): 1183 – 1192.

[364] Tam L., Tyquin E., Mehta A. M., et al. Determinants of Attitude and Intention Towards Private Health Insurance: A Comparison of Insured and Uninsured Young Adults in Australia, 2020.

[365] Teo, T. S. H., Srivastava, S. C., Jiang, L. Trust and electronic government success: An empirical study [J]. Journal of Management Information Systems, 2008, 25 (3): 99 – 131.

[366] Theobald, H., Hampel, S. Radical institutional change and incremental transformation: Long-term care insurance in Germany [C]. In Ranci, C., Pavolini, E. (Eds.), Reforms in long-term care policies in Europe: Investigating institutional change and social impacts (pp. 117 – 138). New York, U. S.: Springer. 2013.

[367] Thilina, D., Gunawardane, N. The effect of perceived risk on the purchase intention of electric vehicles: An extension to the technology acceptance model. International Journal of Electric and Hybrid Vehicles, 2019, 11 (1), 73 – 83.

[368] Tikka, M. P., Kuitunen, M. T., Tynys, S. M. Effects of educational background on students' attitudes, activity levels, and knowledge concerning the environment [J]. Journal of Environmental Education, 2000, 31 (3):

12 – 19.

［369］Tsai, C. L. The insurance behavior evaluation process of workers in the container terminal operation context: An example in the port of Kaohsiung ［J］. International Journal of E – navigation and Maritime Economy, 2017, 6: 17 – 28.

［370］Tsutsui, T. The current state and future development of the long-term care insurance system in Japan ［J］. Journal of the National Institute of Public Health, 2010, 59（4）: 372 – 379.

［371］Venkatesh, V., Bala, H. Technology acceptance model 3 and a research agenda on interventions ［J］. Decision Sciences, 2008, 39（2）: 273 – 315.

［372］Venkatesh, V., Davis, F. D. A theoretical extension of the technology acceptance model: Four longitudinal field studies ［J］. Management Science, 2000, 46（2）: 186 – 204.

［373］Vermeir, I., Verbeke, W. Sustainable food consumption: Exploring the consumer "attitude-behavioral intention" gap ［J］. Journal of Agricultural and Environmental Ethics, 2006, 19: 169 – 194.

［374］Walker, D., Myrick, F. Grounded theory: An exploration of process and procedure ［J］. Qualitative Health Research, 2006, 16（4）: 547 – 559.

［375］Wallace, S. P., Campbell, K., Lew-Ting, C. Y. Structural barriers to the use of formal in-home services by elderly Latinos ［J］. Journal of Gerontology, 1994, 49（5）: S253 – S263.

［376］Wang, Q., Zhou, Y., Ding, X. R., et al. Demand for long-term care insurance in China ［J］. International Journal of Environmental Research and Public Health, 2018, 15（1）: 6.

［377］Wang, S. Y., Fan, J., Zhao, D. T., et al. Predicting consumers' intention to adoption hybrid electric vehicles: Using an extended version of the theory of planned behavior model ［J］. Transportation, 2016, 43（1）: 123 – 143.

［378］Wang, S. Y., Wang, J. P., Zhao, S. L., et al. Information publicity and resident's waste separation behavior: An empirical study based on the norm activation model [J]. Waste Management, 2019, 87: 33 - 42.

[379] Wang, W. The international comparative study of long-term care insurance system [J]. International Journal of Business and Social Science, 2014, 5 (2): 239 - 244.

[380] Wang, Z. H., Sun, Q. Y., Wang, B., et al. Purchasing intentions of Chinese consumers on energy-efficient appliances: Is the energy efficiency label effective? [J]. Journal of Cleaner Production, 2019, 238, 117896.

[381] Wheaton, B., Muthén, B., Alwin, D. F., et al. Assessing reliability and stability in panel models [M]. Sociological Methodology, 1977, 8 (1): 84 - 136.

[382] Willett, A. H. The economic theory of risk and insurance (1901) [M]. Kessinger Publishing, LLC, 2008.

[383] Williams, C. A., Heine, R. M. Risk management and insurance [M]. New York: McGraw - Hill, 1985.

[384] Yue, T., Long, R. Y., Chen, H. Factors influencing energy-saving behavior of urban households in Jiangsu Province [J]. Energy Policy, 2013, 62: 665 - 675.

[385] Zhang, B., Lai, K. H., Wang, B., et al. From intention to action: How do personal attitudes, facilities accessibility, and government stimulus matter for household waste sorting? [J]. Journal of Environmental Management, 2019, 233: 447 - 458.

[386] Zhang, C. Y., Yu, B. Y., Wang, J. W., et al. Impact factors of household energy-saving behavior: An empirical study of Shandong Province in China [J]. Journal of Cleaner Production, 2018, 185: 285 - 298.

[387] Zhang, Y. X., Wang, Z. H., Zhou, G. H. Antecedents of employee electricity saving behavior in organizations: An empirical study based on norm activation model [J]. Energy Policy, 2013, 62: 1120 - 1127.

[388] Zhou-Richter, T., Browne, M. J., Grundl, H. Don't they care? Or, are they just unaware? Risk perception and the demand for long-term care insurance [J]. Journal of Risk and Insurance, 2010, 77 (4): 715 - 747.

［389］Zuchandke，A. ，Reddemann，S. ，Krummaker，S. ，et al. Impact of the introduction of the social long-term care insurance in Germany on financial security assessment in case of long-term care need ［J］. Geneva Papers on Risk and Insurance – Issues and Practice，2010，35（4）：626 – 643.

［390］Zweifel，P. ，Struwe，W. Long-term care insurance in a two-generation model ［J］. Journal of Risk and Insurance，1998，65：13 – 32.

# 附 录

## A. 我国 60 岁及以上老年人口规模与比例测算情况

高方案下 2025～2100 年我国 60 岁及以上老年人口规模与比例测算情况

表 A-1

| 年份 | 60～64 岁 | | 65～69 岁 | | 70～74 岁 | | 75～79 岁 | | 80～84 岁 | | 85～89 岁 | | 90～94 岁 | | 95～99 岁 | | 100 岁及以上 | | 合计 | |
|------|------------|------|------------|------|------------|------|------------|------|------------|------|------------|------|------------|------|------------|------|--------------|------|--------|--------|
| | 数量<br>（万人） | 比例<br>（%） | 数量<br>（万人） | 比例<br>（%） | 数量<br>（万人） | 比例<br>（%） | 数量<br>（万人） | 比例<br>（%） | 数量<br>（万人） | 比例<br>（%） | 数量<br>（万人） | 比例<br>（%） | 数量<br>（万人） | 比例<br>（%） | 数量<br>（万人） | 比例<br>（%） | 数量<br>（万人） | 比例<br>（%） | 数量<br>（万人） | 比例<br>（%） |
| 2025 | 9386 | 6.55 | 7000 | 4.89 | 6518 | 4.55 | 3917 | 2.74 | 2146 | 1.50 | 1119 | 0.78 | 416 | 0.29 | 76 | 0.05 | 7 | 0.01 | 30585 | 21.36 |
| 2030 | 11267 | 7.84 | 8883 | 6.18 | 6376 | 4.43 | 5593 | 3.89 | 3005 | 2.09 | 1332 | 0.93 | 499 | 0.35 | 107 | 0.07 | 10 | 0.01 | 37072 | 25.78 |
| 2035 | 10903 | 7.57 | 10712 | 7.44 | 8197 | 5.69 | 5527 | 3.84 | 4374 | 3.04 | 1938 | 1.35 | 623 | 0.43 | 134 | 0.09 | 15 | 0.01 | 42423 | 29.46 |
| 2040 | 8680 | 6.04 | 10413 | 7.25 | 9943 | 6.92 | 7242 | 5.04 | 4377 | 3.05 | 2899 | 2.02 | 954 | 0.66 | 177 | 0.12 | 20 | 0.01 | 44706 | 31.11 |

续表

| 年份 | 60~64 岁 数量（万人） | 60~64 岁 比例（%） | 65~69 岁 数量（万人） | 65~69 岁 比例（%） | 70~74 岁 数量（万人） | 70~74 岁 比例（%） | 75~79 岁 数量（万人） | 75~79 岁 比例（%） | 80~84 岁 数量（万人） | 80~84 岁 比例（%） | 85~89 岁 数量（万人） | 85~89 岁 比例（%） | 90~94 岁 数量（万人） | 90~94 岁 比例（%） | 95~99 岁 数量（万人） | 95~99 岁 比例（%） | 100 岁及以上 数量（万人） | 100 岁及以上 比例（%） | 合计 数量（万人） | 合计 比例（%） |
|---|---|---|---|---|---|---|---|---|---|---|---|---|---|---|---|---|---|---|---|---|
| 2045 | 9738 | 6.82 | 8333 | 5.84 | 9726 | 6.81 | 8857 | 6.20 | 5914 | 4.14 | 2951 | 2.07 | 1476 | 1.03 | 291 | 0.20 | 28 | 0.02 | 47314 | 33.13 |
| 2050 | 11443 | 8.11 | 9388 | 6.65 | 7839 | 5.56 | 8739 | 6.19 | 7307 | 5.18 | 4174 | 2.96 | 1532 | 1.09 | 470 | 0.33 | 49 | 0.03 | 50941 | 36.11 |
| 2055 | 9243 | 6.68 | 11072 | 8.00 | 8883 | 6.42 | 7114 | 5.14 | 7289 | 5.27 | 5229 | 3.78 | 2320 | 1.68 | 498 | 0.36 | 83 | 0.06 | 51731 | 37.38 |
| 2060 | 7682 | 5.69 | 8965 | 6.64 | 10527 | 7.80 | 8127 | 6.02 | 6024 | 4.46 | 5298 | 3.93 | 2955 | 2.19 | 833 | 0.62 | 94 | 0.07 | 50505 | 37.43 |
| 2065 | 7394 | 5.63 | 7472 | 5.69 | 8551 | 6.51 | 9700 | 7.38 | 6966 | 5.30 | 4482 | 3.41 | 3055 | 2.32 | 1086 | 0.83 | 169 | 0.13 | 48875 | 37.18 |
| 2070 | 7983 | 6.22 | 7210 | 5.62 | 7158 | 5.58 | 7914 | 6.16 | 8406 | 6.55 | 5282 | 4.11 | 2677 | 2.09 | 1152 | 0.90 | 235 | 0.18 | 48018 | 37.40 |
| 2075 | 8488 | 6.75 | 7803 | 6.21 | 6932 | 5.51 | 6669 | 5.30 | 6903 | 5.49 | 6490 | 5.16 | 3251 | 2.59 | 1069 | 0.85 | 266 | 0.21 | 47872 | 38.08 |
| 2080 | 7605 | 6.18 | 8313 | 6.75 | 7529 | 6.11 | 6496 | 5.28 | 5882 | 4.78 | 5386 | 4.37 | 4110 | 3.34 | 1360 | 1.10 | 271 | 0.22 | 46951 | 38.13 |
| 2085 | 5777 | 4.79 | 7460 | 6.18 | 8044 | 6.67 | 7092 | 5.88 | 5782 | 4.79 | 4673 | 3.87 | 3462 | 2.87 | 1797 | 1.49 | 358 | 0.30 | 44446 | 36.84 |
| 2090 | 6150 | 5.19 | 5679 | 4.80 | 7234 | 6.11 | 7611 | 6.43 | 6368 | 5.38 | 4665 | 3.94 | 3096 | 2.61 | 1549 | 1.31 | 504 | 0.43 | 42858 | 36.19 |
| 2095 | 6423 | 5.50 | 6056 | 5.19 | 5526 | 4.74 | 6869 | 5.89 | 6883 | 5.90 | 5218 | 4.47 | 3173 | 2.72 | 1458 | 1.25 | 483 | 0.41 | 42088 | 36.07 |
| 2100 | 6609 | 5.73 | 6333 | 5.49 | 5905 | 5.12 | 5274 | 4.58 | 6244 | 5.42 | 5710 | 4.95 | 3641 | 3.16 | 1562 | 1.36 | 485 | 0.42 | 41765 | 36.23 |

注：表中的比例是指各年龄组的老年人口占全国总人口的比重。

表 A-2

中方案下 2025～2100 年我国 60 岁及以上老年人口规模与比例测算情况

| 年份 | 60~64 岁 | | 65~69 岁 | | 70~74 岁 | | 75~79 岁 | | 80~84 岁 | | 85~89 岁 | | 90~94 岁 | | 95~99 岁 | | 100 岁及以上 | | 合计 | |
|---|---|---|---|---|---|---|---|---|---|---|---|---|---|---|---|---|---|---|---|---|
| | 数量（万人） | 比例（%） | 数量（万人） | 比例（%） | 数量（万人） | 比例（%） | 数量（万人） | 比例（%） | 数量（万人） | 比例（%） | 数量（万人） | 比例（%） | 数量（万人） | 比例（%） | 数量（万人） | 比例（%） | 数量（万人） | 比例（%） | 数量（万人） | 比例（%） |
| 2025 | 9386 | 6.59 | 7000 | 4.91 | 6518 | 4.58 | 3917 | 2.75 | 2146 | 1.51 | 1119 | 0.79 | 416 | 0.29 | 76 | 0.05 | 7 | 0.01 | 30585 | 21.47 |
| 2030 | 11267 | 7.96 | 8883 | 6.27 | 6376 | 4.50 | 5593 | 3.95 | 3005 | 2.12 | 1332 | 0.94 | 499 | 0.35 | 107 | 0.08 | 10 | 0.01 | 37072 | 26.19 |
| 2035 | 10903 | 7.79 | 10712 | 7.65 | 8197 | 5.86 | 5527 | 3.95 | 4374 | 3.13 | 1938 | 1.38 | 623 | 0.44 | 134 | 0.10 | 15 | 0.01 | 42423 | 30.31 |
| 2040 | 8680 | 6.30 | 10413 | 7.56 | 9943 | 7.22 | 7242 | 5.26 | 4377 | 3.18 | 2899 | 2.10 | 954 | 0.69 | 177 | 0.13 | 20 | 0.01 | 44706 | 32.45 |
| 2045 | 9738 | 7.21 | 8333 | 6.17 | 9726 | 7.21 | 8857 | 6.56 | 5914 | 4.38 | 2951 | 2.19 | 1476 | 1.09 | 291 | 0.22 | 28 | 0.02 | 47314 | 35.05 |
| 2050 | 11443 | 8.72 | 9388 | 7.15 | 7839 | 5.97 | 8739 | 6.66 | 7307 | 5.57 | 4174 | 3.18 | 1532 | 1.17 | 470 | 0.36 | 49 | 0.04 | 50941 | 38.81 |
| 2055 | 9243 | 7.32 | 11072 | 8.76 | 8883 | 7.03 | 7114 | 5.63 | 7289 | 5.77 | 5229 | 4.14 | 2320 | 1.84 | 498 | 0.39 | 83 | 0.07 | 51731 | 40.94 |
| 2060 | 7682 | 6.37 | 8965 | 7.44 | 10527 | 8.74 | 8127 | 6.74 | 6024 | 5.00 | 5298 | 4.40 | 2955 | 2.45 | 833 | 0.69 | 94 | 0.08 | 50505 | 41.91 |
| 2065 | 7394 | 6.46 | 7472 | 6.53 | 8551 | 7.47 | 9700 | 8.48 | 6966 | 6.09 | 4482 | 3.92 | 3055 | 2.67 | 1086 | 0.95 | 169 | 0.15 | 48875 | 42.72 |
| 2070 | 7983 | 7.36 | 7210 | 6.64 | 7158 | 6.60 | 7914 | 7.29 | 8406 | 7.75 | 5282 | 4.87 | 2677 | 2.47 | 1152 | 1.06 | 235 | 0.22 | 48018 | 44.24 |
| 2075 | 8488 | 8.25 | 7803 | 7.58 | 6932 | 6.74 | 6669 | 6.48 | 6903 | 6.71 | 6490 | 6.31 | 3251 | 3.16 | 1069 | 1.04 | 266 | 0.26 | 47872 | 46.52 |
| 2080 | 7605 | 7.82 | 8313 | 8.54 | 7529 | 7.74 | 6496 | 6.68 | 5882 | 6.05 | 5386 | 5.54 | 4110 | 4.22 | 1360 | 1.40 | 271 | 0.28 | 46951 | 48.26 |
| 2085 | 5031 | 5.49 | 7460 | 8.14 | 8044 | 8.77 | 7092 | 7.74 | 5782 | 6.31 | 4673 | 5.10 | 3462 | 3.78 | 1797 | 1.96 | 358 | 0.39 | 43699 | 47.66 |
| 2090 | 4748 | 5.50 | 4944 | 5.73 | 7234 | 8.38 | 7611 | 8.82 | 6368 | 7.38 | 4665 | 5.40 | 3096 | 3.59 | 1549 | 1.79 | 504 | 0.58 | 40721 | 47.17 |
| 2095 | 4660 | 5.73 | 4674 | 5.74 | 4809 | 5.91 | 6869 | 8.44 | 6883 | 8.46 | 5218 | 6.41 | 3173 | 3.90 | 1458 | 1.79 | 483 | 0.59 | 38227 | 46.98 |
| 2100 | 4779 | 6.23 | 4595 | 5.99 | 4557 | 5.94 | 4587 | 5.98 | 6244 | 8.14 | 5710 | 7.45 | 3641 | 4.75 | 1562 | 2.04 | 485 | 0.63 | 36161 | 47.17 |

注：表中的比例指各年龄组的老年人口占全国总人口的比重。

表 A-3 低方案下 2020~2100 年我国 60 岁及以上老年人口规模与比例测算情况

| 年份 | 60~64岁 | | 65~69岁 | | 70~74岁 | | 75~79岁 | | 80~84岁 | | 85~89岁 | | 90~94岁 | | 95~99岁 | | 100岁及以上 | | 合计 | |
|---|---|---|---|---|---|---|---|---|---|---|---|---|---|---|---|---|---|---|---|---|
| | 数量（万人） | 比例（%） | 数量（万人） | 比例（%） | 数量（万人） | 比例（%） | 数量（万人） | 比例（%） | 数量（万人） | 比例（%） | 数量（万人） | 比例（%） | 数量（万人） | 比例（%） | 数量（万人） | 比例（%） | 数量（万人） | 比例（%） | 数量（万人） | 比例（%） |
| 2025 | 9386 | 6.63 | 7000 | 4.94 | 6518 | 4.60 | 3917 | 2.77 | 2146 | 1.51 | 1119 | 0.79 | 416 | 0.29 | 76 | 0.05 | 7 | 0.005 | 30585 | 21.59 |
| 2030 | 11267 | 8.09 | 8883 | 6.37 | 6376 | 4.58 | 5593 | 4.01 | 3005 | 2.16 | 1332 | 0.96 | 499 | 0.36 | 107 | 0.08 | 10 | 0.01 | 37072 | 26.61 |
| 2035 | 10903 | 8.02 | 10712 | 7.88 | 8197 | 6.03 | 5527 | 4.07 | 4374 | 3.22 | 1938 | 1.43 | 623 | 0.46 | 134 | 0.10 | 15 | 0.01 | 42423 | 31.21 |
| 2040 | 8680 | 6.58 | 10413 | 7.90 | 9943 | 7.54 | 7242 | 5.49 | 4377 | 3.32 | 2899 | 2.20 | 954 | 0.72 | 177 | 0.13 | 20 | 0.01 | 44706 | 33.91 |
| 2045 | 9738 | 7.66 | 8333 | 6.55 | 9726 | 7.65 | 8857 | 6.97 | 5914 | 4.65 | 2951 | 2.32 | 1476 | 1.16 | 291 | 0.23 | 28 | 0.02 | 47314 | 37.22 |
| 2050 | 11443 | 9.41 | 9388 | 7.72 | 7839 | 6.45 | 8739 | 7.19 | 7307 | 6.01 | 4174 | 3.43 | 1532 | 1.26 | 470 | 0.39 | 49 | 0.04 | 50941 | 41.90 |
| 2055 | 9243 | 8.04 | 11072 | 9.64 | 8883 | 7.73 | 7114 | 6.19 | 7289 | 6.34 | 5229 | 4.55 | 2320 | 2.02 | 498 | 0.43 | 83 | 0.07 | 51731 | 45.02 |
| 2060 | 7682 | 7.16 | 8965 | 8.36 | 10527 | 9.81 | 8127 | 7.58 | 6024 | 5.62 | 5298 | 4.94 | 2955 | 2.76 | 833 | 0.78 | 94 | 0.09 | 50505 | 47.08 |
| 2065 | 7394 | 7.45 | 7472 | 7.53 | 8551 | 8.61 | 9700 | 9.77 | 6966 | 7.02 | 4482 | 4.51 | 3055 | 3.08 | 1086 | 1.09 | 169 | 0.17 | 48875 | 49.24 |
| 2070 | 7983 | 8.73 | 7210 | 7.89 | 7158 | 7.83 | 7914 | 8.66 | 8406 | 9.20 | 5282 | 5.78 | 2677 | 2.93 | 1152 | 1.26 | 235 | 0.26 | 48018 | 52.54 |
| 2075 | 8488 | 10.13 | 7803 | 9.32 | 6932 | 8.28 | 6669 | 7.96 | 6903 | 8.24 | 6490 | 7.75 | 3251 | 3.88 | 1069 | 1.28 | 266 | 0.32 | 47872 | 57.16 |
| 2080 | 7605 | 9.98 | 8313 | 10.91 | 7529 | 9.88 | 6496 | 8.53 | 5882 | 7.72 | 5386 | 7.07 | 4110 | 5.39 | 1360 | 1.78 | 271 | 0.36 | 46951 | 61.62 |
| 2085 | 4284 | 6.23 | 7460 | 10.85 | 8044 | 11.70 | 7092 | 10.31 | 5782 | 8.41 | 4673 | 6.80 | 3462 | 5.04 | 1797 | 2.61 | 358 | 0.52 | 42953 | 62.47 |
| 2090 | 3353 | 5.43 | 4210 | 6.82 | 7234 | 11.72 | 7611 | 12.33 | 6368 | 10.32 | 4665 | 7.56 | 3096 | 5.02 | 1549 | 2.51 | 504 | 0.82 | 38591 | 62.54 |
| 2095 | 2911 | 5.28 | 3300 | 5.99 | 4092 | 7.43 | 6869 | 12.46 | 6883 | 12.49 | 5218 | 9.47 | 3173 | 5.76 | 1458 | 2.65 | 483 | 0.88 | 34387 | 62.40 |
| 2100 | 2921 | 5.99 | 2870 | 5.88 | 3217 | 6.59 | 3900 | 7.99 | 6244 | 12.80 | 5710 | 11.70 | 3641 | 7.46 | 1562 | 3.20 | 485 | 0.99 | 30550 | 62.61 |

注：表中的比例是指各年龄组的老年人口占全国总人口的比重。

## B. 基于静态失能率测算的我国失能老年人口规模与比例情况

表 B - 1　　基于静态失能率测算的高方案下 2025～2100 年我国失能老年人口规模与比例情况

| 年份 | 60～64 岁 | | 65～69 岁 | | 70～74 岁 | | 75～79 岁 | | 80～84 岁 | | 85～89 岁 | | 90～94 岁 | | 95～99 岁 | | 100 岁及以上 | | 合计数量（万人） |
|---|---|---|---|---|---|---|---|---|---|---|---|---|---|---|---|---|---|---|---|
| | 数量（万人） | 比例（%） | 数量（万人） | 比例（%） | 数量（万人） | 比例（%） | 数量（万人） | 比例（%） | 数量（万人） | 比例（%） | 数量（万人） | 比例（%） | 数量（万人） | 比例（%） | 数量（万人） | 比例（%） | 数量（万人） | 比例（%） | |
| 2025 | 533 | 13.56 | 589 | 14.99 | 867 | 22.07 | 749 | 19.07 | 579 | 14.72 | 389 | 9.90 | 181 | 4.62 | 39 | 0.98 | 4 | 0.10 | 3930 |
| 2030 | 640 | 13.17 | 747 | 15.39 | 848 | 17.47 | 1070 | 22.03 | 810 | 16.68 | 463 | 9.53 | 218 | 4.49 | 54 | 1.11 | 6 | 0.12 | 4856 |
| 2035 | 619 | 10.54 | 901 | 15.36 | 1091 | 18.58 | 1057 | 18.01 | 1179 | 20.09 | 674 | 11.48 | 272 | 4.63 | 68 | 1.16 | 8 | 0.14 | 5869 |
| 2040 | 493 | 7.27 | 876 | 12.92 | 1323 | 19.51 | 1385 | 20.43 | 1180 | 17.40 | 1007 | 14.85 | 416 | 6.14 | 90 | 1.32 | 11 | 0.16 | 6782 |
| 2045 | 553 | 7.21 | 701 | 9.14 | 1294 | 16.87 | 1694 | 22.09 | 1595 | 20.79 | 1025 | 13.37 | 644 | 8.40 | 147 | 1.92 | 16 | 0.21 | 7670 |
| 2050 | 650 | 7.63 | 790 | 9.28 | 1043 | 12.26 | 1671 | 19.64 | 1970 | 23.15 | 1450 | 17.05 | 669 | 7.86 | 238 | 2.80 | 28 | 0.32 | 8509 |
| 2055 | 525 | 5.77 | 932 | 10.25 | 1182 | 13.00 | 1361 | 14.96 | 1965 | 21.61 | 1817 | 19.98 | 1013 | 11.14 | 252 | 2.77 | 47 | 0.52 | 9094 |
| 2060 | 436 | 4.65 | 754 | 8.05 | 1401 | 14.94 | 1554 | 16.58 | 1624 | 17.32 | 1841 | 19.64 | 1290 | 13.76 | 422 | 4.50 | 53 | 0.57 | 9376 |
| 2065 | 420 | 4.44 | 629 | 6.65 | 1138 | 12.03 | 1855 | 19.62 | 1878 | 19.86 | 1557 | 16.47 | 1334 | 14.10 | 550 | 5.82 | 95 | 1.01 | 9456 |
| 2070 | 453 | 4.76 | 607 | 6.38 | 952 | 10.01 | 1514 | 15.91 | 2267 | 23.83 | 1836 | 19.30 | 1169 | 12.29 | 583 | 6.13 | 133 | 1.40 | 9513 |
| 2075 | 482 | 5.04 | 657 | 6.87 | 922 | 9.64 | 1276 | 13.34 | 1861 | 19.46 | 2255 | 23.58 | 1419 | 14.84 | 541 | 5.66 | 151 | 1.58 | 9564 |
| 2080 | 432 | 4.56 | 700 | 7.39 | 1002 | 10.58 | 1243 | 13.12 | 1586 | 16.75 | 1872 | 19.77 | 1794 | 18.95 | 688 | 7.27 | 153 | 1.62 | 9469 |
| 2085 | 328 | 3.57 | 628 | 6.83 | 1070 | 11.65 | 1357 | 14.76 | 1559 | 16.96 | 1624 | 17.67 | 1511 | 16.45 | 910 | 9.90 | 203 | 2.21 | 9189 |
| 2090 | 349 | 3.88 | 478 | 5.31 | 963 | 10.69 | 1456 | 16.17 | 1717 | 19.07 | 1621 | 18.00 | 1352 | 15.01 | 784 | 8.71 | 285 | 3.17 | 9005 |
| 2095 | 365 | 4.06 | 510 | 5.67 | 735 | 8.18 | 1314 | 14.62 | 1856 | 20.65 | 1813 | 20.17 | 1385 | 15.41 | 738 | 8.21 | 273 | 3.04 | 8989 |
| 2100 | 375 | 4.16 | 533 | 5.90 | 786 | 8.71 | 1009 | 11.18 | 1684 | 18.65 | 1984 | 21.99 | 1590 | 17.61 | 791 | 8.76 | 275 | 3.04 | 9026 |

注：表中的比例是指各年龄组的失能老年人口占失能老年总人口的比重，同一年份下各年龄组的失能老年人口比例之和为 1。

表 B-2　基于静态失能率测算的中方案下 2025～2100 年我国失能老年人口规模与比例情况

| 年份 | 60～64 岁 数量(万人) | 60～64 岁 比例(%) | 65～69 岁 数量(万人) | 65～69 岁 比例(%) | 70～74 岁 数量(万人) | 70～74 岁 比例(%) | 75～79 岁 数量(万人) | 75～79 岁 比例(%) | 80～84 岁 数量(万人) | 80～84 岁 比例(%) | 85～89 岁 数量(万人) | 85～89 岁 比例(%) | 90～94 岁 数量(万人) | 90～94 岁 比例(%) | 95～99 岁 数量(万人) | 95～99 岁 比例(%) | 100 岁及以上 数量(万人) | 100 岁及以上 比例(%) | 合计 数量(万人) |
|---|---|---|---|---|---|---|---|---|---|---|---|---|---|---|---|---|---|---|---|
| 2025 | 533 | 13.56 | 589 | 14.99 | 867 | 22.07 | 749 | 19.07 | 579 | 14.72 | 389 | 9.90 | 181 | 4.62 | 39 | 0.98 | 4 | 0.10 | 3930 |
| 2030 | 640 | 13.17 | 747 | 15.39 | 848 | 17.47 | 1070 | 22.03 | 810 | 16.68 | 463 | 9.53 | 218 | 4.49 | 54 | 1.11 | 6 | 0.12 | 4856 |
| 2035 | 619 | 10.54 | 901 | 15.36 | 1091 | 18.58 | 1057 | 18.01 | 1179 | 20.09 | 674 | 11.48 | 272 | 4.63 | 68 | 1.16 | 8 | 0.14 | 5869 |
| 2040 | 493 | 7.27 | 876 | 12.92 | 1323 | 19.51 | 1385 | 20.43 | 1180 | 17.40 | 1007 | 14.85 | 416 | 6.14 | 90 | 1.32 | 11 | 0.16 | 6782 |
| 2045 | 553 | 7.21 | 701 | 9.14 | 1294 | 16.87 | 1694 | 22.09 | 1595 | 20.79 | 1025 | 13.37 | 644 | 8.40 | 147 | 1.92 | 16 | 0.21 | 7670 |
| 2050 | 650 | 7.63 | 790 | 9.28 | 1043 | 12.26 | 1671 | 19.64 | 1970 | 23.15 | 1450 | 17.05 | 669 | 7.86 | 238 | 2.80 | 28 | 0.32 | 8509 |
| 2055 | 525 | 5.77 | 932 | 10.25 | 1182 | 13.00 | 1361 | 14.96 | 1965 | 21.61 | 1817 | 19.98 | 1013 | 11.14 | 252 | 2.77 | 47 | 0.52 | 9094 |
| 2060 | 436 | 4.65 | 754 | 8.05 | 1401 | 14.94 | 1554 | 16.58 | 1624 | 17.32 | 1841 | 19.64 | 1290 | 13.76 | 422 | 4.50 | 53 | 0.57 | 9376 |
| 2065 | 420 | 4.44 | 629 | 6.65 | 1138 | 12.03 | 1855 | 19.62 | 1878 | 19.86 | 1557 | 16.47 | 1334 | 14.10 | 550 | 5.82 | 95 | 1.01 | 9456 |
| 2070 | 453 | 4.76 | 607 | 6.38 | 952 | 10.01 | 1514 | 15.91 | 2267 | 23.83 | 1836 | 19.30 | 1169 | 12.29 | 583 | 6.13 | 133 | 1.40 | 9513 |
| 2075 | 482 | 5.04 | 657 | 6.87 | 922 | 9.64 | 1276 | 13.34 | 1861 | 19.46 | 2255 | 23.58 | 1419 | 14.84 | 541 | 5.66 | 151 | 1.58 | 9564 |
| 2080 | 432 | 4.56 | 700 | 7.39 | 1002 | 10.58 | 1243 | 13.12 | 1586 | 16.75 | 1872 | 19.77 | 1794 | 18.95 | 688 | 7.27 | 153 | 1.62 | 9469 |
| 2085 | 286 | 3.12 | 628 | 6.86 | 1070 | 11.70 | 1357 | 14.83 | 1559 | 17.04 | 1624 | 17.75 | 1511 | 16.52 | 910 | 9.95 | 203 | 2.22 | 9147 |
| 2090 | 270 | 3.04 | 416 | 4.69 | 963 | 10.86 | 1456 | 16.43 | 1717 | 19.37 | 1621 | 18.29 | 1352 | 15.25 | 784 | 8.85 | 285 | 3.22 | 8863 |
| 2095 | 265 | 3.05 | 393 | 4.53 | 640 | 7.37 | 1314 | 15.14 | 1856 | 21.39 | 1813 | 20.90 | 1385 | 15.96 | 738 | 8.51 | 273 | 3.15 | 8677 |
| 2100 | 271 | 3.20 | 387 | 4.57 | 606 | 7.16 | 877 | 10.37 | 1684 | 19.89 | 1984 | 23.44 | 1590 | 18.78 | 791 | 9.34 | 275 | 3.24 | 8465 |

注：表中的比例是指各年龄组的失能老年人口占失能老年总人口的比重，同一年份下各年龄组的失能老年人口比例之和为 1。

表 B-3　基于静态失能率测算的低方案下 2025～2100 年我国失能老年人口规模与比例情况

| 年份 | 60~64岁 数量(万人) | 60~64岁 比例(%) | 65~69岁 数量(万人) | 65~69岁 比例(%) | 70~74岁 数量(万人) | 70~74岁 比例(%) | 75~79岁 数量(万人) | 75~79岁 比例(%) | 80~84岁 数量(万人) | 80~84岁 比例(%) | 85~89岁 数量(万人) | 85~89岁 比例(%) | 90~94岁 数量(万人) | 90~94岁 比例(%) | 95~99岁 数量(万人) | 95~99岁 比例(%) | 100岁及以上 数量(万人) | 100岁及以上 比例(%) | 合计数量(万人) |
|---|---|---|---|---|---|---|---|---|---|---|---|---|---|---|---|---|---|---|---|
| 2025 | 533 | 13.56 | 589 | 14.99 | 867 | 22.07 | 749 | 19.07 | 579 | 14.72 | 389 | 9.90 | 181 | 4.62 | 39 | 0.98 | 4 | 0.10 | 3930 |
| 2030 | 640 | 13.17 | 747 | 15.39 | 848 | 17.47 | 1070 | 22.03 | 810 | 16.68 | 463 | 9.53 | 218 | 4.49 | 54 | 1.11 | 6 | 0.12 | 4856 |
| 2035 | 619 | 10.54 | 901 | 15.36 | 1091 | 18.58 | 1057 | 18.01 | 1179 | 20.09 | 674 | 11.48 | 272 | 4.63 | 68 | 1.16 | 8 | 0.14 | 5869 |
| 2040 | 493 | 7.27 | 876 | 12.92 | 1323 | 19.51 | 1385 | 20.43 | 1180 | 17.40 | 1007 | 14.85 | 416 | 6.14 | 90 | 1.32 | 11 | 0.16 | 6782 |
| 2045 | 553 | 7.21 | 701 | 9.14 | 1294 | 16.87 | 1694 | 22.09 | 1595 | 20.79 | 1025 | 13.37 | 644 | 8.40 | 147 | 1.92 | 16 | 0.21 | 7670 |
| 2050 | 650 | 7.63 | 790 | 9.28 | 1043 | 12.26 | 1671 | 19.64 | 1970 | 23.15 | 1450 | 17.05 | 669 | 7.86 | 238 | 2.80 | 28 | 0.32 | 8509 |
| 2055 | 525 | 5.77 | 932 | 10.25 | 1182 | 13.00 | 1361 | 14.96 | 1965 | 21.61 | 1817 | 19.98 | 1013 | 11.14 | 252 | 2.77 | 47 | 0.52 | 9094 |
| 2060 | 436 | 4.65 | 754 | 8.05 | 1401 | 14.94 | 1554 | 16.58 | 1624 | 17.32 | 1841 | 19.64 | 1290 | 13.76 | 422 | 4.50 | 53 | 0.57 | 9376 |
| 2065 | 420 | 4.44 | 629 | 6.65 | 1138 | 12.03 | 1855 | 19.62 | 1878 | 19.86 | 1557 | 16.47 | 1334 | 14.10 | 550 | 5.82 | 95 | 1.01 | 9456 |
| 2070 | 453 | 4.76 | 607 | 6.38 | 952 | 10.01 | 1514 | 15.91 | 2267 | 23.83 | 1836 | 19.30 | 1169 | 12.29 | 583 | 6.13 | 133 | 1.40 | 9513 |
| 2075 | 482 | 5.04 | 657 | 6.87 | 922 | 9.64 | 1276 | 13.34 | 1861 | 19.46 | 2255 | 23.58 | 1419 | 14.84 | 541 | 5.66 | 151 | 1.58 | 9564 |
| 2080 | 432 | 4.56 | 700 | 7.39 | 1002 | 10.58 | 1243 | 13.12 | 1586 | 16.75 | 1872 | 19.77 | 1794 | 18.95 | 688 | 7.27 | 153 | 1.62 | 9469 |
| 2085 | 243 | 2.67 | 628 | 6.89 | 1070 | 11.76 | 1357 | 14.90 | 1559 | 17.12 | 1624 | 17.84 | 1511 | 16.60 | 910 | 9.99 | 203 | 2.23 | 9105 |
| 2090 | 190 | 2.18 | 354 | 4.06 | 963 | 11.04 | 1456 | 16.69 | 1717 | 19.69 | 1621 | 18.59 | 1352 | 15.50 | 784 | 8.99 | 285 | 3.27 | 8722 |
| 2095 | 165 | 1.98 | 278 | 3.32 | 544 | 6.51 | 1314 | 15.70 | 1856 | 22.18 | 1813 | 21.67 | 1385 | 16.56 | 738 | 8.82 | 273 | 3.27 | 8367 |
| 2100 | 166 | 2.10 | 241 | 3.05 | 428 | 5.41 | 746 | 9.44 | 1684 | 21.30 | 1984 | 25.10 | 1590 | 20.11 | 791 | 10.01 | 275 | 3.47 | 7904 |

注：表中的比例是指各年龄组的失能老年人口占失能老年人口总数的比重，同一年份下各年龄组的失能老年人口比例之和为1。

## C. 基于动态失能率测算的我国失能老年人口规模与比例情况

表 C-1　基于动态失能率测算的高方案下 2025~2100 年我国失能老年人口规模与比例情况

| 年份 | 60~64 岁 | | 65~69 岁 | | 70~74 岁 | | 75~79 岁 | | 80~84 岁 | | 85~89 岁 | | 90~94 岁 | | 95~99 岁 | | 100 岁及以上 | | 合计数量（万人） |
| | 数量（万人） | 比例（%） | 数量（万人） | 比例（%） | 数量（万人） | 比例（%） | 数量（万人） | 比例（%） | 数量（万人） | 比例（%） | 数量（万人） | 比例（%） | 数量（万人） | 比例（%） | 数量（万人） | 比例（%） | 数量（万人） | 比例（%） | |
| --- | --- | --- | --- | --- | --- | --- | --- | --- | --- | --- | --- | --- | --- | --- | --- | --- | --- | --- | --- |
| 2025 | 533 | 13.43 | 589 | 14.84 | 867 | 21.86 | 769 | 19.38 | 589 | 14.85 | 394 | 9.94 | 183 | 4.62 | 39 | 0.98 | 4 | 0.10 | 3968 |
| 2030 | 640 | 12.89 | 747 | 15.07 | 848 | 17.10 | 1126 | 22.69 | 840 | 16.93 | 476 | 9.60 | 223 | 4.49 | 55 | 1.11 | 6 | 0.12 | 4962 |
| 2035 | 619 | 10.22 | 901 | 14.88 | 1091 | 18.00 | 1140 | 18.82 | 1245 | 20.55 | 703 | 11.60 | 281 | 4.64 | 70 | 1.15 | 9 | 0.14 | 6058 |
| 2040 | 493 | 6.94 | 876 | 12.35 | 1323 | 18.65 | 1530 | 21.56 | 1268 | 17.87 | 1065 | 15.01 | 435 | 6.14 | 93 | 1.32 | 12 | 0.16 | 7096 |
| 2045 | 553 | 6.78 | 701 | 8.60 | 1294 | 15.86 | 1916 | 23.48 | 1742 | 21.36 | 1099 | 13.47 | 681 | 8.35 | 155 | 1.90 | 16 | 0.20 | 8158 |
| 2050 | 650 | 7.08 | 790 | 8.61 | 1043 | 11.37 | 1934 | 21.07 | 2189 | 23.86 | 1576 | 17.17 | 715 | 7.79 | 252 | 2.75 | 29 | 0.32 | 9177 |
| 2055 | 525 | 5.31 | 932 | 9.43 | 1182 | 11.96 | 1610 | 16.29 | 2220 | 22.47 | 2000 | 20.24 | 1094 | 11.07 | 270 | 2.73 | 50 | 0.51 | 9882 |
| 2060 | 436 | 4.23 | 754 | 7.32 | 1401 | 13.59 | 1880 | 18.23 | 1865 | 18.09 | 2053 | 19.91 | 1408 | 13.66 | 455 | 4.42 | 57 | 0.55 | 10310 |
| 2065 | 420 | 3.96 | 629 | 5.93 | 1138 | 10.73 | 2292 | 21.62 | 2192 | 20.67 | 1759 | 16.59 | 1471 | 13.87 | 599 | 5.65 | 103 | 0.97 | 10602 |
| 2070 | 453 | 4.20 | 607 | 5.62 | 952 | 8.82 | 1910 | 17.69 | 2687 | 24.89 | 2100 | 19.45 | 1303 | 12.06 | 641 | 5.93 | 145 | 1.34 | 10797 |
| 2075 | 482 | 4.41 | 657 | 6.01 | 922 | 8.45 | 1642 | 15.04 | 2241 | 20.52 | 2612 | 23.92 | 1598 | 14.63 | 600 | 5.50 | 165 | 1.51 | 10920 |
| 2080 | 432 | 3.97 | 700 | 6.43 | 1002 | 9.21 | 1632 | 15.00 | 1939 | 17.82 | 2195 | 20.17 | 2041 | 18.76 | 770 | 7.08 | 170 | 1.56 | 10879 |
| 2085 | 328 | 3.07 | 628 | 5.87 | 1070 | 10.01 | 1818 | 16.99 | 1935 | 18.09 | 1928 | 18.02 | 1737 | 16.24 | 1027 | 9.60 | 226 | 2.11 | 10695 |
| 2090 | 349 | 3.27 | 478 | 4.48 | 963 | 9.02 | 1989 | 18.64 | 2163 | 20.27 | 1948 | 18.25 | 1568 | 14.70 | 893 | 8.36 | 321 | 3.00 | 10670 |
| 2095 | 365 | 3.38 | 510 | 4.72 | 735 | 6.81 | 1829 | 16.94 | 2372 | 21.97 | 2204 | 20.42 | 1623 | 15.04 | 848 | 7.85 | 310 | 2.87 | 10795 |
| 2100 | 375 | 3.45 | 533 | 4.91 | 786 | 7.24 | 1431 | 13.18 | 2183 | 20.10 | 2441 | 22.48 | 1881 | 17.32 | 916 | 8.43 | 313 | 2.89 | 10859 |

注：表中的比例是指各年龄组的失能老年人口占失能老年总人口的比重，同一年份下各年龄组的失能老年人口比例之和为 1。

表 C-2　基于动态失能率测算的中方案下 2020~2100 年我国失能老年人口规模与比例情况

| 年份 | 60~64岁 数量(万人) | 60~64岁 比例(%) | 65~69岁 数量(万人) | 65~69岁 比例(%) | 70~74岁 数量(万人) | 70~74岁 比例(%) | 75~79岁 数量(万人) | 75~79岁 比例(%) | 80~84岁 数量(万人) | 80~84岁 比例(%) | 85~89岁 数量(万人) | 85~89岁 比例(%) | 90~94岁 数量(万人) | 90~94岁 比例(%) | 95~99岁 数量(万人) | 95~99岁 比例(%) | 100岁及以上 数量(万人) | 100岁及以上 比例(%) | 合计 数量(万人) |
|---|---|---|---|---|---|---|---|---|---|---|---|---|---|---|---|---|---|---|---|
| 2025 | 533 | 13.43 | 589 | 14.84 | 867 | 21.86 | 769 | 19.38 | 589 | 14.85 | 394 | 9.94 | 183 | 4.62 | 39 | 0.98 | 4 | 0.10 | 3968 |
| 2030 | 640 | 12.89 | 747 | 15.07 | 848 | 17.10 | 1126 | 22.69 | 840 | 16.93 | 476 | 9.60 | 223 | 4.49 | 55 | 1.11 | 6 | 0.12 | 4962 |
| 2035 | 619 | 10.22 | 901 | 14.88 | 1091 | 18.00 | 1140 | 18.82 | 1245 | 20.55 | 703 | 11.60 | 281 | 4.64 | 70 | 1.15 | 9 | 0.14 | 6058 |
| 2040 | 493 | 6.94 | 876 | 12.35 | 1323 | 18.65 | 1530 | 21.56 | 1268 | 17.87 | 1065 | 15.01 | 435 | 6.14 | 93 | 1.32 | 12 | 0.16 | 7096 |
| 2045 | 553 | 6.78 | 701 | 8.60 | 1294 | 15.86 | 1916 | 23.48 | 1742 | 21.36 | 1099 | 13.47 | 681 | 8.35 | 155 | 1.90 | 16 | 0.20 | 8158 |
| 2050 | 650 | 7.08 | 790 | 8.61 | 1043 | 11.37 | 1934 | 21.07 | 2189 | 23.86 | 1576 | 17.17 | 715 | 7.79 | 252 | 2.75 | 29 | 0.32 | 9177 |
| 2055 | 525 | 5.31 | 932 | 9.43 | 1182 | 11.96 | 1610 | 16.29 | 2220 | 22.47 | 2000 | 20.24 | 1094 | 11.07 | 270 | 2.73 | 50 | 0.51 | 9882 |
| 2060 | 436 | 4.23 | 754 | 7.32 | 1401 | 13.59 | 1880 | 18.23 | 1865 | 18.09 | 2053 | 19.91 | 1408 | 13.66 | 455 | 4.42 | 57 | 0.55 | 10310 |
| 2065 | 420 | 3.96 | 629 | 5.93 | 1138 | 10.73 | 2292 | 21.62 | 2192 | 20.67 | 1759 | 16.59 | 1471 | 13.87 | 599 | 5.65 | 103 | 0.97 | 10602 |
| 2070 | 453 | 4.20 | 607 | 5.62 | 952 | 8.82 | 1910 | 17.69 | 2687 | 24.89 | 2100 | 19.45 | 1303 | 12.06 | 641 | 5.93 | 145 | 1.34 | 10797 |
| 2075 | 482 | 4.41 | 657 | 6.01 | 922 | 8.45 | 1642 | 15.04 | 2241 | 20.52 | 2612 | 23.92 | 1598 | 14.63 | 600 | 5.50 | 165 | 1.51 | 10920 |
| 2080 | 432 | 3.97 | 700 | 6.43 | 1002 | 9.21 | 1632 | 15.00 | 1939 | 17.82 | 2195 | 20.17 | 2041 | 18.76 | 770 | 7.08 | 170 | 1.56 | 10879 |
| 2085 | 286 | 2.68 | 628 | 5.89 | 1070 | 10.05 | 1818 | 17.06 | 1935 | 18.16 | 1928 | 18.10 | 1737 | 16.30 | 1027 | 9.64 | 226 | 2.12 | 10653 |
| 2090 | 270 | 2.56 | 416 | 3.95 | 963 | 9.14 | 1989 | 18.89 | 2163 | 20.54 | 1948 | 18.50 | 1568 | 14.90 | 893 | 8.48 | 321 | 3.04 | 10529 |
| 2095 | 265 | 2.52 | 393 | 3.75 | 640 | 6.10 | 1829 | 17.45 | 2372 | 22.63 | 2204 | 21.03 | 1623 | 15.48 | 848 | 8.08 | 310 | 2.95 | 10483 |
| 2100 | 271 | 2.65 | 387 | 3.77 | 606 | 5.92 | 1244 | 12.15 | 2183 | 21.31 | 2441 | 23.83 | 1881 | 18.36 | 916 | 8.94 | 313 | 3.06 | 10243 |

注：表中的比例是指各年龄组的失能老年人口占失能老年总人口的比重，同一年份下各年龄组的失能老年人口比例之和为 1。

表 C - 3　基于动态失能率测算的低方案下 2020～2100 年我国失能老年人口规模与比例情况

| 年份 | 60～64 岁 数量（万人） | 比例（%） | 65～69 岁 数量（万人） | 比例（%） | 70～74 岁 数量（万人） | 比例（%） | 75～79 岁 数量（万人） | 比例（%） | 80～84 岁 数量（万人） | 比例（%） | 85～89 岁 数量（万人） | 比例（%） | 90～94 岁 数量（万人） | 比例（%） | 95～99 岁 数量（万人） | 比例（%） | 100 岁及以上 数量（万人） | 比例（%） | 合计 数量（万人） |
|---|---|---|---|---|---|---|---|---|---|---|---|---|---|---|---|---|---|---|---|
| 2025 | 533 | 13.43 | 589 | 14.84 | 867 | 21.86 | 769 | 19.38 | 589 | 14.85 | 394 | 9.94 | 183 | 4.62 | 39 | 0.98 | 4 | 0.10 | 3968 |
| 2030 | 640 | 12.89 | 747 | 15.07 | 848 | 17.10 | 1126 | 22.69 | 840 | 16.93 | 476 | 9.60 | 223 | 4.49 | 55 | 1.11 | 6 | 0.12 | 4962 |
| 2035 | 619 | 10.22 | 901 | 14.88 | 1091 | 18.00 | 1140 | 18.82 | 1245 | 20.55 | 703 | 11.60 | 281 | 4.64 | 70 | 1.15 | 9 | 0.14 | 6058 |
| 2040 | 493 | 6.94 | 876 | 12.35 | 1323 | 18.65 | 1530 | 21.56 | 1268 | 17.87 | 1065 | 15.01 | 435 | 6.14 | 93 | 1.32 | 12 | 0.16 | 7096 |
| 2045 | 553 | 6.78 | 701 | 8.60 | 1294 | 15.86 | 1916 | 23.48 | 1742 | 21.36 | 1099 | 13.47 | 681 | 8.35 | 155 | 1.90 | 16 | 0.20 | 8158 |
| 2050 | 650 | 7.08 | 790 | 8.61 | 1043 | 11.37 | 1934 | 21.07 | 2189 | 23.86 | 1576 | 17.17 | 715 | 7.79 | 252 | 2.75 | 29 | 0.32 | 9177 |
| 2055 | 525 | 5.31 | 932 | 9.43 | 1182 | 11.96 | 1610 | 16.29 | 2220 | 22.47 | 2000 | 20.24 | 1094 | 11.07 | 270 | 2.73 | 50 | 0.51 | 9882 |
| 2060 | 436 | 4.23 | 754 | 7.32 | 1401 | 13.59 | 1880 | 18.23 | 1865 | 18.09 | 2053 | 19.91 | 1408 | 13.66 | 455 | 4.42 | 57 | 0.55 | 10310 |
| 2065 | 420 | 3.96 | 629 | 5.93 | 1138 | 10.73 | 2292 | 21.62 | 2192 | 20.67 | 1759 | 16.59 | 1471 | 13.87 | 599 | 5.65 | 103 | 0.97 | 10602 |
| 2070 | 453 | 4.20 | 607 | 5.62 | 952 | 8.82 | 1910 | 17.69 | 2687 | 24.89 | 2100 | 19.45 | 1303 | 12.06 | 641 | 5.93 | 145 | 1.34 | 10797 |
| 2075 | 482 | 4.41 | 657 | 6.01 | 922 | 8.45 | 1642 | 15.04 | 2241 | 20.52 | 2612 | 23.92 | 1598 | 14.63 | 600 | 5.50 | 165 | 1.51 | 10920 |
| 2080 | 432 | 3.97 | 700 | 6.43 | 1002 | 9.21 | 1632 | 15.00 | 1939 | 17.82 | 2195 | 20.17 | 2041 | 18.76 | 770 | 7.08 | 170 | 1.56 | 10879 |
| 2085 | 243 | 2.29 | 628 | 5.92 | 1070 | 10.09 | 1818 | 17.13 | 1935 | 18.23 | 1928 | 18.17 | 1737 | 16.37 | 1027 | 9.67 | 226 | 2.13 | 10610 |
| 2090 | 190 | 1.83 | 354 | 3.41 | 963 | 9.27 | 1989 | 19.14 | 2163 | 20.82 | 1948 | 18.75 | 1568 | 15.10 | 893 | 8.59 | 321 | 3.09 | 10388 |
| 2095 | 165 | 1.62 | 278 | 2.73 | 544 | 5.35 | 1829 | 17.98 | 2372 | 23.32 | 2204 | 21.67 | 1623 | 15.95 | 848 | 8.33 | 310 | 3.04 | 10173 |
| 2100 | 166 | 1.72 | 241 | 2.51 | 428 | 4.45 | 1058 | 10.99 | 2183 | 22.67 | 2441 | 25.36 | 1881 | 19.54 | 916 | 9.51 | 313 | 3.25 | 9628 |

注：表中的比例是指各年龄组的失能老年人口占失能老年总人口的比重，同一年份下各年龄组的失能老年人口比例之和为 1。

## D.　长期护理保险制度试点省市相关文件

| 发文单位 | 文件 | 文件号 | 时间 |
|---|---|---|---|
| 人力资源社会保障部办公厅 | 《人力资源社会保障部办公厅关于开展长期护理保险制度试点的指导意见》 | 人社厅发〔2016〕80号 | 2016－06－27 |
| 国家医保局、财政部 | 关于扩大长期护理保险制度试点的指导意见 | 医保发〔2020〕37号 | 2020－09－16 |
| 国家医保局办公室、民政部办公厅 | 关于印发《长期护理失能等级评估标准（试行）》的通知 | 医保办发〔2021〕37号 | 2021－07－16 |
| 吉林省人力资源社会保障厅 | 关于进一步推进长期护理保险制度试点实施意见的通知 | 吉政办发〔2017〕28号 | 2017－04－19 |
| 吉林省人民政府办公厅 | 关于印发《吉林省深入推进长期护理保险制度试点工作实施方案》的通知 | 吉医保联〔2021〕7号 | 2021－04－13 |
| 吉林省人民政府办公厅 | 关于印发《关于开展长期护理保险居家照护服务试点工作的指导意见》的通知 | 吉医保联〔2022〕31号 | 2022－11－08 |
| 吉林省人民政府办公厅 | 关于印发《吉林省长期护理保险制度试点管理暂行办法》的通知 | 吉人社办字〔2017〕28号 | 2019－10－12 |
| 长春市人民政府办公厅 | 长春市人民政府办公厅关于建立长期护理保险制度的意见 | 长府办发〔2015〕3号 | 2015－02－16 |
| 长春市人民政府办公厅 | 关于扩大失能人员医疗照护保险制度试点工作的通知 | 长医保发〔2021〕45号 | 2021－12－31 |
| 山东省人民政府办公厅 | 关于开展居民长期护理保险试点工作的意见 | 鲁政办发〔2022〕17号 | 2022－11－14 |
| 山东省人民政府办公厅 | 关于试行职工长期护理保险制度的意见 | 鲁政办字〔2017〕63号 | 2017－04－12 |
| 中国银保监会山东监管局 | 关于建立省直职工长期护理保险制度的通知 | 鲁医保发〔2021〕47号 | 2021－02－13 |
| 山东省人民政府办公厅 | 关于试行职工长期护理保险制度的意见 | 鲁政办字〔2017〕63号 | 2017－05－19 |
| 青岛市人民政府办公厅 | 关于印发青岛市长期护理保险办法的通知 | 青政发〔2021〕6号 | 2021－03－25 |
| 青岛市人民政府办公厅 | 青岛市长期护理保险暂行办法 | 青政发〔2018〕12号 | 2018－02－28 |

续表

| 发文单位 | 文件 | 文件号 | 时间 |
| --- | --- | --- | --- |
| 青岛市人民政府办公厅 | 《长期护理保险照护需求评估操作规范》 | 青医保字〔2020〕6号 | 2020-05-29 |
| 青岛市人民政府办公厅 | 关于颁布实施《长期护理保险定点护理服务机构评鉴标准》《长期护理保险护理员职业技能等级标准》的通知 | 青医保字〔2020〕12号 | 2020-11-26 |
| 青岛市人民政府办公厅 | 关于做好青岛市长期护理保险定点护理机构评鉴工作的通知 | 青医保字〔2022〕36号 | 2022-09-09 |
| 青岛市人民政府办公厅 | 关于加强长期护理保险定点护理机构协议管理有关问题的通知 | 青医保字〔2023〕3号 | 2023-01-20 |
| 青岛市人民政府办公厅 | 关于加强长期护理保险定点护理机构委托经办机构监督有关问题的通知 | 青医保字〔2023〕4号 | 2023-01-20 |
| 青岛市人民政府办公厅 | 关于实施《青岛市长期护理保险办法》有关问题的通知 | 青医保发〔2021〕12号 | 2021-03-30 |
| 青岛市人民政府办公厅 | 关于做好长期护理保险照护人员职业技能培训工作的通知 | 青医保字〔2021〕37号 | 2021-10-28 |
| 青岛市人民政府办公厅 | 关于颁布实施《长期护理保险定点护理服务机构评鉴规范》的通知 | 青医保字〔2022〕42号 | 2022-10-10 |
| 青岛市人民政府办公厅 | 关于进一步推进长期护理保险经办与服务标准化管理工作的通知 | 青医保字〔2023〕2号 | 2023-01-20 |
| 青岛市人民政府办公厅 | 关于做好青岛市长期护理保险经办服务管理工作的通知 | 文号青医保规〔2020〕3号 | 2020-02-28 |
| 青岛市人民政府办公厅 | 《长期护理保险服务机构感染预防与控制管理规范》 | 青医保字〔2022〕5号 | 2022-03-22 |
| 青岛市人民政府办公厅 | 《青岛市长期护理保险照护需求评估第三方评估工作监督管理办法（试行）》 | 青人社办字〔2018〕150号 | 2020-06-15 |
| 青岛市人民政府办公厅 | 关于鼓励发展"两院一体"服务模式 推进农村长期护理保险工作的通知 | 青医保发〔2022〕4号 | 2022-02-14 |
| 承德市人民政府办公厅 | 《承德市城镇职工长期护理保险异地长期居住人员失能评估经办规程》 | 承职保字〔2022〕1号 | 2022-04-08 |
| 承德市人民政府办公厅 | 关于印发《承德市城镇职工长期护理保险管理办法》的通知 | 承医保字〔2021〕50号 | 2021-06-30 |

续表

| 发文单位 | 文件 | 文件号 | 时间 |
|---|---|---|---|
| 承德市人民政府办公厅 | 承德市人力资源和社会保障局关于印发《承德市城镇职工长期护理保险居家护理管理办法（试行）》 | 承人社字〔2018〕293号 | 2018-08-21 |
| 齐齐哈尔市人民政府办公厅 | 关于印发《齐齐哈尔市长期护理保险失能评估标准（试行）》的通知 | 齐医保发〔2023〕3号 | 2023-02-06 |
| 齐齐哈尔市人民政府办公厅 | 齐齐哈尔市人民政府办公室关于印发齐齐哈尔市深化长期护理保险制度试点实施方案（试行）的通知 | 齐政办规〔2021〕1号 | 2021-02-19 |
| 齐齐哈尔市人民政府办公厅 | 齐齐哈尔市人民政府办公室关于印发齐齐哈尔市长期护理保险实施方案（试行）的通知 | 齐政办规〔2017〕15号 | 2017-08-03 |
| 齐齐哈尔市人民政府办公厅 | 关于印发《齐齐哈尔市长期护理保险失能人员生活活动能力等级评定管理办法（试行）》的通知 | 齐人社规〔2017〕5号 | 2017-09-27 |
| 齐齐哈尔市人民政府办公厅 | 关于印发《齐齐哈尔市长期护理保险实施细则（试行）》的通知 | 齐人社规〔2017〕4号 | 2017-09-27 |
| 上海市人民政府办公厅 | 关于印发《上海市长期护理保险试点办法》的通知 | 沪府办规〔2021〕15号 | 2021-12-31 |
| 上海市嘉定区人民政府办公厅 | 关于进一步规范本区长期护理保险试点工作的实施意见 | 嘉府规〔2022〕1号 | 2022-03-23 |
| 上海市人民政府办公厅 | 关于延长《上海市长期护理保险试点办法》有效期的通知 | 沪府规〔2019〕46号 | 2019-12-31 |
| 上海市人民政府办公厅 | 上海市人民政府关于印发修订后的《上海市长期护理保险试点办法》的通知 | 沪府发〔2017〕97号 | 2017-12-30 |
| 南通市人民政府办公厅 | 关于实施国家长期护理失能等级评估标准完善长期照护保险有关政策的通知 | 通医保办发〔2022〕42号 | 2022-06-23 |
| 南通市人民政府办公厅 | 印发《关于建立基本照护保险制度的意见（试行）》的通知 | 通政发〔2015〕73号 | 2015-10-16 |

续表

| 发文单位 | 文件 | 文件号 | 时间 |
|---|---|---|---|
| 南通市人民政府办公厅 | 关于明确南通市2023年度城乡居民基本医疗保险筹资标准和长期照护保险基金筹集有关事项的通知 | 通政办发〔2022〕106号。 | 2022 – 11 – 04 |
| 苏州市人民政府办公厅 | 关于印发《苏州市长期护理保险失能等级评估管理办法》的通知（试行） | 苏医保待医〔2023〕7号 | 2023 – 02 – 03 |
| 苏州市人民政府办公厅 | 关于《明确苏州市长期护理保险居家护理服务项目内容》的通知（试行） | 苏医保待医〔2020〕40号 | 2020 – 12 – 17 |
| 苏州市人民政府办公厅 | 关于《明确苏州市长期护理保险居家护理服务机构和服务人员条件（试行）》的通知 | 苏人保医〔2018〕19号 | 2018 – 05 – 08 |
| 苏州市人民政府办公厅 | 关于印发苏州市长期护理保险生活照料服务项目和标准（试行）的通知 | 苏人保医〔2017〕22号 | 2017 – 09 – 15 |
| 苏州市人民政府办公厅 | 关于印发苏州市长期护理保险失能等级评估管理办法（试行）的通知 | 苏人保医〔2017〕24号 | 2017 – 09 – 15 |
| 苏州市人民政府办公厅 | 关于印发苏州市长期护理保险定点护理机构管理办法（试行）的通知 | 苏人保医〔2017〕21号 | 2017 – 09 – 15 |
| 苏州市人民政府办公厅 | 市政府印发关于开展长期护理保险试点第二阶段工作的实施意见的通知 | 苏府〔2020〕10号 | 2020 – 01 – 17 |
| 苏州市人民政府办公厅 | 市政府印发关于开展长期护理保险试点工作的实施意见的通知 | 苏府〔2017〕77号 | 2017 – 06 – 28 |
| 宁波市人民政府办公厅 | 宁波市人民政府办公厅关于深化长期护理保险制度试点的指导意见 | 甬政办发〔2022〕39号 | 2022 – 08 – 24 |
| 宁波市人民政府办公厅 | 关于印发《宁波市长期护理保险试点实施细则》 | 甬人社发〔2022〕159号 | 2017 – 12 – 06 |
| 宁波市人民政府办公厅 | 关于印发宁波市长期护理保险试点方案的通知 | 甬政办发〔2017〕115号 | 2017 – 09 – 26 |
| 宁波市人民政府办公厅 | 关于印发《宁波市长期护理保险失能评估试点办法》的通知 | 甬人社发〔2017〕160号 | 2017 – 12 – 04 |
| 安庆市人民政府办公厅 | 安庆市人民政府办公室关于印发安庆市城镇职工长期护理保险实施办法的通知 | 宜政办秘〔2020〕1号 | 2020 – 01 – 05 |

续表

| 发文单位 | 文件 | 文件号 | 时间 |
| --- | --- | --- | --- |
| 安庆市人民政府办公厅 | 安庆市人民政府办公室关于安庆市城镇职工长期护理保险试点的实施意见 | 宜政办秘〔2017〕5号 | 2017－01－12 |
| 安庆市人民政府办公厅 | 安庆市长期护理保险短期照护管理办法 | 宜医保秘〔2020〕42号 | 2020－07－01 |
| 安庆市人民政府办公厅 | 《安庆市职工长期护理保险实施细则（试行）》 | 宜人社保〔2017〕136号 | 2017－08－09 |
| 安庆市人民政府办公厅 | 安庆市长期护理保险失能等级评估办法 | 宜医保秘〔2021〕78号 | 2021－12－03 |
| 安庆市人民政府办公厅 | 关于印发安庆市长期护理保险辅助器具租赁管理暂行办法的通知 | 宜医保秘〔2020〕53号 | 2020－08－24 |
| 安庆市人民政府办公厅 | 关于印发《安庆市长期护理保险上门服务管理暂行办法》的通知 | 宜医保字〔2020〕2号 | 2020－02－28 |
| 安庆市人民政府办公厅 | 关于调整安庆市城镇职工长期护理保险有关政策的通知 | 宜医保发〔2021〕79号 | 2021－10－21 |
| 上饶市人民政府办公厅 | 关于全面开展长期护理保险制度试点实施方案的通知 | 饶府字〔2019〕33号 | 2019－7－27 |
| 上饶市人民政府办公厅 | 《上饶市长期护理保险定点评估机构管理规定》 | 饶医保字〔2020〕75号 | 2020－07－01 |
| 上饶市人民政府办公厅 | 《上饶市长期护理保险试点经办规程（试行）》 | 饶人社字〔2017〕162号 | 2017－07－20 |
| 上饶市人民政府办公厅 | 《上饶市长期护理保险定点护理服务机构管理规定》 | 饶医保字〔2020〕76号 | 2020－07－01 |
| 上饶市人民政府办公厅 | 《关于开展长期护理保险试点工作实施方案》 | 饶府厅字〔2016〕122号 | 2016－12－01 |
| 荆门市人民政府办公厅 | 关于调整长期护理保险居家护理重度失能二级待遇标准的通知 | 荆医保发〔2021〕11号 | 2021－07－27 |
| 荆门市人民政府办公厅 | 关于调整长期护理保险个人缴费标准的通知 | 荆医保发〔2019〕2号 | 2019－11－05 |
| 荆门市人民政府办公厅 | 关于发布荆门市长期护理保险办法（试行）的通知 | 荆政发〔2016〕43号 | 2016－11－22 |
| 荆门市人民政府办公厅 | 关于加强长期护理保险居家护理服务管理的通知 | 荆医保发〔2022〕16号 | 2022－07－04 |
| 荆门市人民政府办公厅 | 关于修订《荆门市长期护理保险失能等级评定标准（试行）》的通知 | 荆医保发〔2019〕25号 | 2019－10－17 |

续表

| 发文单位 | 文件 | 文件号 | 时间 |
|---|---|---|---|
| 广州市人民政府办公厅 | 《广州市长期护理保险试行办法》 | 穗人社规字〔2017〕6号 | 2017-07-28 |
| 广州市人民政府办公厅 | 《广州市长期护理保险试行办法》 | 穗医保规字〔2020〕10号 | 2022-12-29 |
| 广州市人民政府办公厅 | 关于延长广州市长期护理保险试行办法有效期的通知 | 穗医保规字〔2022〕4号 | 2022-12-26 |
| 广州市人民政府办公厅 | 关于印发广州市长期护理保险的通知 | 穗医保规字〔2019〕8号 | 2019-07-22 |
| 广州市人民政府办公厅 | 关于延长广州市长期护理保险协议定点服务机构管理办法的通知 | 穗医保规字〔2019〕9号 | 2019-07-31 |
| 广州市人民政府办公厅 | 关于延长广州市长期护理保险协议定点服务机构评估管理办法有效期的通知 | 穗医保规字〔2022〕5号 | 2022-12-26 |
| 广州市人民政府办公厅 | 关于印发广州市长期护理保险协议定点服务机构管理办法的通知 | 穗人社规字〔2018〕1号 | 2018-01-10 |
| 重庆市人民政府办公厅 | 关于印发重庆市长期护理保险服务项目和标准暂行办法的通知 | 渝医保发〔2021〕53号 | 2021-11-29 |
| 重庆市人民政府办公厅 | 关于扩大长期护理保险制度试点的实施意见 | 渝医保发〔2021〕63号 | 2021-11-22 |
| 重庆市人民政府办公厅 | 关于2022年以个人身份参加城镇职工医疗保险、长期护理保险缴费有关问题的通知 | 渝医保发〔2021〕78号 | 2021-12-28 |
| 重庆市人民政府办公厅 | 关于印发《重庆市长期护理保险协议管理服务机构医疗保障定点管理办法（试行）》的通知 | 渝医保发〔2018〕17号 | 2018-12-11 |
| 重庆市人民政府办公厅 | 关于印发《重庆市长期护理保险服务机构医疗保障定点管理暂行办法》的通知 | 渝医保发〔2021〕36号 | 2021-06-30 |
| 重庆市人民政府办公厅 | 关于2023年以个人身份参加城镇职工医疗保险、长期护理保险缴费有关问题的通知 | 渝医保发〔2022〕27号 | 2022-12-19 |
| 重庆市人民政府办公厅 | 关于印发重庆市长期护理保险失能评估管理暂行办法的通知 | 渝医保办〔2021〕52号 | 2021-11-29 |

续表

| 发文单位 | 文件 | 文件号 | 时间 |
|---|---|---|---|
| 成都市人民政府办公厅 | 成都市医疗保障局关于印发城镇职工长期照护保险服务项目和支付标准的通知 | 成医保发〔2020〕36 号 | 2020－05－27 |
| 成都市人民政府办公厅 | 《成都市长期照护保险制度试点方案》 | 成府函〔2017〕22 号 | 2017－02－13 |
| 成都市人民政府办公厅 | 成都市人民政府关于深化长期照护保险制度试点的实施意见 | 成府发〔2020〕16 号 | 2020－05－11 |
| 成都市人民政府办公厅 | 成都市人民政府关于开展新一轮长期护理保险改革的实施意见 | 成府发〔2022〕10 号 | 2022－05－08 |
| 成都市人民政府办公厅 | 关于调整长期护理保险机构护理待遇标准的通知 | 成医保发〔2022〕29 号 | 2022－12－23 |
| 成都市人民政府办公厅 | 《成都市长期护理保险实施细则》 | 成医保发〔2022〕10 号 | 2022－06－01 |
| 石河子市人民政府办公厅 | 关于印发《八师石河子市长期护理保险费征缴方案》的通知 | 师市办规发〔2022〕4 号 | 2022－04－02 |
| 石河子市人民政府办公厅 | 《关于印发八师石河子市长期护理保险实施细则（试行）的通知》 | 师市办发〔2017〕15 号 | 2017－03－20 |

295

# E. 长期护理保险居民参保意愿初始调查问卷

尊敬的受访者：

您好。本次调查的目的是为了了解居民参保长期护理保险意愿的实际情况。在此向您保证，本问卷仅作为研究所用。问卷不会涉及您的个人隐私问题，且对您所填写的所有信息进行保密，请您放心填写。谢谢您的配合与支持！

【名词解释】长期护理保险：是指被保险人由于年老、慢性疾病、意外伤害等原因导致丧失部分或完全日常生活能力，需要在家中接受他人长期护理，或需入住专业养老护理机构接受长期的康复护理时，所支付的各种费用给予补偿的一种制度。长期护理保险分为两类：一类是由政府主办推行的社会长期护理保险，另一类是由保险公司设计开发的商业长期护理保险。

## 一、基 本 信 息

Q1：您的年龄（        ）

1. 19 ~ 30 岁                2. 31 ~ 44 岁                3. 45 ~ 59 岁

Q2：您的性别（        ）

1. 男                                2. 女

Q3：您的户籍类型（        ）

1. 城市户口                        2. 农村户口

Q4：您的婚姻状况（        ）

1. 已婚                            2. 未婚

Q5：您的子女数量（        ）

1. 0 个                            2. 1 个

3. 2 个                            4. 3 个及以上

Q6：您的受教育程度（        ）

1. 初中及以下        2. 高中/中专        3. 大专

4. 本科                5. 硕士及以上

Q7：您的月收入水平（        ）

1. 3000 元及以下        2. 3001 ~ 6000 元        3. 6001 ~ 8000 元

4. 8001 ~ 10000 元        5. 10000 元以上

Q8：您的家庭年纯收入水平（　　）

1. 3 万元以下　　　　2. 3 万 ~ 5 万元　　　　3. 5 万 ~ 8 万元

4. 8 万 ~ 10 万元　　5. 10 万元以上

Q9：您的职业类型（　　）

1. 党政机关、事业单位工作人员　2. 企业员工

3. 个体经营者　　　　　　　　　4. 农村务工务农人员

5. 自由职业者　　　　　　　　　6. 学生

7. 其他

## 二、健 康 状 况

Q10：您的身体健康状况自评（　　）

1. 很差　　　　　　2. 比较差　　　　　　3. 一般

4. 比较好　　　　　5. 很好

Q11：您是否患有慢性病（例如：高血压、糖尿病、冠心病、慢性气管炎、关节炎或风湿病等）（　　）

1. 是　　　　　　　　　　2. 否

Q12：您的家人是否患有慢性病（　　）

1. 是　　　　　　　　　　2. 否

Q13：您家中是否有需要长期护理的人员（　　）

1. 是　　　　　　　　　　2. 否

Q14：您目前是否有社会医疗保险（　　）

1. 是　　　　　　　　　　2. 否

Q15：您目前是否有社会养老保险（　　）

1. 是　　　　　　　　　　2. 否

Q16：您是否购买过保险公司经营的人寿保险或健康保险（　　）

1. 是　　　　　　　　　　2. 否

Q17：年老若需要长期护理，您更加希望获得谁的照料（　　）

1. 子女　　　　　　　　　2. 配偶

3. 亲属　　　　　　　　　4. 专业护理人员

## 三、参保意愿影响因素调查

请根据您的实际情况，对下列影响因素作出评价：

| 影响因素 | 题项内容 | 1. 非常不同意 | 2. 不太同意 | 3. 一般 | 4. 比较同意 | 5. 非常同意 |
|---|---|---|---|---|---|---|
| Q18:<br>参保态度 | Q18-1：在我看来，参加长期护理保险是一项明智的选择 | | | | | |
| | Q18-2：长期护理保险是一项应对人口老龄化的重要举措 | | | | | |
| | Q18-3：如果推行长期护理保险制度，我持支持的态度 | | | | | |
| | Q18-4：我对自己参加长期护理保险持接受态度 | | | | | |
| Q19:<br>主观规范 | Q19-1：家人支持我参加长期护理保险，我会考虑他们的建议 | | | | | |
| | Q19-2：周围朋友推荐我参加长期护理保险，我会考虑他们的建议 | | | | | |
| | Q19-3：媒体宣传会对我参加长期护理保险产生一定的影响 | | | | | |
| Q20:<br>知觉行为控制 | Q20-1：是否参加长期护理保险主要取决于我自己 | | | | | |
| | Q20-2：只要我想参加长期护理保险，我很容易就可以实现 | | | | | |
| | Q20-3：我对参加长期护理保险的保费具备一定的承受能力 | | | | | |
| Q21:<br>感知有用性 | Q21-1：参加长期护理保险能够获得的费用补偿和相关服务 | | | | | |
| | Q21-2：参加长期护理保险能够减轻家庭照料的人力和经济负担 | | | | | |
| | Q21-3：参加长期护理保险能够提升老年保障水平和生活质量 | | | | | |
| Q22:<br>个人规范 | Q22-1：如果政府号召居民参保长期护理保险，我有义务参加 | | | | | |
| | Q22-2：在作出是否参加长期护理保险的决定时应该考虑到对家庭成员的责任与担当 | | | | | |
| | Q22-3：假如因为没有参加长期护理保险而给儿女带来照料负担，我会感到内疚 | | | | | |
| | Q22-4：基于我的价值判断，我认为参加长期护理保险是有必要的 | | | | | |

续表

| 影响因素 | 题项内容 | 1. 非常不同意 | 2. 不太同意 | 3. 一般 | 4. 比较同意 | 5. 非常同意 |
|---|---|---|---|---|---|---|
| Q23：<br>保险知识 | Q23-1：我对长期护理保险有所了解 | | | | | |
| | Q23-2：我知道医疗保险不覆盖长期护理费用 | | | | | |
| | Q23-3：我对长期护理保险的保障作用有所了解 | | | | | |
| | Q23-4：我对长期护理保险的服务内容和形式有所了解 | | | | | |
| | Q23-5：我对长期护理保险的待遇申请条件有所了解 | | | | | |
| | Q23-6：我对长期护理保险的政策法规有所了解 | | | | | |
| Q24：<br>风险认知 | Q24-1：对每个人而言，长期护理风险都可能会遇到 | | | | | |
| | Q24-2：步入老年后，我有可能需要长期护理 | | | | | |
| | Q24-3：我担心将来一旦不能动了，需要护理时却无人照料 | | | | | |
| | Q24-4：假如需要长期护理，费用支出会对我和家人造成严重经济负担 | | | | | |
| | Q24-5：假如需要长期护理，费用支出会对我和家人的日常生活产生严重影响 | | | | | |
| Q25：<br>信任程度 | Q25-1：我相信政府能够建立起完善的长期护理保险制度 | | | | | |
| | Q25-2：我相信监管部门能够做好对长期护理保险的监管工作 | | | | | |
| | Q25-3：我相信大部分保险公司能够做好长期护理保险承办工作 | | | | | |
| | Q25-4：我相信长期护理保险能够可持续的运行下去 | | | | | |

续表

| 影响因素 | 题项内容 | 1. 非常不同意 | 2. 不太同意 | 3. 一般 | 4. 比较同意 | 5. 非常同意 |
|---|---|---|---|---|---|---|
| Q26: 文化观念 | Q26-1: 我赞同"养儿防老"的观念 | | | | | |
| | Q26-2: 我不愿意接受家庭成员以外的人员提供护理服务 | | | | | |
| | Q26-3: 我不愿意去养老院或专门护理机构接受护理服务 | | | | | |
| Q27: 政策支持 | Q27-1: 如果政府对长期护理保险提供补贴的话,我愿意参保 | | | | | |
| | Q27-2: 如果政府将长期护理保险费用给予个人所得税税前扣除,我愿意参保 | | | | | |
| | Q27-3: 如果政府对长期护理保险的引导与监管政策建设到位,我愿意参保 | | | | | |
| | Q27-4: 为鼓励购买,政府应该引导保险公司开发更加贴近居民需求的长期护理保险 | | | | | |
| Q28: 社会长期护理保险参保意愿 | Q28-1: 我愿意参加社会长期护理保险 | | | | | |
| | Q28-2: 我计划参加社会长期护理保险 | | | | | |
| | Q28-3: 我愿意鼓励家人参加社会长期护理保险 | | | | | |
| Q29: 商业长期护理保险参保意愿 | Q29-1: 我愿意购买商业长期护理保险 | | | | | |
| | Q29-2: 我计划购买商业长期护理保险 | | | | | |
| | Q29-3: 我愿意为家人购买商业长期护理保险 | | | | | |

## F. 长期护理保险居民参保意愿正式调查问卷

尊敬的受访者：

您好。本次调查的目的是为了了解居民参保长期护理保险意愿的实际情况。在此向您保证，本问卷仅作为研究所用。问卷不会涉及您的个人隐私问题，且对您所填写的所有信息进行保密，请您放心填写。谢谢您的配合与支持！

【名词解释】长期护理保险：是指被保险人由于年老、慢性疾病、意外伤害等原因导致丧失部分或完全日常生活能力，需要在家中接受他人长期护理，或需入住专业养老护理机构接受长期的康复护理时，所支付的各种费用给予补偿的一种制度。长期护理保险分为两类：一类是由政府主办推行的社会长期护理保险，另一类是由保险公司设计开发的商业长期护理保险。

### 一、基 本 信 息

Q1：您的年龄（　　　）

1. 19~30 岁　　　　　2. 31~44 岁　　　　　3. 45~59 岁

Q2：您的性别（　　　）

1. 男　　　　　　　　　　　2. 女

Q3：您的户籍类型（　　　）

1. 城市户口　　　　　　　　2. 农村户口

Q4：您的婚姻状况（　　　）

1. 已婚　　　　　　　　　　2. 未婚

Q5：您的子女数量（　　　）

1. 0 个　　　　　　　　　　2. 1 个

3. 2 个　　　　　　　　　　4. 3 个及以上

Q6：您的受教育程度（　　　）

1. 初中及以下　　　2. 高中/中专　　　3. 大专

4. 本科　　　　　　5. 硕士及以上

Q7：您的月收入水平（　　　）

1. 3000 元及以下　　2. 3001~6000 元　　3. 6001~8000 元

4. 8001~10000 元　　5. 10000 元以上

Q8：您的家庭年纯收入水平（　　）

1. 3 万元以下　　　　2. 3 万~5 万元　　　　3. 5 万~8 万元

4. 8 万~10 万元　　　5. 10 万元以上

Q9：您的职业类型（　　）

1. 党政机关、事业单位工作人员　2. 企业员工

3. 个体经营者　　　　　　　　4. 农村务工务农人员

5. 自由职业者　　　　　　　　6. 学生

7. 其他

## 二、健 康 状 况

Q10：您的身体健康状况自评（　　）

1. 很差　　　　　　　2. 比较差　　　　　　3. 一般

4. 比较好　　　　　　5. 很好

Q11：您是否患有慢性病（例如：高血压、糖尿病、冠心病、慢性气管炎、关节炎或风湿病等）（　　）

1. 是　　　　　　　　　　　　2. 否

Q12：您的家人是否患有慢性病（　　）

1. 是　　　　　　　　　　　　2. 否

Q13：您家中是否有需要长期护理的人员（　　）

1. 是　　　　　　　　　　　　2. 否

Q14：您目前是否有社会医疗保险（　　）

1. 是　　　　　　　　　　　　2. 否

Q15：您目前是否有社会养老保险（　　）

1. 是　　　　　　　　　　　　2. 否

Q16：您是否购买过保险公司经营的人寿保险或健康保险（　　）

1. 是　　　　　　　　　　　　2. 否

Q17：年老若需要长期护理，您更加希望获得谁的照料（　　）

1. 子女　　　　　　　　　　　2. 配偶

3. 亲属　　　　　　　　　　　4. 专业护理人员

## 三、参保意愿影响因素调查

请根据您的实际情况，对下列影响因素作出评价：

| 影响因素 | 题项内容 | 1. 非常不同意 | 2. 不大同意 | 3. 一般 | 4. 比较同意 | 5. 非常同意 |
|---|---|---|---|---|---|---|
| Q18：参保态度 | Q18-1：在我看来，参加长期护理保险是一项明智的选择 | | | | | |
| | Q18-2：如果推行长期护理保险制度，我支持支持的态度 | | | | | |
| | Q18-3：我对自己参加长期护理保险持接受态度 | | | | | |
| Q19：主观规范 | Q19-1：家人支持我参加长期护理保险，我会考虑他们的建议 | | | | | |
| | Q19-2：周围朋友推荐我参加长期护理保险，我会考虑他们的建议 | | | | | |
| | Q19-3：媒体宣传会对我参加长期护理保险产生一定的影响 | | | | | |
| Q20：知觉行为控制 | Q20-1：是否参加长期护理保险主要取决于我自己 | | | | | |
| | Q20-2：只要我想参加长期护理保险，我很容易可以实现 | | | | | |
| | Q20-3：我对参加长期护理保险的保费具备一定的承受能力 | | | | | |
| Q21：感知有用性 | Q21-1：参加长期护理保险能够获得长期护理的费用补偿和相关服务 | | | | | |
| | Q21-2：参加长期护理保险能够减轻家庭照料的人力和经济负担 | | | | | |
| | Q21-3：参加长期护理保险能够提升老年保障水平和生活质量 | | | | | |
| Q22：个人规范 | Q22-1：如果政府号召居民参保长期护理保险，我有义务参加 | | | | | |
| | Q22-2：假如因为没有参加长期护理保险而给儿女带来照料负担，我会感到内疚 | | | | | |
| | Q22-3：基于我自己的价值判断，我认为参加长期护理保险是有必要的 | | | | | |
| Q23：保险知识 | Q23-1：我知道医疗保险不覆盖长期护理费用 | | | | | |
| | Q23-2：我对长期护理保险的保障作用有所了解 | | | | | |
| | Q23-3：我对长期护理保险的服务内容和形式有所了解 | | | | | |
| | Q23-4：我对长期护理保险的政策法规有所了解 | | | | | |

续表

| 影响因素 | | 题项内容 | 1. 非常不同意 | 2. 不大同意 | 3. 一般 | 4. 比较同意 | 5. 非常同意 |
|---|---|---|---|---|---|---|---|
| Q24:<br>风险认知 | Q24-1: | 步入老年后,我有可能需要长期护理 | | | | | |
| | Q24-2: | 我担心将来一旦不能动了,需要护理时却无人照料 | | | | | |
| | Q24-3: | 假如需要长期护理,费用支出会对我和家人造成严重经济负担 | | | | | |
| | Q24-4: | 假如需要长期护理,费用支出会对我和家人的日常生活产生严重影响 | | | | | |
| Q25:<br>信任程度 | Q25-1: | 我相信政府能够建立起完善的长期护理保险制度 | | | | | |
| | Q25-2: | 我相信监管部门能够做好对长期护理保险的监管工作 | | | | | |
| | Q25-3: | 我相信大部分的保险公司能够做好长期护理保险承办工作 | | | | | |
| | Q25-4: | 我相信长期护理保险能够可持续的运行下去 | | | | | |
| Q26:<br>文化观念 | Q26-1: | 我赞同"养儿防老"的观念 | | | | | |
| | Q26-2: | 我不愿意接受家庭成员以外的人员提供护理服务 | | | | | |
| | Q26-3: | 我不愿意去养老院接受专门护理机构接受护理服务 | | | | | |
| Q27:<br>政策支持 | Q27-1: | 如果政府对长期护理保险提供补贴的话,我愿意参保 | | | | | |
| | Q27-2: | 如果政府对长期护理保险的引导与监管政策建设到位,我愿意参保 | | | | | |
| | Q27-3: | 为鼓励购买,政府应该引导保险公司开发更加贴近居民需求的长期护理保险 | | | | | |

续表

| 影响因素 | 题项内容 | 1. 非常不同意 | 2. 不太同意 | 3. 一般 | 4. 比较同意 | 5. 非常同意 |
|---|---|---|---|---|---|---|
| Q28:<br>社会长期护理保险参保意愿 | Q28-1：我愿意参加社会长期护理保险 | | | | | |
| | Q28-2：我计划参加社会长期护理保险 | | | | | |
| | Q28-3：我愿意鼓励家人参加社会长期护理保险 | | | | | |
| Q29:<br>商业长期护理保险参保意愿 | Q29-1：我愿意购买商业长期护理保险 | | | | | |
| | Q29-2：我计划购买商业长期护理保险 | | | | | |
| | Q29-3：我愿意为家人购买商业长期护理保险 | | | | | |